M000308739

TAARIIKHDA SOOMAALIDA

TAARIIKHDA SOOMAALIDA
Xogogaalnimo U Badan

JAAMAC MAXAMED QAALIB

Hud Hud
BOOKS

2019

Copyright © Jaamac Maxamed Qaalib 2018.
All rights reserved. No part of this publication may be reproduced, stored in any retrieval system, or transmitted in any form or by any means, including photocopying, recording, or other electronic or mechanical methods, without the prior written permission of the publisher, except in the case of brief quotations embodied in critical reviews and certain other noncommercial uses permitted by copyright law. For permission and requests, write to the publisher, at the address above.
Xuquuqda oo dhan way dhawran tahay. Buuggaan ama qayb ka mid ah la ma daabici karo, la ma duubi karo, maqal iyo muuqaal, nuqullo laga ma samaysan karo, la ma tarjuman karo, si na dib loogu ma soo saari karo la'aanta idan qoran oo laga helo qoraaga ama daabacaha.

HIBAYN

Kitaab kan wax'aan u hibaynayaa Allifihii Habka Qorista Af Soomaaliga, Shire Jaamac Juge, jaallihiisi iyo horumariyihii Habka Qorista, Muuse Xaaji Ismaaciil (Muuse Galaal), labada ba Alle ha u naxariist'ee, Xubnihii Guddigii Qorista Af Soomaaliga iyo cid kast'oo kal'oo ka hawl gashay dedaal kii lagu hirgeliyay Qorista Af Soomaaliga iyo Horumarin tiisa danbe ba.

MAHADNAQ

Ugu horrayn wax'aan aad ugu mahad naqayaa Eebahayga Weyn oo i siiyay awoodd'aan ku qabtay shaqada qoraal kan.

Wax'aan abaal weyn u haya saaxiibkayga qaaliga ah, Maxamed Shiikh Cosmaan 'Jawaari', oo taageeradiisa la'aanteed aanu buuggani qormeen.

Wax'aan kal'oo abaal weyn u hayaa Khabiirka Af Soomaaliga, Axmed Maxamed Sulaymaan (Shiraac), oo feegarka (the draft) qoraalka akhriyay, saxay na wax'ii loo baahnaa oo dhan, gaar ahaan dhinaca naxwaha ee midaynta iyo iskuxidhka ereyada (Liaisoninig).

Wax'aan kal'oo abaal weyn u hayaa saaxiibadayda kale, Maxamed Axmed Maxamuud (Jobe), iyo Jaamac Nuur Axmed (masuul Warbaahinta Al-Jazeera), oo mid wali ba dhowr jeer ii soo daabacay feegarka qoraal kan, mar wal ba oo aan wax ku kordhiyay ama ka beddelay, taageero kale na i siiyeen.

Wax aan kal'oo abaal weyn u haya saaxiibkayga kale, Cabdirisaaq Maxamuud Jacayl, oo asagu na sawirrada badan kooda qoraalka geliyey.

Wax'aan asaga na abaal u hayaa Cabdixakiim Maxamed Cabdi Shide, oo muddo dhowr biloodd ahayd ii soo garaaci jiray feegar gacmeedkaygii hore, mar kast'oo aan qoraal kii wax ku daray ba.

Ugu danbayni, ugu se liidanin, **wax'aan mahad u celinyaa Maamulka HUD HUD BOOKS oo isu xil qaamay daabacaadda iyo maamulka buugga ba.**

FAALLO

Xogoggaalnimo waa kitaab soo baxay waqti ku habboon oo diiradda saaraya taariikhda mucaasiriga ah ee Dalweynaha Soomaaliyeed oo si gaar ah, oo faahfaahsan u sugaya halgan kii gobonnimada iyo dad kii u hawl galay. Tu kale, si dhab ah ay'uu u iftiiminayaa arrimo badan oo madmadow ku jiray iyo muran daba dheeraaday; qaar kood si badheedh ah loogu madal hufinayay dadka, sababo la xidhiidha dano gaar ah ama dano shisheeyeed awgood.

Run tii, waa kitaab dhaxalgal ah oo ku baraarujin doona da'yarta Soomaaliyeed taariikhda iyo waddaniyadda, kuwan la'aan tood oo aan ummadi lahaan karin xornimo iyo qaran toona. Ilaahay ha ka abaalmariyo Jaamac Maxamed Qaalib dedaalka uu geliyay hawshan.

Axmed M. Sulaymaan (Shiraac)

TUSMADA QORAALKA

HIBAYN v

MAHADNAQ vi

FAALLO vii

TUSMADA QORAALKA.. viii

HORDHAC ix

1. SIXITAAN QORAALLO LID KU AH TAARIIKHDA 1

2. SOOMAALIDA... 27

3. BOQORTOOYADIIPUNT 47

4. ISLAAMNIMADA SOOMAALIDA.. 51

5. XIDHIIDH CARABTA IYO SOOMAALIDA 63

6. TAARIIKH DHACDOOYIN GUMAYSI KAHOR 69

7. GUMAYSIGII 75

8. HORUMAR SIYAASAD SOOMAALIYEED........................... 83

9. GOBONIMO SOOMAALIYEED IYO MIDOOW....................111

10. ISKUDAY INQILAAB DHICISOOBAY: 9-10 DEC. 1961 131

11. SIRDOONIYO AMNI QARANKA SOOMAALYEED 137

12. DAGAAL BEELOOD SOKEEYE: 1965-67 149

13. DAWLAD DANBEEDDII RAYIDKA 163

14. XUKUNKA ASKARTA: 21 OCT.1969 – 26 JAN.1991 191

15. HALGANKII XORAYNJABBUUTI.................................... 227

16. KOOXIHIIRIDAYXUKUN KII ASKARTA 237

17. DOOR KII JABBUUTI NABADAYNTASOOMAALIDA 247

18. GUNAANAD 251

HORDHAC

Qorista Taariikh sida dunida hore u martay u taqaan iyo sida dadyowga loo yaqaan adduunka 3aad badan koodu u haystaan waa ka la duwan yihiin. Dunida hore u martay wax kast'oo dhacay soddon sano kahor, sir culus oo qaran ba ku dheh oo, badanaa ba waa la kashifaa oo taariikhda looga faa'iideeyaa. Dadyowga adduunka 3aad se, gaar ahaan Soomaalidu, ma garwaaqsan karaan haddii wax aan ay jeclayn laga sheego, in kast'oo ay og yihiin in wax'aasi run yihiin, is ka ba daa in ay iyagu is ka qoraan qaladaad koodii muddo fog dhacay. Sarkaal Ciidamadii Ingiriiska ka mid ahaa, magaciisu na ahaa, Gerald Hanley, oo muddadii Dagaalweynihii 2aad ee Dunida iyo kaddib ka shaqeeyey Koonfurta Soomaaliya, Taliye na u noqday Askar Soomaaliyeed baa ku qoray buuggiisii, 'GEESIYADA – Nolol iyo Geeri Soomaalida ka mid ah', in aanu mar na arkin Soomaali qirtay qalad uu galay.

Sidaas awgeed, laga yaabee wax'aan qoraal kan ku sheegay in ay Soomaalida qaar kood raalli gelin waayaan. Ha se yeesh'ee, wax'aan hubaa in aanan qorin wax aan jirin ama aan dhicin. Wax'aan maqlay oo aanan hubin na, sidaas b'aan u qoray. Wax'aan kal'oo ka affeefanayaa, ka na digayaa in aan qoraal kan laga filan karin in taariikhdii Soomaalidu ku dhan tahay. Wax'aan ku la talinaya akhristayaasha daneeya taariikhda Soomaalida in aan ay moogaanin buugaagta ay qoreen marxuum General Maxamed Ibraahim Axmed, 'Liiqliiqato'; marxuum Danjire Shariif Saalax Maxamed Cali iyo Maxamed Ciise 'Trunji; iyo kuwa kal'oo ku muujisan 'Raadraaca' Lifaaqa 2aad ee qoraal kan.

Wa bi Llaahi al tawfiiq.

Massiibooyin kii soo maray dadka iyo dalka Soomaaliyeed kahor burburkii xukun kii dhexe iyo 29 sano oo ka danbeeyey ilaa manta (2019), waxa sababay dhacdooyin kii ka la danbeeyey, sida soo socota, oo mid walba faah-faahin teedu ka muuqato qaybaha danb'ee qoraal kan:

1) Dawladdii ugu danbeysay xukun kii rayidka wax'ay ku tumatay kudhaqan kii dimoqraadiyadda oo ay Soomaalidu hiddo u

lahayd tan iyo waagii aan ay lahaan jirin xukun dhexe, kaddib mark'ay xukun dhexe yeelatay na caalamku ku majeeran jirey in ay ahayd tusaaleh dimoqraadi, Afrikaanka kale badan koodu na u baahnaayeen in ay Soomaaliya kaga daydaan. Madaxdii Sare ee dawladdaas ugu danbeysay xukun kii rayidka wax'ay meelo badan oo dalka ka mid ah ku shubteen doorashooyin kii ugu danbeeyey oo dalka ka qabsoomay, bishii March 1969. Taas oo mar keedii iyadu na sababtay dil kii Madaxweeynihii Jamhuuriyadda, soo na deddejisay inqilaab askareed.

2) Xukun kii Askartu na, in kast'uu bilowgiisii horumar waxku- ool ahaa dalka ka hirgeliyay, hadda na gacmahoodi baa dalku muddo dheer ku dhiigbaxay, kaddib na xukun koodii ku burburay, dal kii na ka la daatay.

3) Kooxihii Mucaarid kii hubaysnaa oo xukun kii Askarta riday iyo kuwii kal'oo kaddib abuurmay, dhamaan tood waa ku guuldarraysteen in ay dib u soo nooleeyaan hay'adihii qaran.

4) Budhcadnimo ka dhalatay xukun la'aan tii, heer kast'oo xun na gaadhay.

5) Faragelin shisheeye oo biyashub keedu ahaa cadaw soo jireen Soomaaliyeed ah ayaa dal ka ku soo duulay oo qabsaday, ka na abuuray xasilooni la'aan joogto ah, kaddib na u soo samaystay dastuur uu kor kaga xukumi lahaa Soomaali oo dhan, siyaasiinta Soomaaliyeed na ay goor walba is ku maandhaafasan yihii sidii loogu talagalay.

Mar-mar wax'aan idhaahdaa, waxa keli ah oo burbur kii xukunka dhexe laga faa'iiday waa anshax xumadii (fusuqii) la bartay xorninadi ka dib oo baabb'ay. Nin saaxiibkay ah ayaa igu khilaafay, oo igu yidhi, "Weligaa ha odhanin burbur kii baa wax laga faa'iiday". Anigu se w'aan rumays nahay in in taas laga faa'iiday, tusaaleh: waxa jiri jirtay waagii xukun kii askarta hay'ad qaran, in tii badnayd na ahayd Wasaarad Dalxiis, wax'ii keli aha, oo ay caan ku ahayd na wax'uu aha iib kii khamrada, oo badan kiisii dibedda laga keeni jiray oo lacag qalaad dalka kaga bixin jirtay. Miyaan dhaqan kaas la'aan tiis faa'iido weyn u ahayn dal iyo dad Muslim ah? Anshax xumooyin kal'oo aan hadda jirin na waa jiri jireen, waagii xukun kii askarta iyo kahor ba.

In taa kor ku sheegan lid kooda, wax'aa abuurmay bulshada rayidka Soomaaliyeed oo gartay awooddoodii (people's power), abuuris taas oo ka soo unkantay Shirweynihii Carta, sannadkii 2000 ee Milaadiga (M), soo na afjartay kooxihii hubaysnaa iyo qas kii (fawdaddii). Bulshada rayidku xukunka iyaga ku tartama laga soo bilaabay 2012 (M). Ama ha la kufeen, ama ha kiciyeen dalka, ma jirto cid kal'oo lagu doorsan karo bulshada rayidka ah waqtiga maanta la marayo, in kast'oo loo baahan yahay in nidaamka xukunka wax badan laga beddelo ama lagu kordhiyo, gaar ahaan dastuurka, oo Soomaalidu samaysato mid danaheeda ku salaysan, is ka na tuurto kan shisheeyuhu u soo samaystay.

Waxa loo baahan yahay in aan la moogaan dardaaran kii Wasiir kii 1aad ee hore, Marxuum Cabdirizak Xaaji Xusen, Alle ha u naxariiste, sida keli ah oo looga bixi karo is maandhaafka siyaasadeed. Qoraalka dardaaran kaas oo ka kooban toddoba (7) bog wax' aan ku soo miinguuriyey Lifaaq (Appendix) buuggayga 5aad, The Ogaden ee 2014, oo muddo yar geeridiisii kahor uu marxuumku ii oggolaaday in aan ku daro qoraalka buuggaas. Dardaaran kaasu waa dhaxalka ugu qaaya weyn oo Marxuum Cabdirizak uga tegay ummadda Soomaaliyeed iyad'oo duruufo adag lagu jiro, waa na ayaan darro haddii laga faa'iidaysan waayo. Wa bi Llaahi wa towfiiq.

Kan kahor shan buug aan qoray dhammaan tood wax'aan ku qoray luqadda afka Ingiriisida, in kast'oo ay habbonaan lahayd in aan ku qoro afkayga hooyo, oo iiga sahlanaan lahayd, haddii qoraalka af Soomaaligu u habaysnaan lahaa si buuxda (Standardized), oo looga faa-iidaysan karay aaladda casriga ah ee kombiyuutarka.

Ha se yeesh'ee, in aan kan hadda ku qoray af Soomaali waxa khasab iyo laga ma maarmaan ba ka dhigay in la saxo qaladaad badan oo lid ku ah taariikhda Soomaalida, kuwaas oo ka muuqda qoraallada: (I) BuuggaTaariikh Nololeed kii Marxuum Cabdullahaai Yuusuf Axmed, bogagga [64-65aad, 70-74aad], iyo meelo badan oo kale. iyo (II) Buugga uu qoray Cawil Cali Ducaaleh oo ku magacaaban: Raadraaca Taariikhda Soomaliyeed, maadaama ay buugaag taasi ku qoran yihii af Soomaali, aan uga jawaabay sida Qaybta 1aad ee qoraal kan. Qaybaha kal'ee qoraalku wax ay wax ka iftiiminayaan arrimo badan ee taariikhda Soomaalidu soo martay.

FIIRO GAAR AH (FG): Afafka dadyowga dunida badan koodu, ama dhammaan tood ba, wax'ay leeyihiin habab hadal (Colloquial form) iyo qoraal (Written form). Af Soomaaligu na waa ka mid. Ha se yeesh'ee, maadaama aan qoraalka af Soomaligu muddo dheer jiri jirin, Soomaalida badan koodu wax'ay u barteen oo yaqaaniin habka hadalka oo keli ah, ma na oga in habka qoraalku marar badan ka duwan yahay kan hadalka. Maadaama qorista af Soomaaligu ay weli korayso, Hamsada (') – Apostrophe, aan meelo badan qoraal kan adeegsaday waa muujin xuruuf shaqallo ka maqan mideyn ereyo dhexdooda, si akhrisku u fududaado, iyo si ay isu la socon karaan yeedha hadalku iyo akhrisku ba. Waxa habboon in akhristuhu Hordhaca ka dib, isha mariyo **Lifaaqa 1aad uu diyaariyay Khabiir qoridta af Soomaaliga, Axmed Maxamed Sulaymaan (Shiraac),** kahor akhriska buugga in tiisa kale.

I
SIXITAAN QORAALLO LID KU AH TAARIIKHDA

Ma hubo in marxuum Cabdullaahi Yuusuf, qaladaad kaas si ulakac ah u qoray, si ay ujeeddooyin kiisu uga gadmi karaan akhristayaasha, ama ay si xusuus darro ah u dhaceen. Wax'ay iigu muuqataa, qoraalka na ka muuqda, in labada sababood ba jireen, tan hore ba ha u sii badnaate.

In kast'oo aanaan jeclayn in aan doodo la galo qof geeriyooday, dunida na ka tegey, hadda na wax'aan u arkaa waajib aan indhaha laga qarsan karin qaladaad muuqda oo taariikhda Soomaaliyeed lid ku ah in sidaas lagu daayo, iyo weli ba anig'oo taariikhdaas wax ka dhiga, wax na ka qora.

9-10 Dec 1961 waxa Hargeysa ka dhacay iskuday inqilaab askareed oo ay sameeyeen saraakiil hoose, Labo Xiddiglayaal iyo Xiddiglayaal, dhammaan tood ka soo jeeday Gobollada Woqooyi (Somaliland). Taariikhdu ma ahayn 20kii bishaas sida Cabdullaahi Yuusuf ku sheegay buuggiisa (Bogga 27), in kast'oo aan macne ku jirin faraqa taariikhda, sixitaan maah'ee.

Toddobo wax oo kal'oo Cabdullaahi Yuusuf ka sheegay iskudaygii inqilaab kaas, aan midi na saxahayn:

1) Cabdullaahi, wax'uu sheegay in qaybt'uu ka qaatay fashilin tii iskudaygii inqilaab kaas awgeed Gaashaanleh loogu dallacsiiyay. Mar kaas kahor muddo sannad iyo badh ka badan b'uu noqday Gaashaanleh, oo dowladdii daakhiliga Koofureed ahayd ee Wasiir kii 1aad Cabdulaahi Ciise Maxamuud baa kahor in tii aan la gaadhin maalin tii gobonnimada ee 1 July 1960, dad kii la soo shaqeeyay oo dhan, askar iyo rayid ba, dallacsiisay min hal darajo oo abaalgud ahayd la na boodsiisay. Cabdullaahi Yuusuf iyo faciisii wax'ay mar kaas kahor ahaayeen labo Xiddiglayaal, wax'ay na u boodeen Gaashaanlayaal, oo soo ma marin darajada Dhamme [Captain].

2) Kooxdii iskudayga inqilaabka Burco ka fulineysay Cabdullaahi Yuusuf gurigiis'ay ku xidheen, oo waxa la soo daayay kaddib mar kii inqilaabku Hargeysa ka fashilmay, ma na jirin qayb uu ka qaadan karay fashilin tii asag'oo weli xidhnaa. Kaddib mar kii iskudaygii inqilaabku fashilmay baa Saraakiil Xigeennadii Horin tii ciidanka ee Burco la la hadlay. Taarwalihii Horinta Burc'aa lagu yidhi, "Saraakiil Xigeennada kan kuugu dhow u yeedh". Kaddib amar baa la siiyay Saraakiil Xigeennadii in ay qabqabtaan saraakiisha yaryarayd ee isbeen farriin inqilaabka ku samaysay, kaddib na ay Gaashaanlaha, Cabdullaahi Yuusuf, soo furaan oo la soo hadal siiyaan Kornayl Maxamed Caynaanshe.

3) Waxa kal'oo Cabdullaahi sheegay in uu amray qabqabashadii saraakiishaas yar yarayd; waa ba se ay xidhnaayeen mar kii asaga la soo daayay.

4) Ma jirin Saraakiil Xigeenno iskudaygii afgenbiga wax kaga jirtay, sida Cabdullaahi sheegay, oo iyaga qudhood'aa ba iskudaygii inqilaabka fashiliyay. In kast'oo Cawil buuggiisa ku sheegay in uu adeegsaday mid Saraakiil Xigeennadii ka mid ahaa, wax'ay se u badan tahay in kaasi ahaa mid la khalday, haddii ba Cawil run sheegay in uu adeegsaday, sida ciidan kii oo dhan ba loo khalday oo loogu yidhi militarig'aa xukun kii dalka oo dhan la wareegay, oo General Daa'uud baa ka madax ahaa, ilaa Xasan Kayd mar danbe kashifay oo yidhi, "Waa goosannay".

5) Cabdulaahi Yuusuf nin keli ah b'uu ku sheegay in uu iskudaygii inqilaabka fashiliyay, bogga 30aad ee buuggiisa. Waa jirtay in Sarkaal Xigeenka uu magacaabay, Faarax, door muhiim ahaa ka qaatay fashilin tii iskudaygii afgenbiga, waa se u dhammaayeen Saraakiil Xigeennadii howlgal kii iskudaygii inqilaabka lagu fashiliyay.

6) Cabdulaahi waxa kal'uu sheegay in Cabdulaahi Oomaar iyo Maxamed Ibraahim Cigaal ka danbeeyeen iskudaygii inqilaabka. Run ma aha.

7) Marka hore, waligood labadaas shaqsi is ku siyaasad ma noqonin, oo wax'ay ka ka la tirsanaan jireen labo Xisbi, NUF iyo SNL; kaddib na waligood is ku ma soo dhawaanin.

Marka labaad, Maxamed Ibraahim Cigaal weligii ma oggolaadeen in xukun militari dalka ka dhaco. Marka saddexaad, iskudaygii inqilaabku ba wax'uu ka dhashay darajooyin kii shaqaalihii Koonfurta lagu abaal mariyay oo lagu boodsiiyey, mar kii danbe na ciidamadi dhexdooda saamayn ku yeeshay. Waxa kal'oo Cabdullaahi Yuusuf ku qoray, Bogga 35 ee buuggiisa, in siyaasiyiin iyo ganacsato dhinaca woqooyi (Somaliland), oo uu mar labaad ka magacaabay Maxamed Ibraahim Cigaal iyo Cabdullaahi Oomaar, ay denbigi iskudaygii afganbiga siyaasadeeyeen si denbiilayaashii loo sii daayo, waa na ku guuleysteen.

In kast'oo aan ay cidi na jecleyn in dhalinyaradii dil lagu xukumo, denbi kast'oo ay galeen, laga yaabee in shakhsiyaad Woqooyi ka soo jeeday sidaas oo kale iskudayeen oo u ololeeyeen. Ha se yeesh'ee, sida Cabdullaahi Yuusuf u dhigay in ay kuwaasi sidaas keligood ku guulaysteen, sax ma aha, bal se dawladdii oo dhan, Wasiir kii 1aad Cabdirashiid Cali Sharma-arke, oo Koonfur ka soo jeeday iyo wasiirradiisii, oo iyagu na Koonfur u badnaa, baa qayb ka ahaa siyaasadayn tii dacwadda, oo aan rabin in wiilasha la dil lagu xukumo. Sababt'oo ahady: (1) iyad'oo israacii labada qaybood ee dalku weli cusbaa; (2) iyad'oo hadda na iskudaygii inqilaabku Woqooyiga ka fashilmay iyad'oo an cid Koonfur ihi ka qaybqaadanin; (3) iyad'oo dhinaca Woqooyi cabashooyin hore ka jireen, sii ba isudheellitir la'aan jagooyin kii waaweynaa ee dawladda iwm; (4) iyad'oo dhalinyaradii afgenbiga iskudayday dhammaan tood dhinaca Woqooyi ka soo jedeen; (5) haddii denbigu ku caddaado, oo la dilo na, aan wax wanagsani ka dhalan karaynin, xumaan maahe. (6) Haddii inta denbi ku caddaado la dili waayana, dalka ba la ma xukumi kareen oo ciddii danbee denbi dil ahi ku caddaado ba, sidii Arrin taas laga yeelay baa cid wali ba qiil ka dhigan lahayd. (7) Sidaas awgeed madaxdi qaranku wax'ay go'aansadeen in dacwaddii loo ekeysiiyo in maxkamaddii wax lagaga caddayn kari waayay.

Xeer Ilaaliyihii Guud oo Taliyaani ahaa, wax'aa na loo sheegay sidii dowladdu rabtay. Mar kaas Xeer Ilaaliyuhu waa kari karay in uu dacwaddii ka la noqdo maxkamaddii, taas na dawladdii b'aan diyaar u ahayn, oo General Daa'uud baa laga qarinayay in dowladdu dacwaddii baabiineysay. Daa'uud wax'uu jeclaa in dacwaddii sida xaqu ahaa loo socodsiiyo, si aan taas oo kale mar danbe uga dhicin Ciidanka dhexdiisa. Wax ba se ka m'uu qabeen haddii mar kaas kaddib Madaxweynahu cafiyo, haddii sidaas dan la moodo. Daa'uud Alle ha u naxariste, baa mar kaas kaddib igu yidhi, "Siiriya afar iyo toban (14) inqilaab baa kadhacay, sababt'oo ahayd kii u horreeyay b'aan si sax ah wax looga qabanin."

Maxkamaddii Gobolka Hargeysa ee xududdeeda denbigu ka dhacay baa Muqdisho loo soo wareejiyay in ay dacwaddii hal kaas ku dhageysato go'aanna ka gaadho. Luqadda af Ingiris k'aa Maxkamaddu ku shaqaynaysay, taas oo dacwaddii denbi baadhistu na ku qornayd. Denbi baadhayaashii iyo dacwad ogayaashii Woqooyiga ee Ingiriisida yaqaannay, xogtana ogaa waa laga reebay in ay Maxkamaddii soo raacaan. Sidaas awgeed waa muuqatay in aan wax lagu caddayn kari doonin **tuhunsanayaashii**.

Maxamed Ibraahim Cigaal baa mar hoggaaminayay koox gurmad siyaasadeed ee iskuday xorayn NFD muddo u joogtay Nairobi. Cabdullaahi Yuusuf baa buuggiisa (Bogga 59) ku sheegay in Wasiir kii 1aad, Cabdirashiid Cali Sharma-arke, ku saluugay Maxamed Ibraahim Cigaal wax qabad kiisii arrin tii NFD, kaddib na wasiirnimadi ka qaaday. Qoraal kaas, baa Cabdullaahi Yuusuf u egay siinaya in aanuu weli dhalanin oo jirin ba waagaas.

Maxamed Ibraahim Cigaal asag'aa is ka casilay xil kiisi wasiirnimo ee dowladdii Cabdirashiid, bishii Oct. 1962.

Maxamed Ibraahim Cigaal mar k'uu Nairobi u joogay gurmad kii siyaasadeed ee iskudaygii xoraynta NFD, sida kor ku sheegan, baa 9-10 Dec 1961, dhalinyaro Saraakiil ahayd, oo ka tirsanaa Ciidamadii Soomaaliyeed, oo dhammaan tood Woqooyi ka soo jeeday, inqilaab askareed iskudayeen in ay Woqooyiga ka gooyaan dalka in tiisa kale. Kaddib mar kii Inqilaab kii lafashiliyay, inqilaab iskudayayaashii na Xabsiga Muqdisho loo soo wareejiyay oo ay dacwad sugayaal ku ahaayeen, baa mar danbe labadii Wasiir ee SNL, Sheekh Cali Ismaaciil iyo Maxamed Ibraahim Cigaal, Woqooyiga tageen, oo dhowr biolood soo joogeen si ay u soo qiimeeyaan in iskudaygii inqilaabku wax saamayn aha ku lahaa bulshada dhexdeeda, maadaama iskudaygii inqilaabku ka dhacay Hargaysa iyo Burco. Muddadaas dheer ay Woqooyiga joogeen wax'ay xilal koodii ka qaadeen oo Muqdisho u soo beddeleen saddex saar kaal oo ka mid ahaa kuwii ugu wanaagsanaa shaqaalihi qaran, oo ka la ahaa Cabdi Ducaale, Madaxii Warfaafinta, Maxamed Axmed Cabdille (Sakhraan), Gudoomiyihii Degmada Hargaysa iyo Cisadaddiin Sheekh Ibraahim, Madaxii Wasaaradda Gaadiidka ee Woqooyi. Ma garanayo sababti, waxa se laga yaabaa in cid uuni war xun ka siisay, oo wasiirradii majare habaabisay. Wax aan ka xumahay in aanan arrin taas Sakhraan oo aannu in badan is arki jirnay weligay wax ka weydiin.

Kaddib mar kii saddexdaas Sarkaal Muqdisho yimaaddeen oo wasaaradahoodii is ka xaadiriyeen, baa Cabdirazaak Xaaji Xuseen, oo ahaa Wasiir kii Gudahaa, 'Sakhraan' u magacaabay Gudoomiyihii Gobolka Mudug. Labadii Sarkaal'ee kale xil loo ma dhiibin, laga na yaabe in aan jagooyin waaweyni ka banaanayn wasaaradahoodi.

'Sakhraan' waa istaahilay magacaabiddaas, ha se yeesh'ee, labadii Wasiir si kal'ay u arkeen. Marka hore, wax'ay u arkeen dhabar jabin lagu samaynayay go'aan koodii. Marka labaad, Sarkaal ay xil ka qaadeen baa loo dallacsiiyay mid ka weyn kii ay ka qaadeen. Marka saddexaad wax'ay u arkeen in 'Sakhraan' qabyaalad ahaan loogu hiiliyay, maadaama uu ka soo jeeday beesha Daarood, halka labadii kale Isaaq ahaayeen, xil na aan loo dhiibin. Labadii Wasiir waa is casileen iyag'oo weli Hargeysa joogay, in kast'oo Sheekh Cali Ismaaciil ay mar kaas kahor aad is ugu dhawaayeen Wasiir kii1aad Cabdirashiid Cali Sharma-arke.

Iscasilaaddaas labadii Wasiir saamayn weyn b'ay ku yeelatay bulshada beelaha Isaaq oo muddo lix bilood kudhowaad ahayd baa jagooyin kii labada Wasiir bannaaneeyeen, oo la buuxin kari waayey.

Dawladdii wax'ay ka dhisnayd Isbahaysi Xisbiyadii SYL iyo SNL/USP. Mar kii Wasiirradii SNL dawladdii ka baxeen isbahaysigii waa burburay. Cabdirashiid arrin tii wax'uu dhex dhigay Golihii Dhexe ee SYL, iyagu na wax'ay eeddii saareen Wasiir kii Arrimahi Gudahaa, Cabdirazaak Xaaji Xuseen, oo mar kaas dalka ka maqnaa. Wax'ay yidhaadeen, "Max'uu u sugi waayey soonoqodka labadii wasiir si loo ogaado sababt'ay 'Sakhraan' xilka uga qaadeen?" Wax'ay na go'aamiyeen in Abdirazaak xil kii Wasaaraddii Arrimahi Gudaha laga wareejiyo. Cabdirashiid na taas waa fuliyey oo Cabdirazaak, asag'oo weli maqan, baa loo magacaabay Wasiirka Hawlaha Guud iyo Isgaarsiinta. In kast'oo uu Cabdirizak ku qoray buuggiisa in uu asagu na hore u weydiistay Cabdirashid in laga wareejiyo wasaaraddaas.

Weli Sheekh Cali Ismaaciil iyo Maxamed Ibraahim Cigaal waa ka noqon waayeen iscasilaaddii. Kaddib na waxa dawladdii ka mid noqday Yuusuf Is maaciil Samatar iyo Ibraahim Osman, 'Basbaas' si Isbahaysigii Xisbiyada SYL iyo SNL/USP dib loogu soo nooleeyo, la ma se hubo in Xisbigii SNL go'aamiyay in wasiirradoodu dib ugu noqdaan dawladdii.

Waxa dalka ka dhacay ee kor ku sheegan oo dhan, waxa la moodaa in aan Cabdullaahi Yuusuf waxba ka ogeyn!

Kahor Shir kii Sodere ee Xabashidu is ugu keentay Kooxihii Soomaaliyeed qaar kood (Nov. 1996 – Feb. 1997) Ururradii SNA iyo SSA baa kooxihi Soomaaliyeed ee waagaasi ka ka la tirsanaaayeen.

Xabashidu kooxihii ka wada tirsanaa Urur kii SSA oo aan wax khilaaf oo ay ka heshiinayeen ka jirn dhexdooda b'ay ku shirisay Sodere. Waxa loo baahnaa heshiis dhexmara iyaga iyo kooxihii kal'oo urur kii kal'ee SNA.

In tii Shir kii Sodere socday, Xabashidu wax'ay mar labaad ku soo duushay Gobolka Gedo, oo qabsatay qayb ka mid ah gobol kaas.

Kooxihii SNA waa canbaareeyeen duulimaad kaas Xabashida, shir keedii na waa qaaddaceen.

Mar kaas kaddib baa Xabashidu habeen Sodere ka kaxaysay, oo Addis Ababa geysay Guddoomiyayaashii kooxihii ay hal kaas ku shirinaysay, oo ay ka mid ahaayeen Cali Mahdi, Cabdulqaadir 'Zoppo', General Maxamed Abshir, General Aadan Gabyow iyo General Cumar Xaaji Masalleh. Waxa loo sheegay in dhinicii kal'ee SNA shir kii qaaddeceen; wax'aa na loo soo jeediyay in ay saxeexaan in Xabashidu dalka Soomaaliyeed oo dhan xoog ku qabato, kaddib na ay iyaga u dhiibto xukunka Soomaaliya. Cumar Xaaji Masalleh, oo mar kaas sheeganayey in uu asagu haysto Gobolka Gedo, oo ay Xabashidu qaar kiis qabsatay maah'ee, afar tii kal'oo oday ba waa diideen in ay u saxeexaan Xabashida in ay dalka Soomaaliyeed oo dhan qabsato. Labadii dhinac ee Xabashidi iyo Guddoomiyaye kooxeedyadii Soomaaliyeed, waxa lagu heshiiyey in aan arrin taas mar danbe la soo qaadin, dib b'ay se ka kashifantay, sida hoos ka muuqan doonta.

Shir kii Sodere hal kiisii b'uu ka sii socday, oo waxa go'aan kiisii noqday in lix biilood kaddib Shir kale lagu qabto Bosaaso, oo lagu soo dhiso dawlad Soomaaliyeed oo loo dhan yahay.

Kaddib mar kii go'aan kii Sodere, dhinac keli aha oo kooxi siyaasadeed ka fuli kari waayey baa Masaaridu wakiillo labadii dhinac ee Soomaaliyeed Qaahira ku kulan siisay (Nov. – Dec. 1997), iyad'oo la la socodsiiyay dawladdii Xabashida. Ha se yeesh'ee, Xabashid'aa is dhacsiisay in Kooxihii SNA ku soo biiri dooneen nidaam keedii Sodere.

Mar kii labadii dhinac ee Soomaaliyeed Qaahira ku kulmeen wax'ay is la garteen oo ku heshiiyeen in nidaam cusub la abuuro. Kaddib wax'aa furmay Shir kii Qaahira ee kooxihii Soomaaliyeed (Cairo Somali Meeting), oo ay ka qayb galeen wakiillo labadii ururro Siyaasadeed ee waagaas jiray, SNA iyo SSA. Dhinac wali ba goonidiis'uu uga soo doodi jiray wax'ay keeni lahaayeen Shirka labada dhinac, oo xubnahoodu is ku wada raacsanaayeen.

Kulan dhinaca SSA u gooni ahaa baa Cabdulqaadir Maxamed Aadan (Zoppo) ka soo jeediyay in labada jago ee ugu waa weyn manaasibta siyaasadeed ee Madaxweyne iyo Wasiir 1aad ba la siiyo beelaha Hawiye; sharad in ay nabadeeyaan Caasimadda Soomaaliyeed, Muqdisho. Sida xubnihii dhinacii SSA qaar kood noo sheegeen, waxa soojeedin taas is la mar kii ba taageeray Generaal Maxamed Abshir Muuse, wax'aa se diiday Cabdullaahi Yuusuf.

Soojeedin taas la ma keenin Shir kii labadii dhinac maadaama aan dhinacii SSA is ku wada raacin. Ha se yeesh'ee, Cabdullaahi Yuusuf wax'uu is dhacsiiyay in dowladda Masar ka danbaysay soojeedinta Cabdulqaadir 'Zoppo'. Taasi ma dhici karin aqoon tayda. Marka hore, anig'oo aqoon dheer u lahaa Cabdulqaadir 'Zoppo', si gaar aha na u la soo shaqeeyay muddo saddex (3) sano ku dhowaad, ma ahayn shakhsi loo adeegsan karay wax aanu asagu aamminsanayn. Soojeedin tiisa na wax'aan u arkay in ay ahayd dan guud, aanu se Hawiye ugu eexanaynin, bal se ka duulayey xigmadda Soomaaliyeed ee odhanaysa, "Nin kii ceesaan (ri yar) i sii kugu dhiba, is ka sii oo asaga na ku dhib ceesaanta waddiddeena". Taas oo macneheedu noqon karay in beelaha Hawiye tijaabo la geliyo in ay Caasimadda nabadayn kareen iyo in kale. Marka labaad, dowladda Masar mar na ma samayseen, u ma na baahnayn, wax lumin karayay dhex dhexaadnimadeeda iyo kalsoonida dhinacyada Soomaaliyeed mid kood na.

Ha se yeesh'ee, Cabdullaahi Yuusuf buuggiisa ku ma soo qaadin soojeedin tii Cabdulqadir (Zoppo) oo uu goob joog u ahaa, wax'uu se ku beddel keedii buuggiisa ku sheegay (bogga 250) in saraakiishii Masaaridu asaga ku yidhaadeen wax u ekaa in labada mansab oo waaweyn ba Hawiye la siiyo, asagu na ka cadhooday, ka na diiday.

Cabdullaahi waxa kal'uu sheegay in dood dheer oo arrin taas ku saabsanayd dhex martay asaga iyo Wasiir kii Amniga Masar ee waagaas, Cumar Suleymaan. Sida la og yahay Cabdullaahi dood dheer kaga ma qayb geli karin luqadaha Carabiga iyo Ingiriisi mid kood na turjumaad la'aan; qoraal kiisa na waxa ka muuqda in uu keligiis la kulmay Saraakiishii Masar; oo mar kaas kaddib na uu arrinta u sheegay Aadan Gabyow oo keli aha, ay na go'aansadeen in ay Masar is kaga tagaan. Wax'uu sheegay in baasboorradoodii iyo tigidhadoodii loo diiday, ilaa ay ku hanjabeen in ay shir jaraa'id qaban dooneen, kaddib na la siiyey. Waxa kal'oo Cabdullaahi Yuusuf ku daray in uu in taas gaadhsiiyey Safaaraddii Xabashida. Xabashidu wakiill'ay ku lahayd kooxda SSA xubnahoodii shirka uga qaybgalayey, oo wax'ay ogaatay in majaraheedii Sodere laga leexday, kaddib na culays b'ay saartay SSA xubnahoodii in ay is kaga tagaan Qaahira oo ka baxaan shirka si uu u burburo, ku m'ay se guulaysanin, Cabdullahaai Yuusuf maah'ee.

Haweeney ahayd Safiiradda Xabashida Qaahira u fadhiday baa u tagtay gabadhii Faa'isa, ee Wasaaradda Arrimaha Dibadda ee Masar ugu qaybsanayd arrimihi Soomaliyeed, wax'ay na weydiisay sababt'ay uga haysteen tigidhadii iyo baasboorradii nimanka Soomaliyeed oo tagi lahaa? Faa'isa ayaa weydiisay magacyada cidda wax ka maqnaayeen si ay ugu doonto? Safiiraddii Xabashidu na nin xubnihii SSA ee shirka joogay ka mid ahaa b'ay magaciisii sheegtay, oo aan Cabdulaahi Yuusuf ahayn, in uu sidaas ku yidhi.

Subixii danb'aa Faa'isa oo xanaaqsani noogu timi Shir. Wax'ay tiri, "Qaar idin ka mid ah baa ku yiri Safaardda Itoobiya in laga haysto oo loo diiday Baasbooradoodi iyo tigidhadoodi. Yaa wax ka maqan yihiin, aniga keenaya ee ?" Cabdullaahi Yusuf kii buuggiisa ku qoray in uu asagu sidaas Xabashida ku yidhi iyo nin kii kal'oo Safiiradda Xabashidu magaciisa sheegtay in uu iyada sidaas ku yidhi, labadu ba waa joogeen, hadda na mid kood na juuq ma odhanin. Xubnihii kal'ee SSA qaar kood na waa habaareen ciddii been taas ku hadashay.

Xabashidu wax'ay si badheedh ah u taageersanayd Cabdullaahi Yuusuf in uu ku guulaysto madaxnimadi Soomaaliyeed, halka lid keeda, aan ay Masar weligeed ka la jeclayn ciddii Soomaali u madax noqon lahayd.

Sidaas awgeed, b'uu Cabdullaahi malaha ugu ekeysiinayey in Xabashidu ka shaqaynaysay danahaa Soomaaliyeed, Masar na taa lid keeda; taas oo aan taariikhiyan run noqon karaynin. Ha se yeesh'ee, Cabdullaahi baa gadaal ka qirtay in Xabashidu rabtay in ay Soomaalida u dhisto dawlad maqaarsaar ah, oo an awood lahayn, kaddib mar kii Xabashidu asaga nacday oo taageeradeedii ka la noqotay si ay cid kale ugu beddelato, kuwaas oo aan ay maanta ka waayeynin Soomaali dhexdeeda.

Mar kaas kaddib, baa Xabashidu si badheedh ah xoogga u saartay sidii loo burburin lahaa go'aannadii waxku-oolka ahaa ee Shir kii Soomaaliyeed ee Qaahira, int'ay adeegsatay Cabdulaahi Yuusuf iyo Soomaali kale ba, oo dejisay qorshe sidii Soomaaliya loo ka la furfuri lahaa oo loogu ka la qaybin lahaa jeesas yaryar oo maamullo goboleedyo kusheeg ah, si aan loo helin mustaqbalka dawlad dhexe ee Soomaaliyeed oo awood leh, sida Cabdullahi Yuusuf buuggiisa (Bogga 280-281) ku sheegay kaddib mar kii Xabashidu nacday ee taageeradeedii ka la noqotay, kaddib mark'ay danahaeeda ku fushatay oo uu dejiyay caasimaddii Soomaaliyeed sid'uu asagu ba qirtay; bogga 379 iyo 405 -406 ee buuggiisa, oo weli ba uu safaaraddii Xabashida dejiyay Madaxtooyada dhexdeeda, ay weli deggan tahay. Xabashidu waa og tahay masuul kast'oo Soomaaliyeed oo danahaeeda u fuliya si lid ku ah danahaa Soomaalida in uu luminayo kalsoonida dadka Soomaaliyeed. Mar kaas b'ay Xabashidu na kuwaas oo kale is ka fogaysaa.

Wax'uuCabdullaahi Yusuf si xoog leh u dhaleeceeyay goosashada Somaliland; buuggiisa bogga 424 oo yidhi, "Niman gumaysiraac ahaa baa si badheedh ah taariikhdii Soomaaliya dib u ceshay soddon sano, Dhiirri geliyay na dawladihii kahor jeeday qarannimadii Soomaaliyeed". Waxa se Cabdullaahi illaaway in asagu taas mid ka daran sameeyay oo Xabashi dejiyay caasimaddii Soomaaliyeed ee Muqdisho! Odhaahdiisaas kor ku

sheegani wax'ay macne samayn lahayd hadd'aanu noqonin saaxiib kii Soomaali ugu weynaa ee Xabashida, oo ah cadow soo jireen Soomaaliyeed, oo asaga iyo kuwo kale ba u adeegsatay waxyeellada Soomaalida oo danahaeeda ku fushatay.

Cabdullahi Yuusuf baa ku sheegay buuggiisa bogga 254aad in aan ay jirin, tan iyo maalin tii gobonnimada la qaatay, wax mashaariic horumarineed aha oo laga hirgeliyay Gobollada Woqooyi Bari. War kaasii sax ma aha.

Mashaariicdii kaabayaasha dhaqaaleh ee dalka laga hirgeliyay, gaar ahaan muddadii Xukunka Askarta, waxa ugu weynaa waddadii Shiinuhu inoo dhisay, in teeda badani na wax'ay martaa Mudug iyo Nugaal, iyo waddadii kal'oo lagu dhisay deeqdii Dawladda Talyaaniga ee 'Fai', oo is ku xidhay Bosaaso iyo Garoowe iyo dekedda Bosaaso. Ma jirin Gobol kal'oo mashaariic in taas le'eg qayb u helay muddadaas kor ku sheegan.

(11)

Cawil Cali Ducaaleh: qaladaad kiisu guud ahaan waa labo qaybood. Qaybta kowaad oo u badan magacyo, taariikh, iwm, oo is khilaafsan, nuxur waxyeello kale se aan lahayn in taariikhda la saxo maahe, iyo Qaybta labaad, oo wada beenabuur ah. Tusaaleh Qaybta hore:

(a). Cawil baa sheegay in wiil ka shaqayn jiray makhaayaddii Cabdi Dhagaweyne ee Hargeysa la odhan jiray 'Daaniye.' Daaniye wax'uu ahaa wadihii Xirsi Madadaal, oday reer Hargeysa ahaa oo aad loo yaqaannay. Wiilkii makhaayadii Cabdi Dhagaweyne ka shaqayn jiray, oo asaga na aad loo yaqaannay, waxa la odhan jiray 'Cinaad.'

(b). Waxa Cawil ku magacaabay nin garyaqaan ahaa oo Michael Mariano u raacay Muqdisho 1948, si ay u caawiyaan Xisbigii Xornimadoonka Soomaaliyeed ee SYL, in uu ahaa Anthony Salole. Anthony (Tony) Salole wax'uu ahaa Sarkaal Boliiskii Cadan, oo wax'uu ahaa da'adii 2aad ee lixdii ilma Salole. Garyaqaanka Michael raacay wax'uu ahaa Clement Salole.

(c). Waxa kal'oo Cawil sheegay in Wasiir kii Arrimaha Dibedda ee Ingiriisku (arrin taas oo aan ku soo noqon doono, in shaa Allaahu uu khudbaddiisii ku saabsanayd midaynta Soomaalida kahor akhriyay Golaha Jamciyadda Qaramada Midoobay [United Nations General Assembly] 1948. Ma ahayn waagaas ee wax'ay ahayd 1946, ka ma na hor akhriyin Wasiirku khubaddiisii Jamciyadda Qaramada Midoobay, oo arrinta Soomaalidu waagaas weli ma ba gaadhin Golayaashii Qaramada Midoobay. Waxa Wasiirku khudbaddiisi kahor akhriyay Wasiirradii Arrimaha debedda ee afartii dalal kii ku adkaaday Dagaal Weynihii 2aad ee Dunida (1939-1945), oo loo yaqaannay Golihi Nabadda (Peace Council), mar-mar na la odhan jiray: 'The Four

Power(s), or Big Powers', oo ku shirayay Paris, ka na shirayay sidii la odhan lahaa dalal kii Afrika, ee Talyaanigu gumaysan jiray kahor in t'aan lagaga adkaanin dagaal Kaas.

(d). Cawil baa ku sheegay taariikhdii la qabtay aftidi Dastuur kii Soomaalida in ay ahayd bishii Sept. 1961. Ma ahayn ee wax'ay ahayd 20kii June is la sannad kaas.

(e). Cawil baa sheegay in 1966 asaga oo Hargeysa joogay uu raadiyowga ka maqlay in Maxamed Siyaad loo magacaabay Taliyaha Xoogga Dalka Soomaaliyeed. Maxamed Siyaad waxa loo magacaabay Taliye in tii u dhexaysay bilihi May iyo October 1965. Bizshi May b'aannu, aniga iyo saraakiil kale Ameerika tababbar u aadnay asag'oo mar kaas Maxamed Siyaad ahaa Siihaye Taliye. October b'aan soo noqday asag'oo imaatin kayga kahor loo magacaabay Taliyihii.

(f). Buuggiisa, bogga 139aad, baa Cawil ku sheegay in Maxamed Abshir loo magacaabay Taliye Boliis mar kii xoriyadda la qaatay. Waxa Taliye loo magacaabay 1958 muddadii xukun kii daakhiliga Soomaaliyeed.

(g). Qareen Yuusuf Jaamac Dhuxul wax ku ma soo baranin London sida Cawil ku sheegay Buuggiisa, bogga 67aad, wax'uu se wax ku soo bartay Jaamicadda Hull, ee is la dal kaas.

In taas b'aan kaga kaaftoomayaa qaladaadka badan ee Cawil aan nuxur waxyeello kale lahayn in taariikhda la saxo maahe.

Beenabuurka Cawil:
Cawil baa buuggiisa, bogga 26aad, ku sheegay in mar kii Guddidii Baadhitaan (Guddidaas oo Cawil ku magacaabay wafti) ee Afartii Dawladood ee ku adkaaday Dagaalweynihii 2aad ee Dunida (1939 -1945) ay Muqdisho yimaaddeen, ay wafti ka socday Soomaalida Itoobiya, oo uu hoggaaaminayey Makhtal Daahir doorteen in ay ku sii hoos jiraan xukun kii Boqor Xayle Selaasie ee Xabashida, kaddib na ay sidaas ku luntay fursaddii ugu danbaysay ee Soomaali weyn. Waa been. Guddidaas Baadhitaanku wax'ay arkaysay oo keli aha wakiillo Soomaalidii Talyaanigu gumaysan jirey si ay uu ogaadaan rabitaan kooda aaya katalineed, awood na Guddidaasi u ma lahayn in ay arkaan qaybo kal'oo Soomaaliyeed, iyo ciddii kal'oo rabtay ama aan rabin Soomaali weyn. Wafdiyadii ka tegay

qaybaha kal'ee Soomaalida, sida waftigii ballaadh na ee Somaliland, wax'ay is kaga biireen madaxdiii SYL. Ha se yeesh'ee, Suldaan Makhtal Daahir waagaas Muqdish'uu joogay, sid'aan hoos ku soo sheegi doono saamaynta joogitaan kiisii yeelatay.

Waftigii Somaliland ee tegay Muqdisho Jan. 1948, waxa hoggaaminayey:
1.   Suldaan Cabdullaahi Suldaan Diiriye,
2.   Suldaan Maxamed Suldaan Faarax;
3.   Xaaji Khaliif Sheekh Xasan Yare, Madaxii Faraci Xisbigii SYL ee Woqooyi;
4.   Is maaciil Naxar Xasan, oo maal geliyey safarkii waftigaas.

Ku ma jirin waftigaas Suldaan Cabdiraxmaan Suldaan Diriye, sida Cawil ku sheegay buuggiisa ee is la boggaas 26aad. Kahor in tii aan waftigaasi u safrin Muqdisho, baa dawladdii gumaysigii Ingiriis ee Somaliland amar soo saartay in aan odayaashu, madax dhaqameedyadii Somaliland, ka qayb geli karin shir kii lakulanka Guddidaas Baadhitaan. Suldaan Cabdiraxmaan wax'uu aad uga ag dhowaa saraakiishii Ingiriis, oo ma khilaafi karin amarkaas. Labadii Suldaan ee kal'ee Hargeysa se waa khilaafeen amar kaas gumaystihi oo sidaas ku tageen Muqdisho. Dubbe Cali Yare, asagu na ka mid ma ahayn wafigaas, wax'uu se ka mid ahaa, oo Cawil ku khaldayaa, waftigii Michael iyo Suldaannadii England cabashada ku tegay kaddib mar kii Ingiriisku, dhul kii Soomaalida ee uu hore u bixiyey ku wareejiyay Xabashida Feb. 1955.

Soomaalid'aa tidhaahda beenaaluhu (beenlowgu) wax'uu marag u qabsadaa cid maqan ama dhimatay. Cawil wax'uu buuggiisa, bogga 34aad, ku sheegay in Maxamuud Cabdi Nuur (oo Cawil ugu yeedhay Maxamed) oo loo yaqaannay, 'Juujo', uu warqad u soo diray Maxamed Ibraahim Cigaal, oo ugu soo dhiibay Carab Ciise Xayd iyo Maxamed (Gurey) Sheekh Muuse. Afar taas nin oo Cawil magacaabay ba w'ay dhinteen, Alle ha u wada naxariiste, kahor qoraal kii buugga Cawil. Sida Cawil sheegay warqaddaas, aan se run noqon karin, nuxurkeedu wax'uu ahaa sida soo socota:

"Wax'aan idin ku la talin lahaa:
        in ay daan na soo raacin;
        a). Soomaali caafimaad qabta oo aad ku soo biirtaan hal kan ma joogto;
        b). Hadd'ay noqoto in aydun nagu soo biirtaan, hal jago oo bannaan

ha noo la imanina; halkan Soomaalidu ka ma xishoonayaan in ay jagooyin kaas wada qaataan;

c). Lixda jago ee wasiirradi Ingiriisku ku fadhiyeen soo wada buuxiya;

d). Lixda kursi ee Ingiriisku kaga jiraan Baarlamaanka soo wada buuxiya".

Dhammaan waxa Cawil sheegay waa beenabuur an aasaas lahayn. Marka ugu horraysa, qof siyaasad wax ka garanayey, sida Maxamuud Cabdi Nuur oo kale, wax sidaas u eg ma qoreen. Marka 2aad, Maxamuud Cabdi Nuur iyo Maxamed Ibraahim Cigaal is ma aqoonin, warqad cayn kaas oo kale ah na waxa isu qori karay labo aad isu yaqaan, aad na is ugu kalsoon. Marka 3aad Maxamuud Cabdi Nuur wax'uu ka mid ahaa madaxdii Xisbigii SYL, ee xornimo iyo midnimo Soomaaliyeed muddada dheer u soo halgamaysay, sidaas awgeed na m'uu ahayn kii odhan lahaa 'ha na soo raacina', iyo wax u dhow too na. Marka 4aad, Maxamuud Cabdi Nuur wax'uu ka dhasahy beelaha Dir, ee aqlibiyaddoodu ku noolaayeen Soomaali galbeed iyo Woqooyi, Koonfur na lagaga badnaa. Ma jirin, sida la fili karay (conventional wisdom), sabab uu ku diidi lahaa in Soomaalida Woqooyi, oo badan koodu Dir ahayd, la midoobaan walaalahooda Koonfureed ee uu ka mid ahaa. Marka 5aad, ma jirin niman Ingiriis ahaa oo ku fadhiyay kuraasi Baarlamaanka Somaliland. Xubnihii Baarlamaan ee la soo doortay 18 Feb. 1960 wax'ay wada ahayeen Soomaali. Bal Cawil ha sheego meelaha Somaliland oo niman Ingiriis ahaa laga soo doortay? Marka 6aad, ma jirin lix jago wasiirro oo Ingiriis ku fadhiyeen. Wax'ay ahaayeen saddex lagu magacaabay xilalk'ay hayeen doorashooyin kii kahor (Ex-officio ministers), ee dawladdii la dhisay doorashooyin kii kaddib, Wasiirradeedu wax'ay ahaayeen toddoba (7) keli aha, oo afar Soomaali ahaayeen.

Ha se yeesh'ee, Maxamuud Cabdi Nuur wax'uu ka mid ahaa waftigii Baarlamaan kii Koonfureed ee uu hoggaaminayey Afhayeen kii Baarlamaan koodi, Aadan Cabdulle, oo Hargeysa u yimi kaqaybgal dabaaldeggii xornimada Somaliland ee 26kii June 1960. Wax'aan maqlay in Maxamuud Cabdi Nuur mar kaas ku la taliyey Maxamed Ibraahim Cigaal in ay kordhistaan tirada xunihii Baarlamaan kooda ee Somaliland, israaca kahor. Laga yaabe in Cawil in taas maqlay, kaddib na wax'uu doona ba is kaga darsaday.

Cawil baa buuggiisa, bogga 72aad, ku sheegay in Aftidii Dasturka dadka

Woqooyi 80% diideen. Waa been. Codayn tii Aftidaas ee dadka Woqooyi wax'ay sida soo socota:

	Haa	Maya
Hargeysa	10,449	27,087
Berbera	2,220	5,231
Borama	14,380	522
Burco	6,427	12,868
Laascaanood	12,090	2,553
Ceerigaabo	3,950	6,019
	49,516	54,280

F.G: Isha (Source) tiro koob kan: Kaydka Taxanahaia doorashooyinka dalka ka qabsoomay laga soo bilaabo (Koonfur 1956), (Woqooyi 1960), midowgii kaddib na ilaa (2012) oo laga heli karayo Golaha Shacabka (Parilament) ee Muqdisho.

Soomaalid'aa ku maahmaahda 'wax la baacsado been baa ugu gaabisa'. Mee boqol kii ba siddeetan kii diiday aftida? Waa taas oo tirooyin kii Haa iyo Maya ee dad kii Woqooyi waa is ku dhow yihiin eh.

Cawil baa buuggiisa, bogga 21aad, ku sheegay in aan Soomaalidu lahayn waddaniyad. Waa inta Xabashidu Afrikaanka kale ugu sheekayso, si ay gumaysinimadeeda u daboosho, iyo mark'ay is leh dahay Soomaalida ka la furfur. Cawil na naf tiis'uu ka hadlay oo asag'aan lahayn waddaniyad. Waddaniyad waa kelmad asal keeda hore Carabi aha, ha se yeesh'ee, boqollaal sano kahor Soomaaliyawday, ka na mid aha kelimadaha badan ee Carbeed oo Guddigii qoridda far Soomaaligu qarameeyay. Luqadaha dunidu na sidaas b'ay u badan yihiin. Hadd'aad Qaamuus Luqadda Ingiriis ah furtid wax'aad arki kartaa in kelimadihiisa badan kooda mid wali ba ka timi luqad kale.

Cawil baa buuggiisa, bogga 22aad, ku sheegay in Soomaalidu asal ahaan ahaayeen qabaa'il kale duwan. Waa been. Ma ahayn, ma na aha Soomaalidu qabaa'il ee waa beelo (Communities), dhammaan tood ka wada tirsan hal qaran. Haddii qabiil loo noqdo na, sida Xabashida iyo Cawil rabaan, Soomaali oo dhammi waa is ku wada hal qabiil. Qaamuuska Ingiriis ee 'Oxford' ayaa qabiil (Tribe) ku qeexaya, "bulsho hal luqad iyo hal dhaqan wada leh". Waa sida Soomaalidu yihiin dhammaan tood. Qabaa'il wax'ay ku ka la qaybsan yihiin inta Soomaalidu ku midaysan tahay: af, dhaqan, caadooyin, diin, iwm.

Cawil baa in taas ku daray in gumaystihii qabiil kii ka dhigay qaran oo sidaas awgeed ku dhashay dhalanteedka Soomaali Weyn. Lid keeda, kelimadda qabiil gumaysigii baa keenay, oo Soomaali qabaa'il u ekaysiiyay.

Gumaystihii baa bilowgii mooday in Soomaalidu sida Afrikaanka kale iyagu na qabaa'il u qaybsanaayeen. In Soomaali weyn dhalanteed tahay na waa waxa dhegaha Xabashidu aad u jecel yihiin in ay maqlaan, Cawil na waajib kaas b'uu Xabashida u fulinayaa, wax kasta ha kaga hele. Soomaali weyn hadda ba waa jirtaa, waana jiri doontaa, laakin hal calan uun b'aan ay ku wada hoos noolayn.

Waxa kal'oo Cawil ku qoray buuggiisa, bogga 23aad, in burburkii qaranka Soomaaliya soo bandhigay in halkudheggii odhanayay "Af keli ah, diin keli ah, dad keli ah iyo dal keli ah," uu ahaa hungo madhan iyo qiiro an meel gaadhsiisnayn. Cawil, malaha, shariid 'tape recorder' Xabashidu u dhiibtay, b'uu ku hadlayay oo hareerihiisa ba m'uu eegaynin, oo xaqaa'iqu ba u ma muuqanin. Soomaalinnimo, dal iyo dad mid na ma burburin, in kast'oo dhibaatooyin badani gaadheen, dad badani na ku nafbaxeen, hanti badani na ku luntay. Ha se yeesh'ee, waxa burburay oo keli aha xukun kii dhexe, kaas oo muddo kaddib ay beddeleen xukuumada ka la gooni gooniyeed ah; waxa keli ah oo'y ku ka la qaybsan yihiin na waa siyaasad, kalaqaybsanaan taasi se mustaqbalka u ma adeegayso danta guud ee Ummadda Soomaaliyeed.

Marka kale, inta Cawil ku sheegay hungo madhan; lid keeda, waa inta Soomaalidu ku caymatay kaddib burbur kii xukunkii qaran ee dhexe. Ma na jiraan dadyow kal'oo dhaqnaan karay dawlad dhexe la'aanteed muddo in taas le'eg, ugu yaraan labaatan iyo toddoba (29) sano (2019), Soomaali maah'ee. In Soomaalidu sidaas ugu dhaqnaan karto dawlad dhexe la'aan waxa u suura geliyay waa midnimada runta ah ee Soomaalinnimo.

Waagii Shirka Soomaalida loogu qabtay Kenya 2002-2004, wax'aan ka mid ahaa Guddi Axdi feegar kiisa ka shaqaynaysay. Waxa na qaadi jiray wade Kenyaan ahaa, oo galabtii qof walba geyn jiray meesh'uu u hoyan jirey. Galab aan ahaa kii ugu danbeeyey oo u hoynayay b'uu jidka igu i su'aalay, "Ma dhabbaa Soomaaliya dawladi ka ma jirto dhowr iyo toban sano?"

Oo aan u celiyay, "Haa."

Oo uu yidhi, "Kenya ma jiri karteen hal maalin oo dawlad la'aan ah". Run tiis b'ay ahayd, oo Kenya iyo Afrikaan badan oo kale ba waxa is ku haya oo keli ah xukun dhexe, dhaqan se is ku ma hayo sida Soomaalida. Taas baa na muujinaysa sida Soomaalidu kaga duwan tahay Afrikaanka kale badan kooda.

Qoraagii caanka ahaa ee Ioan Lewis, baa ku qoray buuggagiisa, 'Modern History of Somalia iyo Pastoral Democracy', in Soomaalidu tahay qaran dawladnimo raadinaya, halka Afrikaanka kale doon doonayaan qarannimadoodii.

Cawil baa ka sheekeeyay guur kiisii, buuggiisa bogga 89aad, ma se sheegin in uu maalmo yar mar kaas kahor int'uu Muqdisho yimi, gabadh ka doonay oday weyn oo Soomaaliyeed oo maalqabeen ahaa, aadna loo yaqaannay, int'uu weli ba u dirsaday, ka oday ahaan, seeddigii General Ismaaciil Axmed Ismaaciil, Taliyihii hore ee Ciidanka Asluubta (Prison Services), oo int'uu Ismaaciil u tegay gabadha aabbaheed u weydiiyay. Sidaas na Cawil gabadhii lagu siiyay, kaddib na Cawil dhakhso ugu laabtay shaqadiisii Nairobi. Maalmo yar kaddib baa raadiyow laga maqlay in Cawil gabadh kale Nairobi ku guursaday, asag'oo aan Ismaaciil iyo gabadhii Muqdisho lagu siiyay aabbaheed mid kood na la soo xidhiidhin, ka na xaal bixinin.

Cawil baa buuggiisa, bogga 113aad, ku sheegay in General Maxamed Abshir 11kii habeennimo ee 20kii Oct. 1969 Maxamed Ibraahim Cigaal gurigiisa ugu tegay, u na sheegay in Maxamed Siyaad iyo Saraakiil kale inqilaab ay wadeen saacado yar kaddib dhici doono. Run ma aha. Sidii la is ugu maandhaafayay Qaanuun kii doorashooyinka aakhir kii1968, Cigaal iyo Abshir ma ba wada hadli jirin kahor mar kii siddeed sano kaddib la isugu geeyay Xabsigii Labaatanjirow 1976.

Ha se yeesh'ee, waxa la sheegay in Maxamed Abshir iyo Maxamed Faarax Caydiid, mid ba gaar kiisii u ogaaday in dhadhaqaaq inqilaab socday. Maxamed Abshir, Muuse Boqor oo subaxa danbe murashax u ahaa in loo doorto Madaxweyne b'uu u sheegay. Caydiid na wax'uu u sheegay Dr. Ismaaciil Jumcaaleh, oo ahaa Wasiir kii Warfaafinta ee dawladdii radyidka ugu danbaysay oo warkii Caydiid gaadhsiiyay Cigaal.

Warar kaas kor ku sheegan iyo kuwo kal'oo la mid ahaa ba waxa loo wada tebiyay Wasiir kii Gudahaa iyo Amniga, Yaasiin Nuur Xasan, oo dhammaan tood ku wada gacan saydhay. Yaasiin waxa habeen kaas la cawaynayay oo leexo ku ruxayay Maxamed Siyaad, oo hoosaasinayay.

Haddii inqilaab kaasi dhicisoobi lahaa, Maxamed Siyaad beri b'uu ahaan lahaa oo Yaasiin baa markhaati ka ahaan lahaa berinimadiisa, in kast'oo kuwii inqilaabka fulinayay qaar kood sheegi lahaayeen in uu ku la jiray sidii kuwii lidka ku ahaan jiray muddo dheer ku tilmaami jireen, taasi na keeni lahayd tuhun xilkii lagaga qaadi lahaa.

Habeen badh kii kaddib baa Maxamed Siyaad iyo Taliyihii Boliska, Jaamac Cali Qorsheel, oo asaga na uu Maxamed Siyaad hoosaasinayay, ka tageen gurigii Yaasiin. Wax'ay tageen barxaddii dabbaaldegga xuska gobonnimada, loo yaqaannay 'Trebuna'. Maxamed Siyaad waxa u qorshaysnayd in meesha loogu war keeno kaddib mar ka inqilaabka la fuliyo. Hal kii baa Sarkaal ugu yimi oo af Talyaani ugu sheegay in Inqilaab kii la hirgeliyay, af kaas oo aan Qorsheel aqoonin. Kaddib baa isagi iyo Qorsheel galeen Xarun tii Talis kii Xoogga Dalka Soomaaliyeed. Mar kaas b'uu Maxamed Siyaad u sheegay Qorsheel in aan wax ba ka jirin wax'ay habeen kaas oo dhan ku wada socdeen, oo inqilaab hirgalay, weydiiyay n a in uu ka la qaybgeleyo iyo in kale. Qorsheel waa gartay in aan dariiq kale u furnayn oo go'aansaday in uu ka la qaybgalo, oo wax'uu gartay in aan ay sii daayeen hadd'aanu sidaas yeelin oo uu noqon lahaa qof kii ugu horreeyay ee mas'uuliintii Askartu xabbisayeen.

Kaddib mar kii waagii beryay baa Qorsheel oo Saraakiil iyo ilaalo militari la socdeen la geeyay Xeryihii Boliiska, oo uu u sheegay in Boliisku qayb ka ahaa inqilaabka. Kaddib baa la dhisay Golihii Sare ee Askarta oo 25 xubnood ka koob naa, shani Boliis ahayeen. Qorsheel maahe afar tii kale, saddex: Xuseen Kulmiye, Maxamed Sheekh Cusmaan, iyo Maxamuud Mire waxa xushay Maxamed Siyaad. Xubinta shanaad, Axmed Maxamuud Cadde, waxa loo malaynayaa in Qorsheel soo jeediyay xubinnimadiisa.

Cawil baa buuggiisa, bogga 114aad, ku sheegay in Maxamed Siyaad 2:30 habeen badh kaddib soo dhaqaajiyay ciidan kii inqilaabka fuliyay. Waa been. Arrintii inqilaabku wax'ay u dhacday sida kor ku sheegan, oo

Maxamed Siyaad hawlgal kii inqilaabka ka ma qayb qaadanin. Door kiisu wax'uu ahaa hoosaasin tii madaxdii dawladdii, taas oo uu si buuxda u fuliyay, wax'uu na abbaaray oo jiheeyay Wasiir kii amniga oo u muujiyay daacadnimo xad dhaafay ahayd. Maxamed Siyaad hal dhagax b'uu labo shinbirood iskumar ku wada dilayay. Haddii inqilaab kii sidaas ku hirgalo waa sid'uu rabay; hadd'uu fashilmi lahaa na, asagu beri b'uu ahaan lahaa.

Cawil wax'uu yidhi, eeg buuggiisa bogga 144aad, in asag'oo Ceel Buur Guddoomiye Degmo ka aha, amar ka helay Wasaaraddii Gudahaa in uu Muqdisho soo galo. Mark'uu Muqdisho yimi na la kulmay Agaasimihii Guud ee Wasaaraddaas, Daahir Xaaji Cusmaan, oo siiyay fasax dheer sid'ay ka codsadeen Cabdirashiid iyo Cigaal. Taasi waa mid aan dhici karaynin. Marka 1aad, sidee baa Daahir dawlad uu ka ahaa Agaasimaha Guud ee Wasaaradda daɫka laga xukumayey nin Guddoomiye Degmo aha ugu odhan karayay la shaqee mucaaridka dawladdaas ka soo horjeeday? Marka 2aad, walow ay dhici kartay in Daahir wax la jeclaa inaadeer kiis Cabdirashiid, hadda na weligiis ma sameeyeen wax qaawan oo sidaas u eg. Marka 3aad, Cawil ma sheegin in cid kale lagu beddelay, Degmadu na ma Guddoomiye la'aan karteen muddo dheer. Guddoomiyayaasha Degmooyinka waxa magacaabi jiray Wasiirka Arrimaha Gudahaa, oo mar kaas nin feejignaa, Cabdulqaadir 'Zoppo.' Hadd'uu ugu bato Daahir toddoba beri b'uu Cawil fasixi lahaa. Marka 4aad, Daahir kolay ogaa Cawil kuu ahaa, ma na aamin kareen. Marka 5aad ma ba jirin karin waxtar Cawil ku kordhin karay ololihii doorashadi madaxweynannimada.

Afar arrimood oo Cawil buuggiisa ku sheegay in uu Maxamed Siyaad ku yidhi, sida hoos ku muujisan, midi na ma dhici karin. Sida Cawil lagu yaqaanno wax'uu Maxamed Siyaad ku odhan karay oo kelya hadba wax'ii uu (Cawil) moodayay in dhegihii Maxamed Siyaad jeclaayeen maqal kooda:

1) Buuggiisa, bogga 117aad, Cawil baa ku sheegay in uu Maxamed Siyaad ku yidhi, "Maxay ilaaladaadu uga kooban tahay beel keli ah (Mareexaan) adig'oo Madaxweyne Soomaaliyeed ah?"

2) Bogga146aad, wax'uu ku sheegay in uu Maxamed Siyaad ku yidhi, "Max'aad Cabdiraxmaan Jaamac Barre ugu magacawday Wasiirka Arrimaha Dibedda?"

3) Bogga 154aad, wax'uu ku sheegay in uu Maxamed Siyaad ku yidhi, "Maxaa kugu qasbay in aad soo saartid Sharciga Xeerka Qoyska?"

4) Bogga 155aad, waxa Cawil ku sheegay in uu diiddanaa dagaal kii Somaalida iyo Xabashida, 1977-78, kaddib na asaga iyo Maxamed

Siyaad arrin taas ku ka la tageen. Waa been qaawan. Runtu waa sida soo socota:

Mar k'uu socday dagaal kiii 1977-78 ee u dhexeeyay Soomaalida iyo Xabashida, Maxamed Siyaad baa soo celinayey Saraakiishii soo qaadatay tababbar askareed, oo mar kaas ciidanka ka maqnaa, oo Cawil iyo qayr kiis ka mid ahaayeen. Cawil asag'oo toban iyo lix (16) sano kahor ciidanka Xiddigleh kaga baxay baa Maxamed Siyaad u dallacsiiyay Gaashaanleh Dhexe (Lt. Col.) oo u diray dagaal kiii. Cawil soo ma qaadanin tababbar kii darajada loo dallacsiiyay u baahnayd iyo mid u dhoweyd toona, tababbar kaas la'aan tiisu na halis gelin kartay ciidan kii uu hoggamin lahaa, haddii Cawil dagaal kiii ka qayb geli lahaa.

Cawil oo u bartay raaxo danjirenimo, waa u adkaysan kari waayay in uu dagaal ka qaybgalo. Wax'uu la mid noqday rah biyo laga soo saaray oo kale. Kaddib na w'uu cararay asag'oo aan weli gaadhin aaggii dagaalka (war front) oo loo diray. Cawil Nairobi b'uu is ka dhiibay oo looga faa'iidaystay sidii ugu waxyeellayn darnayd danahaa Soomaaliyeed. Inta shir jaraa'id la horgeeyay baa laga soo mantajiyay sir kast'oo Soomaaliyeed oo uu ogaa, oo malaha weli ba ku dardarayay been si uu magangelyo ugu kasbado.

Cawil asag'oo sidaas denbiileh dil mutaystay dalka dibedda ugaga maq na toban (10) sano kudhowaad, baa waxa dhacay burbur kii Hargeysa ee dawladdii Askartu samaysay. Taas'oo keentay in taladii dadweynaha Woqooyi badan koodu u gacan gasho Urur kii SNM, ee dawladdii Askarta mucaaridka ku ahaa. Mar kaas b'uu Maxamed Siyaad u baahday Cawil si uu ugu adeegsado ladagaalan kii Ururka SNM. Soomaalidu wax'ay ku maah maahdaa, "Nin aad taqaannid, w'aad la joogtaa". Maxamed Siyaad waa yaqaannay shakhsiyadda Cawil iyo wax'uu yeeli karay ba.

Maxamed Siyaad denbigii Cawil galay waa baabbiiyey, oo qoraal kii baabbiinta baa Cawil loogu geeyay Nairobi oo loogu sii dhiibay qof labadooda u dhexayn jiray. Mar kaas kaddib Cawil Muqdisho u soo wareegay, oo u hawl galay ladagaallan kii Ururka SNM.

Cawil iyo kuwo kal'oo Isaaq ahaa baa Muqdisho ka bilaabay faq-faq iyo shirar lagu maleegayay sid'ay u heli lahaayeen taageero lagu ka la furfuri karay Urur kaas, oo kalsooni weyn iyo taageero aad u ballaadhan ba ka haystay dadka Isaaqa. Waxa bar tilmaameed laga dhigan jiray had ba ninka SNM madax ka noqda beesha Isaaq ee uu ka soo jeeday. Waxa la faafin jiray dacaayado loo ekaysiin jiray in SNM reer hebel leh yihiin. Waxa dacaayaddaas aad loo xoojiyay mar kii Axmed Siilaanyo madax ka noqday SNM, taasoo looga gol lahaa in lagu soo nooleeyo utun beri dhex martay qolooyinka Habar Jeclo iyo Habar Yoonis, waa se shaqayn weyday.

Wax'aan shirar kaas mar na ka qayb gelin aniga iyo Axmed Xasan Muuse, oo annagu ma rabin kaqaybgal kooda; abaabulayaashu na Cawil iyo qayr kiis toona noo ma yeedhi karaynin. Sid'aan filayo in ay naga qariyaan b'ay dan bidayeen si aannaan uga fashilinin wax'ay wadwadeen, oo ma soo dhowayn karaynin kaqaybgalkayaga. Shirar kaas oo muddo dheer la wadwaday ka ma soo bixin wax taakulayn karayay shaqadii Cawil loo adeegsaday, door kiisii na wax'uu is ugu soo ururay jaajuusnimo in uu soo ogaado cid SNM ku xidhan oo ka mid ahayd dadkii Isaaq ee Muqdisho joogay.

Indha adayggiisa iyo xishood la'aan ba, hadd'uu Cawil ammaanaa door iyo waxqabad kii Ururkii SNM; eeg buuggiisa, bogga 48aad.

Cawil wax'uu mar kale ku yidhi buuggiisa, bogga 23aad, "Waddaniyadda Soomaalidu waa xunbo gudhay oo aan soo noqon haynnin." Sid'aan kor ku sheegay, Cawil asag'aa is ka hadlay, waa na kaa bannaanka soo dhigay ka uu yahay.

Waa been sida Cawil sheegay in Ingiriis u rabay Soomaali midaysan, si uu gumaysigiisa ugu si ballaadhsado. Waa sida Xabashidu mar-mar u dhigto dood ay ku diidanay midnimada soomaaliyeed oo Ingiriisku waagaas wad waday, bal se wax'uu Wasiir ku soo jeediyay in dhulka Soomaaliyeed oo dhan, Wasaayad (Trusteeship) Qaramada Midoobay la geliyo, oo asagu maamulo, maadaama uu mar kaas gacanta ku wada hayay dhulka Soomaaliyeed oo dhan, Jabbuuti maah'ee.

Soomaali weyn m idayn teeda waxa ugu horrayn soo jeediyay Naadigii Dhallinyarada Soomaaliyeed (Somali Youth Club - SYC) oo la aasaasay 15 May 1943, (loo beddelay Ururka Dhallinyarada Soomaaliyeed - Somali Youth League – SYL, sannad guuradii 4aad ee 15 May 1947), saddex sano kahor soo jeedin tii Wasiirka Ingriiska. Ingiriisku soojeedin taash hore b'uu tix raacayay, oo wax'uu ka tarjumayay rabitaanka Soomaalida. Culays kaas xornimodoon kii Soomaaliyeed, ee maammulladii Ingiriisku sii gudbinayeen, iyo weli ba warbixin tii Saraakiishii Militari ee Ingiriis uu ka mid ahaa General Cuningham ee dhulka qabtay oo yidhi, "Dhulkan dadweyne aan Soomaali ahayni ku ma noola", ayaa sababtay soojeedin tii dawladda Ingiriis. Run ahaan hindisahaas midaynta Soomaalidu, in kast'oo loogu magac daray Wasiirka Arrimaha Dibedda ee Ingiriiska, loo na bixiyey: 'Bevin Plan', wax'uu ka yimi Wasaaraddii Dagaalka ee Ingiriiska

(The British War Office), oo ka turjumaysay warbixin tii Saraakiisheeda Milatari sida kor ku sheegan, kaddib na Golihii Wasiirrada ee Ingiriis k'aa u dhiibay Wasiir koodii Arrimaha Dibedda. Mar kaas baa Ernest Bevin ka soo jeediyay Golihii la odhan jiray, 'Golaha Nabadda (The Peace Council)' oo ka koob naa Wasiirradii Arrimaha Dibedda ee dalal kii ku adkaaday Dagaalweynihii 2aad ee Dunida (1939-1945). Ingiriisku waa oga in taariikhdii gumaysigu soo afjarmi doontay, oo asaga dhinac ba ka aha hindisihii Atlantic Charter ee bishi August 1941 in cid wali ba xorowdo ka dib marku dagaal kii waagaasi dhammaado, ka dib na noqday hordhici Axdiga Qaramada Midoobay, oo gumaysi cusub Ingiriis hunguri ka ma hayn.

Soojeedinta Bevin Golihii Nabaddu waa ku diiday. Maraykanku wax'uu mar kaas rabay in dalal kii Talyaanigu gumaysan jirey oo dhan toos loo hoos geeyo Qaramada Midoobay, oo an gumayste kale loo gacan gelinin, in kast'uu siyaasaddiisii mar kii danbe beddeley. Fransiiska iyo Ruushku na wax'ay rabeen Koonfurta Soomaaliyeed in Talyaanigii dib loogu dhiibo. Ruushka muraad kiisu wax'uu ahaa, in haddii doorashooyin kii Talyaanig'oo mar kaas soo dhowaa, uu ku guulaysto Xisbigii Shuuciga, ee uu hoggaaminayey nin firfircoo na oo la oran jiray Taalioti uu Rushku Soomaaliya ka dhigan lahaa sallaan uu Shuuciyadda ugu gudbiyo Afrika in teeda kale. Fransiisku na, laga yaabee in uu Talyaaniga uun taageerayey.

Cawil wax'uu yidhi siyaasiyiinta Koonfurta Soomaaliya ma aaminsanayn Soomaali Weyn, eeg buuggiisa, bogga 27aad. Waa been tiis. Siyaasiyiinta Soomaaliya wax'ay ahayeen madaxdii SYL. Hadaf kii SYL na midnimuu ahaa. Marka labaad, ayaa khasbayay Siyaasiyiin tii Soomaaliya haddii aan ay Soomaali weyn aamminsanayn, sidee baa se israacii labada qaybood ee Soomaaliyeed u hirgalay?

Cawil baa ku yidhi buuggiisa, bogga 31aad, haddii doorashadii Woqooyiga NUF ku guulaysan lahayd oo Michael Mariano ka madax ahaa, siyaasaddoodu wax'ay ahayd in shan sannadood dalku ku sii jiro maxmiyad Ingiriis. Waa been tiis. Ingiriis k'aa ba Qorshihiisu ahaa in Somaliland xornimadeeda qaadato 1962, sida mar danbe la ogaaday. Xamaasaddii xornimodoonka ee Woqooyi NUF baa bilowday. Sidee b'ay uga danbayn lahaayeen goorta Ingiriisku ba oggolaa ee 1962?

Ha se yeesh'ee, haddii NUF xukunka qaban lahayd israac qorshaysan baa dhici lahaa, muddada gorgortanku na ka ma ba dheerayn karteen 1962.

Cawil baa ku yidhi buuggiisa, bogga 32aad, "Maxamed Ibraahim Cigaal Wasiir kii 1aad ee Somaliland wax'uu ahaa kan keligii ka mid ahaa Golihii Dhexe ee SNL ee ka soo horjeeday israac degdeg aha". Waa been tiisi. Maxamed Ibraahim Cigaal asag'aa hoggaaminayay waftigii SNL/USP ee Muqdisho ku la shiray Xisbigii iyo dawladdii SYL, oo israac degdeg ahaa dalbaday. Cigaal wax'uu jeclaan lahaa ba, madaxdii SNL wax'ay rabeen meel ay ka galaan 'codfidiyihi (maykrofoon kii)' Xisbigooda, oo xubnihii xagjirku awooddii la wareegeen madaxdoodi.

Cawil baa hadda na ku yidhi, buuggiisa, bogga 42aad, dadka Somaliland wax'ay ogaadeen in aan heshiis midow jirin, labada dhinac ee Baarlamaan ansixiyeen". Waa been qaawan. Marka hore, israacu wax'uu dhacay 1 July 1960 kii si waafaqsanayd dhaqanka Soomaalida, oo xubnihii labadii Baarlamaan oo midoobay ku ansixiyeen isutaag iyo sacabtun (Standing Ovation). Ha se yeesh'ee, sida lagaga daydo nidaamka dawladaha dunida, wax'ay ahayd in uu jiro qoraal rasmi ahi, kaas na waxa Baarlamaan kii mar danbe ku ansaxiyay sida ku cad Sharci Lam.5 ee 31 Jan. 1961, oo Xubnihii Baarlamaanku ugu wada codeeyeen, "Haa" (Unanimously), iyad'oo dhaqangal kiisi na laga soo bilaabay 1 July 1960 kii (Re-troactively back-dated).

Waxa kal'oo Cawil buuggiisa, bogga 52aad, ku yidhi in 6dii subixii 10kii Dec. 1961 sidii caadadu ahayd baa Saraakiishii militari ee Hargeysa joogay soo wada fadhiisteen xafiiskii isgaadhsiinta oo Kornayl Maxamed Caynaanshe kaga war qaadanayay saraakiishii ciidamadii Hargeysa dibedda ka joogay. Waa been iyo illawshiiyo is la socda. Waa marka hore, Kornayl Maxamed Caynaanshe 6dii subixii 10kii Dec. 1961 wax'uu u xidhnaa kuwii iskudayay inqilaab kii dhicisoobay sameeyaye, Cawil na ka mid ahaa. Marka labaad, caado ma noqon karin ciidamada dhexdooda in saraakiil hoose is ka soo buuxiyaan qolka isgaadhsiinta ee Kornaylku kaga war qaadanayay saraakiil ciidamo mas'uuliin ka ahaa. Marka saddexaad, qolka isgaadhsiineed caadiyan waa yar yahay oo ma ba qaadi kareen cid ka badan Kornaylka iyo taarwalaha.

Cawil hadba wax'uu rab'uu is kaga hadlayaa, meel ay la marto ba, run iyo been na ma ka la yaqaanno. Sid'uu ku qoray buuggiisa, bogga 52aad, wax'uu yidhi mar kii Kornayl Maxamed Caynaanshe subaxdaas hore Taararka kaga war qaadanayay saraakiishii ciidamada Hargeysa dibedda ka ahayd, saraakiishii waagaas Hargeysa joogtay oo dhammi xafiiska Kornaylk'ay is ugu wada iman jireen oo warbixinnada la dhegeysan jireen. Tani waa been tii been oo dhan dhashay. Kornaylka xafiis kiisa waxa soo geli karay oo keli ah, sarkaal asaga ka sarreeyay ama la daraja ahaa, saraakiil uu shir la lahaa, sarkaal Kornaylku u yeedho ama sarkaal rabay in uu arko Kornaylka. Nidaamka ciidan, cid ay yihiin ba, ma dhici karin oo xafiis Kornayl saraakiil hoose is ka ma soo geli karin. Mid kale, Kornaylka saraakiisha dibedda ka la soo hadlaysay qaar kood, laga yaabe in ay soo tebinayeen warar aan loo bahnayn in cid aan Kornaylka ahayni ogaato. Sidee baa Kornayl ugu oggolaan karay in saraakiil yaryar oo hoose xafiis kiisa is ka soo buuxiyaan?

Cawil wax'uu ku sheegay buuggiisa, bogga 45aad, in iskudhacii Wasiir kii 1aad Cabdirashiid Cali Sharma-arke iyo Maxamed Ibraahim Cigaal ka bilawday Cigaal oo Cabdirashiid u soo jeediyay in shaqaaleh reer Koonfureed ahaa oo dadku ka cawdeen laga beddelo Woqooyiga, Cabdirashiid na ka diiday. Waa been aan biya lagu badhxin. Marka hore Cabdirashiid iyo Cigaal is ma ba qabanin. Marka 2aad, Cigaal sababt'uu isaga casilay dawladdii Cabdirashiid waa sida kor ku sheegan, eeg bogga 8aad, ee qoralk kan. Marka 3aad, kalabeddelka shaqaalaha Cabdirashiid, mas'uuliyad dawlad wadareed ahayd maah'ee, mas'uulliyad toos ah ku ma lahayn. Marka 4aad, Cabdirashiid iyo Wasiir 1aad kasta shaqaalaha ma ka la beddeli jirin. Shaqaalaha waxa ka la beddeli jiray wasaaradahooda. Kuwa keli aha oo Golihii Wasiirradu ka la beddeli jiray, Wasiirka 1aad na door muhiim aha ku lahaa, wax'ay ahayeen Agaasimayaashii Guud ee Wasaaradaha, Danjireyaashii iyo Guddomiyayaashii Gobollada. Marka 4aad, Cigaal hadd'uu rabi lahaa in shaqaaleh la beddelo wax'uu si sahlan uga fulin karay Wasiirrada kal'ee dhiggiisa ahaa, oo u ma baahdeen in uu arrimahaas weydiiyo Wasiirka 1aad ba.

Cawil wax'uu ku yidhi buuggiisa, bogga 48aad, inqilaab koodii dhicisoobay wax'uu ka dhashay dareenka dadka. Waa kuwee dadka dareen kaas qabay? Ma ahayn dareen dadweyne, oo Cawil asagaa ba buuggiisii hore ku qoray in qof keliya oo rayid aha oga qorshahoodii iskudayga inqilaab. Cawil mar walba iskudaygoodii afgenbiga dhicisoobay wax'uu ku sheegayay inqilaab. Waa marka keli ahaa oo Cawil runta u dhowa, oo inqilaab waxa sameeya askar xukundoon ah. Afgenbiga loo sameeyo dan dadweyne waa 'Thowrad', taas na waxa yaalaa ba sameeya dadka, oo Askari ma samayso. Cawil na mar keli ah qoraal kiisa ku ma sheegin wax'aan inqilaab ahayn.

Cawil baa buuggiisa ku yidhi, bogga 49-50aad, in mark'ay go'aankoodii iskudayga inqilaab gaadheen ahayd in Maxamed Ibraahim Cigaal Wasiirka1aad madaxnimadiisii Somaliland dib ugu celiyo. Is ma keenayso dhigid inqilaab loogu badheedhay in naf loo huro, iyo cid kale awoodda sii. Cigaal wax'uu ka mid ahaa xubnihii dawladdii ay rabeen in ay afgenbiyaan, xukun askareed na Cigaal weligi ma soo dhoweeyeen.

Cawil baa ku sheegay buuggiisa, bogga 68aad, in dawladdii Soomaaliyeed ee Wasiir kii 1aad Cabdirashiid shaqadii ka eriday Qareen Yuusuf Jaamac Cali Dhuxul, Ku-xigeen kii Xeer-Ilaaliyiha Guud, kaddib mark'uu diiday in uu dacweeyo iskudayayaashii inqilaabka dhicisoobay. Waa been, Yuusuf asagaa is kaga tegay shaqadii dawladda. Dawladdii Cabdirashiid, iyad'aa ba dacwaddii baabbiinaysaye, sideeb'ay cid kale ugu xujayn lahayd in uu wax dacwayn waayay?

Dhammaan wax yaalahaas kal'ee Cawil ku sheegay buuggiisa, bogga 72aad, iwm, ee ku saabsan maxkamadayn toodi waa wada been, sid'aan ku sheegay buuuggayii hore 'Difaaca Taariikhda ee 2005. Hadd'ay waxa Cawil sheegay dhaceen sida, in General Daa'uud Maxkamaddii dhexdeeda ku suuxay iwm, wax'ay reebi lahayd hadalhayn badan bulshada Soomaaliyeed dhexdooda oo caan ku noqotay sida sheeko xaxariir, madaama aan af Soomaaligu qornayn waagaas. Cid wax'aas maqashay ma jirto, Cawil maah'ee!

Cawil baa sheegay in Maxkamaddu ku qanacday in an israac sharci ahi jirin labadii dal ee midoobay iyo in dadka Woqooyi 80% diideen Aftidi Dastuurka. Labadaas sheegasho ba waa been sid'aan kor ku caddeeyey qoraal kan.

Cawil, is la bogga 72aad ee buuggiis'uu ku sheegay, in aan ay askar ahaan ugu dhaaranin addeecid Jamhuuriyad Soomaaliyeed, bal se u dhaarteen dawladdii Ingiriis ee waagaas xukumaysay Somaliland, oo wax'uu ku faanayaa gumaysi lajirnimo, oo ka faanayaa Soomaalinimo. Waa na been tiisi, oo in kast'oo dawladdii Ingiriis ee Somaliland, oo Wasiirro Soomaaliyeed ka mid ahayeen ay Cawil iyo kuwo kale tababbar u dirtay, mark'ay tababbar koodii dhamaysteen waa jirtey midnimada Jamhuuriyaddii Soomaaliyeed, iyad'ay na u soo shaqo tageen oo u ma ay shaqaynin Ingriiska Cawil leh yahay w'ay u dhaarteen. Mid kale, dawladdii Soomaaliland ee Gumaysigii Ingiriis wax ay ku dhisnayd qawaaniin wax walba iyo cid kast'oo ay khusaysay ba ka dhalanayeen, qawaaniin taas na waxa dhaxashay dawladdii Soomaaliland ee curatay 26 kii June 1960 (The State of Somaliland).

Cawil iyo kooxd'ay is ku tababbarka ahaayeen baa dalka ku soo noqday kaddib midawgii Woqooyi iyo Koonfur, weli se labadii ciidan la ma midaynin lixdii biilood ee hore ee israaci sababt'aan kor ku sheegay awgeed.

Cawil baa mar labaad ka been sheegay, buuggiisa bogga74aad, in General Daa'uud yidhi haddii saraakiil Woqooyi la dallacsiiyo, kuw Koonfureed baa ka xumaanaya, sidaas oo uu buuuggiisii hore na ku qoray. Been taas Cawil lid keeda, General Daa'uud waa kii Sarkaalnimo is ku mar u wada dallacsiiyey dhowr iyo soddon Saraakiil Xigeenno ciidan kii Woqooyi ka mid ahaa, oo aan qaanuunka Ingiriis uga ka tegay u oggolayn in ay Saddex Aliflayaal dhaafayaan.

Iskudaygii inqilaabku wax'uu ahaa mid dhicisoobay kahor in tii aanu bilaabmin oo ma jirin xogoggalnimo iyo taageero dadweyne mid kood na.

II
SOOMAALIDA

Qofka Soomaaligu badanaa ba asal ahaan miyi b'uu ka soo jeeday. Walaw aan Soomaalidu u heelloonayn kalasarrayn, hadda na wax'ay talada uga danbayn jireen waaya-arag iyo ogeys kooda.

Soomaaligu waa cadho dhow yahay, waa na dagaal badan yahay, waa se geesi u adkaysi badan hawl iyo dhib kast'oo kale ba, sid'ay qireen shisheeyayaal dirir iyo hawl ba la galay, ama iyaga ba la dagaalamay.

Askar Soomaaliyeed oo ka qayb gashay Dagaal weynihii 2aad ee Dunida

Soomaaligu waa deeqsi, sida dhulmareenno badan oo shisheeye qoreen oo is ku wada raaceen.
Soomaalidu waa abtirsiimo aabeley (patrilineal).

Habka dhaqan dhaqaaleh ee Soomaalidu wax'uu ka soo unkamay nolol miyi, iyo ugu horrayn xooladhiqid (animal husbandry), weli na udub dhexaad u ah dhaqaalaha dadka badan kiisu ku tiirsan yahay. Qodaalk'aa ku xigay, ku ma se wada baahsanayn geyiga Soomaalida oo dhul kaa oommane u badna oo aan badi wax lagu beeri karin.

Nolosha xoola dhaqatada Soomaaliyeed ee guuraaga ah ayaa gebi ahaan ba ku tiirsan xoolaha nool, hilib kooda, caanahooda, subaggooda iyo ka gancsigooda iyo soosaarradooda sida haraggooda iwm, si ay ugu beddeshaan wax'ay magaalooyinka uga baahdaan.

Waxa kal'oo ay ka ganacsadaan khayraadka dabiiciga ah sida faleenka qaybihiisa ka la duwan ee luubaanta, maydiga, xabag hadi, fooxa, malmalka iwm, kuwaas oo deegaannada qaar, sida Sanaag iyo Woqooyi bari hodan ku yihiin, iyo yicibta oo gobollada dhexe caan ku yihiin, walaw ay dabargo' ku dhowdahay.

Wax'aan xusuusanahay in waagii Xukun kii Askarta, Axmed Silaanyo, oo mar kaas ahaa Wasiir kii Ganacsiga, uu maalin ka sheegay Golihii Wasiirrada in uu aqoonyahanno u xilsaaray cilmi baadhis in la beeri karay maydiga iyo yicibta, la na soo hubiyay in ay suuragal tahay. Mase xusuusni in Axmed Silaanyo sheegay cidda aqoonyahannadu ahaayeen, Soomaali mise shisheeye. Ma hubo in dedaal kaas la sii waday muddadii xukun kii Askarta iyo kaddib too na.

Nolosha iyo Dhaqanka Soomaalida xidid koodu waa nolosha miyiga, iyad'aa na marjac (Source) u ah habka dhaqan dhaqaaleh (socio-economic) ee Soomaalida.

Xoola dhaqatadu waageerro (encampment) dhowr-dowr qoys ah b'ay u degaan, waageer kasta na u sii ka la qaybsamo xeryo ka la qoqoban oo qoys wal ba, gaar kiisa ugu xeraysan yihiin adhi (ido iyo riyo). Badanaa ba ishinka (geel iyo lo') qoysaska oo dhan waxa loo hoyn karaa xero weyn oo dhexe, mid ba xero, geela mid lo'dana mid.

In aan magacyada xoolaha sidaas u faah faahiyo waxa igu dhaliyay mark'aan arkay dhallinyaro Soomaaliyeed oo Jaamacadaha wax ku barta oo aan wax ba ka aqoonin nolosha Xoolaha iyo miyiga.

Hoyga reer guuraagu waa aqal Soomaali, ka samaysan maydhaxda (diirka) dhirta. udubbo iyo dhigo, caws dhulka ka baxa sida maadh. In taas baa laga sameeyaa waxyaalo: sida kebed, caws (noocyo badan leh), dhigo sida lool iyo xakab, alool, laga sameeyo duno, maryo hun ah oo laga baxay. Aqalka waa la dhisaa mar kast'oo meel la dego, waa na la furfuraa marka meel kale loo guurayo. Waxa aqalka lagu raraa rati.

Odayad'aa qorsheeya hadba meesha reerku u guuri doono mar kast'oo daaq ama biyo ku yaraadaan aagga la deggen yahay.

Dhaqaalaha qodalkku tacbasho dhul beereed b'uu ku tiirsan, kuwo ka shaqeeya iyo kuwo loo shaqeeyo ba, oo u badan Koonfurta inta u dhexaysa labada webi oo waraabidleh. Ku tacabaasho roob baa ka jirta deegaannada Bay iyo Bakool ee Koonfurta galbeed, iyo deegaannada Gabiley iyo Boorama ee Woqooyi, iyo meelo kal'oo heerka tacbashadu ka sii hoosayso.

Xoola raacatad'aa badanaa ba u degta hab qoysas is ku hayb ah iyo qaraabo, halka tuulooyinka qodaalka qaar kood ka kooban yihiin dad aan is ku hayb ahayn, dani se kulmiso, sidaas na kaga maarma qaraabanimo.

In kast'oo magaalanimada Soomaalidu (urbanization) xeebaha ka soo bilaabatay, dhulka Soomaaliyeed na ugu biyabadeed dheer yahay qaaradda Afrika, hadda na Soomaalida badan koodu u ma heelloonayn kalluumaysi afartaneeyo sano kahor. Xukun kii Askart'aa soo rogay in aan Caasimadda, Muqdisho, xoolo lagu qali karayn labo maalmood toddobaad kii ba, si cunidda kalluunka dadku u barto, waa na la bartay.

Dadyowga dal kasta wax'ay is ugu jiraan kuwo is ku isir ah iyo kuwo ka la isir ah, oo hal qaran is ku noqday. Qaar kood baa u qaybsan qolooyin tiro badan, qaar kale na wax'ay ka kooban yihiin qolooyin tiro yar. Tusaaleh, Kenyaanka Soomaalida la deris ah dad koodu waa kuwo ka badan afartan (40) qabiil, oo afartan luqadood ku ka la hadla, diin iyo dhaqan ba ku ka la qaybsan. Wax'ay badan koodu is ku af gartaan luqadda af Ingiriiska ee gumaystihii haysan jirey uga tegey, in kast'oo qoomiyadahaas qaar ka mid ahi ku wada xidhiidhaan af Sawaaxili.

Sidaas oo kale, Itoobiyaank'aa iyaga na dhowr iyo siddeetan qolaa lagu sheegaa, oo ku ka la qaybsan af, diin, iyo dhaqan ba. Kuwooda awoodda badan baa se aqoonsan sagaal qolo oo keli ah. Ha se yeesh'ee, wax'ay Kenyaanka kaga duwan yihiin, qolooyin kaas oo dhan baa ku khasabanaan jiray kuhadalka afka Amxaarada. Sidaas awgeed b'ay u wada baran jireen oo ugu hadli jireen Amxaariga, haddii kale ma yeelan jirin xaquuq waddaninimo. Waxa kal'oo Itoobiya ka jira dadyow badan oo la addoonsado, oo aan loo aqoonsanayn in ay qolo ba yihiin Itoobiyaannimo khasab ku ah maah'ee. Waxa kuwaas loo yaqaan Shaanqile.

Koonfurta Suudaan na dad keedu waa lixdan iyo afar (64) qolo, ku ka la qaybsan dhaqan, luqad iyo diin ba. Eritrea, iyada na dad keedu waa sagaal qoomiyadood oo u ka la qaybsan Muslimiin iyo Masiixiyiin.

Nasiib wanaag Soomaalidu dhammaan tood waa is ku hal ummad keli ah; sidaas b'ay uga duwan yihiin dadyowga kal'ee qaaradda Africa. Soomaalidu dhamaan tood waa is ku af iyo dhaqan, waa na wada Muslim, Sunni ah. Soomaalidu qabaa'il ma aha. Ummad qabaa'il ahi wax'ay ku ka la qaybsan tahay inta Soomaalidu ka midaysan yihiin: af, dhaqan, isir, diin, iwm. Haddii qabiil loo noqdo na Soomaali oo dhan baa hal qabiil noqon karta.

Soomaalidu wax'ay weligood ahaayeen hal qaran laakiin an lahaan jirim xukun dhexe kahor mark'ay ka la qaybsadeen gumaysatyaashii Yurub iyo Xabashidu qarnigii sagaal iyo tobnaad (19th century) qayb tiisii danbe.

Soomaalidu iyag'aa dhex dooda is maxkamadayn jirey oo xallin jirey wax'ii dhibaatooyin ka dhex dhaca beelahooda, oo waxa ka garniqi jirey odayo aqoon gaar ah u lahaa. Dhacdooyinku ma siyaasadaysnayn, oo waa laga heshiin karay, lagu na ka la bogsan jirey. Dhibaatooyin kaas baa inta badan ka dhalan jiray loollan loogu jiray daaq iyo biyo, iyo xoolo la ka la dhacay ama la ka la xaday iyo gabdho la la tegey, iwm.

Mar kast'oo gar la naqayo waxa la dhegaysan jiray dhinacyada mudduci (dacwoode) iyo muddacalay (dacwaysane) iyo markhaatiyada labada dhinac keensadaan.

Wax kast'oo ay ku heshiiyaan labo dhinac, oo beelo waaweyn ka ka la tirsan ama beelo hoosaadyo, labo jilib oo hal beel ka wada tirsan, baa noqon jiray Xeer (Social Contract) u dhexeeya labadaas qolo, oo wax'ii danb'ee ka dhex dhaca u noqon jiray marjac iyo xukun ka ma danbays aha.

Waxa sida kor ku sheegan ka sii qoto dheer Xeer Ciise. Wax kast'oo ay ku heshiiyaan labo lafood oo Ciise ahi ayaa lagu dabbaqaa wax kast'oo ka dhex dhaca beelaha Ciise oo dhan. Ciisuhu wax'ay yidhaahdaan arrini ama waa curad ama waa ugub. Curad waa mid hore u dhacday oo kale, marjac na leh, wax'ii lagu xalliyey baa na kuwa ka danbeeya oo dhan u noqonaysa marjac iyo xal ba.

Gumaysigii kahor, walaw aan ay Soomaalidu lahayn nidaam dawladeed, hadda na waa lahayd hab dhaqan dhaqaaleed bulsho sida ummadaha kal'ee adduunka.

Waa kan hoos ku qeexan tusaaleh, soo koobaya sida Soomaalidu u xallin jireen khilaafaad kooda, heer shakhsi iyo heer wadareed ba. Habka loo marayay baa is ku mid ahaa oo Soomaalidu ka sinnayd deegaan kast'oo ay joogeen ba. Garnaqsiga baa loo yaqaannay **'Geed' (Meeting Place):**

Marka xurguf ama khilaaf dhexmaro labo qof ama labo beelood, geed baa arrinka la geyn jiray in si nabad ah loogu xalliyo. Geed k'aa u ahaa madal iyo maxkamad lagu ka la baxo. Hal kaas baa lagu ballamin jiray dhinacyada is haya ee dhibi ka dhex oo gnayd.

Xeerbeegti (Jury)
Xeerbeegti waa guurti xul ah iyo qeyda yaqaanno, oo sida badan hore u galay xaajooyin oo waayo arag ah, lagu na bartay eex la'aan. Xeerbeegti baa degdeg la is ugu yeedhi jiray, si loo la tacaalo khilaaf in t'uu cusub yahay si aanu belo u horseedin, sida ku dheehan maahmaahda, "belo madax la qabtay lehdahay, ee dabo la qabto ma laha".

Ahmiyadda qodobka danbe lahaa awgii, odayadu waa ka ducaysan jireen marka gar la furayo, oo dhihi jireen, "***Ilaahayaw eex ha nagudhaafayin, aqoon la'aan se ha nagu cadaabin***". Ereyadani waa kuwo laga soo dheegtay *Quraanka, Suuradda Albaqarah,* aayadaha u danbeeya.

Xidhe
Xidhe waa oday magac leh oo wax ka la gooya ee qolo ama raas. Marka xaajo la geleyo, labada dhinac oo is haya waa in mid kasta la yimaaddo Xidhe. Marka gartu dhamaato oo go'aan soo baxo, waa in loo hoggaansamo. Xidhah'aa na xil kaas qaabbilsanaa oo dhinaciisa ka meel marinayay go'aan kasta, sii ba marka guuldarro soo food saarto cid, oo dhinaciisa laga helo garta.

Agabbare (Court Fees)
Agabbare waa maal aan badnayn oo lagu dabooli jirey kharashka ku baxa xeerbeegtida inta garta lagu jiro, oo laga qaadi jiray labada dhinacyada is haya. Waa la na bixin jiray.

Gar
Gar, waa in labo dhinac jiraan: Mudduci iyo muddaacaleh.

Garta la geleyo, bilawga ba, waa la ogaa saheeda iyo nooceeda. Labo mid b'ay u dhuran jirtay:

1) Sulux
Waa xaajo wax badan la xeerinayay oo la rabay in ay ku khaatumaysato guul. Sidaas baa cid kasta u roonayd, caaqibo u lahayd oo heshiis dhab ahi ka dhalanayay.

2) Gar cadaawe
Go'aan kagaadhid gar culus dooddeedu waa adkayd oo xallinteedu wax'ay ahaan jirtey iskubixis aan loo ka la kacaynin habeen iyo maalin (Jilib Carro) ilaa la go'aaminayo, si loo baajiyo in aan dhinaca mudduciga ahi eel geysanin oo ku kicin aargoosi, hadd'aan go'aan dhakhso loo soo saarin.

3) Sidan danbe, la is u ma tudhi jirin, cid baa na laga xarrago qaadanayay, wax'ay na ku dhamaanaysay, "guuldarro". Sidaas awgeed, hiirtaayo iyo calool xum'aa lagu ka la tegi jiray oo heshiis Lillaahi ahi ma jirayayn. Garta sidan u dhacda, goobt'aas baa xukun keeda lagu fulin jiray, sidaas dar teed baa loogu naanaysi jiray, 'jilib carro'.

4) Jariimad mise qabno (Criminal or Civil):
In kast'oo khilaafka dhexmara Soomaalidu noocyo badnaan jiray sida ummadaha adduunk'oo kale, hadda na lab'aa ugu sii mudnaa: *jariimad* iyo *qabno*.

(a) Jariimad
Jariimad waa denbi culus oo ay ka mid yihiin dil, dhaawac, kufsi, gabadh doonnan oo la ka la dhacay, jurxo, iwm. Kuwan, mid kasta wax baa ka xeernaa oo lagu dhaqmi jiray. Xeerka laf tiis'aa labo nooc mid ahaa:

Xeer caam aha oo cid kasta lagu dabbaqo (Soomaali oo dhan) iyo xeer gaar ahaa oo labo qolo ku heshiis ahaayeen.

Xeer caam ah:

Tusaaleh aan u soo qaadano dil. Mag baa ka xeernayd, nin boqol (100) halaad; haweeney konton (50) halaad oo geel ah. Dhaawacu na waa sidaas oo kal'oo xubin kast'oo jidhka dadka ah ayaa lahayd qiime. Xeerka caamka ah baa waafaqsan shareecada Islaamka.

Si dil looga bogsiiyo cidaha wax ka la gaadheen, gabadh godobreeb aha ayaa la is weydaarsan jiray. Qodobreeb kani dhaqan Soomaali b'uu ku salaysnaa.

Xeer gaar ah:

Waa mid ku koob naa labo dhinac keli aha. Xalka lagu maareeyo jariimad dhinac geystay baa xeer noqon jiray. Marka dhinaca labaad tii oo kale ku kaco, xeer kaas baa lagu qaadi jiray.

(b) Qabno

Qabno waa gar ku saabsan khilaaf hanti (maal). Xeer lagu ma dabbiqi jirin ee dhinac wali ba wax'uu dood ku goost'uu lahaa.

Mudduci iyo muddaacaleh

Mudduci (dacwoode) waa dhinaca wax tirsanaya ee xujo soo oogay, **muddaacaleh** (dacwaysane) waa dhinaca xujaysan ee is difaacaya.

Dood

Gari waa dood ka dhexaysa laba dhinac sida kor ku xusan, mudduci iyo muddaacaleh. Doodda, waa in mudducigu ku caddeeyo eedda uu soo oogay, oo ku bishlo war kiisa **marag** (markhaati). Muddaacaleh na waa in uu is difaaco oo caddeeyo in aan eeddu jirin. Muddaacaleh laga ma rabo marag, w'uu se keensan karaa.

Qof kasta, waxa doodi u goys'uu lahaa, waayo: debedyaal baa la xukumi jiray, uuryaal se laga ma garniqi karin.

Igmad

Maadaama gari tahay dood, af wax lagu ka la raynayo, aftahannimo waa la ma huraan. Sidaas awgeed, qofka an doodaa ahayn, baa qabsan jiray wakiil uga hadla geedka. Kaas baa loo yaqaannay **Igmad**.

Led Haye

Led Haye waa qof xafidi jiray doodaha labada dhinac. Isag'aa marjac u ahaa Xeerbeegtida oo la weydiin jiray doodaha labada dhinac sid'ay u dheceen marka go'aan la soo saarayo, maadaama aan qoraal jiri jirin.

Habka gar loo raacayo

Hab sugan oo la yaqaannay baa garta loo mari jiray, kaas oo ahaa sidan:
1) Mudduci baa doodda u bixi jiray oo marsan jiray gar tiisa. Mudducig'aa laga rabay marag si uu wax u caddaysto.
2) Kaddib baa muddaacaleh qaadan jiray hadalka oo is ka difaaci jiray eedda loo haysto, in t'uu dedefeeyo maragfurka mudduciga.
3) Mar labaad baa mudducigu hadalka ku noqon jiray si uu u caddaysto sheegashadiisa.
4) Sidaas oo kal'aa muddaacaleh u qaadan jiray hadalka mar labaad si uu u wiiqo caddaysashada mudduciga.

Go'aan iyo guddoon

Marka dooddu soo afjarant'aa Xeerbeegtidu shawr geleysay oo la qaadaadhigayay wax'ii go'aan lagu salaynayay:
1) Haddii mudduci, (soo ooguhu), waayo marag, millad (dhaar) muddaacal'uu lahaa;
2) Haddii xaajadu tahay jariimad, waxa la is weydiin jiray: ma **ugub** baa mise waa **curad**.
   a) **Ugub (unprecedented)** waa xaajo horleh oo hadda uun la arkay, mar kaas oo ay waajib ahayd in loo qaydo xeer.
   b) **Curad ama dhegeley (precedented)** waa xaajo hore u dhacday, xeer na leh oo sahal loo maarayn karayay.

Ugu danbayn go'aan baa Xeerbeegtidu soo saari jirtay, oo Illayn gari labo ka ma wada qoslis'ee, dhinac ka guulaysan jiray kan kale, oo sidaas la is ku gacan qaadi jiray, oo dhinaca laga guulaystay oggolaan jiray go'aanka. Sida la sheego, nin baa wiil kiisii laga helay gartii. Mar kii warku soo gaadhay aabbihii, b'uu su'aal celiyay oo yidhi, "Ma qaatay gartii?" **Laye,** "Haa." Oo asagii na si farxad leh u yidhi, "Nin rag ah dheh".

Gartu ma ahaan jirtay caadil?

Garta Soomaalidu ka ma duwanayn, ka ma na caadilsanayn, ka ma na liidanin caddaaladda adduunka. Ilaahay oo keli ah ayaa sugi kara caddaalad. Sidaas awgeed, garta Soomaalidu waa lahayd caadilnimo iyo dulmi labada ba.

Dood marka lagu ka la baxayo, afk'aa lagu ka la badsanayay, taas oo caadi ahayd. Ta fool xumayd waa marka xoog la is u sheegto ee cid tabar yar sidaas lagaga diro xaqeeda.**Tusaaleh:** Dagaal dhacay baa nin ku furtay faras. Nin kal'aa ku damaaciyay oo ka qaaday faras kii. W'uu u xoog sheegtay. Xaajadii baa adkaatay, kaddib na gar la is ugu habar wacday.

Nin kii laga dhacay faraska, oo mudduci ahaabaa igmaday nin caan ahaa oo la odhan jiray Cadduur. Madashii baa Cadduur ku sheegtay faraskii dood kooban oo yidhi, "Faraska wax'aan ku sheeganayaa waran shalalaxdii, shuqdii iyo shakamad qabad".

Muddaacalihii, oo aan doodi wax u soo wadin, oo laandheerannimo sheeganayay baa u marsaday sidan, "Wax'aan ku sheeganayaa shan farood iyo calaacal".

Curfi

Curfi waa dhaqan iyo caadooyin ummadi leh dahay, oo marka hore ka soo jeeday dhaqan diineed. Arrimaha curfiga ah ee Soomaaliyeed, hal kan ku ma soo koobi karayno oo keligood baa laga qori kar'aa kitaab dhan. Immika, aan ku ekaanno saddex arrimood oo Soomaalida wada casharin jiray oo gaadhsiisnaa dhul keeda oo idil.

Saddexdu waa birmageydo, martisoor iyo qaraamaad:
(a) Birmageydo waa caado Soomaalidu ku dhaqmi jirtay waayada colaadi jirtay, dhac iyo dil. Si kast'oo la is u waddarayo, waxa reebbanaa in la dilo ama si kale loo waxyeeleeyo qaybaha bulsheed qaar kood:
1. Madax bulsho (Suldaano, Ugaasyo, Garaaddo, Islaanno, Imaammo, Malaaqyo, Odayo, iwm).
2. Ahludiin (Culummo, Wadaadad, Xer, Arday, iwm).
3. Abwaanno (Gabaya, Heesaa, iwm).
4. Ergooyin Nabad Doon ah
5. Haween,
6. carruur,
7. da'weyn
8. Maxaabiis
9. dhaawac

10. Socoto
11. Magan
12. Marti

(b) Martisoor baa ahaa caado Soomaalidu ka sinnayd. Ceeb b'ay ahayd in dad socoto ah iyo qariib laga seexdo. Qoyska ama raaska sidaas yeela na, bayuur baa raaci jirtay. Dhul dheer baa war koodu ka dhici jiray.

(c) (t) Qaraamaad waa caano beel meel taallay is ku dardari jireen oo la siin jiray dad sabool aha oo aagga xoolalleyda ka dhowaa. Dad badan baa sidaas naf tooda lagu badbaadin jiray.

GUURKA

Guur Soomaaliga

Berigii hore gabadha Soomaaliyeed waxa guur keeda u go-aamin jirey had ba ciddii weli u ahayd, oo iyadu talo ku ma lahaan jirin nolosheed, mar-mar na badanaa ba waa la bixin lirey iyad'oo aan ogey ba. Waxa kal'oo guur ka gabadha badanaa ba lagu xidhi jirey 'yarad' in uu guurdoonu xoolo (maal ama mood) ka bixiyo gabadha uu rabo. Waxa marar badan dhici jirtey guur la'aan rag 'yarad' bixin kari waayay, iyo gabdho raggii guursan laha 'yarad' bixin kari waayeen ba.

Hadda, mar hore ba arrimuhu waa is beddeleen, gaar ahaan magaalooyinka iyo miyiga badan kiisa ba. Guurdoonuhu waa in uu is ku hubaa oggolaanshaha gabadha uu rabo, kahor in t'aan wax la weydiin ehel keeda. Noocyada Guurka:

a) Doonid (Betrothal)

Mar ka guurdoonuhu ama cid wakiil ka ahi weydiiso gabadha weligeeda in gabadhaas la siiyo. Gabadha ehel keedu iyaday weydiiyaan in ay ogoshahay ninka raba? Gabadha ugub aanusnaanteedu waa oggolaansho buuxa sida Shareecadda Islaamku qabto. Gabadh hore u guursatay se waa in laga maqlaa haa ama maya.

Marka Gabadha la soo doonay oggolaanshaheeda la hubiyo ayaa dhinici soo doonay lagu war celiyaa, kaddib na rag labada dhinac baa ku kulma guriga qoyska gabadha. Dhinici guurdoohanaha codsigoodi ku ceshada, oo yiraada, "Wax'aanu doonay na heblaayo hebel, oo aannu u doonaynu hebel hebel". Kaddib dhinici ka la gabadha bixiya, waxa bixinta ku dhawaaqa ninka ragga dhinaca gabadha ugu mudan, da'a ahaan iwm, aan se ahayn weliga gabadha. Badanaa ba meher ku na is la markaas b'uu dhacay kaddib marka dhinaca guurdoonuhu codsado.

Mar kaa kaddib dhinaca guurdoonuhu wax'uu dhinaca kale siiyay lacag loo yaqaan 'Gabaati'. Waxa lagu sheegi kara 'Sooryo', abaalguud, iwm. Gabaatiga waxa qaata qaraabada gabadha la bixiyey, oo aan ay ka mid ahayn xubnaha qoys gabadhu. Dhinaci Gabaatiga la siiyay wax'ay lacagta qaar u celiya raggii la socday guurdoonaha, ha se yeesh'ee beelaha Soomaaliyeed ka ma sin na dhaqan kaas, oo beelaha qaar kood b'aan Gabaatig'ay bixiyeen dib wax uga qaadan, kan la siiyay na aan wax ba ka celin.

Mar kaas kaddib guurdoonah'ay u taal in uu asagu gurugiisa habaysto, ama uu rabo in xidid kiis aroos kii qalqaaliyo, asagu na uu kharajka wax ka bixiyo. Hadd'uu doorto tan danbe, gabadhu gurigooday sii joogaysa in ta arooska ka horraysa, qoyska cusbi se goor wal ba Waa kulmi karan. Taas waxa ka reebban beelaha Abgaal ee Hawiye. Gabadha Abgaal mar haddii la meheriyo habeen kaas ba u ma soo hoyanayso gurigoodi ee wax'ay raacaysa nin keeda.

Gaaf
Waa xaflad weyn ee gunaanadka habeenka ugu danbeeya dabaaldegga arooska (xidhitaanka), oo aan dhallinyaradu seexanin habeen kaas. Waxa aad looga xusaa Wagooyi iyo gabeedka Soomaalida, koofur se aad looga ma yaqaan.

Dhibaad
Waa hadiyad qoyska aroosadu siiyo gabadhooda mark'ay ka wareegayso gurigooda, iyo mar kast'oo kal'oo ay reer kooda wax u soo doonato wax'ii la siiyo.

Qaybaha kal'ee Guur Soomaaliga:

b)   Lategid/Raacid (Elopement)

Waa marka wiil iyo gabadhi heshiiyaan oo is ku soo guursadaan meelfog oo guriga qoyska gabadha dibedda ka ah. Badanaa ba wax'ay dhacdaa saddex goor: (i) marka qoyska gabadhu aan ay oggolayn wiilka gabadhooda raba, iyadu se ay rabto; (ii) marka wiilku sabool yahay oo aanu ka bixi karin kharaj aroos, iwm. Iyo (iii) marka ay jiraan gabdho gabadha walaaleheeda oo ka weyn aan weli guursan, in kast'oo ay sababtani dabar go ku dhow dahay, oo Soomaalidu badani wax'ay raacaan dhan Carbeed, oo gabdho walaaladoohi ka waa weyn aan la guursan baa la biya.

c)   Xigsiisan

Waa nin haweenaydi ka dhimatay oo guuirsada gabadh ay xaas kiisi hore qaraabadeeda ah.

d)   Dumaal

Waa haweenay laga dhintay ama la furay oo kuursata nin keedi hore nin qaraabadiis aha.

e)   Godobreeb –

Waa marka laba beelood oo deris ahi ka heshiiyaan dagaal dhex maray, kaddib marka'y ka la qaataan wax'ii gashi ahaan, gabdha na la is dhaafaysadaa oo la ka la guursada, sinabadda loo adkeeyo

f)   Heerin/Heeran

Waa nidaam hadda dabar go'ay ama dabar go'aya. Waagii gabadha 'yaradka' lagu xidhi jiray oo ay gabadho badani guur beeli jireen, baa gabdho waa weynaad ka baxsan jireen beeelahooda oo u tegi jireen beelo fog, oo u guur doonan jireen. Haweenk'ay muraad kooda u sheegi jireen, iyagu na ragga doobabka aha b'ay u sheegi jireen, badanaa ba na waa la guursan jirey.

Taariikhda Fog Ee Soomaalida (Sida dadka qaar qabaan)

Soomaalidu waa ummad fac weyn oo leh hayb iyo taariikh aad u fog, sidaas oo ay ka marag kacayaan asal kooda, afka iyo cilmiga raadadku. Mawaadiicdan b'aynu warqaddan si faahfaahsan ugu qaadaadhigi doonnaa, innaga oo cuskanayna macluumaad dhab ah oo ka dheer anaaniyad, caaddifad iyo dhexdhexaadnimo la'aan.

Asal

Asal ahaan, Soomaali waa ummad jiritaan keedu ku aroorayo qiyaas tii 20,000 oo sano. Marka laga reebo qaybo Soomaaliyeed oo asal koodu ka soo jeedo Carab, ummado kal'aa jira oo la isir ah sida ku cad khariidadda bogga hoose ka muuqata. Dadyowgan in tooda badan baa oo hadda ku dhaqan Woqooyiga Afrika sii ba Morocco, Algeiria, Mauritania, Azwad, Woqooyiga Darfur iyo Itoobiya (Axmaaro iyo Tigre ma ahee) ka mid ma aha. Soomaali qaar kood waa kooxdan.

Dadyowga ugu dhow asal ahaan Soomaalida badan keeda waa Berberka oo aqlabiyaddoodu deggan tahay Morocco. Waa dad cadcad. Azwaddu waa leh yihiin maarriin iyo caddaan ba,oo qolooyin reer Afrikada Galbeed ee la deriska ah b'ay is guursadaan.

Khariidad DNA E1b1b1a, E1b1b1b

THE GENETIC ATLAS	World Y-DNA frequencies	Neohu manid mutative history	Y- Popu lation tree	DNA studies

Haplogroup E1b1b1

Time of origin:	+ 20 kya
Place of origin:	Horn of Africa
Descendants:	E1b1b1a , E1b1b1b

Highest frequencies

Somalia	+ 70%
Morocco	+ 65%
Azawad	+ 60%
Algeria	+ 50%
Ethiopia	+ 50%

Geeska Afrika dadyawga kooxdani ka soo jeedaan, DNA Haplogroup ee E1b1b1a, E1b1b1bna wa'ay ka soo farcameen. In taa waxa dheer, sida lagu helay baxas, faracda isir kani waa gaadhay Masar, Jasiiradda Carabta iyo xattaa Koonfur Itaaliya iyo Giriig. La yaab ma laha tani waayo weligeed ba hijrada aadamuhu miciinsanayay marka deegaan kiisu daboolii kari waayo baahida noloshiisa.

Afafka Adduunka iyo Tusmada Soomaaliga
Tobanka Qoys Afeed Ee U Waaweyn Adduunka

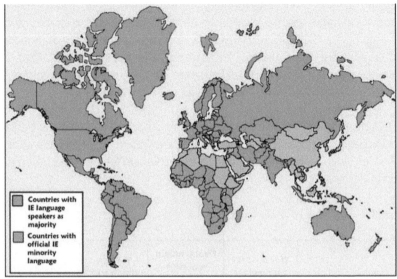

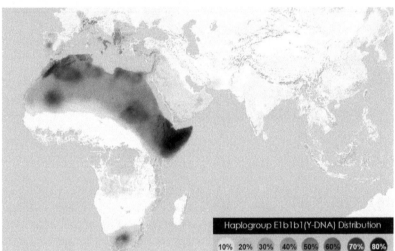

Top 10 Languages Families by Number of Speakers

Language family	Approx. # of speakers	% of world population
1. Indo-European	2.562 billion	44.78 %
2. Sino-Tibetan	1.276 billion	22.28 %

Language family	Approx. # of speakers	% of world population
3. Niger-Congo	358 million	6.26 %
4. Afro-Asiatic	340 million	5.93 %
5. Austronesian	312 million	5.45 %
6. Dravidian	222 million	3.87 %
7. Altaic	145 million	2.53 %
8. Japanese	123 million	2.16 %
9. Austro-Asiatic	101 million	1.77 %
10. Tai-Kadai	78 million	1.37 %
Total percentage of world's popu lation:		96.4%

Data source: *Ethnologue: Languages of the World*, 15th ed. (2005).

Afafka waqtiga xaadirka ah lagaga hadlo adduunku waa 6,900. Kuwan baa ku abtirsada 94 qoys ama kooxo afeed ee kor ku sheegan.
Qoyska Indo-European baa ugu weyn; qiyaas tii 44% dadka adduunk'aa ku hadla ama ku dhowaad dad 2.5 Bilyan ah.
Wadarta dadka aradka, ka badan 96% ama 5.5 Bilyan baa ku hadla af ku jira 10 qoys ee kor ku sheegan mid kood. 84 qoys ee hadhay, keli ah 4% dadka adduunka ayaa ku hadla.

Tobanka qoys ee afeed baa u ka la horreeya sida kuhadlayaashoodu u ka la badan yihiin.

Afro-asiatic:- dadyowga ku hadla afaka qoys kan nisbo ahaan waa 5.93% iyo tiro ahaan 340 Malyuun. Shaxdan waa qoyska afaraad. Masaaxadda lagaga hadlo ka day khariidadda bog#. Waa Bariga Dhexe iyo Woqooyiga iyo Geeska Afrika. Qoys kan baa u ka la baxa labo laamood:-

Semetig:- afafka laan tan waa Carabi - ilaa 300 Malyuun baa ku hadla oo deggen Bariga Dhexe iyo Woqooyiga Afrika iyo Cibri, Arkadian, Assyrian, Armeni oo lagaga hadlo Bariga Dhexe; in tan waxa soo raacaya afaf tiro iyo dadyow koobanleh oo lagaga hadlo Geeska Afrika sida Adari, Axmari, Tigrinya iyo Tigre. Saddexda danbe waa af Carabi gaboobay sida la qabo. Afafka semitigga ee Geeska Afrika, dadyowgoodu waxoogaa b'ay ka waaban yihiin 20 Malyuun.

Kushitig:- afafka laan tani tiradoodu waa 47, dadyowgoodu na waa ilaa 80 Malyuun. Fadlan ka eeg tafaasiisha afafka iyo tirada dadyowgooda shaxda ku lifaaqan bog#. Kuwan xidhiidh aad u dhow baa ka dhagaxeeya oo iftiiminaya isku-asalnimadooda.

Afafka qoyska Afro-asiatic laf toodu waa is ku asal, waa na sidaas awgeed sababta is ku qoys looga dhigay.Warqad laga jeediyey kulan 'Somali Studies' ku saabsan oo ka dhacay 'Holly Cross College', Worcester, Mass. USA min 27 ilaa 29 Dec. 1993 baa si cad u muujisay ilaa siddeed tiir naxweed labadu wadaagaan: magacuyaallo (damiirro), 'ta'da dheddigaanta'-'ta' xidhan iyo 'ta' furan labada ba'Nuunka jamaca', calaamadaha faacilka iyo mafcuulka, xarfaha 'su'aasha' iyo 'nefyiga' iyo xattaa musdalixaadka. Dulucdii warqaddan baa noqotay: madaama 'Soomaali' yahay Kushitig, 'Carabi' Semitig, hadda na si cad labadani leh yihiin xidhiidh dhow, laasim waa in afafka labada qoys is ku asal yihiin (Extrapolation).

Wax cusub warqaddu ma soo kordhinin sida goob tii ka sheegeen rag badan oo ku xeeldheer cilmiga Muqaaranaynta Luqadaha 'Comparative Linguistics', laakiin caddayn sii bishlaysa aragtidan baa la keenay oo loo baahnaa.

Khariidadda Afro-asiatica
Khariidadda inta cawlka ahi waa masaaxadda lagaga hadlo afafka qoyska Semetigga, inta cagaarka ahi na waa afafka qoyska Kushitigga.

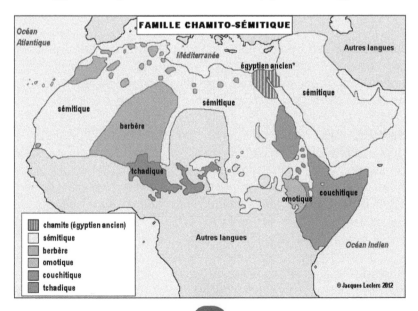

Af Soomaaliga
Arar
Maxaa af taraa ama qabtaa?
Waa saddex: Hayb, afgarasho iyo kaydin dhaqan.

Hayb:- afku waa hayb. Ka soo qaad magacyada Carabi, Faarisi, English, Hindu, Soomaali waa magacyo afaf. Dadyowga afaf kan ku hadla waxa loo yaqaannaa is la magacyadan. Waxa taasi ina tusaysa in haybta dhabta ah ee dadyowgani tahay afka. Inta is ku af ahi waa is ka xigaan dadyowga iyo ummadaha kale. Deegaanku ma abuuro hayb.

Afgarasho: dadku waa ku wada xidhiidhaan oo is ku fahmaan af, hadal kiisa iyo qoraal kiisa ba. Dadka aan is ku af ahayni is ma af garanayaan oo is ma fahmayaan. Haddii laga tegi waayo wax'ay is ku la xidhiidhi karaan **'madaar'**(af dhagool) haddii dani ku ajburto. Laakiin tab tan qudheeda wax badan is ugu ma gudbin karaan kaladuwanaansho dhaqameed awgeed; tan danbe isfaham ba daayo xattaa waa keeni karta kalashaki iyo xurguf.

Kayd Dhaqameed: afk'aa u kaydiya ummadaha dhaqanka iyo hiddaha oo jiilalka cusub u tebiya taariikhdaab koodii hore iyo aqoon toodii dhaqaaleh, xoolaad, bay'adeed, bulsheed, caqiidadeed, suugaaneed, farshaxaneed, ciyaareed, heeseed iyo xattaa khuraafaad kii jiri jiray.

Dadka is ku afka ahi waxa kor ku sheegan oo dhan waa wadaagaan, taas oo ka dhigaysa ummad gaar ah oo ka baadisoocan ummadaha kale.

Taariikhda Af Soomaaliga

Af Soomaaliga Mucaasiriga ah (Contemporary Somali)
Da'da af Soomaaliga mucaasiriga ahi waa 5,000 oo sano qiyaas tii sida ku cad daraasad Jaamicadda Cologne University soo saartay 1980 kii warqad la magacbaxday '*Bas language*' – '*Bas*' waa ereyga Soomaaliga ah ee '*Bad*'; is beddelka cayn kan ah waa lagu yaqaan Soomaaliga:

Laasgeel: Farshaxan Dhagaxeed Soomaaliyeed da'diisa lagu qiyaasay 2500-3000 oo sano kahor.

Tusaalayaal:-
"W'aa aad haysaa"   *baa gobollo loo akhriyaa*   *"wa'ad haydaa"*
"W'ay weydey"   *"wa'ay weydey"*

Ereygan '*Bas*' baa warqaddu u la jeeddaa harada '*omo*' ee ku taalla Koonfur Galbeed ee dalka loo yaqaanno hadda Itoobiya. Warqaddaas baa qeexaysa in Soomaali iyo qolooyin tiro badan oo Nilo-Suudaani ahi ku kulmeen haradan 5,000 sano kahor iyo in madaama Soomaalidu, xadaarad ahaan kaga horreeyeen qodaalka iyo xoolodhiqid iyo sanco, qolooyin kaasi amaahdeen ereyo badan oo Soomaali aha.

Ereyadanwaagaas la amaahday baa maantadan ku filiqsan deegaannada qolooyinka Nilo-Suudaaniga ah ee Rift -Valley, Koonfurta Suudaan iyo Bariga Afrika guud ahaan. Afafka ergistay ereyadan baa loo yaqaannaa *Kooxda Boqol* (*Boqol Group*). '*Boqol*' waa erey Soomaali ah oo macnihiisu yahay tirada '100'.

In taas ka sokow, waxa daraasaddanu caddaysay in da'da af Soomaaliga mucaasiriga ahi tahay 5,000 sano. Sidan baa la go'aansaday mar kii la isgarabdhigay 100 erey oo laga soo ururiyay dadyowga Soomaaliga ergistay iyo af kan maantadan Soomaalidu ku hadasho. 100% b'ay is ku mid noqdeen. Taas baa ku tusaysa in Soomaaligii waagaas iyo ka hadda is ku hal yihiin oo an wax is beddel ahi ku dhicin.

FG: Tirakoob kan soo Tafaftira qoraalku, khabiirka naxwaha iyo qoraalka af Soomaaliga, Axmed Maxamed Sulaymaan (Shiraac), ka soo saaray Mediyaha Bulsheedka iyo wax'uu aqoontiisa kaga daray ba , oo aan qoraagu badan kooda xogoggaal u ahayn. Ha se yeesh'ee, anig'aa ka masuul ah wax'ii qalad ah mar hadd'aan oggolaaday in qoraalka lagu daro.

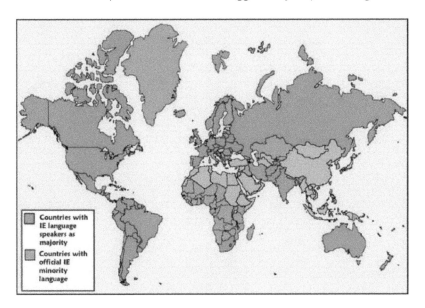

III
BOQORTOOYADIIPUNT

W axa la sheegay in Boqortooyadii Punt jirtey muddo ka badan 3700 –3600 BC(sano kahor dhalashadii Nebi Ciise CS).

Waxa kal'oo la sheegay in muddo la filayo in ay ku siman tahay ama ka badan tahay toban kun oo sano kahor taariikhda Milaadiga (M),dadyowbadani ka soo hayaameen Aasiyada Dhexe (Central Asia), oo u soo kicitimeen Koonfur galbeed. Tirada dadyowgaas iyo sababta hayaan kooda mid na la ma yaqaanno, waxa se suuragal ah in ay soo riixeen dadyow kal'oo ka yimi Aasiya bari iyo ka shishe.

La ma ogaan karo tiradooda, inta soo badbaaday iyo muddad'ay ku soo gaadheen dooxada Webiga Nile, ee hadda loo yaqaanno Masarta Sare (Upper Egypt). Kaddib mark'ay hal kaas ku noolayeen facyo (generations) an tiradooda la aqoonin, b'ay u qaybsameen saddex qaybood. Qaybi wax'ay ku hadhay oo degtay Masar. Qayb tiilabaad na wax'ay ku faaftay Woqooyiga Afrika in tiisa kale. Qaybtii saddexaad na wax'ay foodda saartay Woqooyi bari iyo Geeska Afrika.

Qaybta 3aad wax'ay u sii ka la qaybsantay labo qaybood. Qayb degtay xeebta galbeed ee Badda Cas, ee hadda loo yaqaanno Jamhuuriyadda Eritrea iyo bariga Suudan. Wax'ay hal kaas ka hirgeliyeen boqortooyo lagu magacaabay Kush oo barwaaqo noqotay tan iyo qarnigii 4aad ee (M) *Current Era* (CE), mar kaas oo Abyssinia ku duushay oo burburisay, qabsatay na.

Qaybtii kale wax'ay soo gaadhay Geeska Afrika inta u dhexaysa khoorka Tajoura, oo hadda ka mid ah Jamhuuriyadda Jabbuuti, iyo Raas Casayr, oo ah geeska runta ah ee Afrika. Waxa hal kaas ka taabba gashay Boqortooyadii Punt oo hodan noqotay.

Muddo kaddib dad tiro badan oo reer Punt ahaa ayaa Masar dib ugu noqday, oo u hiloobay qaarabadoodii hal kaas ku hadhay. Noqdayaashaasi wax'ay sii qaateen badeecooyin ka la duwan, oo qiima lahaa, laga na heli karayay dhulka Boqortooyadii Pont keli ah. Badeecooyin kaas oo ay qaar kood u sii qaateen ganacsi, qaar kale na hadiyado ugu geeyeen qaraabadoodii.

Badeecooyin kaas waxa ka mid ahaa dahab, fool maroodi, harag shabeel, balal gorayo, qolof diin, udugga dabiiciga ah ee noocyada faleenka dhirta ka baxa sida fooxa, malmalka, maydiga, luubaanta, iwm.

Boqorad Faraaciin tii Masaarida ka mid ahayd oo la odhan jiray Hatshepsut, jirtay na muddadii 1505–1458 kahor (M) ee Salaaladii (dynasty) 18aad ee Faraaciin tii, ayaa labo jeer booqatay Boqortooyadii Punt. Waxa loo malaynaya in ay ka dhalatay dadkii Punt ee Masar dib ugu noqday, oo waxa laga sheegay in ay mar tidhi, "Wax'aan soo booqanaya dhulkii awoowyaashay". Kaddib mar kii aad loo soo dhoweeyey, hadiyado badan oo qiimo lahaa na la siiyay, b'ay ku marti qaadday Boqor kii Punt, oo la odhan jiray Beru iyo afadiisii, in ay Masar booqdaan, w'ay na sii raaceen mark'ay noqotay.

Cilmi baadhe dhul (Archacologist) Fransiis ahaa, oo la odhan jirey Professor Naville ayaa muddo loo malaynayo in ay ahayd qarnigii 20aad ee Milaadiga (M), ka soo dhex saaray dhis mayaal gaboobay, oo dumay dhulka Masar, muuqaal tilmaamaya anbabbixii safar kii Boqoraddii Hatshepsut ay ku tegaysay dalka Punt.

Cilmi baadhe kale oo Maraykan ahaa oo jaamicad Chicago ku taallay bare ka ahaa, la na odhan jiray Professor James Henry Breasted baa Qarnigii 20aad kashifay in Masaaridii 3700–3600 BC (sano kahor (M)) ay Soomaaliya u yaqaanneen dalka Punt. Oo in taas ku daray in Masaaridu ka mid ahaayeen kuwii ugu horreeyay oo ku safra Badda Cas ilaa Punt. Waxa kal'uu Breasted sheegay in uu helay caddayn Boqorkii 5aad ee Faraaciin tii, oo magaciisu ahaa Sahore, taariikhdu mark'ay ahayd 3567 BC (kahor (M)) dhulmareenno u diray Punt. Breasted baa sheegay in dalmareennadii Faraaciintu gaadheen ilaa Punt, ugu na danbeeyay safar uu hoggaamiyay dalmareen la odhan jirey Henu, kuwaas oo lug ku sii maray dhulka ilaa Punt. Wax'uu ku daray in dhulmareennadaas sahaydoodu ahayd (biyo ku jirey weel ka samaysna maqaar riyeed (Qarbed Soomaali) iyo kibis qallalayd muddadii safar kaas tijaabada dheer aha ee lugaynta lagu jiray, waagii xukunka Boqorkii Faraaciinta, Remsis kii 3aad ee Salaaladii (dynasty) 19aad ee 1400 BC (sano oo ka horraysay (M)). Isha xogta:

Taariikhda Soomaaliya, (2000/10-22), qoraa: marxuum General Maxamed Ibraahim (Liiqliiqato 1921–1998). Reer kiisii baa daabacay buugga kaddib mar kii qoraagu geeriyooday.

Sarkaal ka tirsanaa ciidamadii Ingiriiska India fadhiyi jiray oo dalxiis ugaadhsi ku maray dhulka Soomaalida badan kiisa oo la odhan jiray Dhamme Francis Pearce, sid'uu ku qoray buuggiisa uu ku magacaabay, 'Rambles in Lion Land' (War-wareeggii dhul libaaxa) ee 1898/232-3), wax'uu sheegay in ay ahayd wax la rumaysan yahay in Boqortooyadii hore ee Punt ku taallay dalka loo yaqaanno Somaliland. Wax'uu ku daray in muddadii Salaaladii (Dynasty) Masaaridu ay soo gashay dhulka Somaliland, wax badanna waa laga ogaaday sidii loo soo dhoweeyay iyo booqashadii Boqoraddii Punt iyo Ina Boqor ee qasriga boqortooyada Masar iyo sida habboonayd ee loo qaabbilay. " Waxa la arki karaa", b'uu yidhi, " I n Masar iyo Somaliland xidhiidh lahaayeen laga soo bilaabo mar kii waqti bilawday (since the dawn of time). Wax'uu u maleeyay in Masaaridu dhismaha taallooyin kooda waaweyn (Al-Ahram), ay kaga daydeen dundumooyinka dhulka Soomaalida oo asaga iyo wheel kiisii (Companion) ku arkeen kuwo aad u badan. Somaliland wax'uu u la jeeday dhulka Soomaaliyeed oo dhan Woqooyi, Koonfur iyo Galbeed (Ogaadeen) ba.

Horseedka Wargeysyada Masar ee Al-Ahram, Ingiriisidiisa toddobaadlaha ah (Al-Ahram Weekly), Cadad kiisii 18-24 kii Feb. 1999, oo qoraagu akhriyay, wax'uu qoray in ay weli ka muuqdaan dekedaha Masar ee Badda Cas muuqaallo safarro ganacsi u socday dalka Punt oo beeyo looga doonayay Boqorkii Faraaciinta, Mentuhotep, oo xukunka hayay 2133 ilaa 2118 BC (kahor (M)).

IV

ISLAAMNIMADA SOOMAALIDA

Waxa loo malaynayaa in Islaamku soo gaadhay Soomaalida bilowgiisii ba, in kast'oo aan laga haynin xog ka ma danbays ah oo qoran. Ha se yeesh'ee, bilowgii qarnigii 7aad (615) ee Milaadiga (M), mar kooxo Muslimiin ahaa ka cararayeen dibindaabyadii Carabtii Islaamdiidka ahayd, u qaxeen Xabashida ayaa loo malaynayaa in qaar kood sii mareen Zaylac oo ku hakadeen muddo dheer, sidaas na ku la kulmeen dad Soomaaliyeed, fidinta Islaamku na sidaas ku bilaabatay Soomaalida dhexdooda, kahor Hijradii Muslimiinta ilaa Madiina oo ku beegnayd 24 September 622 (M).

1. Malahaas waxa xoojinaya labo arrimood oo taariikhi ah:

(a) Harar oo Zaylac u dhow baa noqotay xarun barasho diinta iyo dhaqanka Islaamka waa hore oo aan Islaamku weli ku xoogaysanin dunida badan keeda, iyo (b) Iyad'oo dawladihii hore ee Islaamku aan ay u baahanin in ay u soo diraan dacwooyin diinta Islaamka ku faafiya Soomaalida dhexdooda sida dalalka kale loo gu gurmaday. Si kasta ba ha ahaat'ee Islaamku waa ka jirey Soomaalida dhexdeeda qarnigii 1aad ee taariikhda Islaamka. Soomaalidu diinta Islaamka w'ay ku dhaqmaysay qarnigii 8aad ee taariikhda Milaadiga: Tixraac Bildhaan, Wargeyska Caalamiga ah ee daraasaadka Soomaaliyeed, Cadad kiisii 13aad ee 2013/110.

Ha se yeesh'ee, Qarnigii 11aad ilaa 12aad (M) waxa dhulka Soomaalida yimi culimo mutadawaciin Muslim ahaa oo ka mid ahaayeen Sheekh Yusuuf Al-Kownayn, Sheekh Fiqi Cumar iyo Sheekh Isaxaaq, si ay barashada Quraanka u xoojiyaan maadaama dadka Soomaaliyeed oo Muslim ahaa aan ay si fiican u aqoonin luqadda Carabiga ee Quraanku ku qoran yahay. Sida la wada og yahay labada Sheekh ee danbe waxa ka farcamay beelo Soomaaliyeed oo badan.

Sheekh Yuusuf Al-kownayn baa dadka Soomaaliyeed ka caawiyay, oo u fududeeyay higaadda iyo akhriska Quraanka kariimka ah. Sida Taariikhyahanno Muslim ah laga maqlay Sheekh Yuusuf baa Dhogor, 40/km beri ka xigta Hargeysa, ka furay dugsi Quraankii ugu horreeyey Soomaalida dhexdeeda. Dadku wax'ay Sheekha u yaqaannaan ama ugu yeedhaan Aw Barkhaleh; magacii tuuladii Dhogor na waxa loo beddelay Aw Barkhadleh, oo Sheekhii ku aasan yahay. Qabrigiisa na aad baa loo xurmeeyaa oo sannad walba Soomaali badan baa booqata.

Waxa jirta sheeko aad loo rumaysan yahay oo odhanaysa in uu jirey Yuhuudi falalow ahaa oo la odhan jirey Bucur Bacayr oo Dhogor degganaa kahor imaatinka Sheekh Yusuuf Al-kownayn. Bucur Bacayr baa faafin jirey diinta Yahuudda, dadku na moodayeen in uu faafinayay diinta Islaamka, oo waa ka haybeysan jireen. Sheekh Yuusuf mark'uu ogaaday shar kii Bucur Bacayr b'uu agtiisa soo degay, dad kiina ka wacdiyey oo uga digay sharkiisii. Bucur Bacayr wax'uu Sheekhii ku yidhi, "Meeshu ina ma wada qaadd'ee, meel kale u guur", Sheekhii na waa ka diiday. Kaddib na muran kulul baa ka dhex dhacay labadoodii, dad badani na waa ku soo ururreen oo dhegaysteen wax'ay labada shakhsi is ku hayeen.

Waxa la sheegay in Bucur Bacayr Sheekhii ku yidhi, "Si aad u muujisid karaamadaada, buurtaas yar ka la jeex oo sii mar oo soo mar". Sheekhu malaha ma rabin in uu sixirlowga warkiisa maqlo, oo waxa la sheegay in uu asagii ku geddiyay oo ku yidhi, "Adigu sidaas yeel". Bucur Bacayr sidii b'uu yeelay; buurtii baa ka la dillaacday oo mark'uu marayay dillaaca dhexdiisa, ayaa Sheekh Yuusuf cuskaday magaca Alle, oo buur tii qafilantay. Hal kii baa Bucur Bacayr ku aasmay oo aan dib loo arkin, warkiis danbe na loo maqlin. Sidaas waxa asagu na dhawaan qoray nin la yidhaahdo Cawaaleh Saciid Axmed, qoraal kiisa oo luqadda Carabiga ku qoran na ku faafiyay websiteyada.

Sida la yidhaahdo, Yibrah'aa ka soo farcamay Bucur Bacayr, oo waxa la sheegay in ay Sheekh Yuusuf Al-kownayn weydiisteen mag tii aabbahood, ama awowgood. Sheekhii baa ka la dorransiiyay in mar wax la siiyo, ama ay sadaqo jaari ah ka qaataan wiil kast'oo u dhasha Soomaalida. Tan danbb'ay doorteen oo u bixiyeen 'samaanyo,' dadka na ku bajiyeen wiilka an samaanyo laga bixin in Xanfaley (Evil Spirit) la tegeyso; Soomaalidu na waa ka baqaan, oo waa siiyaan (Tix raac maqaalka uu qoray Cawaaleh

Saciid Axmed). Culimad'aa looga baahan yahay in ay arrin taas dadka ka wacdiyaan.

Kaduwananshaha Soomaalida ee Afrikaanka kale badan kooda, diin ahaan: Nasiib wanaag Soomaalidu iyag'oo Muslim ahaa ayaa gaaladii Afrika qabsadeen oo qaybsadeen, iyag'oo sheeganayay in ay u yimaaddeen ilbixinta (Civilizing Mission) dadyow Afrikaan oo cawaannimo ka saarayeen. Maadaama diintu ugu horrayso ilbaxnimo, wax'ay keeneen baaderiyaal dadyowgaas waxbara. Wax'ay rabeen in ay dadyowga Afrika oo dhan gaaleeyaan si ay ugu xidhnaadaan kiniisadahooda. Taas baa ugu weynayd sababihii dhaliyay Kacdoon kii Daraawiishta ee Maxamed Cabdille Xasan aasaasay, oo is hor taagtay in la gaaleeyo carruur Soomaaliyeed.

Kaddib mar kii dadyowga Afrika gobannimadooda qaateen, dalalka Afrikada madow, Nigeria maah'ee, badan kooda waxa xukun kii qabsaday masiixiyiin kiniisaduhu waxbareen. Nasiib wanaag dalka Nigeria dad kiisu wax'ay u badnaayeen Muslimiin.

Soomaalida qaar baa diinta Islaamka aad u bartay waayo hore, bilawgii qarnigii 18aad ee Milaadiga kahor. Sid'uu qoray buuggii (Kobcin tii Muslimiinta Soomaaliyeed) ee marxuum Abdishakuur Mire Aadam, waxa ka mid ahaa Xaaji Cali Cabdiraxmaan (1787 – 1852), oo loo yaqaannay Xaaji Cali Majeerteen iyo Sheekh Xasan Ibraahim Yabarow oo Baardheere dadka Quraanka ku bari jirey 1819 (M). Wax'ay labadu ba raacsanaayeen Dariiqada Salafiyada. Ha se yeesh'ee, Salafiya waxa ka riixay oo dhulka Soomaalida ku xoogg005anaa nidaamka Suufiyada ee Qaadiriya iyo Saalixiya, tan danbeoo ah farac Axmediya ka mid ah, oo iyaga na tartan kululi ka dhexeeyay Soomaalida dhexdeeda oo loo malaynayo hoggaamiyihii Qaadiriya, Sheekh Caways Baraaleh in Saalixiyadu dishay 1907 (M).

Sufiya waxa la sheegay in uu assaassay Shiikh Axmed Al-Rifaaci qarnigii 12aad ee Miilaaddiga, sida lagu sheegay Rixladi (safar kii) Ibn Al Battuta. Dariiqooyinka Suufiyadu wax'ay ka la ahaayeen:

Axmediya: waxa aasaasay Sheekh Axmed Ibnu Idiris Al-Fasi (1760- 1837). Axmediya saddex laamood ba'y ku lahayd dhulka Soomaalida oo ka la ahaa:
   a) Raxmaaniya oo uu horseeday Sheekh Moulaana Cabdiraxmaan Ibnu Maxamuud, oo dhintay 1874.

b) Dandarawiya oo uu horseeday Sheekh Aadam Axmed, ma se lahayn tageerayaal badan.

c) Saalixiya oo uu aasaasay Sheekh Maxamed Saalax 1890aadkii(M). Qaybteeda dhulka Soomaaliyeed waxa horseeday Maxamed Cabdille Xasan (1856-1921).

2. Qaadiriya waxa aasaasay Sheekh Cabdulqadir Al-Jeylaani (1077-1166) Milaadiga. Wax'ay ku lahayd labo qaybood Soomaalida dhexdooda.

a) Zayliciya oo uu horseeday Sheekh Cabdiraxmaan Al-Zaylici (1815-1882), xarun tiisu ahayd Qulunquul oo u dhow Dhagaxbuur.

b) Caweysiya oo uu horseeday Sheekh Caweys Baraaleh, xarun tiisu ahayd Aayad Al-Amiin, oo Afgooye u dhow.Tix raac buugga marxuum Abdishakuur Mire Aadamee kor ku sheegan.

Ha se yeesh'ee, waxa mid ba mar curtay nidaamyo magacyo Islaam watay laakiin ujeeddooyin koodu siyaasadaysnaayeen, sida:

1925 Urur Islaam Soomaaliyeed oo Xaaji Faarax Oomaar ka furay Cadan, kaddib mar kii gumaysigii Ingiriisku hal kaas u masaafuriyay oo ka eryay dal kiisa Soomaaliyeed.

1950aadkii Al-Raabida Al Islaamiya baa Sheekh Shariif Maxamuud Cabdiraxmaan, oo loo yaqaannay Sheekh Qamiis Dheere ama Sheekh Maracadde, ka furay Koonfurta Soomaaliya. Wax'uu ku dhashay Luuq 1904, Quraanka na ku bartay dalka gudihiisa kahor in t'aanu Masar u aadin aqoon korodhsi.

1955kii Sayid Axmed Sheekh Muuse ayaa Koonfur Burco ka furay Urur Xisbullaahi. Sayid Axmed wax'uu ahaa Soomaali Masar wax ku bartay oo xanbaarsanaa siyaasaddii Madaxweyne Jamaal Cabdunaasir, oo lid ku ahayd gumaysiga Ingiriiska. Wax'ay ku soo beegantay wareejin tii Ingiriisku wareejiyey dhul kii Soomaaliyeed oo u hore siiyayXabashida, waqtigaas oo dadka Soomaaliyeed u dhega nuglaa wax kast'oo lid ku ahaa Ingiriis. 1963 Suldaan Makhtal Daahir Urur uu hoggaaminayay, Nasro Allaahi, ayaa laga aasaasay Ogaadeeniya. Ha se yeesh'ee ururradan danbe ee Islaamka loogu magacdaray is ku ma dayin in ay Dariiqooyinka Suufiyada beddelaan, ama la tartamaan, mintidnimo kale na ku ma soo kordhinin kudhaqanka Islaamka ee Soomaalida dhexdooda.

1950kii iyo 1960kii waxa bilaabmay mutacallimiin Soomaaliyeed oo aan Suufiya raacsanayn, oo ka soo noqday dunida Carabta oo ay wax ku soo barteen, gaar ahaan Masar iyo Borqortooyada Sacuudiga. Wax'ay ka la raacsanaayeen Ikhwaan Al-Muslimiin (Muslim Brotherhood), oo laga aasaasay Masarbishii Abril 1928. Waxa aasaasay Sheekh dhallinyaro ahaa oo la odhan jirey Xasan Axmed Cabdiraxmaan Albanna (1907-1949). Xasan Al-Banna b'uu ku magac dheeraa. Ujeedada aasaasidda Al-Akhwaan Al-Musliimiin, shan sano kaddib mar kii boqortooyadii Cothmaaniyiintu burburtay (The Ottoman Empire) bishii saddexaad ee sannad kii 1923, baa hadaf keedu ahaa in dib loo soo nooleeyo dawlad Muslimiinta dunida midaysa. Mar kaas kahor Muslimiinta oo dhan b'ay Cothmaaniyiintu u ahayd dawlad matasha.

Waxa aasaas kii Ikhwaanka waagaas la jaanqaaday, dib u xoojin tii Salafiyada ee Sheekh Maxamed Cabdulwahaab oo ka bilaabatay Sacuudiga bilawgii 1900aad kii, taas oo loo yaqaanno Al-Wahaabiya.

Ikhwaanka iyo Wahaabiyaddu ba wax'ay ka soo wada horjeedaan macaamilka Dariiqooyinka Suufiyiinta ee diinta Islaamka. Wax'ay se ku ka la taggan yihiin, Ikhwaanku ma oggola in la ka la sooco diinta Islaamka iyo dowladnimada, oo wax'ay kahor jeedaan Cilmaaniyadda (Secularity). Halka Wahaabiyaddu oggoshahay katalabixinta arrimaha diinta iyo shareecada, xukunka na gaar u leh yahay Boqorku iyo qoyska reer Boqor.

Mutacallimiin tii Soomaaliyeed ee ku takhasustay diinta Islaamka iyo shareecada oo dalka ku soo laabtay 1950 - 1960kii waxa hormuud u ahaa Sheekh Nuraddin Cali Colow (1914-1995). Wax'uu ku dhashay degmada Qandala ee Woqooyi Bari. Dalka gudihiis'uu Quraanka ku bartay, kaddib na wax ku soo bartay Masar iyo Sacuudiga.

Wax'uu dalka ku soo laabtay 1950aad kii, wax'uu na raacsanaa Salafiyadda. Faafinta aqoontiisa Islaamka iyo Shareecad'uu ka bilaabay magaalada Gaalkacyo iyo meelo kale, oo ay aad uga soo horjeesteen culimo Suufiyiin ahaa.

Sheekh Cabdulqani Axmed (1935-2007), wax'uu ku dhashay gobolka Bakool. Wax'uu Quraanka ku bartay masaajiddada dalka gudihiisa, kaddib b'uu aaday Masar 1951, oo dalka ku soo laabtay 1957, asag'oo Jaamicadda Azhar kaga soo takhasusay Shareecada. Wax'uu ka mid noqday hawl wadeennadii hay'adaha dowladda, oo ka soo qabtay xilal dhowr ahaa oo ka la duwanaa. Ugu danbayn wax'uu noqday Ku – Xigeen kii Guddoomiyaha Maxkamaddii Sare, kahor in tii aan dawladdii Askartu u magacaabin Wasiir kii Garsoorka.

Sheekh Maxamed Axmed, oo loo yaqaannay Maxamed Gadhyare, oo ku dhashay Dhagaxbuur 1935 baa kaddib mark'uu Quraanka ku bartay dalka gudhihiisa, aqoon korodhsi u aaday Boqortooyada Sacuudiga. Waxa la sheegay in uu 1962 ku biiray Ikhwaan Al Muslimiinta. Soo noqoshadiisii b'uu door weyn ka qaatay faafinta aqoonta arrimaha diinta Islaamka iyo aasaas kii Ururka Al Islaax.

Sheekh Maxamed Mucallim Xasan, dalka gudihiis'uu Quraanka ku bartay, kaddib na dalalka Carabta ee kor ku sheegan b'uu wax ku soo bartay. 1968 b'uu dalka ku soo laabtay oo agaasime ka noqday qaybta arrimaha diinta ee Wasaaradda Caddaaladda iyo Garsoorka.

Mutacallimiin taas ku soo takhasustay diinta Islaamka (Shareecada) ayaa aad u saluugay siyaasaddii dawladihii Soomaaliyeed ee rayadka ahaa, oo xukun kii ku dabbiqi waayay shareecada, bal se sii waday kudhaqankii cilmaaniyaddii laga dhagaxlay gumyastayaashii tegay.

Mutacallimiin taas baa Muqdisho ka aasaasay Urur Islaami aha, oo lagu magacaabay AlNahda (Re-Awakening/Baraarujin) 1967 kii. Waxa xarun u ahayd maktabad yar oo dhallinyaradu wax ku akhrisan jireen. Sannad kaddib mark'uu soo laabtay Sheekh Maxamed Mucallim wax'uu door weyn ka qaatay hirgalin tii AlNahda.

Mar kii Askartu xukunka la wareegeen wax ay soo dhawaysanayeen cid kast'oo dawladdii ay rideen khilaafsanayd, oo culumadii Islaamku ugu horreeyen. Wasiir kii Caddaaladda iyo Garsoorka ee dawladdii askarta ugu horraysay wax'uu ahaa Sheekh Abdulqani Axmed. Mutacallimiin kale na waxa loo magacaabay xilal garsoorayaal maxkamadeed. Ha se yeesh'ee, soo dhaweyn taas culumadu ma raagin.

Xukunkii Askartu, sannadguuradoodii 2aad ee Oct. 1971, b'ay ku dhawaaqeen in ay qaateen 'Hantiwadaag cilmi ku dhisan', jidka lagu gaadhi karay shuucinimo. Taas baa culumadii Islaamku u arkeen kafogaansho kudhaqankii diinta Islaamka, ka na hor yimaaddeen. Iskudhac culumo iyo Xukun kii Askart'aa noqday lamahuraan. Askart'aa ku tilmaantay culumadii 'kacaandiid' (xukun Askari diid), waa na ay is ka fogeeyeen. Ha se yeesh'ee, iskahorimaad kaas baa gaadhay heer kiisii ugu sarreeyay mar kii Maxamed Siyaad ku dhawaaqay qaanuunka'Xeerka Qoyska ee soo baxay bishii 1aad ee sannadkii 1975, kaas oo dhigayay in wiilasha iyo gabadhu, saamiyadooda dhagaxal siman yihiin.

Xubnihii xukunka Askarta badan koodu qaanuun kaas raalli ka maahayn mase kari karaynin in ay kahor yimaaddaan wax Siyaad Barre watay. Run ahaan Qaanuun kaas waxa soo abaabulay gabdho Soomaaliyeed, oo ka dhaahiciyay afadii Siyaad Barre, Khadiija, oo iyadu na ka fulisay saygeeda, Madaxweynihii.

Wadaaddadii toos b'ay qaanuun kaas uga horyimaaddeen. Wax'ay ka khudbeeyeen maalin salaaddii Jimce, ku na canbaareeyeen in qaanuun kaasi ka hor yimi aayadaha Quraanka kariimka ah.

Wadaaddadii waa la qabqabtay oo degdeg loo maxkamadeeyay. Maxamed Siyaad Barre waa diiday in Golihii dawladdu, oo isugu jiray xubnihii Golihii Sare ee Xukunka Askarta iyo Wasiirradii, ay arrin taas ka doodaan. Wax'uu ku adkaystay in arrin taas ay is ka lahayd Maxkamadda Badbaadada ee xukun kii Askarta, maxkamaddaas, oo ka madax ahaayeen shakhsiyaad asaga si gaar aha ugu xidhnaa. Xukun kii baa toban wadaad lagu diley, lix na waxa lagu xukumay xabsi daa'im, toban iyo toddoba kale na waxa lagu xukumay xabsi ilaa labaatan sano aha. Culumo badan oo ka mid ahaayeen Sheekh Cabdulqani Axmed, oo mar hore ba laga qaaday wasiirnimadii, iyo Sheekh Maxamed Mucallim Xasan, waa la xabbisay iyag'oo aan maxkamad la horgeynin, kuwo badani na dalka waa ka carareen, halka kuwo kale na dalka gudihiisa ku dhuumanayeen.

Kahor in tii aan culumada badan kooda la qabqabanin b'ay dhiseen Urur, Al Ahli Al Islaami, qarsoodi ahaa. Kaddib mar kii madaxdii Ururku dalka ka baxeen, waxa mas'uuliyaddii la wareegay wiil dhallinyaro ahaa, Xuseen Cali Xaaji. Xuseen, qaybta Waaberi ee Muqdish'uu deggenaa, oo ka hawl geli jirey Xamar Weyne, oo wax ku iibin jirey hab bacadleh, ku gabbasho ahaan. Meeshaas b'ay ugu iman jireen mark'ay doonaan madaxda kal'ee qaybaha caasimadda ee hawlgallada dhaq dhaqaaqa Islaamiyiinta qarsoodiga ku shaqaynaysay. Haween baa iyaga na la sheegi jirey in ay dhaq dhaqaaqan qarsoonaa door weyn ka qaateen. Al-Ahli

Al Islaami baa xubnahoodii dhallinyarada ahaa ku dhiirri gelin jiray in ay ku biiraan Ciidamadi Qalabka Siday iyo Sirdoon kii ba, si ay wax uga ogaadaan xogta Xukun kii Askarta. Qaar baa sidaas ku guulaystay. (Tix raac: buugga marxuum Cabdishakur Mire Aadam, bogga 58).

Si kasta ba ha ahaat'ee, kaddib mar kii iskudaygii Inqilaab kii Cirro bishii 4aad, April 1978, dhicisoobay, baa Maxamed Siyaad Barre xabsiyada ka siidaayay dad badan oo meelahaas lagu hayay muddo dheer, gaar ahaan wadaaddadii. Mar kaas kaddib baa wadaaddadii dibedda u cararay badan koodu soo noqdeen, oo dhammaan tood kordhiyeen dhaqdhaqaaqoodii ladagaallan kii Xukun kii Askarta tan iyo mark'uu dhacay. Ha se yeesh'ee, in kast'oo wadaaddadu dhinacooda ka wadeen ladagaallan kii Xukun kii Askarta, hadda na xidhiidh la ma lahayn ururadii hubaysnaa, ee xukun kaas riday, ma na u soo raacin wadaaddadu cadow shisheeye in uu rido dawladdii Soomaaliyeed, sid'ay yeeleen jabhadihii hubeysnaa, ee Xabashidu taageeri jirtay.

Beri danb'aa khilaaf ka la qaybiyay Al-Ahli AlIslaam 1978, oo u ka la baxeen Al Islaax Al-Islaami ee Geeska Africa, oo xubnihiisii cusbaa qaar kood in badan ku riyoonayeen, iyo Jaamica Al-Islaamiya (Tix raac buugga marxuum Cabdishakur Mire Aadam ee kor ku sheegaan).

Al-Islaaxbaa ku xidhantayAl-IkwaanAl-Muslimiin, Jaamica Al-Islaamiya na Al-Salafiya. Sheekh Maxamed Mucallim Xasan mark'uu xabsiga ka soo baxay baa loogu deeqay in uu hoggaamiye ka noqdo Jaamica Al-Islaamiya. W'uu ka cudurdaartay, wax'uu se noqday saciim ruuxi ahaa ilaa uu geeriyooday, raximahu Allaah. Culimo badan oo Soomaaliyeed baa qiray in Sheekh Maxamed Mucallim Xasan ku taami jiray in uu mideeyo dariiqooyinka Islaamka ee Soomaaliyeed oo dhan, Suufiya, Ikhwaan, Salafiya, Tabliiq, iwm.

Urur Islaami ahaa, Waxdata Al ShabaabAl-Islaamiya, oo hore uga jirey Woqooyiga xukun kii Askarta kahor, Hargeysa lagu aasaasay 6 June 1969, baa mar xilif la noqday Al-Ahli Al- Islaami kahor in tii aan uu qaybsamin.

1980aad kii waxa midoobay Jaamica Al-Islaamiya iyo Waxdata Al-ShabaabAl-Islaamiya, oo la magic baxay Al-ItixaadAl-Islaami, oo hoggaamiyihii ugu horreeyay ka noqday Sheekh Cali Warsame Xasan. Saciimkii diiniga ahaa ee Sudan, Sheekh Xasan AlTuraabi, Allah ha u naxariiste, baa la aamminsan yahay in uu door ka qaatay midaynta labadaas Urur Islaami ee Soomaaliyeed, asag'oo u wakiishay, Mubaarak Axmed Xaamid, oo madax ka ahaa Xafiis kii Gaargaarka Afrika ee Muqdisho, is la waagaas, waxa kal'uu Sheikh Xasan Al-Turabi iskudayey in uu heshiisiiyo wadaaddadii Soomaaliyeed oo dhan iyo Siyaad Barre, mar uu ku la kulmay Maxamed Siyaad Barre daafaha Shir Madaxeed dalalka af Fransiiska ku hadla, oo lagu qabtay Paris oo Sudan iyo Soomaaliya ba xubno goobjoogayaal ka ahaan jireen. Maxamed Siyaad Barre waa oggolaaday, waxa se diiday wadaaddadii. Xubnihiii Woqooyi baa diidmadaas ku adkaystay, kaddib mar kii xukun kii Askartu burburiyay Hargeysa, dad kii na bara kiciyeen, oo carar koodii xuduudda ka tallaabeen (Tix raac buugga marxuum Cabdishakuur Mire Aadam eekor ku sheegan).

Jaamica Al-Tabliiq

Waa dhaqdhaqaaq Islaami caalami ah. Waxa 1926 lagu asaasay qaarad lamoodda Hindiya (Indian sub-continent) oo mar kaas ku midaysnaayeen dalalka hadda ka la ah: Bangladesh, India iyo Pakistan. Waxa aasaasay Mowlana Sheekh Elyas Al-Kandahlawi (1303-1361 Hijiriya) (1872-1933 Miilaadiga). Wax'uu Quraanka iyo waxbarashada Islaamka ku bartay magaaladii uu ku dhashay, kaddib na wax'uu ku biiray Machad Quraan oo Delhi ah. 1976 baa Tabliiq waxqabad kiisa ka bilaabay Soomaaliya. Hoggaamiyayaasha Al Tabliiq badan koodu mahdbata Xanafiga b'ay raacsan yihiin, laakiin wax'ay ka hawl galaan dalalka Muslimiinta oo dhan, Ku na wacdiya Muslimiinta Tawxiidka iyo Sunnaha Nebi Muxamad NNKH, xurmaynta Muslimiinta iyo waqti qaybsi, badanaa na ma dhex galaan manaahiijta Salafiya iyo Ikhwaan Al Muslimiin.

Xubnaha Al Tabliiq dhammaan waa siman yihiin, oo kalasarrayn ma laha, ha se yeesh'ee ururrada kal'oo Islaamka qaar kood saluug b'ay ka sheegaan dhaqanka Tabliiqa. Tixraac(Source) buugga marxuum Cabdishakur Mire Aadam, ee kor ku sheegan.

Kaddib mar kii la riday xukun kii Askarta, 1991 bilowgiisii waxa soo baxay dedaallo iskuday xilgudasho Muslimiin oo ka la danbeeyey. Labo dedaal oo ka la ahaa Urur kii Al-Itxaad Al-Islaami iyo Maxkamadihii Islaamk'aa u liicay xagga siyaasad Islaamaysan oo Soomaaliyeed. Kan danb'aa dhaliyay nabad iyo amni, nidaam beeleed keeni kari waayay, kaddib mar kii dagaallo sokeeye iyo budhcadnimo dalka saameeyeen. Maxkamadihi Islaamka baa waxqabad koodii ugu sarreeyey gaadhay sannadkii 2006, mar kii ay Midowgii Maxkamadihi Islaamku tageero kacdoon dadweyne kaga adkaadeen qabqablayaashii dagaal ee Xamar caanka ku noqday, kuwaas oo weli ba taageero ka haystay Haya'dda Basaasnimada ee Maraykan. Kacdoon kaas dadweyn'aa jebiyey qabqablayaashii dagaal. Maxkamadihi oo ahaa kayaan kii keli ahaa ee nidaamsanaa, baa xukun kii qabsaday sid'aan dib ka soo sheegi doono.

Maxkamadihi waxa bilowgoodii aasaasay beelaha waaweyn ee Muqdisho deggan si loo yarayn karay qas kii mar kaas dalka ka jirey, gaar ahaan Caasimadda, oo dadka loo afduuban jirey madax furasho. Kuwaas oo ka dhashay dawlad la'aan tii. Wax'ay ahaayeen maxkamado beelood. Tii ugu horraysay waxa laga hirgeliyay Woqooyiga Muqdisho, kuwii kale na waa ka danbeeyeen. Maxkamad wali ba wax'ay maxkamadayn kartay muwaadiniinta beesha maxkamaddaas samaysay oo keli aha.

Kaddib mark'ay dhalatay dawladdii Carta lagu soo dhisay sannad kii 2000 (M), maxkamadihii xil kii wax'ay ku wareejiyeen dowladdii cusbayd.

Kaddib mark'ay dawladdaasi hanan kari weyday amnigii baa qas kii iyo afduub kii ba soo noqdeen, oo sii kordheen, Mar labaad baa hadda na beelihii dib u soo nooleeyeen maxkamadihii. Mas'uuliin tii maxkamaduhu, iyag'oo ka faa'iidaysanayay waayo aragnimadoodii hor'ay sameeyeen midnimo iyo in maxkamad wali ba qabato cidda aaggeeda denbi ka gasha, kaddib na ciddii an ka tirsanayn beesha Maxkamadda qabatay loo wareejiyo maxkamadda beesha qofka la qabtay yahay. Sidaas baa amnigii dhakhso ugu hagaagay, oo is la mar kaas na saameeyay mooryaan tii ciidanka u ahayd qabqablayaashii dagaal, oo kii denbi galay ba waa la qabtay, illayn iyagu ba beelahay ka dhasheene. Midoowgii Maxkamaduhu wax'ay Guddoomiye u doorteen Shariif Sheekh Axmed.

Qabqablayaashii dagaal iyag'oo awel ba ka biya diidayey awooddii sii kordhaysay ee maxkamadihi b'ay hadda na u adkaysan kari waayeen ciidamadoodii oo fagmayay. Taas baa ugu weynayd dagaalk'ay Maddax kooxeedyadii ku qaadeen maxkamadihi, ku ma se ay xisaabtamin kacdoon dadweyne oo maxkamadihi taageeri doonay.

Marka taariikhdaas dhoweyd dib loo jalleeco, hal kii muwaadiniin tii Soomaaliyeed ee xukun kii cilmaaniga, xukun kii askarta iyo nidaam kii beeluhu ba ku wada fashilmeen, waxa ku guulaysatay siyaasaddii

Islaamka oo amni dhalisay, dadka na midaysay muddadi yarayd ee lixdii bilood ee xukun kii maxkamadihi, Golihii Shuurada iyo hay'adiahoodii maamul iyo amni.

Maxkamaduhu, muddadiii lixda bilood ee ay xukunka qabteen wax'ay nabadeeyeen Caasimadda Soomaaliyeed, dad kii na waa mideeyeen. Wax'ay fureen maxkamad gaar u ahayd ciddii xoolo ka maqnaayeen oo u soo celisa, qof kast'oo la yimi caddayn ama markhaati. Dalka in tiisa kale na, gaar ahaan Koonfur oo dhammi waa la jaan qaaday, oo waxa ugu danbayn la baabbiiyey budhcad badeed meelaha qaar kood ka jirtey, iyad'oo aan dhiig ku daadanin.

Kaabayaashii muhimka ahaa, sida dekedda iyo madaarka Muqdisho oo aan toban sano iyo dheeraad lagu dhaqmin baa degdeg loo dayactiray oo is la mar kii ba lagu shaqeeyay, loona aayay ilaa maanta.

Midowgii Maxkamadihi Islaamku, meel aan qabqablayaal dagaal ka talin jirin xoog ku ma qabsanin, Kis maayo maah'ee, fal kaasi na ma ahayn go'aan Maamulkii iyo Shuurada Maxkamadihi too na. Waxa ku Midoowgii Maxkamadihi wax'ay ku guuldaraysteen in ay canbaareeyaan fal kaas, taas oo Xabashi iyo cadow kal'oo dhammi ba qiil ka dhigtay oo burburisay waan-waan tii Khartoum, ee Jamicadda Carabtu horseed ka ahayd, oo dawlad wadaag lagu heshiisiin lahaa xukun kii Maxkamadihi iyo nidaam kii TFG oo shisheeyuhu ku soo dhabdhabay Kenya 2004, ee shaqayn kari waayey, ku na xidhnaa Baydhabo.

Wax'ay qorayaallo shisheeye ku macneeyeen in xilligaasi ahaa mid dahabi aha (Golden Age) (Tixraac/source) maqaal ku soo baxay Wargeyska Caalamiga ah, 'Bildhaan' ee Daraasaadka Soomaaliyeed, Caddad kiisii 13aad, 2013/111).

V

XIDHIIDH CARABTA IYO SOOMAALIDA

Soomaalida iyo Carabta kale waxa xidhidhiya:
1. Darisnimo
2. Diinta Is laamka
3. Ganacsi
4. Hijiradi hore ee Carabtu ku timi dhulka Soomaalida
5. Ka la guursi iyo is dhexgal.

Magaalooyinka Carabtu waa hore soo degeen waxa ka mid ah Zaylac, Maydh, Bosaaso, Berbera, Harar iyo Xaafuun, oo badan koodu ku yaal Gacanka Cadmeed, marka laga reebo Harar oo ku taal Gudahaa berriga durugsan iyo Xaafun oo ku taal afka Woqooyi ee Badweynta Hindiya. Dhulkaas oo Carabtii hore ugu yeedhi jireen Berru Al Cajam (dal'aan Carabtu lahayn). Iyo Xamar, Gendersha, Marka, iyo Baraawe ee xeebta Badweynta Hindiya, oo Carabtu ugu yeedhi jireen Benaadir, ama Baxar Al Zinji (Badda Dadka Madow). Laga yaab'ee in magaalooyin kaas oo dhammi jireen taariikhda Miilaadiga (M) kahor, sida badmareen Greek ahaa, Hipolus, ku sheegay buuggiisa: Badda Eriteriya ee 47 taariikhda (M).

Facyo (generations) danb'oo dad kii ku noolaan jiray magaalooyin kaas qaarkood wax'ay yeesheen haybo Carbeed sida, Zaylici, Harari, Xamari iyo Barawaani iwm, int'ay ka koreen abtirsiin beeleed (reer hebelnimo), iwm.

Qaybta Muqdisho ugu horraysay oo la degay waxa la sheegay in ay ahayd Xamar Jajab, oo loogu magac daray geedka Xamarta, loo na yaqaan 'raqay.' Kaddib mar kii hal kaas cudur daacuun ahaa ka dillaacay baa dad kii ka badbaaday aafada, u guureen Xamar Weyne. Shangaani baa noqotay deegaan kii saddexaad, Boondheere na afraad.

Muqdisho iyo Zaylac, waxa labada ba muddo dheer xukumi jiray Salaalado

(Daynasties) Carbeed oo Soomaaliyoobay. Labadu ba wax'ay mudd dheer ahaayeen xarumo iyo suuqyo ganacsi dunida Carabta oo dhan laga bartay.

Muddo dheer kaddib ereyo badan oo Carbeed baa Soomaaliyoobay sida qado, casho, milix, kursi, daar, albaab, miftaax, qalam, waddan, waddaniyad, iwm.

Carabtii ganacsi u iman jirtay dhulka Soomaalida qarnigii 9aad ee (M), wax'ay ahaayeen badmareenno. Waxa ugu soo horreeyay Al Yacquubi sannadihii 893 ee Miiladiga. Xamar b'uu ugu yeedhay maqdas (meel cibaado) sida uu ku qoray buuggiisa, Al Buldaan (waddamada). Laga na yaab'ee in magaca magaaladu kaas ka yimi. In kast'oo ay jiraan hindisayaal kale. Kaddib na shisheeyayaashii gadaal ka xukumi jiray Xamar baa mid basid'uu af kiisa ugu higaadin karay ugu yeedhi jirey. Talyaanigu Mogadiscio odhan jirey, Ingiriisku mark'uu qabsaday waagii Dagaal kii Weynihii 2aad ee Dunida wax'uu odhan jirey Mogadishu, kan oo noqday sida badi caalamku u qoraan ilaa immika.

Waxa jiray hindise kal'oo odhanayay Muqdisho wax'ay ka timi Maqcad Al-Shaah, kursiga Shaaha, Boqorka (Seat of the Shah).

Waxa ka danbeeyey Al-Yacquubi badmareennada Carbeed ee kal'ee soo socda:
- ➢ Ibna Batuuta
- ➢ Ibnu Haykal 977 Milaadiga,
- ➢ Al-Yaqud 1212-1224 Miilaadiga, oo qoray Al-Mujmac (The collection- ururinta)
- ➢ Al-Idrisiyo Al-Saa'id 1254 Miilaadiga

Kuwaas danbe xogta Al-Yacquubi w'ay wada taageereen, kii aan taageerinna ka ma hor imanin.

1228- (M) Dhulmareen Muslim ah, Al-Hamawi baa tiriyay magacyo magaalooyin ay ku jireen Zaylac, Berbera, Muqdisho iyo Marka.

1238(M) - Waxa la dhisay Masaajidka Jaamica ee XamarWeyne.

1268(M) - Waxa la dhisay Masaajidka Arabaca Rukun.

1286(M)- Muslim taariikhyahan ahaa, Ibnu Saciid Al-Maqaaribi baa sheegay in Muqdisho ahayd deegaan ganacsi iyo xarun Islaam (Islaamic Centre).

1300(M) - Waxa bilaabmay colaad Xabashi iyo Muslimiin. Xabashid'aa dalbatay in Imaaradihi Muslimka ahaa siiyaan Raasas Xabashiyeed baad (Tributes).

1301(M) - Xukun diini ahaa ee qoys Qaxdaan baa ka bilawday Muqdisho.
1328(M) - Boqor Xabashiyeed, Amda Sayoum, baa xabbisay Xaaq Al-Diin, Suldaankii Ifaat, kaddib mark'uu diiday in uu baad bixiyo.
Suldanaddii Soomaaliyeed ee Ajuuraan ee waagaas xukumi jirtey Webi Shabeelleh baa kobcin jirtey Muqdisho si ay u ahaato halbowleh ganacsi iyo dhaqaaleh.

1330(M) - Bakar bin Fakhruddiin baa salaaladii (cayladi) Reer Fakhruddiin ka dhisay Muqdisho. Horumar kii ugu barwaaqaysnaa baa Muqdisho gaadhay muddadii xukun kii salaaladii Fakhruddiin oo xukumaysay tan iyo qarnigii 15aad ee Miilaadiga, iyad'oo ay taageeraysay beeshii Murki.

1331(M) –Waagii booqashadii dhulmareen kii reer Morooko, Ibnu Battuta, Muqdisho waxa xukumayay cayladdii Fakhruddin oo ay taageeraysay beesha Murki. Muddadaas xukun kii cayladdii Fakhruaddin ilaa qarnigii 15aad ee Miilaadiga Muqdisho wax'ay gaadhey heer kii Horumar ugu sarreeyay.

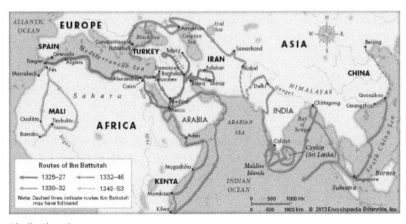

Dhulka Ibna Battuta maray

1332(M) - Jamaal Al-Diin, Sultaanka Ifat wax'uu wakiil u dirsaday Suldaan
kii Mamluukii ee Masar oo ka codsaday taageero Askareed iyo
mid Siyaasadeed ba, khilaafka Suldaanka iyo Xabashida awgii.

1333(M) - Xaaq Al-Diin kii 2aad baa noqday Suldaanka Ifat oo soo nooleeyay
jihaadka dagaalladii lagu la jirey Xabashida oo dagaallamayay
ilaa uu ku dhintay.

1386-1415(M) - Sacad Al-Diin baa beddelay Xaaq Al-Diin kii 2aad mar kii la
dilay. Asaga na waxa lagu diley(assasinated) gasiiradda Zaylac
ka soo horjeedda, oo weli magaciisii wadata.

1450(M) - Cayladii Zuzni ee Faaris (Persia) baa xukun kii Muqdisho qabsatay.

1471(M) - **Lada'i** Uthmaan, Amiir Awdal, baa soo cusboonay- siiyay
jihaadka Xabashida iyo Muslimiinta ka dhexeeyay, oo jebiyay
labo weerar oo Xabashidu soo qaaday (1473-79).

1560)M) - Suldanadii Ajuuraan waxa burburiyay Hawiye reer miyi ahaa oo
ka soo horjeestay, Muqdisho na kaddib b'ay hoos u dhac ku yimi
(Tixraac -Source: Xuddur iyo Taariikhda Koonfur Soomaaliya
2005, lahaa, Marxuum Danjire Shariif Saalax Maxamed Cali,
1936 - 2014).

Kahor in tii aan far Soomaalida la qorin 1972, waxa la adeegsan jiray
xuruufta farta Carabida Soomaalida dhexdeeda, mid qoran karay iyo
mid loo qori jiray ba, iyo xidhiidhka Soomaalida iyo Carabta dhinaca
danaha gaarka aha (Private Sector), gaar ahaan arrimaha ganacsiga iyo
diinta Islaamka.

Mar kii far Soomaalida la qorayay na kalimado badan oo Carbeed baa
loo qaatay wax kast'oo loo waayay ereyo Soomaaliyeed.

Guud ahaan, waxa ugu weyn oo Soomaaliyi Carab ka baratay, diinta
Islaamka kaddib, waa ilbaxnimo. Magacyada madax dhaqameedka,
Salaadiin, iwm, wax'ay Soomalida badan koodu kaga daydeen Carabta.
Mar kaas kahor ka la mudnaantu wax'ay ahaan jirtay da', iyo aftahannimo,
iwm.

Xidhiidh kaas qotada dheer leh, ee ka dhexeeyay Soomaalida iyo Carabta kale weligiis waa jiri jiray, waa na jiri lahaa xattaa hadd'aan Soomaalidu ku biirin Jaamicadda Carabta.

Waxa la yidhaahdaa Carabnimadu waa kuhadalka luqadda af Carabiga iyo dhaqan Carbeed, ma na aha midab iyo abtirsiimo mid kood na. Xidhiidhka qotada dheer ee ka dhexeeyay Soomaalida iyo Carabt'aa suurageliyay in Soomaalidu ku biiri kartay Jaamacadda Carabta, iyag'oo aan buuxinin labadaas shuruudood ee Urur kaas lagaga mid noqon karayay. Sidaas awgeed, dowladaha Carbeed qaar kood iyo Jaamicaddu ba wax'ay filayeen in Soomaalidu dedejin doontay barashada luqadda Carabiga, si dadka Soomaaliyeed dhammaantiis loo gaadhsiin lahaa kuhadalka luqaddaas. Ha se yeesh'ee, mas'uuliin tii Soomaaliyeed ee wagaasi waa ka maageen olole kal'oo cusub in laga dhinac furo ololihii mar kaas socday, ee dadka lagu barayay qoridda far Soomaalida, oo iyadu na cusbayd mar kii Soomaalidu ku biirtay Jaamicadda Carabta.

Ha se yeesh'ee, mar kii horumar la bilaabay oo Jaamicaddii Ummadda Soomaaliyeed laga aasaasay kulliyad daraasad Carabiga iyo Warfaafinta, Muqdisho na laga furay Xafiis ALESCO (FG: ALESCO waa UNESCO- da Carabta) ayaa dagaalladii sokeeye saameeyeen. Si kasta ba ahaat'ee waxa dhinaca Soomaalida nuqsaan weyn ku ah, dad iyo dawlad ba, in konton sano kudhowaad, tan iyo waagii Soomalidu ka mid noqotay Jaamicadda Carabta aan ay dalka Soomaaliyeed oo dhan ka soo bixin hal Wargeys oo afka Carabiga ku qoran. Eritrea oo aan Jaamicadda Carabta xubin ka ahayn, dad keeda badh kiis iyo hoggaanka dalku na yihiin masiixiyiin Wargeys luqadda Carabiga ku qoran baa Asmara ka soo baxa 4-5 beri toddobaad kii ba.

VI
TAARIIKH DHACDOOYIN GUMAYSI KAHOR

D hacdooyin kii ugu xumaa ee dhici jiray gumaysi kahor, sida taariikhda laga ogaaday wax'ay ahaayeen qafaalashadii, ka la iibsigii iyo ka ganacsigii dadka Afrika (Slave Trade), in kast'oo aan ay saamayn weyn ku yeelanin Soomaalida. Haddii ba gumaysi wax taray wax'ay ahahyd joojinti addoonsi ka ganacsigii dadka, in kast'oo sababtu ahayd gumaystiyaashii oo u arkay dan tooda in aan qaaradda laga madhin dad kii ay ku shaqaysan dooneen.

Maadaama aan qarniyadii hore diyaarado jirin, waxa lagu safri jiray oo qaaradaha la isagaga gudbi jiray gaadiid badeed (Sea born traffic). Dal wali ba inta biyo badeeddiisu le'eg yihiin baa qiimihiisu na le'ekaa. Sidaas awgeed Raasiga Soomaaliyeed (semi Somali Peninsula) oo badan kiisa biyabadeed ku wareegsan yahay aad baa shisheeyuhu ugu hunguroon jireen. Burtuqaal baa na ugu horreeyay kuwii damacaasi galay.

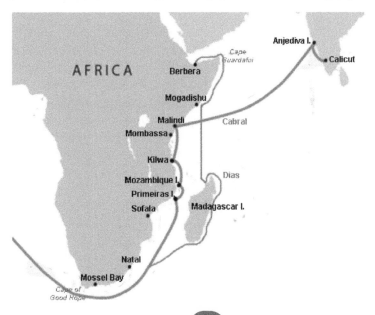

1449 (M) - Ciidamadii badda ee Bortuqaal baa Muqdisho soo weeraray oo dhinaca badda ka duqeeyey, mase degin.

1505 (M) – Turkig'aa bilaabay imaatin koodii Zaylac iyo Harar, ma se degin.

1506 (M) - Ciidamo Bortuqaal baa Baraawe bililiqaystay oo gubay kaddib mar kii iyaga na ciidan waranleh Soomaaliyeed ka diley afartaneeyo, lixdaneeyo na dhaawacay. Soomaali badan oo dil iyo dhaawac ba lahaa na waa jireen.

1516 (M) - Ciidamo Bortuqaal oo uu watay Lope Suares baa weeraray oo gubay Zaylac, ha se yeesh'ee, dib u gurtay mar kii iyaga na khasaare weyn la gaadhsiiyay; ka na talabaxeen weerar kal'oo ku wajahnaa Berbera.

1518 (M) - Ciidamo Bortuqaalkal'oo uu watay Saldanha baa soo laabtay labo sano kaddib oo Berbera gubay.

1527 (M) - Ciidamadii Muslimiinta ee Imaam Axmed Ibraahim Al-Qaazi hoggaaminayay iyo Xabashida dagaalladoodii baa bilaabmay. Kaddibmark'uu Imaam Axmed qabsaday labo dalool dalka Xabashida, b'ay dunida Masiixiyiinta qayladhaan u dirsadeen, ay yidhaadeen, "Wax'aannu nahay gasiirad Masiixiyad ah, oo ku dhex taalla bad cawaaniin ah". Kuwaas baa u soo diray mucaawinooyin ka la duwan, waa na sida ay Xabashidu kaga badbaaday gumaysigii Urubiyaanka. Ha se yeesh'ee, Bortuqiiska oo keli aha ayaa ciidamo u soo diray. Mar kaas baa lix iyo toban sano (16) kaddib lib tii u wareegtay dhinaca Xabashida. Imaam Axmed waxa ku dhacday xabbad Bortuqiis uu u dhintay 22 Feb.1543, ciidadamadiisii na waa ka la daateen. Ha se yeesh'ee, taasi wax'ay ka danbaysay Axmed Guray oo qabtay taliyihii ciidan kii Bortuqiiska, Christopher Da Goma, iyo labo boqol (200) oo uu hoggaaminayay, laayey na.
Ubad kii ciidamadii burburay ee Axmed Guray qaar kood waa Tutsiga, hadda deggan Burundi, bariga Koongo iyo Ruwaanda, iyo weli ba kuwo deggan galbeedka Yugaandha, dhammaan tood na la is ku yidhaahdo Bahiima.

1585-6 (M) - Muqdisho wax'ay muddo gaaban ku xidhiidhsanayd Turkiga.

1600 (M) - Cayladdii Muzaffar baa Muqdisho ka beddeshay cayladii Fakhruddiin.

1670 (M) - Zaylac wax'ay hoos timi xukun kii Turkiga oo wax'ay ku xidhnayd Shariif kii Mokha ee Yemen.

1800 (M) - Waxa la aasaasay Boqortooyadii Majeerteen, ee Caluula xarun u ahayd.

1827 (M) - Mar kii ugu horraysay baa Saciid Barqash xukumay Muqdisho

1839 (M) – Ingirisk'aa Cadan qabsaday oo degay.\1840 (M) – Ingiriisk'aa la galay heshiisyo ganacsi Xaakim kii Soomaaliyeed ee Zaylac, oo Turkiga wakiil u ahaa, iyo Suldaan kii Tajoura.
Yuusuf Ali Kenadiid baa khilaafay Boqor kii Majeerteen, kaddib na u wareegay Hobyo oo Xaakim ka noqday.

1843 (M) - Suldanaddii Geledi baa qabsatay Baardheere. 1848 (M) - Suldaan Yuusuf Maxamed ee Geledi baa Biyamaal diley.

Dekeddii Magaalada Zaylac ee waagii 1854

1854 (M) - Dhul mareen kii Ingiriis, Richard Burton, qoraagii 'First Footsteps in East Africa' ayaa booqday Woqooyiga Soomaalida ilaa Harar, asag'oo is ku sheegaya Sheikh Cabdalla.

1862 (M) - France baa degtay Woqooyi galbeed ee dhul kii Soomaalida

(Jamhuriyadda Jabbuuti ee hadda) kaddib mark'ay heshiisyo la galeen odayo Soomaaliyeed iyo Cafar.

1869 (M) - Waxa furmay biyomareenka Suez (Suez Canal).

1874–84 (M) - Ciidamo Masaari ayaa degay xeebta Woqooyiga Soomaaliyeed, Zaylac, Bullahaar iyo Berbera, ciidamadoodi baddu na wax'ay ku wereegi jireen biyaha Soomaaliyeed oo dhan ilaa Kis maayo. Waxa la sheegay in odayaal Soomaaliyeed oo ay ciidamadii badda ee Masaaridu waagaas ku la kulmeen Kis maayo uu ka mid aha Nassi Bondo.

1878 (M) - Suldaan kii 2aad ee Geledi Axmed Yuusuf (1845-1878) baa lagu diley Marka agteeda, ciidamadiisii na waa soo noqdeen.

VII

GUMAYSIGII

1884-85 (M) – Kalaboobkii Afrika ee reer Yurub.

Gumaysigii loo geystay dadka Soomaaliyeed baa ahaa kii ugu xumaa ee soo maray dadyowgii la gumaystay. Soomaalidu waa kuwa keli aha oo shanqaybood loo ka la goostay. Ma jirin qolo kal'oo labo wax ka badan loo ka la qaybsaday.

1884-1886 (M) - Ingiriisku wax'uu heshiisyo la galay odayo Soomaaliyeed, dhinaca woqooyiga. Heshiisyadaas oo ahaa in Ingiriisku ilaaliyo dadka iyo dalka Soomaaliyeed, Soomaalidu na aan ay shisheeye kale u oggolaanin in uu dhul kooda dego. Sidaas awgeed ma jirin is ka caabin imaatin kiisii ciidda Soomaaliyeed; Koonfur se waxa ka jirtay is ka caabin gumaysidiid xoog lahayd, oo saddex iyo labaatan (23) sano ka socday xeebaha Benaadir (Cadale ilaa Shabeelleh Hoose) iyo bariga Webiga Jubba.

1885 (M) – 14 Marso baa markab Ciidan kii Badda ee Talyaanigu ku soo xidhtay Cadale, 90/km Muqdisho Woqooyi ka xigta. Baxri baa ka soo degtay oo calan kii Talyaaniga dhulka ku taagtay. Dadkii Soomaaliyeed mark'ay arrin taas ogaadeen b'ay isa soo urursadeen oo dagaal ku soo qadeen Ciidan kii Badda ee Taliyaaniga, ka na dileen afar badmaax, oo labo saraakiil ahayd. Soomaalida na qaar baa laga dilay, Talyaanigii se waa tageen.

1886.(M) - Germalka iyo Ingiriisku wax'ay aqoonsadeen danihii Suldaan kii Zanzibaar ee Geeska Afrika oo marsooyin Soomaaliyeed na ku jireen.

1887 (M) - 7 January Menelik oo ciidamo Talyaani taageerayeen baa qabsaday Harar. 15 Decembar is la sannad kaas na wax'uu weeraray Zaylac, Soomaalidii baa se is ka caabbiday, oo taageero ka helay Turkiga.

1888 (M) - Ingiriis iyo Farasiis baa dhammaystay xuduudk'ay ka samaysteen Jabbuuti iyo Saylac dhexdooda.

1889 (M) - Taliyaanig'aa u aqoonsaday xukun hoosaad labada Saldanadood ee Caluula 7 Apriil, iyo Hobyo na 3 May. Taliyaanig'aa rabay in ay Saldanaduhu calan kiisa taagaan si aan Yurubiyan kale u sheeganin dhul kaas, lacag na waa ku siin jiray labadii Saldanadood ba.

1890 (M) - 3 October, shan sano kaddib baa Ciidamadii Badda ee Talyaanigu soo laabteen, ka na soo degeen Warsheekh, Muqdisho iyo Cadale dhexdooda. Dadka Soomaaliyeed iyag'oo tii hore ee Cadale dareen keedii qabay, b'ay haddii ba ku duleen baxridii Taliyaanig'oo calan koodii taagayay. Hal sarkaal baa laga dilay baxridii Taliyaaniga in tii kale na waa carareen.

1891 (M) - 24 March baa Ingriis iyo Taliyaani ku hesahiiyeen in webiga Jubba ahaado xuduudda gumaysigooda Koonfur Soomaaliya, ilaa Dagaalweynihii 1aad ee Dunida, 1914 -1919 (M).

Waagaas kaddib baa adkaadayaashii dagaal kaasi qaybsadeen dalalkii Jarmal gumaysan jiray ee Afrika. Adkaade wali ba wax'uu qabsaday dal kii Jarmal gumaysan jiray ee la deriska ahaa mid uu gumaysan jiray. Talyaani oo waagaas ka mid ahaa adkaadayaashii, ma jirin dal uu gumaysan jirey oo la deris ahaa kuwii gumaysigii Jarmal laga dhaxlay. Kuwii Talyaani gumaysan jiray, Eritrea, Liibiya iyo Soomaaliya, wax'ay la wada deris ahaayeen kuwo Ingiriis gumaysan jirey. Waxa lagu heshiiyay in Ingiriis oo qaatay kii ugu weynaa dalal kii Jarmal gumaysan jiray, Tanganyika (hadda Tanzania ah) uu Talyaani dhul siiyo.

Talyaanigu u ma baahnayn in dhul Soomaaliya loogu kordhiyo, wax'uu se jeclaa in Eritrea oo yarayd, Soomaaliya na ka qabow, dhul loogu kordhiyo. Eritrea oo la ballaadhiya wax'ay u baahnayd in Sudan dhul laga soo gooyo. Sudan dhul laga ma goyn karin, sababt'oo ahayd Sudan waxa wada xukumi jirey Ingiriis iyo Masar. In kast'oo Ingiriisku awood badnaa, hadda na ma weydiin karin Masar in ay la saxeexdo dhul Sudan laga gooyo oo Talyaani la siin lahaa. Mar kaas kaddib baa Talyaanigu codsaday in Somaliland la siiyo si dad kiisu is ugu ka la dalxiisaan dhammaadka toddobaad kii (weekends) marsooyinka Berbera iyo Casab. Ingiriisku na waa oggolaaday, wax'uu se rabay in uu la hadho xeebta, oo ka mid ahayd sababuh'uu u yimi Somaliland ba. Talyaani na waa nacay Somaliland oo aan xeebtu ku jirin. Kaddib baa loo soo noqday Koonfur Soomaaliya, sida hoos ku sheegan.

1893(M) - May, Shirkad Taliyaani, Filonardi baa Muqdisho laga aasaasay, xil keedu ahaa basaasid, ku se gabbanaysay ganacsi.

1896(M) - 25 November Maamulihii Taliyaaniga ee ugu horreeyay ee loo soo magacaabay Benaadir, Antonio Cecchi, waxa lagu weeraray Lafooleh asag'oo kormeerayay daafaha Muqdisho, Waa la laayay asagii iyo ciidankisii oo dhan; hal nin na ka ma badbaadin.

1897(M) - 9 Febuary maamulihii Taliyaani ee loo soo magacaabay Marka, Giacomo Trevis, maalint'uu yimiba waa la dilay.

Maalin tii xigtay, 10 Feb. ciidan ballaadhan oo Talyaani baa weeraray Soomaalidii deggenayd xeebta u dhexaysa Muqdisho iyo Marka, oo xasuuqay dadkii iyag'oo aan badbaadin xattaa caruur iyo haween uur leh mid kood na. In tii rag nolol lagu qabtay na, aan tiradooda la aqoonin, Muqdisho ayaa la keenay, oo lagu khasbay in ay taallo u dhisaan Antonio Cecchi, nin kii mar kaas kahor lagu diley Lafooleh. Kaddib na raggaas dib loo ma arkin.

1897(M) - Ingiriisku wax'uu jebiyay heshiisyad'uu la galay odayadii Soomaaliyeed ee Woqooyi, oo dhulk'uu axdiga ku galay in uu ilaaliy'uu si qarsoodi ahayd u bixiyay, kaga na beddeshay Xabashida dano kale, asag'oo aan odayadii Soomaaliyeed na ogeysiinin.

1899(M) - Bilawgii kacdoon kii Maxamed Cabdille Xasan iyo aasaaskii Daraawishta.

1903(M) - 9 December Soomaalidu wax'ay Shabeellada Hoose ku dileen nin Greek ahaa oo Taliyaaniga u shaqaynayay.

1906(M) - 13 Dec. Ingiriis, Faransiis iyo Talyaani wax'ay aqoonsadeen danahaa Xabashiyeed ee Geeska Afrika.

1908(M) - Talyaanigii baa muquuniyey iskacaabbin tii dadka Soomaaliyeed ee Shabeelleh Hoose, saddex iyo labaatan (23) sano kaddib, mar kaas b'ay sahal noqotay in Saldanaddii Geledi na ee xarunteedu Afgooye ahayd la qabsado. Mar kaas kaddib xukun kii Talyaanigu waa ku fiday dalka in tiisa kal'oo dhan sida soo socota:
Bishiii April is la sannad kaas baa ugu horraysay Ciidan Boliis Talyaani, 'Zaptie', oo laga aasaaso Koonfur Soomaaliya.
16 May Talyaani iyo Xabashi baa ku heshiiyay xuduudka aan jeexnayn ee Koonfur Ogaaden.

1910(M) - Ciidamo Talyaani baa degay webiga Jubba dhinaciisa bari oo dhan.

1912(M) - Balcad, Wanleweyn iyo Mahadaay baa xukun kii Talyaanig gaadhay .

1913(M) – Buur Caqaba iyo Baydhabo.

1914(M) - Bilawgii sannadka, Waajid, Xuddur iyo Tiyeeglow. Iyo Buulo Burde 30kii April, in kast'oo Ciidamadi Talyaaniga habeen walba la weerari jiray ilaa iyo 1916 kii.

Beledweyne 1923 (M) kahor Talyaanigu waa ka baqayey maadaama ay ahaan jirtay Saldhig Ciidamadii Daraawiish tii.

1925 (M) Baa Ingiriis NFD Talyaaniga uga soo gooyay dhulka Webiga Jubba ilaa Ras Kiamboni, ballaadh kiisu yahay 200/KM + ilaa Suufka, dhulka u dhexeeya Beledxaawo iyo Doolo, dherer kiisu na yahay 700/KM.

1922 October baa Xisbigii Fascistadu ku adkaaday Doorashooyin kii dalka Talyaaniga, kaddib na xukun kiisii ku soo fiday dalal kii uu gumaysanayey. 1923 De Vecchi, oo la yidhi wax'uu ahaa nin kii 4aad ee Xisbigii Fascistad'aa loo soo magacaabay Xaakim Soomaaliya. Wax'uu is la mark'uu yimi ba baabbiiyay xukun kii iyo awooddii labadii Saldanadood. Hobyo waa isdhiibtay,

Woqooyi Bari na waa dagaalantay ilaa la maquuniyay 19 October 1925. Boqor kii se is ma dhiibin, oo arrin tiisi waa caalamiyowday (internationalized) ilaa Talyaanigu heshiis la galay Ingiriisku damiin ka ahaa 1927.

Boqor Cismaan Maxamuud Yusuf wax'uu tegay Berbera oo Ingiriiska u magangalay. Talyaanig'aa weydiistay in Ingiriisku Boqorka soo dhiibo. Soomaalidii baa kacday oo diidday in Boqorka la dhiibo. Ingiriisku asag'oo mar kaas shan sano kahor ka soo gudbay dagaal kii dheeraa ee uu labaatan (20) sannadood ku la jirey Maxamed Abdille Xasan iyo Daraawiish tii, b'uu ka baqay hadd'uu Boqor kii dhiibo in Soomaalidu gadoodi doontay, oo mar labaad colaad kale soo cusbonaato. Ingiriis iyo Talyaani b'ay ku qaadatay labo sano kudhowaad in ay ku heshiiyaan sidii lagu qancin lahaa Boqor kii iyo odayadii Soomaaliland. Ingiriisk'aa u sheegay Bogor kii iyo odayadii kale ba in ay ballanqaad buuxa ka hayeen Talyaaniga in aan Boqorka la xumayn doonin, oo Talyaanigu rabeen in ay la heshiiyaan oo dalka ku nabadeeyaan.

Boqor kii baa go'aansaday in aan la dhiibin, bal se uu ku noqdo dal kiisi, Talyaanigu na ay hal kaas ugu yimaaddaan. Sidii baa loo yeelay, oo Markab Talyaani baa ka soo qaaday Baargaal oo Muqdisho geeyey.

Mar kaas kaddib xukunka Talyaani waa ku fiday Woqooyi Bari na, iyo Koonfurta Soomaaliyeed oo dhan ba.

Xaakim kii Fascistad'aa amray in dadka Soomaaliyeed ciddii hub haysatay laga ururiyo, kahor mar kii Omar Samatar Ceelbuur ku laayey saraakiil iyo askar Talyaani. Sheekh Xasan Barsan'aa ku mucaariday go'aan kaas Xaakimkii Fascistada, oo ciidan is ka caabbineed abaabulay. Kaddib waa la qabtay Sheekh Xasan Barsane, wax'uu na ku dhintay Xabsi 1924. Tixraac: (1) Buugga Taariikhda Soomaaliya, 2000/10-22- qoraa: marxuum, Generaal Maxamed Ibraahim,Liiqliiqato(1921-1998), oo la daabacay geeridii qoraaga kaddib, iyo (2) Buuugga: Xuddur iyo Taariikhda Koonfur Soomaaliya, qoraa: marxuum Danjire Shariif Saalax Maxamed Cali (2005).

Gumaysinimo ka sokow, gumayste wali ba dano gaar aha b'uu ka lahaa gumaysiga dhulka Soomaaliyeed sida soo socota:

1)   Ingiriisku wax'uu rabay:

- In uu ku ilaashado biyomareenka Gacanka Cadmeed oo halbowle u noqday danihiisa kaddib mark'uu furmay biyomareenka Suez Canal 1869 iyo

- Ka iibsasho hilibka xoolaha Soomaaliyeed oo ciidamadiisii Cadan fadhiyay u baahnaayeen.

2) Faransiisku wax'uu rabay:

a) Meel ciidamadiisa baddu ku nastaan inta u dhaxaysa dal kiisa iyo dalalka uu ka deggenaa Asia, sida Indo China, iyo jasiiradaha Afrika bari sida, Madagaskar, Komooroos, Murayshas iyo Sychelles. Labada danb'uu beri danbe ku wareejiyey Ingiriis, kaga na bedeshay dano kale; iyo

b) Ganacsi. Deked casri ah ay'uu ka dhisay Jabbuuti oo la tartami kartay dekedda Cadan, si uu uga faa-iidaysto la ganacsiga Abysiiniya oo aan bad lahayn.

3) Talyaanigu wax'uu rabay

a) Wax kubeerasho hawo kulul (Tropical Farming) mark'ay Yurub qabow tahay oo aan wax lagu beeran karaynin;

b) Sidaas oo kale ku kalluumaysi biyo diirran (Warm Water Fishing), mark'ay Yurub qabow tahay, aan laga kalluumaysan karaynin; iyo

c) Ku shaqaalayn labada mashruuc ee kor ku sheegan dheeraadka muruqmaal kiisii Shaqada la'aa (Employment for his surplus unemployed labour force in the above two projects).

4) Xabashida wax'ay rabtay dhul ballaadhsi iyo gumeysi joogto ah, sida ilaa maanta taagan.

Gumaystayaashii Yurub mark'ay Afrika qabsanayeen wax'ay is ku sheegeen ilbixiyayaal (Civilizing Mission). Madaama diintu ugu horrayso ilbaxnimo, waxbarashadii wax'ay u dhiibteen kiniisadahoodii, oo iyaga na ujeeddadooda kowaad ahayd gaalayn. Sidaas baa Ingiriis na ku bilaabay siyaasaddiisii waxbarash'ee Somaliland, oo wax'uu keenay baaderiyo.

In kast'oo Maxamed Cabdille Xasan ujeeddadiisa kowaad ahayd gumaysi diid, hadda na waxa kiciyay, oo soo dedejiyay kacdoon kiisii waxbarashadii carruur Soomaaliyeed lagu gaalaynayey.

1935 (M) - Soomaalida Woqooyi wax'ay ka dhiseen golayaal (Meeting Centers) Hargeisa, Berbera, iyo Burco loo bixiyey, 'Khayriyado', la rabay ay in ay ku kulmaan oo ku arrinsadaan. Ma se aasaasin ururro siyaasadeed sidii ujeedooyin kaas loo fulin lahaa, oo wax'aan jirin aqoon yo tacliin mid na. Golayaashaas lagu ma fulin ujeeddooyin kii loo dhisay ilaa la soo gaadhay qayb tii danbe ee 1950aad kii.

1943 (M) - Bilowgii waxbarashada dhinaca Woqooyi. Kaddib mar kii Maxamed Cabdille Xasan kacdoonka ka dhigay waxbarashadii Masiixiyadda, baaderiyadii dalka waa laga eryey. Ha se yeesh'ee, dadkii waa diideen in carruur tii wax la baro, iyag'oo ka baqayay in laga gaaleeyo.

Maxamuud Axmed Cali, Alle ha u naxariist'ee, mar k'uu waxbarashada aasaasayay, wax'uu kaga gudbay caqabaddii diidmadi dadka labo arrimood, oo waxbarashadii la oggolaaday:

Aabihii Tacliinta Soomaalida

1) Wax'uu yidhi wiil aan Quraanka aqoonin la qaadan maayo, taas oo weli ba xiise horleh gelisay in la kordhiyo barashada Quraanka kariimka ah, dad kii na ku kalsoonaadeen in aan carruur toodi laga gaalaynaynin.

2) Dawladdii Ingiriisku ka keenay ballanqaad in wiil kii wax barta ba shaqo la siin doonay. Dad kii waa oggolaadeen oo wiilashoodii ku dareen Dugsiyadii dawladda, in kast'oo culimadii qaar kood ay weli diidanaayeen, oo ay muddo dhagxin jireen Maxamuud Axmed Cali.

Waagaas Dugsiyadi Woqooyi laga aasaasay, wiilasho keli aha ayaa loogu tala galay, oo gabdho la ma ba hadalhaynin. Tobaneeyo sano kaddib, bilowgii 1950aad kii baa dhisme Dugsi Gabdheed laga bilaabay Burco, haween barayaal Ingiriis aha ayaa na laga keenay England.

Waaligii Ingiriis kaa magacaabay Guddi Waxbarasho (Education Committee) oo Guddoomiye ka ahaa Agaasimihii Waxbarashada (Director of Education) ee Somaliland, Ku-Xigeen na Maxamuud Axmed Cali, aasaasihii Waxbarashada Somaliland, shan kal'oo Soomaaliyeed na xubno ka ahaayeen, ka na mid ahayeen Iimaan Dhoorre iyo Jirde Xusseen.

In tii dhismihii dugsigu socday baa la abaabulay Shir Odayo Soomaaliyeed si loogu qanciyo in loo baahnaa waxbarashada gabdhaha. Shir kaas waxa lagu qabtay Berbera. Kaqayb galayaashii lagu marti qaaday waxa ka mid ahaa Suldaan Maxamuud Cali Shire, oo la rabay in mudnaan tiisii lagu kasbo oggolaanshihii Odayada in toodii kale. Suldaanku wax'uu ahaa Iimaan Dhoorre soddoggii, wiil kiisa na aad ugu kalsoonaa.

Mar kii shir kii furmay, baa ohaahdii ugu horraysay la siiyay Suldaan Maxamuud Cali Shire. Wax'uu yidhi, "Ma anig'oo weysaysanaya (taking prayers' abolution) b'aan labadayda gacmood mid maydhayaa, mid na ka tegeyaa?" Waa loo sacab tumay. Murtida Suldaanku adeegsaday oo macneehedu ahaa, "Wiilkayga iyo gabadhayda miy'aan u ka la eexan karaa?" baa loogu sacab tumay. Kaddib na xubnihii Guddida oo dhan baa ka wada dabo hadlay, oo sii faah-faahiyay gabdhaha waxbarashadoodu faa'iidooyinka ay bulshada ku soo kordhin karaysay. Wax'ay na Odayadii u sheegeen in Dugsiga Gabdhaha haween maamuli dooneen, oo aan ay gabdhaha rag ba is arki doonin. Odayadi na waa is ku wada raaceen in gabdhaha wax la baro.

Ha se yeesh'ee, gobonimadii kahor, Woqooyi wiilal iyo gabdho qol wax ku ma wada baran jirin.

Gabdho Soomaaliyeed oo askar Bolis noqda, ama ku biiray Ciidamadii kale ba, waxa ugu horreeyay labo gabdhood oo Dugsigii Gabdhaha ee Burco wax ku soo bartay. Mid kood, Mako Jaamac, wax'ay Boliiska ka gaadhay heer sarkaal sare (senior officer). Gabadhii kale, Khadiija Maxamed, dhakhs'ay u guursatay oo ku ma raagin Boliiska. Mako se, in kast'oo iyadu ba guursatay, hadda na waa kaga dhabaysay Boliisnimadeedii tan iyo burbur kii xukun kii dhexe.

VIII
HORUMAR SIYAASAD SOOMAALIYEED

Dunidu isbeddello badan oo ay soo martay, mid ba mid kii kahorreeyay b'uu wax ku kordhiyay, wanaag ama xumaaan, oo uga reeyay ama uga sii daray. Sida meelo kal'oo qoraal kan kor ku sheegan (Qaybta VI) Afrika qarniyadii hore dad keeda waa la qafaalan jiray oo la iib geysan jiray, in kast'oo aan taasi saamayn ku lahayn Soomaalida. Waxa qafaalan jiray qawlaysato Caddaan reer galbeed ahaa oo aan dawlado ahayn, dawladahoodu se waa ogaayeen, oo si caadi ahayd ay'ay u cashuuri jireen ka ganacsiga dadka. Kaddib mar kii dawladihii Yurubta galbeed ku heshiiyeen in ay Afrika qaybsadaan oo gumaystaan b'ay joojiyeen oo xaaraantimeeyeen qafaalashadii iyo ka ganacsiga dadka(the Slave trade), si aan qaaradda looga madhinin dadkii gumaystayaashu ku shaqaysan lahaayeen.

Kaddib mar kii gumaystayaasha Yurubta galbeed ku faafeen Afrika oo dhan iyo Asiya badan keeda, Ilaahay baa Dagaal Weynihii 2aad ee Dunida (1939-1945) dabayl xornimo uga dhigay dadyowgii la gumaysanayay.

Bishii September 1939 (M), Hoggaamiyihii Jarmalka ee waagaas, Adolf Hitler, baa Poland ku duulay oo qabsaday. Dawladihii kal'ee waaweynaa ee Yurubta galbeed wax'ay ahaayeen Ingiris, Faransiis iyo Talyaani. Labada hore dagaal ka dhan aha Hitler ba'y ku dhawaaqeen. Talyaaniga, oo Benito Mussolini hoggaamiyey na wax'uu raacay Hitler.

Bishii August 1940(M) baa Talyaanigu Somaliland ku duulay oo Ingiriis ka qabsaday, kaddib na wax'uu mideeyey dhulka Soomaalida in tiisii badnayd, Jabbuuti iyo NFD maah'ee, oo hoos geeyay hal maamul, sida ku muujisan kharidadda:

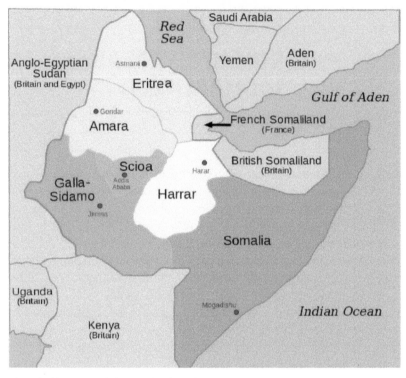

Khariidaddii Soomaalida ee xukun kii Talyaaniga

Bishii April 1941(M) baa Ingiriis dib uga qabsaday Talyaani dhulka Soomaaliyeed oo dhan, ku na soo ururiyay xukun kiisii, Jabbuuti maah'ee, mar dagaalku dunida in teeda kale heer kii ugu xumaa marayay.

Hitler baa qabsaday France oo dhan, ciidamo General De Gualle England u la cararay maah'ee, iyo Yurubta galbeed in teeda kal'oo dhan. Ciidamadii Ingiriis ee Yurub ka dagaalamayay na waa ka soo baxeen. Woqooyi Afrika na, dagaal kaa soo gaadhay galbeedka xeebta Masar (Al-Calamayn). Asiya na si le'eg iyo ka sii daran.

Mar kaas kaddib baa Winston Churchill, Wasiir kii 1aad ee Ingiriisku, qaylodhaan (SOS) u dirsaday Madaxweeynihii Maraykan ee waagaas, President Roosevelt. Wax'ay ku kulmeen badweynta Atlaantik dhexdeeda, Markab Dagaal dushiis, bishii siddeedaad, August 14, 1941.

Sida la ogaaday, Churchill baa yidhi, "Hadd'aan Maraykan dagaalka soo gelin, Yurub oo dhan iyo badi dunida in teeda kale ba Hitler baa qabsanaya." Sida la sheegay Roosevelt baa ugu jawaabay, "Indinku dunida badan keed'aydun gumaysataan. Hadd'aannu dagaalka idin la soo galno, oo idin ku la dhimano, Hitler na idin la jebinno, sow ma noqonayso in aannu idiin badbaadinnay in aydun dadyowgaas sii gumaysataan?. Annagu wax'aannu dagaal kaas soo geli karnaa oo keli ah hadd'aydun oggoshihiin in cid wali ba xorowdo marka dagaal kaasi dhammaado." Maraykankii waagaasi ma ahayn kan maanta jira oo kale.

Churchill oo gumayste weyn ahaa, waa is ka oggolaaday, haddii kale Hitler baa London qabsan lahaa.

Kaddib b'ay soo wada saareen War Murtiyeed kii la magacbaxay, 'The Atlantic Charter (Axdiga Atlaantik)', oo noqon doonay hordhacii Axdiga Qaramada Midoobay ee ilaa maanta jira. Faqradda 3aad oo laga soo minguuriyey War Murtiyeed kaas oo ku qoran af Ingiriis waa sida soo socota:

"THIRD, they respect the right of all peoples to choose the form of Government under which they will; and they wish to see sovereign rights and self-govwernment restored to those who have been forcibly deprived of them".

Churchill marku ku noqday London, War Murteed kii na la maqlay, waxa ku buuqay jaallayaashiisi, gumaystayaal kii kale, oo ku yiri,"Sidee b'aad u oggolaatay in dadyowga aynu gumaysanno oo dhan la xorayn doono?" Churchill si uu cidhiidh kaas uga baxo, ama ba uu rabay in uu Axtiga Atlaantik is kaga baxo kaddib mar kuu dagaalku dhammaado, wax'uu ku jawaabay war aan sax ahayn, oo yiri, "Sida aynu nahay wax ba is ka ma beddeli doonaan (there will be no change in our status quo)". Run ma ahayn, sida hoos ka muuqata.

Muddadi dagaalku socday England doorasho ka ma dhicin, oo wax ay Dad kii British ku ahaayeen hal saf (National Front). Maalin tii Jarmal qirtay in laga adkaaday baa lagu dhawaaqay maalin tii doorashooyin kii Ingiriiska la qaban doonay.

Dawladihii dagaal kii ku adkaaday baa ku kulmay Potsdam, Berlin agteeda,

Shir kii Jarmaka lagu ka la qaybinayey. Shir kaas oo loo fadhiyey baa maalin tii doorashooyin kii Ingiriisku ku soo beegantay. Churchill baa tegay oo yidhi, "Waa soo codaynayaa, oo soo noqonayaa". Ma ba soo noqon, oo doorashadii baa lagaga adkaaday. Waxa beddel kiisi Shir kii yimi hoggaamiyihii cusbaa ee Ingiriis, Clement Attlee, ka dib na dardar geliyay xornimadi qaarad uyaalka India, asag'oo fulinayey Axdigii Atlantik, oo Churchill soo galay.

Afar bilood kaddib, asag'oo aan Maraykan weli dagaal kii gelin, baa asaga qudhiisa la weeraray. Bishii Dec. 1944, baa diyaarado dagaal oo Japan (ay Hitler xulufo ahaayeen) duqeeyeen dekedda Maraykan ee Pearl Harbor ee Honolulu, caasimadda Dawlad Gobolleedka Hawaii. Nasiib wanaag, hadd'ay arrintani dhici lahayd Axdigii Atlaantik kahor, la ma ba soo qaadeen in dadyowgii la gumaysanayay xoroobaan, oo Maraykan dagaalku khasab b'uu ku noqon lahaa shuruud la'aan. Ilaaha weyn baa sidaa ugu talagalay.

Kaddib mar kii dagaal kii dhammaaday 1945, Qaramada Midoobay na la aasaasay is la sannad kaas, baa Axdiga Urur kaas na lagu daray in cid wali ba aayaheeda u tashan karto (Self-determination). Sidaas awgeed, dadyowgii la gumaysan jiray dhammaan tood dalbadeen xornimadooda, Soomaalidu na ka mid b'ay ahayd.

Aasaas kii ugu horreeyay Horumar Siyaasad Soomaaliyeed wax'uu ahaa Urur kii la magic baxay Naadi Dhallinyaro Soomaaliyeed, (Somali Youth Club - SYC), oo la aasaasay 15 May 1943; kaddib na u beddelmay Urur kii Dhallinyarada Soomaaliyeed, (Somali Youth League - SYL), 15 May 1947, waa na Xisbigii gobanimada dhalin doonay.

Mar kii Naadigii Dhallinyarada Soomaaliyeed (Somali Youth Club – SYC) la aasaasay 15 May1943, weli Dagaalweynihii 2aad ee Dunidu waa ka socday dunida in teeda kale, Geeska Afrika maah'ee. Sababta Urur kaas (SYC), mar kaas Naadi loogu magacaabay wax'ay ahayd in dalku (Koonfur Soomaaliya) qornaa dal cadaw laga qabsaday (Occupied Enemy Territory - OET). Dal cadaw laga qabsaday na xisbiyo laga ma furi karin. Ha se yeesh'ee waxa Naadiga loogu oggolaaday Saraakiishi Ingiriiska oo ka warqabay Axdigii Atlaantic.

Dhismihii Naadigaas waxa muhandasiin ka ahaa Yaasiin Cusmaan Sharma-arke iyo Cabdulqaaddir Sakhaawaddiin, labadoodu na waxay qabeen labo ra'yi oo ka la duwan. Cabdulqaaddir wax'uu qabay in Naadigu u horseedo nidaam diinta Islaamka aha oo noqon karay jid kii ugu habboonaa oo Soomaalidu ku midoobi lahayd, halka Yaasiin qabay in Naadigu u horseedo Urur siyaasadeed oo Soomaali oo dhan u furnaan. Akhyaar tii kal'oo Naadiga ku soo biiray sida Aadan Cabdulle, Cabdullaahi Ciise, Sheekh Cali Jimcaaleh iyo qayr kood wax'ay wada taageereen fikraddii Yaasiin in Naadigu u horseedo Urur siyaasadeed. Sidaas b'ay na noqotay.

Aasaasayaashii Naadigii Dhallinyaradii Soomaaliyeed wax'ay ahaayeen:
1. Cabdulqaadir Sakhawa-addin, Guddoomiye (Preseident)
2. Yaasiin Cusmaan Sharma-arke, Xoghaye Guud (Secretary General)
3. Xaaji Maxamed Xuseen Xaamid, Gudoomiyhii 2aad, kaddib mar kii Guddoomiyihii hore geeriyooday
4. Cusmaan Geeddi Raage
5. Daahir Xaaji Cusmaan
6. Huudow Macallim Cabdullaahi
7. Maxamuud Cabdulle (Xayeysi)
8. Maxamed Cusmaan Barba
9. Saydiin Xersi Nuur
10. Maxamed Cali Nuur
11. Maxamed Faarax Hilowleh
12. Cali Xasan Maslax (Cali Verdura)

1. Dheere Xaaji Dheere
Kaddib mar kii dagaal kii dhammaaday oo UNka na la aasaasay, Ingiriisku na gacanta ku wada hayay dalka Soomaaliyeed oo dhan, Jabbuuti maah'ee, Soomaalidu wax'ay Ingiriiska ka dalbatay in iyag'oo sidaas u midaysan gobonimadooda la gaadhsiiyo. Dalab kaas waxa dhinaca Koonfureed horseed ka ahaa Naadigii iyo Urur kii Xornimodoonka aasaasay ee SYC, kaddib na noqday SYL. Woqooyiga na Xisbigii asagu na xornimodoonka ahaa ee Somali National Society – SNS, oo la aasaasay 1945, kaddib mar kii Qaramada Midoobay (United Nations) la aasaasay, iyo wali ba odayadii Soomaliland, arjiga ay dawladdii Ingiriiska u qoreen 47 akhyaartii ummadda oo ay ka mid ahayeen Suldaan Maxamuud Cali Shire iyo saddex Suldaan oo kale, sida hoos ka muuqata.

Suldaan Maxamuud Cali Shire wax'uu ahaa Suldaan kii diiday in xukun kii Ingiriisku ku fido carro Warsangeli, kaddib mar kii Maxamed Cabdille Xasan iyo Daraawiishtii la riday 1920. Suldaan Maxamuud Cali Shire na ugu danbayn tii waa laga awood roonaaday, kaddib inta la qabtay baa loo masaafuriyay Gasiiradaha Seychelles, shan iyo toban sano. Wax'ay is la waagaas hal kaas masaafuris ku wada joogeen saciim kii Masar ee la odhan jiray Sacad Zaqluul.

In kast'oo Koonfur ay ka jireen ururro badan oo ku midoobay dallaayad lagu magicaabay, 'La Conferenza', kuwaas oo doonayay in xukun kii Talyaanigu dib ugu soo noqdo Koonfurta Soomaaliya, oo lid ku ahaayeen Xisbigii Ururka Dhallinyarada Soomaaliyeed (SYL), ee xornimo iyo midnimadoonka ahaa; is la mar kaas na waxa Woqooyi (Somaliland) ka jiray dad midnimo Soomaaliyeed diiddanaa, oo ka soo horjeeday hindisihii dawladdii Ingiriiska ee waagaas ee la magic baxay: Qorshaha Bevin (The Bevin Plan) ee 1946. Bevin wax'uu ahaa Wasiir kii Arrimaha Dibedda ee Ingiriiska. Qorshahaasu wax'uu ahaa in Soomaali oo dhan la mideeyo oo Ingiriisku gaadhsiiyo xornimo, maadaama asagu mar kaas maamulayay oo gacanta ku hayay dhulka Soomaaliyeed oo dhan, Jabbuuti maah'ee, iyada na Fransiiska gorgortan ku la jirey in uu kaga beddesho Gabia, sid'uu ii sheegay taariikhyahan Jabbuutiyaan aha, marxuum Cumar Cismaan Raabbi, Alle ha u naxariist'ee, si Soomaalida oo dhan iyo dhul kooda ba loo mideeyo.

Sida marxuum Danjire Shariif Salaax Maxamed Cali qoray, wax'uu1990aad kii Ka soo minguuriyay kaydka qoraallada Ingiriiska (British Public Records Office, London) mar kii marxuumku diyaarinayay qoraal kii buuggiisa: 'Xuddur iyo Taariikhda Koonfur Soomaaliya', oo tixraacay qoraalladii Xafiis kii (Wasaaraddii) Dagaalka ee Ingiriisku, British War Office -230/233-4530 ee Taariikh:29/7/1947i, ee loogu gudbiyay Wasaaraddii Arrimaha Gumaysigii Ingiriiska arji ay qoreen 161 xubnood oo ka tirsanaa beesha Habar Awal, oo ka mid ahaa Suldaan Diriye (Suldaan Cabdiraxmaan Suldaan Diriye), oo ay ku diiddayeen hindisihii Ingiriiska in Somaliland (Woqooyi) iyo Soomaaliya (Koonfur) la mideeyo. Waxa kal'oo Marxuum Danjire Shariif Saalax soo minguuriyay qoraal kal'oo arjigaas lid kiisa ahaa oo ay qoreen 47 xubnood, oo ka ka la tirsanaa beelaha kal'ee Woqooyi (Somaliland) oo dhan oo ka mid ahayeen:

1. Suldaan Maxamuud Cali Shire - Warsangeli

2. Suldaan Cali Muuse - Isaaq, Habar Jeclo
3. Suldaan Maxamed Faarax - Isaaq, Arap
4. Suldaan Xirsi Cabdillaahi - Isaaq, Garxajis, Habar Yoonis
5. Saciid Cabdi (Guddoomiyihii Guud ee Xisbigii Woqooyi ee xornimadoonka ahaa, 'Somali National Society {SNS}'.
6. Maxamuud Axmed Cali, aasaasihii Waxbarashada Woqooyi (Somaliland)
7. Yuusuf Xaaji Aadan, la-aasaasihii waxbarashada Taageeray na aasaaskii faraci Xisbigii SYL ee furay Woqooyi (Somaliland), sida hoos ka muuqan doonta.
8. Maxamed Kaahin (Oday Burco).
9. Yuusuf Cabdi 'Casoowe,' Post Master, Burco.
10. Axmed Xaaji Cabdillaahi (Xashiish) Ganacsade, noqon doonay xildhibaan Baarlamaan.
11. Abokor Xaaji Faarax (Oday Burco) noqon doonay Xildhibaan Baarlamaan.
12. Yuusuf Iimaan Guuleed, Ganacsade, noqon doonay Xildhibaan Baarlamaan labo jeer.
13. Maxamuud Abdi Carraale, Sarkaal sare oo shaqaaleh dawladeed, Danjirihii ugu horreeyay ee Soomaaliya London u fadhiyay (1961-63); iyo 34 qof oo kale aanu marxuumku soo qorin magacyadoodi.

Xubnahaasi wax'ay dalbayeen in Soomaali oo dhan la mideeyo, oo taageersanaayeen hindisihii Ingiriiska (Tixraac buugga marxuum, Danjire Shariif Saalax, Xuddur iyo Taariikhdii Koonfur Soomaaliya 2005/337-8, oo uu ka soo minguuriyay kaydka qoraallada Ingiriiska (Public Record Office). Dowladihii kal'ee ku adkaaday Dagaal kii 2aad ee Dunida: Fransiis, Maraykan iyo Ruush waa ku diideen Ingiriiska hindisihii midaynta Soomaalida oo asagu maamulayay.

Maraykanku wax'uu mar kaas rabay in dalal kii Talyaanigu gumaysan jirey oo dhan la hoos geeyo Ummadaha Midoobay (UN) oo aan gumayste kale lagu wareejin, in kast'uu kaddib siyaasaddiisii beddalay. Fransiiska iyo Ruushku na wax'ay rabeen in Koonfurta Soomaaliyeed Taliyaaniga dib loogu celiyo.

Fransiisku malaha Talyaanig'uu taageerayay, Ruushku se dan gaar ahayd ay'uu ka lahaa, oo wax'uu ka hawo qabay in Xisbigii Shuuciga Talyaanigu, ee Talioti mar kaas hoggaamin jiray ku guulaysan karay doorashooyin kii dalka Talyaaniga, oo mar kaas soo dhowaa, kaddib na Soomaaliya ka dhigan lahaa sallaan uu Shuuciyaddii ugu gudbin karay Afrika in teeda kale.

Mar kaas kaddib dood dhex martay dawladihii Dagaal Weynihii 2aad ee Dunida ku adkaaday waxa ka soo baxay in rabitaan kii dadyowga dalal kii Afrika ee Talyaanigu gumaysan jiray la ogaado. Waxa la soo diray guddi ballaadhan oo soo samayn doontay baadhitaan. Xubnihii Guddidaasi wax'ay Muqdisho yimaaddeen 06/01/1948. Wax'ay gooni gooni u la kulmeen wakiilladii ama madaxdii Xisbiyad'oo dhan. Nasiib darro Xisbigii gobonimodoonka ahaa ee SYL waa diiday in uu taageero hindisihii Ingiriiska. SYL ma diiddanayn midaynta Soomaalida, wax'ay se diideen in Ingiriis keligii Soomaali oo dhan loo dhiibo oo uu maamulo. Waxa xubnihii guddidii SYL ku adkaysteen in afarta dawladood ee Dagaal Weynihii 2aad ee Dunida ku adkaatay, ee loo yaqaannay Quwadaha Waaweyn (Big Four Powers) ama Golaha Nabadda (Peace Council) ay Soomaali wada xukumaan oo toban sano xornimo ku gaadhsiiyaan. SYL wax'ay illaaween in shan tii qaybood ee Soomaaliyeed Ingiriis labo gumaysanayey, haddii hindisihiisii la diiday na midnimo Soomaaliyeed oo dhammi aan ay mar kaas dhici karin waagaas.

Xisbi wal ba waxa la siiyay hal mar in ay soo bannaan baxaan oo ku muujiyaan taageerayaashooda dadweyne. SYL waxa la siiyay galabtii 11/01/1948.

Wakiilladii 'La Conferenza' oo lid ku ahaa Xisbigii SYL ee xornimadoonka ahaa, baa iyagu na ku adkaystay in ay sameeyaan bannaan baxooda is la maalinta iyo is la goorta SYL la siiyay, oo wax'ay rabeen in ay burburiyaan bannaanbaxa SYL. Waxa la sheegay in baabuur waaweyn oo niman Taliyaani wadeen, dad ka mid ahaa taageerayaashii 'La Conferenza' ka soo gurayeen tuulooyinka iyo magaalooyinka Muqdisho dibedda ka ah. Madaxdi SYL wax'ay u dacwoodeen xukun kii dawladdii Ingiriiska in 'La Conferenza' laga joojiyo goorta iyaga la siiyay. Saraakiishii Ingiriiisku ka ma joojin 'La Conferenza', wax'ay se uga digeen in wax'ii dhaca ay masuul ka noqon dooneen.

Madaxdi SYL waxa u muuqatay in iskudhac la ma huraan noqon doonay. Subixii baa Madaxdi SYL taageerayaashoodii shiriyeen, wax'ay na u sheegeen wax'ay malaynayeen in ay dhici dooneen. Wax'ay taageerayaashoodii fareen in haddii 'La Conferenza' soo weeraraan aan ay dagaallamin, oo is ka ka la tagaan. Sababt'oo ahayd in haddii Guddida shisheeye aragto labo kooxood oo Soomaaliyeed oo is laynaya, wax'ay odhan doonaan kuwaasi xornimo u ma qalmaan, waa na sida Talyaanigu rabay in ay dhacdo.

Is la mar kaas na madaxdi SYL wax'ay diyaariyeen dhalinyaro naftoodhurayaal ahaa, oo fareen in haddii 'La Conferenza' soo weeraraan taageerayaasha SYL, naftoodhurayaashu na laayaan dadkii Talyaaniga ahaa, ee 'La Conferenza' ka danbeeyay.

Sidii la filayey, mar kii taageerayaashii bannaanbaxii SYL ka dhaqaaqeen xarun tii Xisbigooda (SYL) oo Ceel gaabta ahayd, soo na gaadheen barxadda mar kaas kaddib la magaac baxday 'Xaawo Taako', ayaa taageerayaashii 'La Conferenza' soo weerareen. Sidii la faray taageerayaashii SYL badankoodii waa is ka ka la tageen oo ma dagaallamin, qaar badan b'aan se fursad ba la siinin, ku na qasbanaaday in ay is difaacaan oo dagaallamay. Toban iyo afar qof (14) oo Soomaaliyeed, labadii dhinac ba, ayaa iskahorimaad kaas ku dhintay, oo Xaawo Taako ka mid ahayd. Afartan iyo siddeed (48) kale na waa la dhaawacay. Naftood-hurayaashii Soomaaliyeed wax'ay dileen konton iyo kow (51) Talyaani ahaa, konton iyo kow (51) kale na waa dhaawaceen. Wax'aan maqlay in ay Talyaanigu qoreen in 54 dhinteen, oo malaha saddex kalaa dhaawici u dhintay.

Laga yaab'ee, in xukumaddii Ingiriisku rabtay iskudhaca, sababt'oo ahayd, wax'ay uga digeen Guddidii in iskudhacyo iman kareen haddii bannaanbaxyo la sameeyo. Guddidii baa se ku adkaysatay bannaanbaxyada. Waa waxa xukuumaddii Ingiriisku uga joojin waydey 'La Conferenza' maalin tii iyo goor tii SYL la siiyay, si wax'ay ka digeen oo dhacay loo arko.

Ingiriisku baadhitaan koodii ku saabsanaa dilkii badnaa ee dad kii Talyaaniga ahaa, wax'ay tuhmeen in Suldaan Makhtal Daahir ka danbeeyey hindisihii SYL ku go'aansatay diyaarin tii naftood hurayaashii dad kii Talyaaniga laayay, haddii 'La Coferenza' soo weeraraan taageerayaashoodii, oo aan SYL la dagaallamin Soomaalidii Talyaaniga taageersanayd. Suldaan Makhtal waa la qabtay; oo waxa la saaray diyaarad 'Aden Airways' ilaa Hargeysa. Waxa sii kaxeeyey Sarkaal-Xigeen ciidan kii Soomaali Gendarm (semi Boliis) ka tirsanaa, oo la odhan jirey Maxamed Xaaji Muumin, oo aannu xornimadii kaddib Boliis ka is ku soo gaadhnay, oo iiga warramay.

Garoonka Diyaaradaha ee Hargeysa waxa kaga la wareegay Sarkaal Ingiriis ee Boliis kii Somalilandka tirsanaa, oo la odhan jirey Raymond oo xuduudda ka tallaabiyey, u na dhiibay Xabashida. Raymond oo aan ku la kulmay London, gurigii Taliyihii hore Boliis kii Somaliland, David Cracknell, Feb. 1963, baa asagu na iiga sheekeeyey. Wax'uu Raymond sheekadiisii ku daray in arrin tii Makhtal asaga xusuusisay mid taas oo kale ahayd oo dhacday waagii Dagaal Weynihii 1aad ee Dunida (1914 -1919), oo uu Laba Xiddigleh Turki ahaa siidaayey maxbuuskii.

Bannaanbaxyadii Muqdisho waa la joojiyay. Guddidii wax'ay dalbatay in Xisbi wali ba soo qoro wax'uu rabay. Qoraal kaas baa SYL ku dalbatay in dalka toban sano xornimo lagu gaadhsiiyo; wax'aa na qoray Michael Mariano, oo muujiyay wax'ii sannad wal ba qabsoomi karay oo suuragal aha, u na baahnaa in la qabto.

Wax'aa saxeexay Cabdullaahi Ciise, Xoghayihii Guud ee SYL. Waxa kale, oo SYL ku dalbadeen in aan Talyaani mar na Soomaaliya lagu soo celin. La Conferenza' wax'ii Talyaanigu u yaadhiiyeen b'ay qortay oo ahayd in Talyaani loo dhiibo Soomaaliya (Koonfur) oo uu soddon sano xornimo ku gaadhsiiyo, wax faahfaahin ahaa na aan lahaayn.

Michael Mariano Cali

Xisbi Digil/Mirfle oo iyagu na SYL khilaafsanaa wax'ay taageereen soo jeedin tii 'La Conferenza'. Khilaaf kii SYL iyo Xisbigii Digil/Mirifle waxa sal u ahaa SYL oo hadaf koodu ahaa in aan la sheeganin hayb kale Soomaali maah'ee, halka Xisbi Digil/Mirifle ku dhisnaa hayb beeleed. SYL waxa la mabda'a ahaa Urur Dhallinyarada Xamar oo keli aha.

Kaddib mar kii afar tii dawladood ee ku adkaatay Dagaal Weynihii 2aad ee Dunida, ku heshiin waayeen sidii laga yeeli lahaa dalal kii Afrika ee Talyaanigu gumaysan jiray, b'ay 15 Sept. 1948 arrin tii Soomaalida ku wareejiyeen Qaramada Midoobay (UN).

Ummadaha Midoowbay wax'ay qaateen qoraal kii SYL, oo aan ay ku jirin in aan Talyaani loo dhiibin dalka Soomaaliyeed.

Haddii arrintii Soomaaliya la hoos geyn lahaa maamulkii UNka, sidii SYL dalabtay waxa mas'uul ka noqon lahaa Xoghayihii Guud oo maamule u magacaabi lahaa. Xoghayaha Guud wax'uu waxqabadka hay'adaha UNka oo dhan la socodsiinayay Golaha Amniga, Golahaas na waxa xubin ka ahaa Soviet Union oo door ku yeelan lahaa arrimihii Soomaalida, taas oo aan dawladihii reer galbeedku oggollayn, oo waxa mar kaas kahor ba bilaabmay dagaal kii qaboobaa (The Cold War).

Arrintii Soomaalida waxa la hoos geeyay Golihii Wasaayadda (Trusteeship Council), oo aan asagu hoos imaanaynin Golaha Amniga, oo toos u la xidhiidhi jiray Jamciyadda Ummadaha Midoobay (UN General Assembly). 21 Nov. 1949, waxa Golaha Jamciyadda Ummadaha Midoobay go'aamiyey in Koonfur Soomaalida, oo mar kaas magaceeda rasmigu ahaa, 'Ex-Italian Somaliland', la geliyo 'Wasaayad' (ammaano) UN, Talyaanigu na u maamulo, oo toban sano xornimo ku gaadhsiiyo.

In Soomaalida loo dhiibo Talyaani waxa sababay saddex arrimood:
1) Dagaal kii qaboobaa oo bilawday kaddib mar kii Hitler (Germal) la jebiyay) ba, oo dowladaha reer galbeedku wax'ay rabeen in la yareeyo awoodda Ruushku (Soviet Union) ku yeelan karay arrimihi dalalk'ay gumaysanayeen ama gumaysan jireen, gaar ahaan Afrika. Sidaas awgeed na, m'ay rabin in arrinta Soomaalida toos loo hoos geeyo Maamulka Ummadaha Midoobay, oo ka duwan sid'uu Maraykanku mar kii hore rabay in dalal kii Talyaanigu gumaysan jirey oo dhan maamulka UN la hoos geeyo.
2) Ingiriis oo aan rabin in uu Koonfurta Soomaalida keligeed xornimo gaadhsiiyo, mar haddii la diiday hindisihiisii in Soomaali oo dhan la mideeyo asagu na maamulo; iyo
3) Iyad'oo aan ay jirin dawlad kal'oo rabtay in ay Soomaalida maamusho oo xornimo gaadhsiiso, Talyaani maah'ee.

Mar kaas baa Masar abaabushay Jaamicadda Carabta oo go'aamisay in dadka Soomaaliyeed wax la baro, maadaama aan xukun kii hore ee Fashistadi Talyaanigu waxbarasho u oggolayn dadka madow. Dhallinyaro badan baa mar kaas waxbarasho u aaddhay dalalka Carabta, gaar ahan Masar, Suuriya, Sacuudiga iyo Ciraaq. Dhallinyaradaas waxa ka mid ahaa Guddoomiyihii Xisbigii SYL, Xaaji Maxamed Xuseen Xaamid. Xil kiisii waxa sii hayay Aadan Cabdulle Cusmaan oo ahaa Ku-xigeen kiisa.

Ingiriisku, kaddib mar kii hindisihiisii la diiday in la mideeyo Soomaali oo dhan, asagu na maamulo, oo wali ba uu diiday Xisbigii xornimadoonka ahaa ee SYL, wax'uu dib u ka la qoqobay qaybihii dhulka Soomaliyeed ee asagu mar kaas gacanta ku wada hayay. Xabashi dhulk'uu hore u siiyay b'uu badh ku wareejiyay dhinaca sheegatay ba farah'uu ka saaray , waa na is kaga soo baxay, kahor in tii aanu dalka ku wareejin Talyaaniga. Tusaaleh: Boqor kii Talyaanigu 1934 b'uu Soomaaliya booqday, dalka in tiisa badan na w'uu maray. 7 Nov. ee sannad kaas wax'uu booqday Mustaxiil, oo Hiiraan ka tirsanayd, Beletweyne hoos iman jirtey, u na jirta 100/km. Xabashidu 60/km b'ay soo dhaafaytay Mustaxiil oo soo degtay Feer-Feer.

Dhinaca Bakool, Dagaalweynihii 2aad ee Dunida kahor Ilaaladii Talyaanigu wax'ay fadhiyi jirtey Ceelqoran, 30-40/km ka shishaysa Qudhac Joome, ee xuduud kusheeggo hadda maro.

Dhinaca Mudug, Ilaaladii Talyaaniga iyo Xabashidu wax'ay is ku hor fadhiyi jireen ceelka Walwaal sida sawirka hoos ka muuqda, oo Galkacyo u jirta 250/km, dagaal kii labada dal na ka qarxay. Xabashidu wax'ay mar kan danbe soo degtay Dhudub, oo Galkacyo u jirta 83/km.

Talyaanigu mark'uu dib ugu soo noqday Soomaaliya, ma doonayn in uu Xabashida ka soo celiyo dhul kaas ay ku soo durugtay, oo wax'uu kaga raalli gelinayey duulimaadkii uu ku duulay 1935-36, ku na qabsaday dalkeeda oo dhan, shan-lix sano na gumaysanayey in ay Xabashi dhulka kal'oo Soomaaliyeed qabsato, iyo asag'oo wali ba ku ilaashanayay.

25,000 ee hadhaagii ciidamadiisii Talyaaniga ahaa, weli na mar kaas ku noolaa Itoobiya

Labo sano kaddib baa Xisbigii SNS ee Woqooyi burburay, Ingiriisk'aa na ka danbeeyay burbur kaas. Kaddib mar kii hindisihiisii, in asagu Soomaali weyn maamulo lagu diiday, b'uu go'aansaday in uu dhul kii Soomaaliyeed oo xukun kiisa ku midaysnaa, mar kale ka la wada qoqobo. Ingiriisku wax'uu burburkii Xisbigaas u adeegsaday odayo, Madax dhaqameedyo Soomaaliyeed ee dawladdiisa ka mushar qaadan jiray, oo ku yidhi furta xisbiyo beelood. Hargeysa oo ahayd xarun tii Xisbigii SNS baa laga furay labo Xisbi oo kale, lagu na ka la magacaabay beelihii Hargeysa ugu dad badnaa, Awal iyo Garxajis. Kaddib na Xisbigii waddaniga ahaa ee SNS baa sidaas ku burburay. La ma oga Ingiriisku sid'uu odayada ku qanciyay.

Ha se yeesh'ee, dhinaca Garxajiska, labo oday oo Xisbigaas furay mid kood walaal kiis, Xaaji Khaliif Sheekh Xasan, oo uu taageeray odaygii kale wiilkiisii, Yuusuf Xaaji Aadan, baa ka xanaaqay Xisbigii waddaniga ahaa oo lagu beddelay kuwo beelo. Mar kaas baa Xaaji Khaliif Hargeysa ka furay farac Xisbigii SYL, ee Koonfur ka soo unkamay, kaddib na ku faafay dhul kii Soomaaliyeed oo dhan. Laga soo bilaabo Nov. 1947 ilaa Feb. 1955 Woqooyi oo dhan ka ma jirin Urur kal'oo Siyaasadeed (Political Organization) SYL maah'ee.

FG: Maxay SYL u diideen hindisihii Ingiriiska ee midaynta Soomaaliya oo dhan, asagu na maamulayo oo xornimo gaadhsiiyo? SYL ma diiddanayn midaynta Soomaalida, oo iyag'aa ba ugu horreeyey cid u halgantay midnimo Soomaaliyeed, bal se wax'ay diidanaayeen in Soomaali oo dhan loo wada dhiibo Ingiriis keligiis. Sababt'oo ahayd, Talyaanigu mar k'uu bishii siddeedaad, August 1940, Somaliland ku duulay oo Ingiriis ka qabsaday, dhinaca Woqooyi ee Somaliland wax'uu ku qabsaday ciidan xubnihiisu Soomaali ahaayeen, oo kaga baxay Woqooyi Bari, la na odhan jiray Banda di Nugaal.' Xubnihii ciidan kaasi wax'ay ka soo wada jeedeen beelaha Woqooyi Bari.

Bishiii afaraad, April 1941, baa ciidamadii Talyaani ee Bariga Afrika joogay dhammaan tood jabeen. Ciidan kii Banda di Nugaal oo hubaysnaa, ku na noqonayay aaggoodii baa dad kii Somaliland oo aan hubaysnayn xoolihii ka dhacay, ciddii iskacaabbin samaysay na diley. Nin kii ciidan kaas Banda di Nugaal hoggaaminayay oo la odhan jiray Axmed Ceegaag, Brigadier Smith baa mar kii Ingiriisku soo noqday, Maxkamad Military saaray oo magaalada Garoowe dhexdeeda lagu toogtay, Smith na waxa Muqdisho ku diley Axmed Ceegaag wiilkiisii bishii Feb. 1970.

Xubnihii SYL ee beesha Woqooyi Bari baa ka baqayay haddii Soomaali oo dhan Ingiriis loo wada dhiibi lahaa, in iyaga aargoosi ku dhici karay, maadaama ay reer Somaliland Ingiriiska af yaqaanneen, oo diidmadaas ka fuliyey Golihii Dhexe ee SYL.

Talyaanigu mar k'uu dib ugu soo noqday Soomaaliya bishii April 1950 hawl wadeennadii la soo diray wax'ay u badnaayeen kuwii hore u la shaqeyn jiray xukun kii Fashistada, ama badan koodu ba ka tirsanaa Xisbigaas. Wax'ay ku dedaaleen in xukunka Soomaaliya hadhow xisbiyadii 'La Conferenza' ee Talyaaniga taageersanaa qabsadaan, dowladdii Talyaaniga ee Roma na wax'ay ugu warrami jireen in taageerayaashii Talyaanigu ugu badnaayeen dadka Soomaaliyeed.

Saddexdii sano ee hore taageerayaashii SYL si xun baa loo cadaadin jiray. Habeen kasta ciidan caddaan ahaa baa lagu soo deyn jirey magaalada Muqdisho. Qof kast'oo habeen soconayay ba waa la joojin jiray oo haybtiisa la weydiin jiray, "Che tua Cabila?" kii sheegta Soomaali habeen kaas waa la xidhi jiray. Waxa la yidhi nin xubin SYL ahaa baa mar kii la joojiyay ee haybtiisa la weydiiyey ku jawaabay, "Caawa Abgaal". Caawadii ma garanin askar tii Talyaanigu, waa na la sii daayay mar haddii aanu Soomaali sheeganin.

Saddex sano kaddib mar kii la gaadhay 1954 baa loo baahday in la dhiso Gole Siyaasad Soomaaliyeed laga fuliyo. Waxa la qabtay doorashooyin gacantaag ahaa. Kuraastii Golahaas badan koodii waxa ku soo baxay oo helay xubno SYL ka mid ahaa. Mar kii war kii doorashadu Roma gaadhay, dawladdii Talyaanigu waa wareertay, oo wax'ay ogaatay in warbixinnadii ay ka helaysay wakiilladeedii Soomaaliya joogay been ahaayeen, oo dadka Soomaaliyeed badan koodu taageersanaayeen xisbigii xornimodoonka ahaa ee SYL.

Mar kaas kaddib, dawladdii Talyaanigu wax'ay go'aansatay in ay fuliso heshiiskii ay la gashay Ummadaha Midoobay in ay toban sano gudahood Soomaaliya xornimo gaadhsiiso, cid kasta mar kaas kaddib ha xukunto. Hawl wadeennadii Fascistadi la soo shaqeeyay oo dhan waa la eryay, Maamulihii na xil kii baa laga qaaday. Waxa Maamule cusub loo soo magacaabay nin mar kaas Austria Danjire Talyaani ka ahaa oo lagu yaqaannay furfurnaan (Liberalism), oo la odhan jiray Anzilloti. Waxa la soo faray in uu Xisbiga taageerada Soomaaliyeed haysta ee SYL la shaqeeyo.

Maamulihii cusbaa ee Talyaani oo la soo faray in uu SYL la shaqeeyo, ayaa Aadan Cabdulle, Sii-Hayihii Guddoomiyaha SYL la soo xidhiidhay oo u sheegay siyaasaddii cusbayd ee Talyaaniga oo ku wajahnayd sidii dalka xornimo loo gaadhsiin lahaa toban sano gudahaaood, oo durba saddex khasaartay. Aadan Cabdulle wax'uu shiriyay xubnihii Golihi Dhexe ee SYL, u na sheegay xidhiidh kii Talyaanigu la soo sameeyeen, wax'uu na soo jeediyey in ay Talyaaniga wadashaqayn la yeeshaan si hadaf kii xornimadoon kii halgan dheer loo soo maray loo gaadhi karay. Xubnihii Golaha Dhexe ee SYL badan koodii waa diideen in Talyaani la la shaqeeyo. Aadan Cabdulle w'uu is ka casilay xil kii Guddoomiyaha SYL, wax'uu na is ka aaday Beledweyn. Arrimihii siyaasadeed waa murgeen. Xubnihii Golihii Dhexe ayaa kulan kale yeeshay oo go'aansaday in ay diidmadii ka noqdaan, Aadan Cabdulle na soo lad qabeeyeen oo ergo soo celisa u direen.

Waxa bilaabatay islashaqayn buuxda oo Talyaanigii iyo SYL. Talyaanigu wax'uu bilaabay olole tababbarro shaqaalihii Soomaaliya, rayid iyo askar ba, dalka gudihiisa iyo kuwo badan oo lagu soo sameeyay dalka Talyaaniga.

1956 waxaa Koonfur Soomaaliya ka dhacaydoorashooyin Baarlamaan iyo kuwo deegaan. SYL baa ku wada guulaysatay. Waxa la dhisay dawlad Arrimaha Gudahaa (Internal self- government) Cabdullaahi Ciise Maxamuud u noqday Wasiir kii 1aad.

Waagaasi wax'uu ku soo beegmay mar kii Jamaal Cabdo Al Naaser, Madaxweeynihii Masar, qarameeyay biyomareenka Suez (Suez Canal), oo siyaasaddii reer galbeedku iyo Masar gaadhay heer keedii ugu xumayd.

Cabdulaahi Ciise Maxamuud

Xaaji Maxamed Xuseen, Guddoomiyihii Xisbigii SYL, oo Masar wax ku baranayay, baa Radio Codka Carabta (Sawt Al Carab) ka soo caayi jiray Talyaaniga, oo kuwoodii Soomaaliya ka shaqaynayay ku tilmaami jiray hadhaagii Fashistadi.

Dawladdii Talyaanigu cabasho rasmi ahayd ayay (Formal Protest) u soo gudbisay Golihii Dhexe ee SYL. Madaxdii SYL waa garwaaqsadeen cabashadaas, oo si ay u xakamayn kareen Guddoomiyahahoodii, kaddib mar kii muddadii hore ka dhamaatay asag'oo Masar weli ku maqan, mar labaad u doorteen Guddoomiyihii Xisbigii SYL. Wax'ay na ku amreen in uu dalka ku soo noqdo. Mark'uu yimi na waxa Golihii Dhexe go'aamiyay in aan Guddoomiyuhu ku hadli karin wax aan Golihii Dhexe ansixinin. Toddobaad kaddib baa Guddoomiyihii iyo Xubnihii kal'ee Golaha Dhexe is ku dhaceen, kaddib na waxa laga casilay gudoomiyanimadii, asagu na Xisbigii ba waa ka baxay oo wax'uu furay Xisbi kal'oo la magac baxay Ururka Soomaali Weyn (Greater Somali League - GSL).

Sida kor ku sheegan, Ingiriisku wax'uu ku yimi dhulka Soomaaliyeed heshiisyo uu la galay odayo Soomaaliyeed ee Woqooyi (Somaliland) 1884-86, heshiisyadaas oo ahaa in Ingiriisku ilaaliyo dadka Soomaaliyeed iyo dal kooda ba, Soomaalidu na aan ay u oggolaanin shisheeye kale in uu soo dego dhul kooda. Kow iyo toban sano kaddib, 1897 baa Ingiriisku jebiyey heshiisyadii, oo si qarsoodi ahayd dhul Soomaaliyeed, 25,000 mayl oo murabbac ah (Sq. Miles), siiyay Xabashida, int'uu kaga beddeshay dano kale. Ha se yeesh'ee, Ingiriisku asag'aa weli gacanta ku hayay dhulkaas Soomaaliyeed oo uu Xabashida siiyey badan kiisa, kahor 28 Feb 1955.

Dad kii Soomaaliyeed waa ka wareereen sida khiyaanada iyo ballanfurka leh ee Ingiriisku u bixiyey dhul kooda. Waxa si degdeg aha loo aasaasay Urur Siyaasadeed oo loo bixiyey, "Jabhadda Midoowga Qaran (National United Front - NUF)", oo dadka Soomaaliyeed oo dhammi wada taageersanaayeen. Waxa Ururka Guddoomiye (President) u noqday Michael Mariano, Xoghaye Guud na Rashiid Suldaan Cabdillaahi. Odayadii Soomaaliyeed ee Ingiriiska heshiisyada la galay dhaxlayaashoodii, qaar kood, oo ay ka mid ahayeen Suldaan Cabdillaahi Suldaan Diriye, Isaaq, Garxajis, Suldaan Cabdiraxmaan Suldaan Diriye, Isaaq, Habar Awal iyo Suldaan Bixi Fooley, Ogaadeen, oo la socdeen Michael Mariano iyo Dubbe Cali Yare ayaa cabasho ugu safray England. Wax'ay la kulmeen Wasiir kii Arrimaha gumeysiga ee dawladdii Ingiriiska iyo xubno Baarlamaan. Waxa la ogaaday in aan dawladdii Ingiriisku arrinta wareejinta dhulka Soomaaliyeed hore u la socodsiinin Baarlamaan koodii, oo wax'ay u arkaysay in arrintu ahayd fulin go'aan hore, iyag'oo ka baqayay in Baarlamaanku diido hadd'ay dood cusubi furmi lahayd. Xubnihii Baarlamaanku wax'ay arrinta ku ogaadeen cabashadii ergedii Soomaalidu London u tagtay. Dood kulul, baa dhex martay xubinihii Baarlamaankii Ingiriiska iyo Wasiir koodii Arrimihi gumeysiga. Akhristow ka eeg Computerka raadraac Somaliland: Anglo/Ethiopian Agreement 1954. Waxa xubnihii qaar kood soo jeediyeen in wareejinta dhulka dib loo dhigo oo arrinta lagu wareejiyo Ummadaha Midoobay, oo la weydiiyo in

Ingiriisku awood u lahaa in uu bixin karay dhul aanu asagu lahayn? Wasiir kii waa ka diiday soojeedinta Xubnihii Baarlamaan kooda.

Kaddib soo noqoshadii odayadii iyo Michael iyo Dubbe, oo ku soo hungoobay safar koodii, waxa Somaliland laga abaabulay olole xornimadoon ahaa oo NUF hormuud ka ahayd, iyo in Ingiriis tago mar hadd'uu jebiyey heshiisk'uu dalka ku joogay. Dawladdii Ingiriisku waa garwaaqsatay, oo wax'ay bilowday in dalka loo diyaariyo madax bannaanidiisa. Waxa qorsheedu ahaa sida dib laga ogaaday in Somaliland qaadato gobonimadeeda 1962, sidaas oo aan dawladdii Ingiriisku se mar kaas weli kashifin.

Nasiibdarro waxa waagaas dagaallamay labo beelood oo waaweyn, oo Somaliland ka mid ah: Habar Jeclo iyo Habar Yoonis, oo aan weli si fiican looga bogsanin ilaa maanta.

Muddadaasi wax'ay iyadu na ku beegantay waagii Madaxweeynihii Masar, Jamaal Cabdo Al-Naaser, qarameeyey biyomareenka Suez, oo ay lahaan jireen sharikado Ingiriis iyo Faransiis, taas oo xumaysay xidhiidkii Masar iyo dawladihii galbeedka. Waxa mar kaas Masar ka yimi Sayid Ahmed Sheekh Muuse, Masri ahaa, asal ahaan se Soomaali, oo ka dhashay beesha Habar Yoonis. Wax'uu Koonfur Burco ka furay Urur Siyaasadeed, Xisbu Allaahi. Habar Yoonis oo dhan baa ka baxday Jabhaddii NUF, oo Michael (Habar Jeclo) Gudoomiyaha ka ahaa,taageeradoodii na ka la noqday. Waxa Habar Yoonis oo dhan NUF kaga hadhay oday (Chief) Xaaji Faarax Cabdi (Faarax Suusleh) oo keli aha.

Ha se yeesh'ee, Xisbu Allaahi wax'uu noqday Naadi Habar Yoonis, oo dad kii beelaha kal'oo dhammi wax'ay ka sii mid ahayeen oo taageero siinayeen NUF.

Dawladdii Ingiriisku wax'ay bilowday is beddello dhowr ahaa oo horumar siyaasadeed. Waxa la magacaabay Gole Sharci Dejin (Leislative Counci – Legco) oo lagu sii barto shaqo Baarlamaan, xubno Soomaaliyeed oo ka mid noqday na waa la magacaabay, Saraakiil Soomaaliyeed na xilal sare oo siyaasadeed baa loo magacaabay, sida Gudoomiyayaal Degmooyin: Iimaan Dhoore (Berbera), Anthony Mariano (Ceerigabo), iwm.

Xubnihii loo magacaabay Golahaas Sharci Dejinta waxa lagu qaatay saddex sharuudood oo ka la ah:

1) Mutacallimiin, oo kuwii aan dawlad u shaqayni fara ku tiris ahayeen, kuwii dawladdii u shaqaynayay na aan loo oggolayn in ay siyaasadda galaan.
2) Ganacsato, iyo
3) Madax dhaqmeednimo.

Kahor in tii aan la magcaabin xubnahaas, bal se la ogaa shuruudaha lagu qaadan doonay, Maxamed Ibraahim Cigaal, oo mutacallim iyo ganacsade weyn ba ahaa aad b'uu u fishay in uu ka mid noqon doonay xubnaha loo qaadanayay Golahaas Sharci dejinta. Ha se yeesh'ee, Waaligii Ingiriisku waa ka tegay. Laga yaab'ee in dhalinyaranimo looga tegay. Maxamed waa filan waayay oo waa xanaaqay. Dhaqdhaqaaqyadi axsaab tii gobonimadoonka ee Africa wax'ay ku shiri jireen Accra, Ghana, oo gobanimadeedii qaatay 1957, Qaahira na waxa iyada na ku shiri jiray kuwaas iyo Ashiyaankii iyagu na gobonimadoonka ahaa. Maxamed Ibraahim Cigaal shirarkaas b'uu ka qayb geli jiray asag'oo keligiis ahaa, oo aan xisbi iyo urur kal'oo siyaasadeed mid na ka soconin.

Mar kii Xisbu Allaahi noqday Naadi Habar Yoonis, dal kii na ku yeelan waayey miisaan weyn ee isbeddelladii siyaasadeed ee dalka ka socday, oo dawladdii gumaysigii Ingiriis Xisbu Allaahi ka urinaysay Masar, wax'ay arrimaha dalka ka la xidhiidhi jireen NUF. Mar kaas baa akhyaar tii Habar Yoonis, oo u qaadan waayey ka maqnaanshahoodii wax'ii dalka ka socday, iyag'oo aha beesha beelihi Somaliland ugu badnayd, ku noqosho NUF na is ka la weynaa, olole bilaabeen in Xisbi waddani ah oo dadku ku midoobi karay la aasaaso. Arrin kaas b'ay aad ugu hawl galeen, oo maal geliyeen. Beelihii Somaliland badan koodii baa u riyaaqay, oo qayb Habar Jeclo uu hoggaaminayey Sheekh Xasan Geelleh, iyo dhallinyaro mutacallimiin Cadan ka yimi, ka na mid ahayeen Maxamed Cali Faarax, oo Baarlamaan kii ugu horreeyay xubin ka noqday, iyo Axmed Ismaaciil (Duqsi), oo asagu na dawladihii madaniga ahaa mid kood wasiir ka noqday, ayaa iyagu na fikraddii qaatay oo wax ka abaabuleen abuurid Xisbi cusub. Dhaqdhaqaaqaas waxa ka dhalan doonay Xisbigii gobonnimada dhaliyey ee Somali National League - SNL.

Kaddib mar kii in Xisbi la dhiso war kiisii dalka ku fiday baa la qorsheeyey in Shirweyne (Congress) lagu qabto Berbera bishii July 1957, oo ahayd marka Berbera ugu kulushahay, waxa se looga maarmi waayay wax'ay ahayd xuddun tii dhaqaalaha dalka oo marti gelin kartay Shirweyne. Mar kii ergooyin kii Shirweynaha ka qaybgelayay badankoodii yimaaddeen oo Shirku furmi doonay b'ay lix iyo labaatan (26) akhyaar tii Habar Yoonis kulan degdeg ahaa yeesheen si ay u ga tashadaan ciddii Xisbiga hoggaamin lahayd, ma na rabin in cid Habar Yoonis ahi madax ka noqoto, si aanu Xisbigu na u noqonin Naadi kal'oo Habar Yoonis. Wax ay u yeedheen oo kulan koodi ka qayb geliyeen afar oday oo Ciidagale aha: (1) Xaaji Cali Caddib (2) Jaamac Cabdullaahi Qaalib (3) Xaaji Cali Bootaan, iyo (4) Xaaji Cabdiraxmaan Maxamed Xasan.

Mar kii Salaaddii Casar la tukaday baa Xaaji Jaamac Maxamed, oo loo yaqaannay 'Miyatayn' xubnihii shir kii su'aalay, "Max'aynu rabnaa?" Waxa dhowr qof is ku mar ku jawaabeen, "Dee xornimo." Waxa Xaajigii yidhi, "Ma Ingiriis b'aynu kicinaynnaa?" Raggii badan kiisii baa ku jawaabay, "Haa." Mar kaas b'uu yidhi, "Hadda ba, i noo doona nin Habar Awal ah, oo Xisbiga madax ka noqda." Mar keli ah ayaa la wada yidhi, "Kan yar oo aynu abtiga u nahay, oo Ingiriiska u cadhaysan." Kaasi wax'uu ahaa Maxamed Ibraahim Cigaal. Is la mar kii baa loo cid diray oo akhyaar tii Habar Yoonis ku yidhaahdeen, qabso madaxa Xisbiga waa ku taageeraynnaaye". Biyo shubkii muraad kii akhyaar tii Habar Yoonis wax'uu ahaa in qof Ingiriis u cadhays na lagu aammini karay masiirkii ummadda Soomaaliyeed. Sidaas baa siyaasaddii Maxamed Ibraahim Cigaal ku hana qadday, taageero buuxda ee Habar Yoonis. Is la Shirweynihii baa Maxamed Ibraahim Cigaal u doortay Xoghayihii Guud, asagu na si xoog leh b'uu u shaqeeyay, Xisbigii na waa kiciyey.

Jabhaddii NUF iyadu na Xisbi b'ay noqotay. Labada Xisbi wax'ay ka midaysnaayeen xornimo degdeg aha in la gaadho, in kast'oo tartan cuslsaa ka dhexeeyay labadooda.

Sida taariikhda laga og yahay cid kast'oo ku Caan baxday halgan waddaninimo, nafhurid ama heer kale ba ha ahaad'ee, dadka Somaliland wax'ay badanaa ba ka soo dhex bixi jireen beelaha Habar Yoonis iyo Habar Jeclo.

Tusaaleh:
Habar Yoonis
1)   Xaaji Aadan Axmed Xasan (Xaaji Afqallooc) heer kast'oo halgan ba.

2) Maxamuud Axmed Cali, aasaasihii waxbarashada Somaliland ee
3) ummadda ka badbaadiyay jahli iyo iftiin la'aan.
4) Yuusuf Xaaji Aadan Cilmi La-aasaasihii waxbarashada, wax na ka abaabulay dhismihi faracii Hargeysa ee Xisbigii SYL, ee Xaaji Khaliif Sheekh Xasan Yare horseedka u ahaa 1947 kaddib burbur kii Xisbigii waddaniga ahaa ee Woqooyi, SNS, sida ku qoran meelo kal'ee qoraal kan.
5) Maxamuud Jaamac Uurdoox, Xoghayihii Guud ee Xisbigii siyaasadeed ee Waqooyi ugu horreeyay SNS (Somali National Society), kaddib na marar badangumays tii u xabbisay dhaqdhaqaaq siyaasad waddaninimo.
6) Is maaciil Naxar Xasan, muddo dheer soo halgamay, gaar ahaan maal geliyay safar kii ballaadhnaa ilaa Muqdisho ee ay hoggaaminayeen labo Suldaan oo Hargeysa Dec. 1947 oo qayb ka ahaa kulan kii Xisbigii SYL la yeelanayeen Guddigii Baadhitaanka ee dawladihii ku adkaaday Dagaalweynihii 2aad ee Dunida.
7) Iimaan Dhoorre, ka mid ahaa saraakiishii sare ee Maamulka Ingiriis; wax'uu door weyn ka qaatay waxbarashada gabdhaha.
8) Abwaan Cabdullaahi Qarshe; waxa lagu xasuusan karaa heest'uu u tiriyay calanka Soomaaliyeed, "Qolo ba calan keedu waa cayn. Keennu waa cirka oo kale, aan caad na lahayn ee caashaqa."

Habar Yoonis wax'ay kal'oo dili jireen gaaladi. Iyag'aa dilay Gibb, Guddoomiyihii (DC) Burco 1922 iyo Brigadier Given, Guddoomiyihii (Civil Affairs Officer) Awaare, 1953.

Habar Jeclo
1) Xaaji Faarax Oomaar 1920aad kii kahor b'uu bilaabay halgan waddaninimo. !925 baa Gumaysigii u masaafuriyay Cadan. Is la mar kii ba urur Soomaaliyeed b'uu Cadan ka furay oo xarun ka dhigtay rug loo yaqaannay Naadiga Soomaalida ilaa Cadani qaadatay xornimadeeda. Shuuciyiin tii xukunka Cadan qabsatay baa gurigii Soomaalida ku darsatay hantida gaarahaaneed ay qaramaysatay.
2) Sheekh Bashiir; wax'uu muddo dheer caan ku ahaa halgan waddaninimo ilaa uu ku naf waayay 1945. Waxa la sheegay in uu culimada ku guubaabin jiray in waxqabad lagu daro ducada 'gaaloy jab'. Waxa la sheegay kaddib iyad'oo koox wadaaddo ahi salaad subax ka soo baxeen b'ay makhaayad soo galeen. Sheekh Bashiir baa koob ku dhuftay ul oo jabiyay, yidhi na: "'Gaaloy jab waa in sidaas oo kale waxqabad lagu daro".

3) Michael Mariano; wax'uu ahaa halgame 1940aad kii ilaa dhammaad kii 1960aad. Waxa ka mid ahaa waxqabad kiisii qiimaha lahaa qoris tii 1948 barnaamij kii Xisbigii SYL ee xornimadoonka ahaa, oo sal u noqday gobonimada Soomaaliyeed sida ku qeexan meelo kale ee qoraal kan. Waa aasaasihii urur kii NUF kaddib mar kii Gumaysigii Ingriis dhul Soomaaliyeed ku wareejiyay Xabashida Feb 1955, sida meelo kale oo qoraal kan ku qeexan.

4) Muuse Xaaji Is maaciil (Muuse Galaal) oo u soo halgamay qorista Far Soomaalida, taageersanaa na in lagu qoro 'Latin' oo Shire Jaamc Juge allifay.

5) Maxamad Jaamac (Xabashi), qoraagii Wargeys kii 'Somali Voice' ee ka soo bixi jiray London 1950aad kii, in Somaliland la keeno se aan gumaystuhu oggolayn.

6) Abwaan Maxamed Ibraahim Warsaame (Hadraawi), min 1970 ilaa maanta u halgamaya danahaa Soomaaliyeed.

Waxa jiray halgamayaal beelihii kale Somaliland sida Suldaam Maxammuud Cali Shire iyo rag kale. Kaddib dhammaad kii dagaal kii Maxamed Cabdille Xasan iyo Daraawiish tii, Suldaanku waa diiday in xukun kii gumayigii Ingiriis ku fido carro Warseneli. Ka dib waa laga itaal roonaaday oo la qabtay. Waxa loo masaafuriyo gasiiradaha Sychelles ee Badweynta Hindiya. Sida ku sheegan meel kal'oo qoraal kan. Saciim kii Masar ee waagaas Sacad Saqluul b'ay iskumar halka ku wada joogeen masaafuris. Ingiriis kii wax uu ku qasbanaday in Suldaan kii la heshiiyo, wax'uu na aha kan madaxi Soomaaliyeed Ingitiisku ugu qaderin badna. Wax'uu door weyn ka qaatay hirgalin tii waxbarashada gabdhaha.

1) Maxamad Shire Gaab la, assaasihii waxbarashadi Somaliland, iyo Cali Mire oo labadu ba ka dhashay beelaha Harti Waqooyi, oo labadu ba ka mid aha saraakiishii waaweynayd ee waxbarashadi Somaliland. Wax'uu Maxamed Cabdi Xaashi beri ii sheegay in asaga iyo Cali Mire ay qoraallo sir aha u ka la gudbin jireen Garaad Cali Garaad Jaamac iyo Suldaan Cabdullaahi Suldaan iiriyeoo ay waaga xukun kii gumaysigii Ingiriis is ku dhacsanaayeen. Cali Mire iyo Yusuf Xaaji Adan Cilmi galabta Sabti ayey noogu iman jireen gurigii Xisbigii SYL oo dhallinyaradi aan ka mid aha na bari jireen qasaa'id wadaninim sida, 'Axya waddani', iwm.

2) Cabdisalaam Xasan Mursal, oo assal ahaan u dhashay Suudaani,

saddex fac iyo dheeraad se ahaa Soomaali, wax'uuasagu na ka mid aha la-aasaasayaal iyo saraakiishi sar'ee waxbarashadii Somaliland, muddo dheer na ku soo tacbay wax baris tiid hallinyaradi Somaliland.

3) Abwaan Cabdullaahi Warsame (Timacadde); waxa lagu xasuusanayaa suugaan tiisii waddaninimo ee xornimadoon sida tixdii calanka ee "Kaas na siib kan na saar" iyo gabay uu ka tiriyay NFD ku na muujinayay dareen kii dadka Soomaaliyeed ee waagaas:

- "An uun baa wareersane, khalqigan wax u ma muuqdaane,
- Dad wanaaggii laga maydhay, b'aan waani leh ahaye,
- Waddada toosan Soomaali laga waa ..
- Calanyahow walhanayaa ad'aan, kuu werwerayaaye,
- Waddank'aad ku dheeraan lahayd, waa la iibsadaye,
- Raggii adiga wax ku la lahaa waa la leexsadaye,
- Mid wasiiradiisi gabeen, oo weeran b'aad tahaye,
- Laguu waa wiil geesiyo sida Jamaal, waabsha gaalada eh,
- Wallaah'aan ku dhaartaye, ma ogi wiilal kuu maqane,
- War kii dunida lagu faafshay, w'aad wada maqlayseene,
- NFD wareegeedan shalay, waa hor'uu dhacaye,
- Waayeelladii loo diraa, waayir kii jaraye,
- Woqooyi iyo Koonfur waa, u wada dhammaayeene,
- Iyag'aa wadaagaya ee, cid kale ku ma waxyeelleene,
- Wiglada iyo heellada mar kii, la is ku waalaayay,
- Ay sii walaanwalinayeen, w'ay waddacayeene,
- Goor tii Walaal garabgalah iyo, wehel ba loo diiday,
- Haadk'iyo waraabuhu ka dhereg, walagtan koodiiye,
- Waxba ka ma if joogaan, dad kii degeyay Wajeere.

4) Yuusuf Ismaaciil Samatar, la-aasaase 4aad waxbarashadii Somaliland. Wax'uu door weyn ka qaatay taabbagalka Xisbigii Xornimada dhaliyay SNL. Asag'oo Yuusuf sarkaal sare ahaa ayaa hadda na loo beddelay Dugsigii Hoose ee Laasqoray si looga fogeeyo dhaqdhaqaaqii siyaasadeed ee dalka dhexdiisa, as na waa ka tegey shaqadii ba.

5) Xaaji Jirde Xuseen Xasan; wax'uu ahaa ganacsadihii Soomaali ugu horreeyay qaadashada 'rukhsad ganacsi (Whole Sale License), ka na horeeyay ganacsatadii Soomaaliyeed, oo mar kaas kahor wax ku cashuuran jiray rukhsado Carab ama Hindi. Waxa kal'oo Xaaji Jirde

Xusseen wax ka hirgeliyay waxbarashadii gabdhaha. Waxa uu kal'oo xubin ka ahaa Guddi ka shaqaysay tababbarradii iyo horumarin tii shaqaalaha Soomaalidii ee Maamulka Somaliland.

6) Axmed Xasan Ibraahim; la-aasaase Xisbigii NUF iyo halgan kii xornimada iyo Horumarin tii tacliinta Woqooyi.

FG: Lamb. 4 ilaa 7 wax ay ka dhasheen beelaha Habar Awal, wax'aan se ka cudur daaranayaa in aanan soo wada koobi karin halgamayaashii kii beelaha Waqooyi oo dhan.

Dhacdooyin kal'oo Taariikheed
1. 1956, 25 March kaddib mar kii dawladdii daakhiliga ee Soomaaliyeed xaaraantimaysay axsaab magic beeleed ku dhisan. Hisbi Digil/ Mirifle, (HDM) wax'uu is ku magacaabay Hisbi Dastuur Mustaqil Soomaali (HDMS), si taageeroyaashoodi aan ay u garan waayin sumaddii Xibisgoodi.

2. 10 April waxa Muqdisho lagu diley Kamaal Aldiin Salaax, wakiil kii Masaree Golaha Latashiga Qaramada Midoobay (UN) ee arrimihi Soomaaliya. Waxa la filaya in uu asagu lahaa abaabulkii Masar ee go'aankii Jamacadda Carabta in Soomaalida waX la baro. Waxa la filaya in maamulkii Talyaanigu ka danbeeyey dil kaas. Denbiilihii oo xabsi daa'im ku xukunnaa, habeenkii 30 june 1960, eesubaxii xornimada 1 july kahorraysay b'uu xabsiga ku geeriyooday, oo la filayo in irbad sun ahayd lagu muday, baadhitaan na lagu ma samaynin si loo garto wax'uu u dhintay. Waxa laga ilaalinayay in dawlad Soomaaliyeed oo xor ihi dib su'aalo u weydiiso.

3. 1959 Waxa khilaaf soo ka la dhex galay siyaasiyiin tii Xisbigii SYL ee dalka Koonfureed xukumayey. Khilaaf kaas waxa soo afji doonay israacii labadii dhinac ee dalka Soomaaliyeed, Woqooyi iyo Koonfur. **

Kaddib mar kii ololihii xornimadoonku ee dhinaca Woqooyi sii kululaaday, waxa Hargeysa yimi Wasiir kii Arrimihi Gumeysiga ee Ingiriiska dhamaadkii bishii Feb.1959. Wax'uu sheegay in is la ayaamahaas la qaban doonay doorasho lagu soo dooranayey lix xubnood iyo shan kal'oo la magacaabi doonay (Nominated) ee Baarlamaan muddadiisu ahaan doontay hal sano, oo nidaam doorasho iyo shaqo Baarlamaan lagu sii baran doonay. Halkaas sano kaddib na waxa dhici doonay doorashooyin guud oo xubno

Baarlamaan lagu soo dooranayey; waxa doorashooyiinka guud kaddib la magacaabi doonay dawlad xukun hoosaad (Internal Selg Government), afar Wasiir ee Soomaaliyeed xubno ka noqn dooneen.

Xisbigii SNL waa qaaddacay doorashadii muddada gaaban ee halka sano keli ahayd. Waxa doorashadaas galay murashaxiin NUF iyo SYL aan cidi la tartamim, murashaxii NUF ee Hargeysa maah'ee. Kaas oo nin shakhsi ahaa (Independent) u tartamay. Murashaxii NUF, Rashiid Suldaan Cabdillaahi, baa ku guulaystay kursigaas.

Lix xubnood oo la soo doortay, oo dhamaan tood ka ka la tirsanaa NUF iyo SYL iyo shan kal'oo uu magacaabay Waaligi Ingiriisku waxa hoggaamiye u ahaa (Parliamentary Group Leader) Michael Mariano. Wafti Micheal hoggaaminayey wax'ay mar tageen Muqdisho, oo madaxdii Dawladdii Soomaaliya ee daakhiliga ahayd iyo Baarlamaankii ka wada hadleen sidii labadii dal ee Soomaaliyeed u midoobi lahaayeen, wax'ay na is la garteen in kaddib marka dhinac wali ba qaato gobonimadiisa la isu yimaaddo, oo la is la meel dhigo arrimihii midoowga lagu gaadhi lahaa. Michael mark'uu Muqdisho ka soo noqday wax'uu u warramay (briefing) mutacallimiintii Soomaaliyeed, oo shaqaalihii dawladdii Ingiriiska ka mid ahaa, oo ku la kulmay Naadigoodii, Somali Officials Union (SOU).

Dabayaaqadii 1959 baa beelaha bari iyo galbeed Woqooyi ka baxeen labadii Xisbi ba, oo ku midoobeen Xisbi cusub:(United Somali Party - USP), oo isbahaysi ku la galeen SNL in ay afarta wasiir si is le'eg u qaybsan doonaan.

Doorashadii danbe 1960 waxa si xoog leh ugu guulaystay isbahaysigii SNL/USP. Mar kaas kaddib Xisbigii SNL wax'uu xakamayn kari waayey taageerayaashoodii xagjirka ahaa ee doonayay in xornimo iyo israac degdeg ahaa ee Koonfur iyo Woqooyi la gaadho, siyaasiyiintii waaweynaa na awooddii ka la wareegay. Dhallinyaro mutacallimiim xagjir aha, ka na mid ahaayeen Maxamed Cali Faarax, Axmed Is maaciil 'Duqsi', Ibraahim Cali Ducaale, Cumar Hadraawi, iwm wax'ay diidanaayeen dawlad daakhili ahayd ee Woqooyi oo Wasiirro Soomaaliyeed xubno ka noqdeen, oo wax'ay ka baqayeen in ay caqabad ku noqon doontay xornimo degdeg ah iyo israac ba.

Guddidi Saraakiishii Soomaaliyeed ee shaqaalihii dawladdii Ingiriiska, oo Michael hore ugu warramay, oo mar kan danbe badan koodu taageersanaa

SNL/USP, baa doonay in ay madaxdi isbahaysigaas la socodsiiyaan wax'ii waftigii Michael hoggaaminayey iyo madaxdii Soomaaliya is la garteen , oo ay ka mid ahayd in israacu noqdo kaddib mar ka labada dal mid wali ba hanto gobonimadiisa. Mar kii xubnihii xagjirka ahaa ee SNL arrin taas ogaadeen b'ay ku dhawaaqeen, "Ma maqasheen wax'ay 'Dibbirkii' yidhaahdeen? Wax'ay rabaan in ay danta dadka 'Dibjirka' ah cagta saaraan". Waa mark'ay soo baxeen naanaysihii 'Dibbir' (kan dheregsan) iyo 'Dibjir' (kan aan hoy ba lahayn).

Baarlamaankii Somaliland, aqlabiyaddiisu ka dhisnayd SNL/USP, fadhigiisii ugu horreeyey ee bilowgii bisha April 1960 wax'uu ku dhawaaqay xornimo iyo israac degdeg ah. Siyaasiyiintii SNL/USP, iyag'oo doonayay meel ay ka galaan microfoonkii SNL, oo taageerayaashii USP dhibaato ma wadin, b'ay Muqdisho tageen muddadii 16-22 April 1960, oo wada hadal la yeesheen madaxdii Soomaaliya, dalbadeen na israac degdeg ah.

Madaxdii Soomaaliya, oo gobonnimadoodii buuxday ay mar kaas labo bilood iyo badh ka xigtay, wax'ay soo jeediyeen in lix biloood kaddib la is ku soo noqdo, kaddib mar ka labada dhinac ba qaataan gobanimadooda, sid'ay hore ba is u la garteen iyaga iyo waftigii Michael hoggaaminayay. Wax'ay SNL/USP yidhaahdeen, "Meel aannu ku noqonno ma haynno". Maxamed Ibraahim Cigaal afkiis'aan ka maqlay in ay sidaas yidhaahdeen. Waxa la weydiyey wax'ii shuruud ay qabeen? Wax'ay yidhaahdeen, "Wax shuruud ah ma lihin", taas oo Abdulqaadir 'Zoppo' beri danbe mar BBC waraysatay ku tilmaamay in ay iyagu, reer Somaliland, is dhiibeen. Si kasta ba ha ahaat'ee siyaasiyiintii labadii dal ee Soomaaliyeed, Woqooyi iyo Koonfur, oo 16-22 April 1960 ku kulmay Muqdisho, kahor in tii aan weli la gaadhin xornimadii Woqooyi, tii Koonfureed na ay weli labo biloood iyo badh ka hadhsanaayeen, wax'ay ku heshiiyeen in labadii dal midoobaan 1 July 1960, sidii b'ay noqotay Illaahay Mahaddiis.

Madaxdii SNL/USP waxa hubsiino u diiday dhallinyaro Xisbigii SNL oo ka baqayay in xornimadu raagi doontay hadd'aan la dedejin intii dadku kacsanaayeen. Haddii se Xisbigii NUF doorashooyin kaas ku guulaysan lahaa taageerayaashisii waa ka danbayn lahaayeen hoggaamiyayaashoodi, israac degdeg aha iyo isudheellitir la'aan mid na ma dheceen, kalago'a maanta jira na ma dhaceen.

Maxamed Ibraahim Cigaal mark'uu xulayay murashaxiiinta doorashooyinkii guud ee 1960 wax'uu ka tegay nin aan la filaynin in laga tago, Is maaciil Naxar, mutacallim ahaa, waayo-arag ahaa oo xornimadii Soomaaliyeed u soo halgamay. Wax'uu ka dhashay beesha Habar Yoonis. Wax'uu ahaa ninka keli ahaa oo Maxamed Ibraahim Cigaal ka baqay in uu beddel kiisa noqon karay. Qoraa Talyaani ahaa, oo noolaa qarniyadii 15-16 (1469-1527) ee Milaadiga, magaciisu na ahaa *Niccolo Machiavelli*, waxa ka mid ahaa buugaagtiisa mid la odhan jiray 'The Prince'. Wax'uu ka sheekeeyay sida xukun lagu gaadhi karay iyo sida lagu waayi karay. Sida lagu waayi karay waxa ka mid ahaa, sid'uu sheegay, 'in xukun nin kii ku saaray kaa qaadi karay'.

Maadaama, sida kor ku sheegan Habar Yoonis soo dhistay Maxamed Ibraahim Cigaal, wax'uu is ka ilaaliyay nin Habar Yoonis ahaa oo asaga la miisan siyaasadeed noqon karay ama lagu beddeli karay, haddii loo baahdo.

Siyaasiyiin tii Garxajis ee SNL qaar kood baa aad uga xumaaday ka tegiddii Is maaciil Naxar, mark'uu Maxamad Ibraahim Cigaal xulayey murashaxiin tii doorashadi Baarlamaanka, wax'ay na ku dedaaleen in aan taas oo kale dib u dhicin, oo ay Maxamed Ibraahim Cigaal ka ilaaliyaan kelitalisnimo, oo aanu mar ba nink'uu doono ka tegi karin. W'ay se dhacday mar labaad, sagaal sano kaddib 1969.

Dhinaca Koonfurta na, waxa khilaaf ka jirey Xisbigii talada hayay ee SYL dhexdiisa sida kor ku sheegan. Muddo kaddib waxa is qabtay Wasiir kii 1aad, Cabdullaahi Ciise iyo Wasiir kiisii arrimihi Gudahaa, Xaaji Muuse Boqor, oo is ka casilay mansabkiisii. Arrin taasi Xisbigii SYL wax'ay ku yeelatay saamayn xun, oo dadweynihii beelaha Daarood badankoodii wax'ay u jabeen, oo ku biireen Xisbigii GSL. Waxa SYL ku hadhay oo keli ahaa odayadii magaca muuqda ku lahaa, ku na soo halgamay SYLnimo muddo dheer.

Mar kii 26 June 1960 dabbaaldeggii gobonimadii Somaliland dhacay ba, is la maalin taas xildhibaannadi iyo ciddii kal'oo rabtay in ay ka qaybgasho dabaaldeggii 1 July ee gobonimadii Soomaaliya iyo israacii labada dal, wax'ay bilaabeen in ay Muqdisho u safraan. Waxa Hargeysa ku sii hadhay afartii wasiir oo keli ahaa ilaa 29 June.

Xubnihii Siyaasiyiintii Garxajis qaar kood oo u arkay in madaxdii sare ee

Soomaaliya ee waagaas ay Cigaal is barteen oo uu iyaga ugaga dhowaa, iyo xubno USP bari oo taageersanaa mucaaridkii SYL, oo dhammaan tood rabay in ay Maxamed Ibraahim Cigaal kelitalisnimo ka ilaaliyaan, in la rido se aan ay meesha ba oollin, wax'ay mar kii ay Muqdisho gaadhen u soo jeediyeen siyaasiyiin tii SNL/USP intoodi kale, in ay mucaaridkii SYL wax la la qaybsado, iyad'oo afartii Wasiir weli Hargeysa ku danbeeyeen oo maqnaayeen. Siyaasiyiintii kal'ee SNL/USP badankoodii, oo siyaasiyiintii Garxajis (Habar Yonis) badan koodii na ka mid ahayeen, waa ka diideen soojeedin taas, oo wax'ay yidhaahdeen, "Innagu xubnihii dawladda iyo Baarlamaanka Soomaaliya, aynu hore u wada hadalnay aaynu ku ekaanno, hadd'ay cid kale iyaga beddesho na waa markeeda."

Ha se yeesh'ee, siyaasiyiintii tidhi mucaaridkii SYL aynu wax la qaybsanno qaar kood wax'ay la kulmeen xubnihii ugu miisaan weynaa mucaaridkii SYL. Waxqaybsi b'ay ka wada hadleen. Qoladii Woqooyi waxa u hadlay Is maaciil Naxar oo keli aha oo yidhi, "Ilaah na keenye maxaa talo ah?" Cabdirashiid oo keli aha ayaa u jawaabay oo yidhi, "Ma Madaxweynaha, mise Wasiirka 1aad, Madaxwaynaha wax'aannu u rabnaa Aadan Cabdulle ee nagu taageera. Wasiirka 1aad idinku qaata." Waxa la sheegay in kulan kaasi ku dhammaaday toddoba daqiiqadood (7 minutes) keli aha, oo taagnaan ahayd.

Mar kaas kaddib afartii Wasiir baa iyagu na Muqdisho soo gaadhay, dooddi dhex martay xubnihii labida dhinac ee SNL/USP oo ka sii horreeyay na maqlay. Afartii Wasiir na waa qaybsameen oo labo ba dhinac raacday.

Xubnihii Woqooyi oo kooxdii mucaarid kii SYL ku yidhaahdeen Wasiirka 1aad qaata, waxa ku adkaatay in ay kulan siiyaan Maxamed Ibraahim Cigaal iyo Cabdirashiid, oo Cigaal baa is ka dhowrayey lakulanka mucaarad kii SYL.

IX
GOBONIMO SOOMAALIYEED IYO MIDOOW

Dhacdooyin kii xornimo: 30 June – 1 July 1960, iyo midoowgii oo u dhacay sida soo socoto:

4tii galabnimo (1600 hours) ee 30 June waxa mar kii ugu danbaysay la dejiyey calankii Talyaanig'oo Ummadaha Midoobay wakiilka ka ahaa, ee 'Wasaayaddii' (Ammaanadii) maamulayay, saacad kahor na waxa dalka ka dhoofay Maamulihii Talyaaniga.

Habeen badhkii 30 June 1960 waxa dhamaaday heshiiskii 'Wasaayaddii' (Trusteeship Agreement) ee Xornimo gaadhsiintii Koonfurta Soomaaliya.

Daqiiqad habeenbadh kaddib 1 July 1960 Guddoomiyihii Golihii Shacbiga Soomaaliya, Mudane Aadan Cabdulle Cusmaan, ahaa na Ku-Sime Madaxweyne ee Jamhuuriyadda cusub, sid'uu dhigayay qabya qoraalkii Dastuurkii ayaa ku dhawaaqay gobonimadii dalkii ku jiray Wasaayaddii Ummadaha Midoobay ee Koonfurta Soomaaliya.

Daqiiqado kale kaddib na, Ku-Simihii Madaxweyne wax'uu ku dhawaaqay midoowgii Somaalia iyo Somaliland, oo xubnihii labadii Baarlamaan ee Somaalia iyo Somaliland wadajir ku oggolaadeen isutaag iyo sacabtun (Standing ovation): Isha xogta (Source): Buugga Garyaqaankii Qaramada Midoowbay, Paul Contini: 'Somali Republic, An Experiment in Legal Integration'.

Is la subaxaas, 1 July 1960, baa Aadan Cabdulle Cusmaan loo doortay Madaxweeynihii Soomaaliyeed ee ugu horreeyay, oo Ku-Meelgaadh ahaa, kahor intii qabyo qoraal kii Dastuur kii loo bandhigin doonay oggolaansho afti dadweyne.

Mar kii la gaadhay 5 July baa kooxdii SNL/USP ee mucaaridkii SYL ku la heshiiyay in Woqooyigu Wasiirka 1aad qaataan, is na tusi kari waayey Cigaal iyo Cabdirashiid, ku dhex dhaceen dadweynihii SNL/USP, ee Muqdisho yimi, ku na yidhaahdeen, "Annagu wax b'aannu haynaa eh, nimanka hal kaas fadhfadhiya (siyaasiyiintii kal'oo SNL/USP badan koodii) ha loo yeedho, oo ha la weydiiyo wax'ay hayaan".

Siidhi baa la afuufay oo waxa la yidhi, "Berri", 6 July 1960, "Waa shir SNL/USP iyo Afgooye". Meeshii baa la is ugu wada yimi. Sayid Axmed Sheekh Muuse, aasaasihii Xisbu Allaahi, baa shir kii furay, wax'uu na canaantay Maxamed Ibraahim Cigaal, oo ku yidhi "Dal dhan b'aad hoggaamiye u tahay waa na la ka la daadsan yahay oo la is ka ma war qabo, iwm, sidee baa wax kaa yihiin?"

Maxamed Ibraahim Cigaal shir kii lagu hor canaantay b'uu ka xanaaqay, oo wax'uu yidhi, "Haddeer ba hoggaamiye kale samaysta", waa na is ka tegay oo baabbuur kiisii b'uu qaatay. Dad kii kale na waa is ka ka la dareereen, iyad'oo aan wax ba la go-aamin.

Mar kaas kaddib waxa loo malaynayaa in ay is arkeen kooxdii SNL/USP iyo kooxdii mucaarid kii SYL oo ku tidhi kuwa hore Wasiirka 1aad qaata, isna tusi kari waayey Cigaal iyo Cabdirashiid, iyo qoladaas danbe. Waxa la moodaa in lagu heshiiyey in kooxda SNL/USP keensato musharax Guddoomiye Baarlamaan.

Wax'ay keeneen Jaamac Cabdillaahi Qaalib, oo kooxdaas SNL/USP ka mid ahaa, oo na u ahaan jiray Afhayeen Ku-Xigeenkii Baarlamaankii Somaliland, waa na la doortay 7 July 1960, ka na mid aha kooxdi SNL/USP oo la kulantay kooxdi mucaarid kii SYL.

Ma cadda dhinaca labadaas kooxood soo jeediyey murashaxnimadii Afhayeen kii Baarlamaanka. Ha se yeesh'ee, wax laga

Jaamac Cabdulaahi Qaalib

yaaba in dhinaca kooxdii mucaarid kii SYL soojeedinta lahaayeen, maadaama ay ka waayo-aragsanaayeen dhinaca kale, siyaasad ahaan, oo laga yaab'ee kooxdii SNL/USP aan ay garanayn; malaha Is maaciil Naxar maah'ee in tooda kale, in qaadashadi Afhayeenka Baarlamaan lagu waayi karay jagadii Wasiirka 1aad, maxaa yeelay, labada dal ee midoobay kan weyn (Koonfur) baa kollay saddexda jago ee waaweyna labo qaaadan lahaa, Waqooyi na wax uu xaq u lahaa labadi mansab oo waaweyna midkood. In kooxdii mucaaridka SYL soojeedin taas lahayd na waxa sii xoojinayay, kaddib mar kii Afhayeen kii Baarlamaanka la doortay ba, waxa wargeysyadii **noola** (The Somali Oral Press), oo hadda loo yaqaanno 'fadhikudirir' lagu faafiyey abtirsiino aan dadka Woqooyi mar kaas kahor weligood maqlin, oo lagu sheegay, 'Irir.' Waxa la faafiyey war caqligal ahaa, oo odhanayey: "Madaxweynuhu waa Irir, Af Hayeenka Baarlamaanku na waa Irir. Jagada weyn oo saddexaad ee Wasiirka 1aad waa qaybtii Daarood." In faahfaahin taasi Madaxweyne Aadan Cabdulle wax ku kordhisay mark'uu Cabdirashiid u magacaabayay Wasiir kii 1aad, ama hore heshiis ka dhexeeyay asaga iyo kooxdii mucaarid kii SYL iyo in kale, la ma oga. Waxa kal'oo iyadu na jirtay in 37 dal oo Afrikaan ahaa sannad kaas gobonnimadoodii qaateen. Kongo ayaa ka mid ahayd kuwii ugu horreeyay oo burburtay, oo Lamumba la diley. Wadnahaa farta lagu wada hayay in Afrikaanka intooda kale gobonimadooda hanan kari dooneen. Taasna laga yaab'ee in Madaxweyne Aadan Cabdulle tixgeliyay sidii loo yarayn lahaa mucaarid kii Soomaalida dhexdeeda.

Cabdirashiid mar kii loo magacaabay Wasiirka 1aad wax'uu dhaxlay hoggaamin tii Xisbigii SYL iyo dawladdii Cabdillaahi Ciise muddo dheer madax u ahaa, oo si xoog leh asaga ugu xidhnaa, oo Cabdirashiid na labada ba mucaarid ku ahaan jirey. Muddo dheer b'ay ka qaadatay in tii Cabdirashiid shakhsiyaad kii miisaanka weyn lahaa ee kuwaas ka mid ahaa is ku soo xidhayay, oo mid walba meesh'uu qabsado siinayey, maadaama dawladdii cusbayd u baahnayd kalsoonidi Baarlamaan, oo afar meelood saddex Koonfur ahaayeen. Sidaas awgeed, Cabdirashiid ma ba xusuusan karin wax Woqooyi ka mudnaa ba, iyagu na ma gorgortamin oo ma sheeganin wax'ay rabeen. Soomaalidu wax'ay ku maahmaahdaa, "Ma hadle hooyadii na wax ma siiso". Mar kii wasaaradihii miisaanka weyn lahaa la wada qaatay b'uu Caabdirashiid wax'ii soo hadhay Woqooyi wax ka siiyey. Sidaas baa keentay isudheelitir la'aantii Woqooyi iyo Koonfur, ee dadka Woqooyi weli ku cawdaan, oo ilaa maanta hadal hayaan, ku na sheegaan in iyaga la liqay.

Xubno SNL/USP ka mid ahaa oo Maxamed Ibraahim Cigaal ugu cadhaysnaa shir kii SNL/USP ee Afgooye uu ka baxay maalmo kahor, oo shir kii sidaas ku burburay, baa Cabdirashiid ku yidhi, "Cigaal ka tag, oo ha ku darin dawladadda". Cabdirashiid wax'uu arrin taas ka la tashaday Af Hayeenkii Baarlamaanka, Jaamac Cabdillaahi Qaalib, oo ku yidhi, "Ha maqlin kuwaas". Kaddib na Cabdirashiid wax'uu abuuray jago Ku-Xigeen Wasiir kii 1aad, oo uu ugu talagalay Maxamed Ibraahim Cigaal, waxa se la yidhi Cigaal baa diiday oo doortay wasaarad madax bannaan, wax'uu na noqday Wasiir kii Gaashaandhigga. Ku-Xgeenkii Wasiir kii 1aad waxa mar kaas kaddib qaatay USP, oo waxa loo magacaabay Cabdi Xasan Booni, maadaama SNL qaadatay Guddoomiyihii Baarlamaanka, haddii se Cigaal qaaadan lahaa Ku-Xigeenkii Wasiirka 1aad, USP malaha waa u dayn lahaayeen in labada jago ba SNL qaadato.

1961, 20 June Dastuur kii baa afti dadweyne aqlibiyad lagu oggolaaday. Kaddib waxa Madaxweyne rasmi aha loo doortay Aadan Cabdulle, oo wax yar kaga guulaystay Sheekh Cali Jimcaale oo la tartamay.

Mar labaad baa Madaxweyne Aadan Cabdulle u magacaabayCabdirashiid Wasiir kii 1aad. Dawladdii Cabdirashiid soo dhisay magcaabbis tiisi 2aad kaddib Baarlamaankii waa ku soo celiyay si uu u soo yareeyo, oo **u keeno Wasiirro aan ka badnayn 12 xubnood**. Cabdirashiid baa u arkay in uu kalsoonidii Baarlamaankii waayay, waa na istiqaalay.

Sheekh Cali Jimcaale

Madaxweyne Aadan Cabdulle waa ka diiday in uu ka oggolaado iscasilaaddii, oo wax'uu u arkay in go'aanka Baarlamaanku shuruud ahaa, oo aanu diidmo ahayn, wax'uu na Cabdirashiid ku la taliyay in uu shuruuddii buuxiyo. Cabdirashiid sidii b'uu yeelay, dawladdiisii na waa heshay kalsoonidii baarlamaankii.

Isudheelitir la'aantii jagooyinkii dawladda ka sokow, dadka Woqooyi, oo iyagu israaca degdegga ahaa keenay, dhakhs'ay u bilaabeen guuxguux kal'oo waxtabasho. Ugu horrayntii, xukun kii baa ka soo fogaaday oo aan ay hore ugu baranin. Wax xafiisyada dawladda looga baahdo waxa ugu badnaa arrimihi ganacsiga dibedda (Foreign Trade). Ganacsade Hargeysa ku noolaa, oo daqiidado yar lug ku gaadhi jirey xafiiskii arrimihi ganacsiga, baa midoowgii kaddib ku ajburmay in uu kharashyo badan galo, waqti dheerina kaga lumo si warqad yar loogu qoro. Wax'ay noqotay in uu Muqdisho diyaarad u raaco, oo Hotel kiro ahaa ku dego, kaddib na doondoonay ciddii wax'uu rabay gacanta ku haysay, oo aan uu aqoonin. Ugu danbayn tii na arrimahaasi wax'ay kal'oo saameeyeen go'aannadii Maxkamadihii, shahaadooyin kii waxbarashadi, iwm.

Ha se yeesh'ee, mas'uuliin tii dawladihii rayidka ahaa waa garwaaqsanaayeen dhibaatooyinkii dadka Woqooyi ka soo gaadhay midnimad'ay iyagu soo deddejiyeen, oo waxa mar wal ba la is ku dayi jiray sidii cabashooyin kaas loo daawayn lahaa. Wax'aan maqlay in mar la is ku dayey in Wasiir (Resident Minister) Hargeysa la dhigo, oo uu wasaarad wal ba wakiil ka kaxaysto, wax'ii dhibaatooyin ahaana hal kaas ku xalliyo; wax'uu halkaas ku dhammayn kari waayay na Muqdisho ku la soo noqdo, oo Golihii Wasiirradi iyo xafiisyadii Wasiir kii 1aad ka dhammaysto. Waxa la yidhi Siyaasiintii Woqooyi baa ku heshiin waayay. Mar kaas kaddib wasiirradii booqashooyin badan b'ay ku iman jireen Hargeysa si ay dhakhso ugu xalliyaan wax'ii dhibaatooyin had ba jiray.

Mar kii Cabdirazaak Xaaji Xuseen noqday Wasiir kii 1aad 1964 waxkaqabasho isudheellitir la'aanta jagooyinkii dawladda oo keli ahaa maah'ee, Wasaaradihii miisaanka weynaa (Key Porfolios) wax'uu u badiyey dhinacii Woqooyiga, sida Maaliyaddii, Arrimihi Debedda, Gaashaandhiggii, Beeraha, Qorshayntii iyo Warfaafintii, wax'uu u wada magacaabay Wasiirro Woqooyi ahaa. Sidaas oo kale Agaasimayaashii Guud ee wasaaraduhu wax'ay u badnaayeen Woqooyi muddadii Cabdirazaak.

Waxtabasho iyo eexo la taaban karay oo dad kii Woqooyi gaadhay wax'ay dhaceen muddadii xukun kii Askarta, oo Maxamed Siyaad baa rabay in dadkii Waqooyi la edbiyo oo cabashooyinkii iyaga gaarka ku aha la soo afjaro. Dhacdooyin kaas qaar ka mid ahaa hoos b'aan ka soo sheegi doonaa.

Dadka Woqooyi ee israaca degdegga aha iyagu sababay, wax'ay ahayd in ay gartaan in wax'ay rabeen qiime ku kacayeen, oo ay dulqaad iyo sabir u lahaadaan wax'ay iyagu sabab u ahayeen. Ha se yeesh'ee, wax'aad mooddaa in dhibaatooyinkii xukun kii Askartu u gesteen illowsiiyey dadka Woqooyi sabir iyo dulqaad ba.

Dhinaca Koonfureed dawladdii xukunkii daakhiliga ee 1956 –1960 (30 June), wax'ay qabyatirtay haykal kii dawladnimo qaran, oo waxa ugu danbayn 12 April 1960 la aasaasay Xooggii Dalka Soomaaliyeed. Waxa keli ahaa oo ku soo kordhay 30 June 1960 kaddib, wax'ay ahayeen:

1. Lawareegistii siyaasaddii arrimaha dibedda,
2. Calankii Talyaani, ee Ummadaha Midoobay ka wakiil ahaa tobankii sano ee gobonnimada kahorreeyay, oo mar kii ugu danbaysay la dejiyey 4tii galabnimo ee 30 June 1960,
3. Labadii dal, Woqooyi iyo Koonfur, midoowgoodi 1 July 1960, iyo
4. Madaxweeynihii ugu horreeyey ee Soomaaliyeed oo la doortay 1 July 1960.

Dawladdii daakhiliga ee Woqooyi, muddadii March ilaa 25 June 1960, waxa cimrigeedii soo gaabiyey xornimadii 26 June 1960, oo wax la taaban karay ma qaban karin xornimadii kahor.

Ha se yeesh'ee, Garaaddada, xiddigiha (badges of rank), iwm, ay lebistaan Ciidamada Soomaaliyeed labadii dhinac ee Koonfur iyo Woqooyi mid kood na wax sii ma diyaarin. Garaaddada Ciidamadu lebbistaan ilaa maanta, waxa hindisay (designed by) nin Greek ahaa, oo la odhan jiray Fusta, ka na shaqqayn jiray Shirikaddii Shidaalka ee Shell, faraceedii Hargeysa. Wax'uu ahaa farsamayaqaan qaabilsanaa shidaalsiinta diyaaradaha.

Kaddib curashadii gobonnimada Saraakiishii Ciidamadii, Woqooyi iyo Koonfur ba, ayaamay sii lebbisnaayeen garaadadii ay Ingiriis iyo Talyaani kaga tageen, oo salaamihii gobonnimada na kaga qaybgaleen. Maalin ama labo kaddib dabbaaldeggii gobonnimadii Somaliland ee 26 June 1960 b'uu aniga iyo Taliyihii Boliiskii Somaliland, Jaamac Cali Qoorsheel, Fusta nagu la kulmay madadaarka Hargeysa annag'oo weli lebbisnayn garaadadii Ingiriis nagaga tegay. Mar kaas b'uu na weydiiyay in uu noo sameeyo garaaddo kal'oo cusub? Wax'aannu ku nidhi, "Haa ee bal aannu aragno". Maalin tii danbe, goor galab ahayd b'aannu ugu tagnay gurigii uu deggenaa, asag'oo mar hore ba naqshad (drawing) ku sameeyay. Wax'uu ka tilmaan qaatay 'Taajkii' Boqorkii ama Bororadda Ingiriiska oo ahaa kan Gaashaanluhu (Major) lebbisto; wax'uu ku beddelay sawir 'Emblemka' (Astaanta) Soomaalida, Seefihiina wax'uu ku beddelay 'Warmo' Soomaali. Xiddiguhu waa is ku mid cid wal ba, oo Astaanta iyo Warmaha laga kor mariyay ama laga hoosaysiiyay, had basidii loo baahdo. W'aanu u bognay.

Naqshaddii Qoorsheel baa u la tegay Saraakiishii Sare ee Koonfureed, waa na la is ku wada raacay. Ma hubo in Qoorsheel u sheegay Saraakiishii Sar'ee kale ciddii hindistay, wax'aan se filayaa hadd'uu u sheegay na in aan ay diideen, oo Soomaalidu kollay ba wax sidaas u eg ama ku dhow b'ay samaysan lahaayeen, waxqabad kii nin kaasi se waa soo dedejiyay. Anigu weligay hadda kahor ma xusuusanin, oo Saraakiishii Ciidamada kuwii aannu aad isugu dhoweyn mid kood na weligay uga ma sheekaynin.

Gobonnimadii iyo midoowgii labadii dhinac ee dalka kaddib waxa dawladdii curdinka ahayd la soo dersay dhibaatooyin badan, iyad'oo wali ba miisaaniyaddeedii dhaqaaleh na aad u hoosaysay. Dawladdii Talyaanig'aa kabi jirtey miisaaniyaddii sagaal kii sano ee kahorreeyey xukun kii Askarta.

Ugu horrayn saddexdii dal'oo kale Soomaaliyeed iyagii na wax'ay dooneen in la xoreeyo. Ciidan kii Xooggii Dalka Soomaaliyeed, oo asagu na curtdin ahaa baa u baahday hubayn iyo tababbarro si uu taabbagal ugu noqon karay, difaaca dalka na u hanan karay.

Wax'ay Soomaalidu tidhaahdaa, "Oodo dhacameed sid'ay u ka la sarreeyaan baa loo ka la guraa', oo waxa mudnaantii 1aad la siiyey iskuday xorayn dalkii NFD, oo la rabay in xal laga gaadho kahor gobonnimadii Kenya oo iyadu mar kaas soo dhoweyd.

Ingiriisk'oo mar kaas gacanta ku hayay arrintii NFD baa siyaasiintii Soomaaliyeed culays saareen. Maadaama dawladdii Ingiriisku ee 1950aadkii ka qarisay Baarlamaan koodi kahor mark'ay dhulka Soomaaliyeed ku wareejinaysay Xabashida, waxa siyaasiintii Soomaalidu u arkeen in wadahadal ku saabsan NFD ugu horrayn laga bilaabo xidhiidho la la yeesho Baarlamaankii Ingiriiska. Bishii 5aad, May 1962, ayaa Afhayeen kii Baarlamaankii Soomaaliyeed Jaamac Cabdullaahi Qaalib iyo wafti mudanyaal uu hoggaaminayay London aadeen oo u tageen in ay ka la soo hadlaan xubnihii Baarlamaan ee Ingiriiska aayahi dad kii Soomaaliyeed ee NFD, bal in qaarkood culays saari kari dawladdoodii. October is la sannad kaas na Wasiir kii 1aad Cabdirashiid Cali Sharma-arke, baa asagu na arrin taas awgeed London u tegay oo la kulmay Wasiir kii 1aad iyo Wasiir kii Arrimaha Dibedda ee Ingiriiska. Waxa kal'oo iyagu na waagaas London tegay wakiillo Xisbiyadii NFD ee Soomaaliyeed iyo qareennadoodii, oo dawladdii Soomaaliyeed abaabushay. Wasiir kii Gumaysig'ay arkeen, oo ka ballan qaaday in si xaqsoor ku salaysan lagu xallin doonay aayihi dadkaas kahor int'aan Kenya qaadanin gobonimo.

Ingirisku waxa siyaasiintii Soomaaliyeed na ka ballan qaaday in go'aan xaq iyo caddaalad ku salaysan laga gaadhi doonay arrin taas. Ballanqaadyadaas oo dhan wax lid kooda ahaa b'uu Ingiriisku sameeyey. Afti b'uu ka qaaday dadweynihii NFD in ay ku muujiyaan rabitaan koodii, taas oo ahayd jidkii ugu xaqsoorsanaa. 89% dad kii NFD wax'ay doorteen in ay Soomaaliya ku soo biiraan. Ingiriisku ma ixtiraamin wax'ii ka soo baxay (natiijadii) aftid'uu qaaday iyo rabitaan kii dad kii NFD toona. Sida Soomaalidu u aragtay, wax'uu rabay in uu siyaasiintii Kenya tuso in aan dad kii NFD iyaga rabin, wax'uu na ku la gorgortamay in asagu NFD badhkeed ku soo dari doonay Kenya, iyagu na ay wanaajiyaan dad kii Ingiriska ahaa ee Kenya deggenaa oo maal gashaday, oo waagaas kahor waxa mar la moodi jiray .in aan mar na caaddaan ka tegi doonin Kenya iyo South Rodisia (Zimbabwe).

Waxa jiri jirey gobol Nigeria laga xukumi jirey oo dad kiisu na Kameeroon ahaayeen. 1959 baa afti laga qaaday sidii dad kii NFD oo kale, wax'ay na doorteen in ay Kameeroon ku biiraan, waa na loo oggolaaday, oo Ingiriiskaan dan kale ka lahayn maadaama dad Ingiriis ahaa aan ay Nigeria deggenayn.

Wasiir kii Ingiriiska ee Arrimihi Gumaysiga wax'uu ku dhawaaqay in uu lixdi Degmo ee NFD saddex ku dari doonay Kenya, saddexdii kale na Soomaaliya.

Dawladdii Soomaaliyeed waa diiday kalaqaybin tii dalka NFD, oo hadd'ay oggolaan lahayd, wax'ay dhinac ka noqon lahayd, oo wax ka saxeexi lahayd heshiis kalaqaybinta NFD, ma na taakulayn karteen xoraynta qayb tii ku hadhi lahayd Kenya. Sidaas awgeed, dawladdii Soomaaliyeed waa ku gacansaydhay hindisihii Ingiriiska ee kalaqaybinta NFD, xidhiidhkii dhiblomaasina waa u goysay Ingiriiska 12 March 1963.

Diidistii hindisiihii Ingiriiska ee qaybintii NFD Soomaalidu dalka gudihiisu waa ku ka la qaybsanaayeen, oo qaar baa qabay in ay habboonayd in wax'ii la heli karay la qaato. Beelaha Hawiye qaar kood na wax'ay qabeen in saddexdaas degmo, Mandheera, Mooyaale iyo Waajeer, oo lagu soo dari lahaa Soomaaliya dadkoodu Hawiye u badnaayeen, oo marka xubnahooda la doorto ku soo biiri lahaayeen Baarlamaankii Soomaaliyeed xubnihii golahaasi u badan lahaayeen Hawiye, Cabdirashiid na aanu sidaas rabin, in kast'oo dawladdaa Wasiir Hawiye ba xubno ka ahaayeen.

Wax'uu se Cabdirashiid ka la ilaalin jiray in labo nin oo magac leh oo Hawiye iyo Daarood ahi is qabtaan; hadd'ay se dhacdo, isag'aa dhex geli jiray oo dammin jiray khilaafka sida mar ay is qabteen Guddoomyihii Rugta Ganacsiga, Xasan Barre Ruuxow iyo Maamulihi hayaddaas, Xasan Woqooyi, iyo labo jeer oo kale muddadi aan Sirdoon kii iyo Amniga ka ma madax aha.

Waxa Muqadisho waagaas yimi oo muddo joogay Hoggaamiyihii Xisbigii ugu weyna Xisbiyadii xornimadoonka ahaa ee NFD, Cabdirashiid Khaliif. Maalin b'uu xafiis kii Sirdoonka iyo Amniga Qaranka iigu yimi oo ii sheegay in Sheekh Cali Jimcaale iyo Maxamed Ibraahim Cigaal, oo labadu ba mar kaas mucaarid ku ahaa dawladdii Cabdirashiid, ay asaga, Cabdirashiid Khaliif, ku la taliyeen in uu dagaal kii joojiyo oo dal kiisii (Kenya oo NFD ka mid noqotay) dib ugu laabto, sidii b'uu na yeelay oo Kenya ku noqday, dagaal se ma joojin karin.

Dalka Ogaadeen waxa asagana ka dhashay kacdoon xornimadoon ahaa. Xabashidu na wax'ay doontay in ay dhibaatadii gumaysinimadeeda, oo ay xallin wayday u soo dhoofiso Soomaaliya oo labo goor soo weerartay Soomaaliya 1963-1964, iyad'oo sidii gumaystayaashii caado u ahaan jirtey, ku eedaynaysay Soomaalia in ay ka danbaysay kacdoon kii dadka Ogaadeen ee xornimadoonka ahaa.

Ha se yeesh'ee, dawladdihii Soomaaliyeed, tii Cabdirashiid iyo tii ka danbaysay ee Cabdirazaak ba wax'ay mar kaas kaddib ku socdeen siyaasad taakulayn dad kii Soomaaliyeed ee NFD iyo Ogaadeen, iyagu na u halgamaan xornimadooda. Dowladii Cabdirashiid wax'ay ku dadaashay sidii difaaci dalka loo dhisi lahaa. Dowladaha qarbiyiint'aa la waydiistay in ay na siiyaan hub iyo tababbarro ciidan. Kaddib mar kii labo sano iyo badh, haa iyo maya mid na laga waayay baa Cabdirashiid safarro ugu wada tagay dawladaha waaweeyn ee reer galbeedka; Marraykan oo la kulmay Madaxweyne Kennedi, Ingiriiska oo la kulmay Wasiir kii 1aad, Macmillan, Jarmalka oo la kulmay hoggaamiyihii Adenaur iyo Talyaaniga, la na kulmay Wasiir kii 1aad Fanfani. Wax'ay ku wada yidhaahdeen, "Waa is ka arkaynaa oo jawaab b'aannu ku soo siin doonnaa".

Bishii March 1963, baa wafdi ballaadhan oo saraakiil ciidamadii dalal kii reer galbeedku Muqshisho yimaaddeen. Iyag'oo ay la socdeen Danjirayaashoodii Muqdisho fadhiyay, b'ay arkeen Cabdirashiid iyo General Daa'uud. Wax'ay yidhaahdeen, "Waxa la idiin hubaynayaa oo la idiin tababbarayaa ciidan shan kun ah, sharad in aydaan cid kale hub ka qaadanin".

Cidda Soomaalidu difaaca uga baahneyd wax'ay ahayd Xabashida oo ciidankeedu soddon kun joogto ahaa, oo Maraykan si xooggan u hubayyay u na tobabbaray, iyo weli ba kuwo kal'oo u hubaysnaa sida Boliis, iwm.

Cabdirashiid waadiiday, Wax'uu na go'aansaday in uu Itaaxaad kii Soofiyeet hub iyo tababbar ciidan ba waydiisto, Cid aan General Daa'uud ahayn na u ma sheegin.

In tii Cabdirashiid qarsanayay ciyaartiisii siyaasadeed (hidding his cards) sid'uu u la xidhiidhi lahaa Khruschev oo malaha wax'uu hubsanayay bal in Khruschev ka qaybgeli doonay Shir sannadeedkii Qaramada Midoobay oo ugu habboonaan lahayd meel ay ku kulmaan, nasiibwanaag Ruushkiibaa casuumay Afhayeen kii Baarlamaan kii Soomaalida, Jaamac Cadbullaahi Qaalib,

Gen. Da'ud Cabdulle Xirsi

iyo wafdi uu hoggaaminayay. Labo beri kahor safarkii wafdig'aa b'uu General Daa'uud Afhayeen kii xafiis kiisa ugu tegay. Wax'uu ku yidhi, "Berri b'aannu aniga iyo Cabdirashiidkuu iman doonnaa".

Waxa kal'uu u sheegay in Cabdirashiid farriin ugu dhiibi doonay Khruschev uu ku weydiisanayay inuu hub inasiiyo. Cabdirashiid iyo Khruschev hor'ay isu arkeen oo is u barteen. Berridii Cabdirashiid iyo Daa'uud Afhayeen kii u ma tegin. Waxa loo malayn karay in Cabdirashiid u arkay hadd'ay isaga iyo Jeneraal kiisu oo wada socday Afhayeen kii, oo maalin kaddib Moskow u duulayay xafiis kiisa ugu tagi lahaayeen, in wax la urin karay. Wax'ay go'aansadeen in ay sagootiga madaarka ku la faqaan subixii danbe, sidaas b'ay na yeeleen.

Afhayeen kii mark'uu dhammaystay boqoshdiisi b'uu dalbaday in Khruschev, oo Badda Madaw (Black Sea) ku nasanayay loo geeyo oo uu farriin uga waday Wasiir kii 1aad ee Soomaaliya. Waa loo geeyay asag'oo uu la socday Danjirihii Soomaaliyeed ee Moskow joogay, Axmed Maxamed Adam ('Qaybe'). Khruschev mar kii farriin tii Cabdirashiid loo sheegay wax'uu yidhi, "Wax'aan bixin karo hub baa iigu sahlan. U sheeg Cabdirashiid, w'aan idin siinayaa hadd'aad qaadan karaysaan, waase la idinku colaadin doonaa."

In kast'oo ay arrin taasi Soomaalida sir culus u ahayd, oo Cabdirashiid ka maagay in uu warqad u qoro Khruschev oo Afhayeen kii u sii dhiibo, hadda na qarbiyiintu waa ogaadeen. Saddex safiir, Talyaani, Maraykan iyo Jarmal, oo dawladahoodii soo amreen baa mid wali ba aragti degdeg ahayd Cabdirishiid ka codsaday. Cabdirashiid caadiyan wax'uu ahaa masuul Soomaalida aad ugu nugul, shisheeyaha na aad ugu dhiirran. Saddexdii Danjire ba is ku maalin b'uu u qabtay, min shan daqiiqadood na u dhaxaysiiyay labo walba araggoodii. Is ku odhaah b'ay wada keeneen. Wax'ay u sheegen in dowladadahoodii is ku noqon doonaan oo hub kii loo kordhin doonay, wax'ay na codsadeen in uu is ka daayo hubka Ruushka si aan saaxiibtinimadii qarbiga iyo Soomaaliya u xumaanin. Cabdirashiid, asagu na odhaah is ku mid ahayd b'uu saddexdii safiir ba ugu jawaabay oo ku yidhi, "Soomaaliya dib danbe hub u ma weydiisanayso reer galbeedka (Soomaaliya no longer seeks arms from the West)." Wax'aan qoraal kaas af Ingiriisga ku qoran ka akhristay Journal ka 'Americn Times Magazine'.

Itixaadkii Sofiyeet wax'uu Soomaaliya siiyay hub wax kast'ay ciidamadii Soomaaliyeed liqi kareen.

Arrin taas hubka w'ay is ku seegeen Madaxweyne Aadan Cabdulle iyo Wasiir kii 1aad, Cabdirashiid, oo aan arrinta la socodsiinin Madaxweynihi ilaa ay wax wali ba dhammaadeen. Ha se yeesh'ee, Cabdirashiid bogaadin weyn b'uu kaga helay dadweynihii Soomaaliyeed dhexdooda, oo welwel weyn ka qabay difaac la'aan tii dalka, kursigiisii baarlamaanka na Cabdirshid lagu la ma tartamin doorashadii danbe ee 1964. Ha se yeesh'ee, doorashadaas kaddib Madaxweyne Aadan Cabdulle dib ugu ma magacaabin Cabdirashiid jagadii Wasiirka 1aad, in kast'oo mudanayaashii Baarlamaan ee Xisbigii talada hayay ee SYL is ku wada raaceen soojeedin in Cabdirashiid dib loogu magacaabo xil kii Wasiirka 1aad.

Madaxweyne Aadan Cabdulle wax'uu Wasiir kii 1aad, u magacaabay Mudane Cabdirazaak Xaaji Xuseen, oo dowladdii Cabdirashiid ka soo qabtay xilal, Wasiir wassaradihi Gudahaa iyo Gaadiidka iyo Isgaarsiinta.

Maadaama mudanayaashii Baarlamaan waagaas badan koodu Cabdirashiid tageersanaayeen, dawladdii cusbayd ee Cabdirazaak dhisay kalsooni waa ka weyday Baarlamaan kii. Hadda na Madaxweynihii mar labaad b'uu Cabdirazaak dib ugu magacaabay Wasiir kii 1aad. Dawladdii labaad ee Cabdirazaak waa heshay kalsoonidii Baarlamanka.

Cabdirazaak xukunka Gudahaa ee Soomaalida dhexdeeda waa kaga dhiirranaa Cabdirashiid. Waxa jirtay in shaqaalihii dowladdu xaddhaafay noqday oo miisaaniyad loo waayey arrimihi bulshada sida caafimaadkii iyo waxbarashadii, iwm. Ummadaha Midoobay (UN) oo la weydiistay in ay daraasad u soo sameeyaan dawladdii Soomaaliyeed, wax'ay ku la soo taliyeen in shaqaalihii la dhimo. Cabdirashiid waa taaban waayey. Cabdirazaak mark'uu noqday Wasiirka1aad wax'uu eryay 300 oo u badnaa Saraakiil sare, oo la magacbaxay kooxdii 'Posta Rosa' (The Red Envelope Group, through which the notice of dismissal was transmitted). Mar sannad kii 2000 ee (M) Cabdirazaak, Alle ha naxariist'ee, BBC waydiisay, wax'ii ugu cuslaa go'aan uu qaatay int'uu hayay xilkii Wasiir kii 1aad? Wax'uu ku jawaabay, "Go'aan kii 'Posta Rosa'." Wax'uu go'aankaasi u la magacbaxay 'Posta Rosa' qof kast'oo la eryey waxa go'aan kii lagu ogeysiiyay warqad loogu riday 'buqshad gaduudan (Rosa af Talyaaniga waa gaduud).

Ha se ahaat'ee, labadu ba, Cabdirashiid iyo Cadirazaak, wax'ay ahayeen halgamayaashii magaca weyn ku lahaa Xisbigii gobonnimada dhaliyay ee SYL. Cabdirashiid asag'oo Iskushban ka ahaa xisaabiye Xukun kii Ingiriiska b'uu hal kaas ka furay Xisbigii SYL, kaddib na wax'uu ahaa Sii-hayihii xil kii Xoghayihii Guud ee SYL, muddadii dheereyd ee Cabdulaahi Ciise

Maxamuud ku maqnaa UNka (1948–1956). Kaddib mar kii Cabdullaahi Ciise loo magacaabay Wasiir kii 1aad ee dawladdii daakhiliga ahayd waxa beddelay Cabdirazaak oo noqday wakiil SYL ee Golaha Ummadaha Midoobay.

Gobonimadii iyo midoowgii Soomaaliyeed ee Woqooyi iyo Koonfur kaddib, Xabashidu wax'ay qabqabsan jirtey oo qaramaysan jirtey baabuur badan oo dadweyne Soomaaliyeed mark'ay ka gudbaan xuduudda Soomaaliya iyo dhulka Ogaadeen ee Xabashidu haysato. Sooomaalidu na wax'ay mar qabatay markab Xabashiyeed oo biyaha Soomaalida fasax la'aan ku soo galay, oo Berbera lagu hayay.

Kulan kii Madaxdii Afrika ugu horreeyey ee Shirweynihii lagu aasaasay Urur kii Midoowgii Afrika (Organization of African Unity – OAU), 25 May 1963, Soomaalidu wax'ay ku dacwaysay Ethiopia iyo Kenya in ay dhul iyo dad Soomaaliyeed haystaan. Labadu ba waa inkireen, oo weli ba Oginga Odinga, Raila Odinga aabbhiis, oo waftigii Kenya ee Shirweynaha hoggaaminayey Soomaalida waa af lagaadeeyey. Kenya iyo Soomaaliya weli xidhiidh diblomaasi ka ma dhexaynin, oo dagaal kii xornimadoon kii ee dad kii NFD baa mar kaas cusbaa oo socday. Ethiopia iyo Soomaaliya se xidhiidh kaasi waa jirey.

In tii Shirweynuhu socday baa Xayle Selassie oo shirka martigeliyey salaan ugu yimi Madaxweyne Aadan Cabdulle. Wax'ay labadii hoggaamiye is la garteen in xidhiidh kii labada dal la hagaajiyo. Xayle Selassie wax'uu, in tii Shir kiii loo fadhiyay ba amray in baabuurta Soomaaliyeed oo ciidamadiisu qabsadeen dhamaan tood la siidaayo, asag'oo aan ku xidhin in Markab kii Xabashida la siidaayo. Kaddib dhammaad kii Shirweynihii waxa Addis Ababa ku sii hadhay, Cabdullaahi Ciise Wasiir kii Arrimaha Dibedda ee Soomaaliya, oo arrimahaas ay ka wada shaqeeyeen asaga iyo saraakiishii dhiggiisa ahaa ee Ethiopia. Wax'ay u yar ekaatay in xidhiidh kii labadii dal soo wanagsanaanayay, waxa aayihii dhul kii Ogaadeen ku danbayn lahaa ba.

Bilawgii sannad kii danbe 1964, waxa Dakar lagu qabtay Shir kii Wasiirradii Arrimaha Dibedda ee Midoowgii Afrika, lagu na go'aansanayay meeshii noqon lahayd Xarun tii Urur kii Midoowga Afrika. Waxa ku tartamayay Ethiopia iyo Senegal. Xayle Selassie taar b'uu u soo diray Madaxweyne Aadan Cabdulle uu kaga codsaday taageero Soomaaliyeed, dhinacii kal'oo Senegal se wax ba ma soo weydiisanin. Aadan Cabdulle jawaab celin tiisi b'uu kaga ballan qaaday Xayle Selassie taageeradi Soomaaliya. Wasiir kii 1aad, Abdirashiid, waa ka maqnaa Caasimadda, wax'uu ku maqnaa ololihii doorashadiisii Baarlamaan. Waxa Ku-Sime Wasiir 1aad sii ahaa Wasiir kii Arrimaha Gudahaa, Maxamuud Cabdinuur, oo ka maagay in uu amar toos ahaa siiyo Wasiir kii Arrimaha Dibedda, Cabdullaahi Ciise, oo Shirkaas ku maqnaa, bal se wax'uu u gudbiyey labadii taar oo ay is weydaarsadeen Xayle Selassie iyo Aadan Cabdulle.

Waxa Soomaalida qaar kood yidhaahdeen codkii Soomaalid'ay Xabashidu ku heshay in Addis Ababa noqotay Xarun tii Midoowga Afrika, la ma se hubo. Ha se yeesh'ee, Soomalidu aad b'ay ugu ka la qaybsantay go'aan kaas Madaxweynihii qaatay. Qaar kood wax'ay qabeen in aan cod Soomaaliya ba Xabashi la siin, qaar kale na wax'ay u arkeen in ay 'protocol'ka waafaqsanayd mar haddii dhinacii kal'oo la tartamayay Itoobiya (Senegal) aanu Soomaalida wax ba ka codsanin. Si kasta ba ha ahaat'ee, iskudaygii dhacdooyin kaasi wax horumar aha ku ma soo kordhin karaynin xidhiidh kii labada dal mar hadd'ay Xabashidu gumaysanaysay dad Soomaaliyeed, dhulkoodii na haysatay.

Waagii xukunkii Askarta, kaddib mar kii la magacaabay Guddi ka koob nayd siddeed dawlado ee Afrikaan oo dhexdhexaadiya Itoobiya iyo Soomaaliya, Xayle Selassie wax'uu doonay inuu dhul Koonfur Ogaadeen ka mid ah ku soo wareejiyo Soomaaliya, u na soo dhiibay farriin sidaas ahayd Nyereere, Madaxweynihii hore ee Tanzania. Xayle Selassie wax'uu rabay in dhul wareejin taas lagu tilmaamo xuduud toosin keli ah, xuduud kaas oo aan ilaa maanta jeexnayn na la jeexo. Maxamed Siyaad waa diiday, oo ma rabin in Guddidii waxtabashadi Soomaalida awgeed lagu magacaabay laga maarmo, oo lagu beddelo wax'uu Xayle Selassie watay oo aan si sahlan loo qaaadan karin. Golayaashii dawladdii Somaaliyeed na arrin taas la ma soo gaadhsiinin, oo laga ma na doodin, la ma na oga in t'uu le'ekaan lahaa dhulku Hayle Selassie ku tala galay in uu Soomaaliya ku soo wareejiyo.

Bishii June 1967 Cabdirashiid Cali Sharma-arke Madaxweyne loo doortay, asagu na Wasiir 1aad u magacaabay Maxamed Ibraahim Cigaal, iyad'oo NFD iyo Ogaadeenba ay mar kaas ka socdeen dagaallo xornimadoon aha.

Saddex bilood Gudahaaood baa Cigaal ku beddelay siyaasaddii Soomaaliyeed oo ku wajahnayd labadaas dal, isbeddel aan dadka Soomaaliyeed mar kaas diyaar u ahayn. Wax'ay se u ekayd in Cigaal aamminsanaa in ay dalal kaasi tageen, wax keli aha oo ay dawlad Soomaaliyeed qaban kartay na ahayd in dadkaas Soomaaliyeed loo helo nidaam ay si nabad ah ugu hoos noolaan lahaayeen dawladahaas dhulkoodii haystay. Waa sid'uu qabay mark'uu mucaaridka ahaa, oo ku la taliyey Cabdirashiid Khaliif in uu Kenya ku noqdo, iwm. Ha se yeesh'ee, Cigaal ma caddayn karin ujeeddadiisii. Wax'uu siyaasaddiisii ku macneeyey, dadka na ku maaweeliyey in arrimuhu ahaayeen kuwo yaryar iyo kuwo waaweyn (minor and major issues), oo kuwa yaryari ahaayeen abuurid kalsooni iyo deriswanaag laga dhex dhaliyo Soomaaliya iyo dalalka la jaarka ah, kaddib na laga wada hadli karay arrimaha waawyen, oo Soomaalidu u qaadatay dhul kii, iwm. Laga yaabe in uu Madaxweyne Cabdirashid na sidaas ku qanciyey, oo iyad'oo dawladdii Cabdirashid afar sano kahor xixhiidhiidhkii u goysay Ingiriis, dhul NFD uu siiyay Kenya awgeed, b'uu Cabdirashid go'aan kaas Cigaal ka dib martiqaad ku tegay Nairobi.

Gabay Cabdullaahi Suldaan 'Timacadde' ku muujiyay dareen kii dadka Soomaaliyeed ee waagaas sida ku muujisan bogga 180 ee qoraal kaas wax'aan ka miinguuriya Buugga, "Cadawgeennu Waa Kuma", uu qoraagu, Cabdillaahi Faarax Cali, ii oggolaaday.

Waxa arrimahaas kor ku sheegan ee siyaasaddii Cigaal ka dhalan lahaa ba, in kast'oo dad kii Soomaaliyeed na aad uga shakisanaayeen, waxa soo afjaray afgenbigii askarta ee 21 October 1969.

Ha se yeesh'ee, dawladdihii Soomaaliyeed ee ka la danbeeyey, rayid iyo askar ba, wax'ay ka midaysnaayeen siyaasaddii xoraynta Jabbuuti ilaa laga midha dhaliyey. Wax'ay na ka soo wada horjeedeen, oo ka midaysnaayeen in aan dagaal loo adeegsanin xoraynti Jabbuuti sidii lagu dhiirri geliyey Soomaalidii kal'ee NFD iyo Ogaadeen, oo mar marxuum Maxamuud Xarbi hub debedda ka keenay oo rabay in Jabbuuti la geliyo, dawladdii Soomaaliyeed waa ka soo horjeesatay.

Doorashadii Madaxweyne oo ugu danbaysay ee waagii xukunka rayidka mar kii ololaheedii socday Aadan Cabdulle raadiyuhu ka hadlay oo yidhi, "Hadd'aan la i rabin, yaan la i dooranin. Weedhaas oo taageerayaashiisii aad u dhibsadeen. Waxa jirtay in doorashadi kahor Cabdirashiid iyo Cigaal lagu heshiisiiyay in ay tartan koodii midaystaan, oo Cabdirashiid u tartamo Madaxweynanimo, hadd'uu guulaysto na Cigaal u magacaabi doonay Wasiir kii 1aad.

Cigaal wax'uu ku dhex dhacay xubnihii Baarlamaan iyo odayo Isaaq ahaa intii mar kaas Muqdisho joogtay, ka na codsaday in Cabdirashiid loo codeeyo, oo hadd'uu guulaysto asaga u magacaabi doonay Wasiirka 1aad. Mudane miisaan weyn lahaa baa diiday oo yidhi, "Anigu cod kayga wax'aan siin doona Aadan Cabdulle". Nin kaasi ciidan badan b'uu la go'i karay haddii sidaas lagu daayo. Mar kaas baa lagu yidhi, "Innagu Wasiirka 1aad b'aynu rabnaa eh, u tag Aadan Cabdulle, in tii rag kal'aad doontid na kaxayso, oo ka keen ballanqaad in uu ina siin doono Wasiirka 1aad hadd'uu guulaysto?" Sidii b'uu yeelay oo labo nin oo kal'uu kaxaystay, oo Aadan Cabdulle u tageen. U tegiddaas waxa iiga sheekeeyay Aadan Cabdulle, Alle ha u naxariist'ee, oo saddexdii nin oo u tagtay mid b'uu magaciisii hilmaamay. "Wax'ay igu yidhaahdeen," b'uu yidhi, "Adig'aannu rabnaa, in aannu codad kayaga ku siinno, ee naga ballan qaad in aad na siin doontid Wasiirka 1aad hadd'aad guulaysatid".

"Wax'aan ku idhi" b'uu yidhi, "Hadd'aan iyad'oo aan weli la i dooranin idhaahdo hebel b'aan Wasiirka 1aad ka dhigayaa, jagada Madaxweynanimadu ba qiime ila ma leh. Taas micnaheedu ma aha in aan indinka la idin ka qaban karin Wasiirka 1aad hadd'aan guulaysto".

Sida la ogaaday mark'ay ka tageen Aadan Cabdulle oo ku noqdeen raggii dirtay, waxa la weydiiyay in ay ballanqaad hayaan iyo in kale. Wax'ay yidhaahdeen, "Maya". Waxa lagu yidhi, "Hadda ba dadka soo raaca." Iyo "Waa yahay."

Aadan Cabdulle wax'uu kal'oo ii sheegay in subaxii danbe, Axmed Xaaji Cabdullahi (Xashiis) u yimi oo ku yidhi, "Niman b'aannu ku soo dirnay oo heshiin weydeen. Hadda ba, fadhiga ka kac oo adigu is dhis, Cheque buuggiisii na miisk'uu iigu soo tuuray, oo igu yidhi, "Wax'aad rabtid ku qoro". Aadan wax'uu igu yidhi, "Anig'aa Cheque buuggiisi jeeb kiisa ugu celiyay", oo ku idhi, "Axmed w'aad mahadsan tahay. Lacagtaada na is ku dhisi maayo, tayda na is ku dhisi maayo".

Wasiir kii 1aad ee waagaas, Cabdirazaak Xaaji Xuseen, oo taageersanaa Madaxweeynihiisii, Aadan Cabdulle, ayaa ogaaday wax'ii dhex maray Aadan Cabdulle iyo xubnihii Baarlamaan ee Isaaq. Wax'uu dareemay haddii koox dhan oo mudanayaal is ku beel ahi go'aansadeen in ay dhinacii kale wada taageeraan, guushii dhinacoodu halis ku jirtey. Wax'uu Cabdirazaak iskudayey in uu tanaasul siyaasadeed sameeyo. Wax'uu qado ku martiqaaday Maxamed Ibraahim Cigaal, oo ka codsaday in uu taageero Aadan Cabdulle, ka na ballan qaaday in aan uu ku la tartami doonin jagada Wasiirka 1aad, hadd'uu Aadan Cabdulle doorashadaas ku guulaysto, bal se uu la shaqayn doonay, wax'uu na u soo jeediyey in ay is la mar kaas ba u wada taagaan Aadan Cabdulle, oo u sheegaan in ay sidaas heshiis ku yihiin. Cigaal baa ka cudurdaartay oo aan rabin in uu ka baxo heshiis kii uu la galay Cabdirashiid.

In kast'oo kulan kaas labadii mas'uul ee kor ku sheegan la wada maqlay ama la wada ogaaday, waxa faahfaahin taas noo sheegay Cabdirazaak aniga iyo Cabdiraxiim Caabbi Faarax, labadooda Alle ha u naxariist'ee, mar aannu saddexdayadu ku wada kulannay New York, Sept. 1992.

Cabdirashiid wax'uu garanayay inaan uu guulaysan karaynin in codad loo iibiyo maah'ee, oo raalli b'uu ka ahaa in codad loo iibiyo. Hadda na Cod gashadaasi waa la xumayd. Waxa la sheegay in Cabdirashiid iyo Cigaal aan mid kood na lacag haysanin. Waxa codadka u iibinayay oo lacagta bixinayay niman Cabdirashiid taageersanaa, Cigaal se cidi na lacag ka ma bixinaynin. Ninkii keli ahaa ee Isaaq, oo lacag Cigaal codad loogu iibiyo huri karay wax'uu ahaan laha Xashiis, asagu na Cigaal ma taageersanayn, sida aan hoos ku soo sheegi doono.

Maxaa lagu rumaysan karay in cod gadashadaasi Cabdirashiid la xumayd? Waxa la sheegay in kaddib mark'uu doorashadii ku guulaystay Cabdirashiid diiday in Wasiir loo magacaabo nin kast'oo asaga cod kiisii siiyay kaddib mar kii lacag la siiyay. Taas waxa loo garan karaa in ujeeddada Cabdirashiid ahayd in aan xildhibaanno codad koodii iibsaday ummadda xil loogu dhiibi karin.

Cod gadashadu wax'ay bilaabatay sanooyinkii hore ee xukun kii rayidka, oo waxa dhici jirtey mar mar dawladdu rabtay in ay Baarlamaankii ka ansixiso shuruuc lagu ka la qaybsanaa.

Ha se yeesh'ee, xildhibaannadii waagaas wax'ay u badnaayeen kuwo hufnaa oo mas'uuliyaddoodi na si hufan u fulin jiray. Aadan Cabdulle iyo Cabdirashiid mid wal ba waxa taageersanaa mudanayaal badan, waxa se lagu ka la bixi jiray cod koodgadayaashi, in kast'oo kuwaasi berigii hore aad u yaraayeen.

Doorashada Madaxweyne ee waagaasi aad b'ay uga duwanayd sida hadda wax yihiin. Waagaas hore, cid wali ba is ma rashixi karin. Waxa waagii hore is rashixi karay oo keli aha muwaadiniin la ogaa in ay soo halgameen, bulshadu na taqaannay oo garawsan jirtay murashaxnimadooda, iyagu na mudnaa in ay is rashaxaan sidii Madaxweeynihii 1aad, Aadan Cabdulle Cusmaan, Sheekh Cali Jimcaaleh, Madaxweeynihii 2aad, Cabdirashiid Cali Sharma-arke, iyo qayr kood.

Hadda, waxa is rashaxa kuwo aan dadku ba aqoonin oo leh: hebel baa la i yidhaahdaa, kuwo dadka iyo dalka dhagar ka galay oo cadawga Soomaaliyeed u adeegay, cid la xisaabtamaysana aan ay jirin, kuwo is og in aanay hal cod helaynin oo raba in ay war nololeed kooda ku qortaan in ay hal mar Madaxweynenimo u tartameen, iwm. Ha se yeesh'ee, waxa la aqoonsan yahay maanta in kii ugu maal badani noqon karo Madaxweyne Soomaaliyeed, kan Soomaali ugu fiican ama ugu liita mid kast'uu yahay ba. Kan fiican lacag tiisa uun baa lagu dooran karaa, oo wanaaggiisu ma laha tixgelin.

Axmed Xaaji Cabdillahaai, 'Xashiish' Alle ha u naxariist'ee, wax'uu ahaa nin munaasabadaha waxu hura. Wax'aan xoggogaal u ahaa in bilawgii 1967 mar kii Fransiisku ku shubtay aftid'uu Jabbuuti ku qabtay, dal kii na ka soo saaray dad badan oo waraaqihii deganaanshahooda na laga gubay. Dad kaas mar kii hore waxa lagu hakiyay xuduudda oo ay muddo fadhiyeen si loo tuso caalamka in dad kii Jabbuuti laga madhinayey dal koodii, oo weriyayaal dunida oo dhan baa is ugu yimi xuduudda Loowacaddo, ha se yeesh'ee, gumaysigii Fransiis dheg u ma jalaq siinin, dad kii na waa is kaga soo dareereen meeshii mark'ay ku daaleen, oo Soomaaliya soo wada galeen. Waxa magaalooyinka waaweyn ee Woqooyi laga bilaabay in dad kaas Fransiisku Jabbuuti ka soo saaray lacag sahay ahayd loo ururiyo oo ay ku gaadhaan meelah'ay ku danbayn lahaayeen.

Xashiish baa maalin Jimce ahayd barqinkii subaxnimo u yimi Guddoomiyihii Gobolkii Woqooyi Galbeed, anig'oo la joogay, oo ku yidhi, "Saddexda Magaalo (Hargeysa, Berbera iyo Burco) mid wali ba int'ay is ka gurto in le'eg b'aan ku darayaa ee marka wax'ii la guray (Collection) laguu keeno in le-eg ka qaad Xaaji Cabdullaahi Sheekh Ibraahim (Abu Site), oo la socday. 'Xashiish' maalin taas b'uu Hargeysa ka dhoofayay.

Waagii doorashooyinka 1960 ee Woqooyi codad kii guud ay ka la heleen labadii Xisbi oo ku tartamayay kow iyo labaatan (21)kii kursi ee deegaannada beelaha Isaaq wax'ay ahaayeen: (a) SNL = 42, 395, (b) NUF= 20, 249. Haddii la raaci lahaa sidii Koonfurta nidaamku ahaan jirey; Israacii kaddib na doorashooyin kii 1964-69 dalka oo dhan oo lagu dhaqmi jiray (Proportional Representation), wax'ay u ka la heli lahaayeen: SNL = 14 kursi, NUF= 7 kursi. Ha se yeesh'ee, doorashadii Woqooyi ka dhacday waagaas wax'ay ahayd: 'Majoritarian, Plurality', oo kursi wal ba waxa helay murashaxa u cod batay. Sida la wada og yahay SNL wax'ay heshay 20 kursi, NUF na hal kursi. Waagaas dadku wax'ay ku kaftami jireen in SNL ay wax faleen, oo Michael keligii kursigiisii helay falkii baa kari waayay maadaama uu Masiixi ahaa.

Beri danbe oo xamaasaddii doorashooyin kaasi duugowday, b'aan Axmed Is maaciil 'Duqsi', Alle ha u naxariist'ee, weydiiyay oo ku idhi, "Caqligal ma ahayn in taas oo cod dhasho 20 kursi, in taasi na mid keli ah, ee max'aydun samayseen?" Wax'uu iigu jawaabay, "Anigu wax'aan ahaa Xoghayihii SNL ee Burco waagaas, (waa Xisbigii Maxamed Ibraahim Cigaal ka ahaa Xoghayaha Guud). Diiwaangelintii codbixiyayaashi doorashadii ee magaalooyinka, wax'aan abaabulay in qof kast'oo SNL ahaa oo is diiwaangeliyay, na soo tuso lambarkii la siiyay si aannu ugu diiwaan gelinno, u na ogaanno codbixiyayaasha noo diiwaan gashanaa. Mar kii muddadii diiwaangelintu dhammaatay dawladdii Ingiriis baa soo saartay tirakoob kii codbixiyayaashii is diiwaangeliyay. Waxa noo soo baxday inta aannu dheerayn Xisbigii NUF oo aannu la tartamaynay. Goortii waqtigi doorashadii la gaadhay b'aannu tiradii dad kii dheeraadka noo ahaa ee diiwaan geshanaa badan koodii Qoryaale geynay, oo 'Xashiish' (murashaxii NUF) ku ridnay". Xashiish ma illaawi karin arrin taas, Cigaal na ma taageeri doonin.

Dhacdooyin kal'oo Taariikheed, Xusuus na Mudan:
16 April 1957 waxa Muqdisho lagu diley Kamaal Al-Addiin Salaax, wakiil kii Masar ee Golihii Latashi ee Qaramada Midoobay u fadhiyi jiray Muqdisho, oo kormeeri jiray Maamulkii Talyaaniga ee gobonima gaadhsiin tii Koonfur Soomaaliya. Waxa la sheegay in Kamaal aad u la shaqayn jiray Xisbigii xornimadoonka ee SYL, oo asaga iyo Maamul kii Talyaanigu ay dhowr jeer is ku dhaceen.

Nin kii diley Kamaal wax'uu ahaa mid Masar waxbarasho u tegay, kaddib na bukooday oo madaxa wax uga dhinmeen, la na soo celiyay. Waxa ku beermay Masar nacayb, oo loo malaynayo in taas Talyaanigi u adeegsay in uu dilo Kamaal Al-Addiin Salaax. Waxa lagu xukumay aa'im. Subixii gobonimadi Koonfur Soomaaliya, 1 July 1960, baa maxbuuskii meyd kiisii loogu tegay qolkii uu ku xidhnaa ee Xabsiga Muqdisho. Waxa laga degdegsanayay in aan dawladdii cusbayd ee Soomaaliyeed dib su'aalo u weydiinin.

Cabdullaahi Yuusuf wax'uu buuggiisa (bogga 74 – 78) ku muujiyay in aan Maxamed Siyad Barre ka maqnayn shirqool kii lagu diley Kamaal Alddiin Salaax. In kast'oo ay adag tahay in war Cabdullaahi Yussuf loo maqlo Maxamed Siyaad, waxa hadda na la sheegay in maanlintii dilku dhacay, wax yar dil kii kahor, ilaaladii Boliiska laga kexeeyay Xafiisyadii Ergedii Masar, oo u ekayd in loogu tala galay in denbiiluhu baxsan karay kaddib mark'uu dilka fuliyo, waxa se qabtay shaqaalihii Masaarida ee Xafiisyadii Ergada Masar.

Qayb tii Boliiska ee Benaadir oo Xarun tiisu ahayd Muqdisho waxa Taliye ka ahaa Maxamed Siyaad Barre, oo keligii awood u lahaa in ilaaladii Boliiska laga kaxeeyo Xafiisyadi Ergedii Masar. Ha se yeesh'ee, Cabdullaahi Yuusuf ka ma hadlin in ilaaladi Boliiska laga kexeeyay Xafiisyadi Ergedii Masar dilkii kahor?

X

ISKUDAY INQILAAB DHICISOOBAY: 9-10 DEC. 1961

Sida ku sheegan Qaybta 1aad ee qoraal kan, Saraakiil hoose ayaa 9-10 Dec. 1961 is ku dayday Inqilaab dhicisoobay. Sida kor ku xusan, bogga 3aad ee qraal kan, iskudaygii inqilaabka waxa sabab u ahaa:

1) dallacaaddii lagu abaal mariyey shaqaalihii dawladdii Koonfureed, rayid iyo askar ba, kahor 1 July 1960, oo israacii kaddib saamayn ku yeelatay Ciidamadii Qalabka siday dhexdooda mar kii la is ku daray. Waxa dhacay labo Layli Sarkaal oo iskumar tababbarradoodii soo dhammaystay, in mid na ku soo baxay Dhamme, kii Koonfureed, kaddib mar kii hal darajo oo abaaalmarin ahayd loogu daray, kii kale na ku soo baxay Labo Xidigleh, sida lagaga soo baxo Akadeemiyadda Ciidamada Reer Galbeedka. Iyo:

2) Dhallinyaradi, Saraakiishii Hoose, oo is ku dayday Inqilaab kii, oo ka hinaasay Saddex Aliflayaashii Ciidan kii hore ee Woqooyi (Somaliland Scouts) oo Saraakiil loo wada dallacsiiyey kaddib mar kii Ciidamadii la mideeyey, kuwaas oo qawaaniinta Ingiriisku uga tegay aan ay u oggollayn in ay Saddex Alifleh dhaafayaan, maadaama aan ay Machadyo Askareed (Academy) tababbarro ku soo qaadanin.

Waxa jirtay in mar kii shir kiii xorinmo bixinta Somaliland ee London loo fadhiyay, Wasiirradii Somaliland la weydiiyay in ciddii Somaliland u baahnayd ka la hadhaan shaqaalihii shisheeye ee dalka ka tegayey, int'ay Soomaaliya iyo Somaliland is raaci doonaan iyo in kale. Waxa lagu heshiiyay in ay lix biliood lasii hadhaan cidd'ay u baahnaayeen. Wax'aan laga maarmi karaynin Garsoorayaashii, Dhakhtarradii iyo Sarakiishii ciidanka. Labada qaybood ee hore wax'ay ka mid ahaayeen shaqaalihii dawladdii hore ee Somaliland, oo sidoodii hor'ay ku sii joogayeen. Laakiin Ciidan kii military ma lahaan jirin dawladdii Somaliland ee Ingiriis. Wasaaradii gumeysiga oo Somaliland hoos iman jirtay na ma lahayn. Waxa Ciidan kaasu ka tiirsanaa wasaaraddii gaashaandhiga ee Ingiriiska, oo wax'uu hoos iman jiray Talis Dhexe oo Cadan fadhiyi jiray. Ciidankaasu wax'uu Somaliland ku joogay heshiis labo wasaaradood oo Ingiriis, gaashaandhigga iyo gumeysiga, in ay ka amar qaataan Xaakim kii Hargeysa fadhiyay.

Wasiirradii Somaliland wax'ay soo saxeexeen in ay Saraakiishii Ciidan kii militari ee Ingiriiska ahayd lixdaas bilood ku sii joogi doonaan sid'ay hore ku joogi jireen, oo ahayd in ay ka amar qaadan doonaan Guddoomiyaha Soomaaliyeed ee beddeli doonay kii Ingiriiska ahaa ee Hargeysa fadhiyi jirey, 26 June 1960, baa ciidan kii Somaliland Scouts lagu soo wareejiyay dawladdii Somaliland, Saraakiil Soomaaliyeed na maalin taas baa ugu horraysay oo Labo Laba-Xidigleh oo mar kaas tababbar koodii debedda soo dhammaystay iyo Cabdullaahi Aadan (Kongo) oo Masar wax ku soo bartay, oo asaga na Labo Xidigleh lagu qaatay, oo saddexdu ba hawl ka bilaabay kaqaybgal kii dabbaaldeggii gobonnimada.

Israacii labadii dal ee Soomaaliyeed baa dhacay. Laakiin Lixdii bilood oo hore Ciidan kaas Woqooyi ku ma xidhnayn Taliskii Xoogga Dalka Soomaaliyeed ee Muqdisho. Wasiirka Gaashaandhigga iyo Taliyihii, General Daa'uud too na ma hoos iman haynin. Haddii hawlgal looga baahdo na waxa amri jiray Xaakim kii Soomaaliyeed ee Hargeysa. Mar keli ahayd ayaa na loo baahday in ay hawl galaan, mar hub Maxamuud Xarbi debedda ka soo diray in Jabbuuti la geliyo sida kor ku sheegan, ayaa lagu amray in ay hubkaas ka baadhaan xeebta u dhexaysay Berbera iyo Jabbuuti oo la qabto, kahor in tii aan la ogaanin in markabkii siday hubkii badda ku daadiyey, Berbera agteeda, kaddib mar kii wakiilladii Maxamuud Xarbi ka daaheen.

Lixdii bilood baa dhammaatay dabayaaqadii sannad kii 1960, kaddib waxa Woqooyiyi mi Saraakiil Sare ee Xoogga Dalka Soomaaliyeed oo hogaaminayey Gaashaanleh Sare Maxamed Caynaanshe, Gaashaanleh Cabdullaahi Yuusuf na ka mid ahaa, kuwii Ingiriis na waa tageen. Saraakiishii Sare mark'ay Ciidan kii Woqooyi la wareegeen wax'ay ogaadeen wax aan Talis kii Xoogga Dalka Soomaaliyeed ee Muqdisho ogeyn, illeyn labadii Ciidan is ku ma xidhnayne. Wax'ay ogaadeen rag tababbaran oo si fiican wax u qori karay, u na aqriyi karay, Ciidanka na dagaal iyo difaac ba gelin karay, qaanuun kii Ingiriisku uga tegay na aanu u ogalayn in ay Saddex Aliflayaal dhaafayaan, maadaama aan ay Akaademiyad wax ku soo baranin.

Facoodii Koonfureed na wax'ay wada ahayeen Saraakiil, oo taxnaayeen Xiddigleh ilaa Gaanshaanleh Sare.

Generaal Daa'uud mark'uu warbixin taas helay b'uu amray in dhammaan tood la soo geliyo tababbar Sarkaalnimo, si loogu wada dallacsiin karay Xiddiglayaal. Dhallinyaradii afgenbiga is ku dayday waa ka hinaaseen Saddex Alifleyaal aan akadeemiyad soo marin baa Saraakiil loo wada dallacsiinayay. Wax'ay ahayd sabab tiilabaad ee iskudaygii Inqilaab kii. In kast'oo ay kuwii iskudayga sameeyey qaar kood hadda ku faannan, kaddib mark'ay Somaliland midoowgii ka baxday, in iyagu waagaas bilaabeen in ay soo celiyaan gooni-isutaaggii Somaliland. Waxba ka ma jiraan sheegashadaas.

Xubnihii Ciidan kii Somaliland 'Scouts' xornimadoodii wax'ay curatay mar kii Saraakiishii Sare Koonfur ka yimaaddeen, mar kaas oo soddoneeyo Saddex Aliflayaal Saraakiil noqdeeen, in le'eg baa Saddex Aliflayaal iyagu na noqday, in kal'oo le'eg baa iya na Labo Aliflayaal noqday, in kal'oo le'eg na Aliflayaal noqdeen, oo Ciidan kii ba qayb weyni sidaas mar ugu wada dallacday. Xubnihii ciidanku waa jeclaadeen Saraakiishii Sare. Xasan Kayd hadd'uu haysan lahaa ciidan assaga oggol askar b'uu u diri lahaa in ay soo qabqabtaan Saraakiishii Sare, wax'uu se ogaaday in Ciidanku Saraakiishii Sare jecelaayeen oo aan uu rabin ba in ciidanku dareemo qorshihiisii afgenbiga, is ka ba daa in uu u adeegsado soo qabqabashadii Saraakiishii Sare eh. Wax'uu ku qasbanaaday in ay ayagu, asaga iyo kooxdiisii, eegtaan Saraakiishii Sare oo dagan kaddib na ay iyagu qabqabteen.

Waaga nabadda Ciidan ka Qalabka Sida waa is ka hawl yar yahay, oo yaalaa ba wax'aan tababbarro ahayn, iwm, ma qabtaan. Saraakiishii Sare galab wal ba Naadigii Saraakiish'ay tennis' ku ciyaari jireen, anigu na w'aan la ciyaari jiray. Galab tii 9 Dec. b'aan ka maqnaaday, oo Dhakhtar ajinebi ahaa oo dadka qali jiray, aad na loo jeclaa oo dalka ka dhoofayay baa shaqaalihii Caafimaadku xalfad ay u dhigeen la iga martiqaad.

Marka qoraxdu gaabat'aa Saraakiishu Naadiga ku nasan jireen ciyaarta tenniska kaddib inta dhididku ka qallalayay, oo sharaab iwm, ku cabbi jireen. Goor maqrib ahayd, baa Iskudayayaashii afgenbigu ku soo beegeen oo qabqabteen Saraakiishii Sare. Ciddii Shaqaalihii Naadiga mar kaas joogtay na waa ku dareen si aan war uga bixin. Guryihii Saaraakiisha oo mid ba kayn cidla ah ku dhex yaallay, mid kood b'ay ku ururiyeen Saraakiishii Sare iyo ciddii kal'ay qabqabteen oo dhan, ku na xidheen.

Habeen kaas koox b'ay ka keeneen Horintii Ciidan kii Boorama (Gorayacawl) fadhiday, oo uu Taliye u ahaa Sarkaal ay Xasan Kayd is ku tababbar ahayeen, oo asagu na ka mid ahaa iskudayayaashii afgenbiga dhicisoobay. Kooxdaas b'ay habeenkii ku qabsadeen meelihii muhiimka ahaa: Labo meelood oo Ciidanka Boliiska hubku u yaallay, Raadiyihii Hargeysa iyo Wasaaraddii Isgaadhsiinta Saldhigeedii Hargaysa.

Subixii danbe rigadii Ciidan kii ee lixdii arooryo ayaa Xasan Keyd tegay. Wax'uu meeshii ka sheegay in baarlamaan kii la is ku laayay oo Madaxweynihii, Aadan Cabdulle, ka la diray, kaddib na General Daa'uud ku amray in uu xukunka dalka la wareego, sidaas awgeed na Ciidamadii Qalabka Siday ay dalka mas'uul ka yihiin, Generaal Daa'uud na u madax yahay. Hal su'aal baa la weydiiyay, "Mee Gaashaanlihii Sare (Colonel)?" Wax'uu ku jawaabay, "Xamar baa looga yeedhay oo xal'uu tagay." Xubnihii Ciidanku macquul b'ay u arkeen mar haddii Korneylku Woqooyi oo dhan xukumi doonay in Xamar looga yeedhay oo uu talooyin soo qaadanayay. Ciidan kii wax'uu bilaabay isxilqaannimo kushaqayn subixii hore.

Arooryadii hore, abbaare lixdii iyo badh kii (6:30 am), baa Gudoomiyihii Degmada Hargeysa, Maxamed Axmed Cabdille (Sakhraan) soo ogaaday in inqilaab jiray oo guriga iigu yimi, oo ii sheegay. Wax'aannu is ku daynay in aannu la hadalno Gaashaanleh Sare Maxamed Caynaanshe. Khadkii Isgaadhsiintu ba se waa go'nayd. Axmed Jaamac 'Jangeli' oo Gudoomiye (Governor) Gobol noo ahaa, Berbera ay'uu shaqo ugu maqnaa. Waxa Ku-Xigeenkiisa ahaa Maxamed Xasan Qambi. Aniga iyo Sarkhaan wa'aanu is raacnay oo Maxamed Xasan Qambi gurigiisii ugu tagnay, u na sheegnay wax'ii jirey. Saddexdayadii ba w'aanu isa soo raacnay oo wax'aannu nimi xafiisyadii Gobolka. Kahor in tii aan naan baabuur kii ka degin baa Xasan Keyd na joojiyay. Wax'uu nagu yidhi, "'Revoultion' baa dhacay" Sakhraan baa su'aal weydiiyay oo yidhi, "'Revoultion'ku ma dalk'oo dhan baa"? Xasan Keyd int'uu yare aamusay b'uu yidhi, "Gobolladan oo dhan."

Waa aannu garanay waxa dhacay wax'ay ahayeen. Xasan Keyd wax'uu Maxamed Xasan Qambi ka codsaday in uu shir is ugu yeedho madaxdii laamihi dowladda oo dhan oo uu ku la kulmiqolka weyn ee Maxkamadda Sare.

Sagaal kii subaxnim'aa meeshii la isugu wada yimi. Xasan Keyd iyo labo Sarkaal oo kale, Saciid Cali Giir iyo Maxamed Maxamuud Saciid (Bidixleh) baa joogay. Xasan Keyd keligiis ayaa hadlay. Wax'uu yidhi, "W'aynnu ka goosannay Soomaaliya." Mark'uu sidaas lahaa waxa joogay qaar ka mid ahaa Ciidank'uu arooryadii hore wax kale u sheegay.

Madaxdii laamihi dowladdu wax'ay ahayeen toban iyo dheeraad. Saddex nin baa hadashay. Nin wax'uu yidhi ha la taageero. Nin na su'aal b'uu weydiiyay oo wax'uu ku yidhi, "Hadd'aad dal kii ka la goyseen ayaa difaac noo ah"? Xasan Keyd wax'uu ugu jawaabay, "Innag'aa difaaceenu waajib innagu yahay". Nin kii saddexaad oo Sakhraan ahaa, waa u digay oo wax'uu yidhi," Iyad'oo xorayntii Soomaalida qayb tii saddexaad lagu howlan yahay, (iskuday xoreyn NFD baa mar kaas ololo loogu jiray), in aad labadii xorowday oo israacday ka la goysaan, saamayn weyn b'ay lehdahay, mar kaas waa in ciidanku arrin taas ka fiirsado." Xasan u ma jawaabin.

Kulan kii in taas b'uu ku dhammaaday. Mar kii dibedda loo soo wada baxay b'uu Xasan Keyd weydiiyay Agaasimihii Radio Hargeysa, "Goorm'aydun furtaan Raadiyaha?" Wax'uu ugu jawaabay, "Kow iyo tobanka. Subaxnimo." Xasan Keyd baa yidhi, "Anaa iman doona." Dabadeed na Xasan Keyd wax'uu aniga iyo Maxamed Xasan Qambi nagu yidhi na soo raaca ilaa Naadiga Saraakiisha Ciidanka Qalabka Sida, meeshii ay ka qabqabten Saraakiishii Sare.

W'aannu dabo galnay. Anigaa waday land Rover kii Boliska aan ku shaqeyn jirey, wax'aana xagga hore ila fuushanaa Maxamed Xasan Qambi iyo Dhame Cabdi Jeelleh. Mark'aannu Naadiga gaadhnay, baabuur kaygii debedd'aan dhigay, oo int'aan furihii kaga tagay b'aan Dhamme Cabdi Jeelleh ku idhi, "Baabuurka ku hadh".

Aniga iyo Maxamed Xasan Qambi baa ka degnay oo wax'aannu galnay Xeradii Naadiga, kaddib na Qolkii Fadhiga oo saddexdoodii ba fadhiyeen. Waxa yaalay miis gaaban ay saarnaayeen bunduq,'Machine Gun' ahaa iyo 'Tape-recoder' ballaadhan. Annagu na waa fadhiisannay. Xasan Keyd baa na la hadlay, oo aniga igu yidhi, "Seer, wax'aannu rabnaa in aannu ka baxno meelihii Boliiska aannu xalay qabsanay si dadka loogu shaqeeyo, laakiin kahor wax'aannu u baahan nahay in aad na ayidid." Kaddibna, asag'oo aan aniga jawaab iga sugin, wax'uu u gudbay Maxamed Xasan Qambi, oo asaga na ku yidhi, "Seer, adigu na halkii 'Governor'ka ay'aad joogtaa, wax'aanu kaaga baahan nahay in aad na ayidid."

Anigaa u hor jawaabay, wax'aan ku idhi "Meelahaas Boliiska aydun xalay qabsateen is ka haysta si aan aydun u welwelin, mase idin taageereyno oo wax'aan idinkaa sameeyay oo idinku gooni tahay, annagu se idin ku la ma jirno".

Maxamed Xasan Qambi baa asagu na yidhi, "Awoodda in la idin tageero iyo in kale waxa is ka leh Governorka, asagii na ma foga oo Berbera ay'uu joogaa, ama la hadal ama u yeedh."

Mar kii in taas la is dhaafaysaday b'uu Siciid Cali Giir 'recorder' kii dabka geliyey. Mar kii 'recoder' kii bilaabay in uu wareego, baa Bidixleh yidhi, "Bal u kaadi aan midh idhaahdo eh", Siciid waa demiyay 'recorder' kii. Kahor in tii aan Bidixleh weli hadlin baa askari ilaaladi Naadigu soo galay oo yidhi, "Xabbad'aa dhacaya." Saddexdoodii ba int'ay boodeen b'ay nagu yidhaadeen, Talisk'aynnu tegaynaaye (Military fort) na soo raaca." Mark'aanu qolkii ka soo baxnay wax'aannu araganay in ciidan kii la socday ee ilaalada u ahaa aan mid ka joogin, darawelkii maah'ee.

Mar kii shir kii laga soo dareeray baa Saraakiil-Xigeennadii (Saddax Aliflayaashii) isu wada tebiyeen hadal kii Xasan Keyd shir kii ka yidhi, dabadeed na wax'ay garteen in wax'uu arooryadii hore ku yidhi aan waxba ka jirin, oo wax'ay raadiyeen Saraakiishii Sare. Toban daqiiqadood na ka ma qaadanin mark'ay heleen meesh'ay ku xidhnaayeen, xabbadihii la maqlay na wax'ay ahayeen kuwii Saraakiishii Sare lagu soo furayay, Sarkaalkii hayay na lagu dilay Mark'ayTalis kii gaadheen oo albaabkii weynaa ee xerada la furay wax'ay arkeen Saraakiishiii Sare oo Talis kii haysta, iyag'oo dharkii ciyaartii weli xidhan. Saddexdu ba baabuur kii b'ay naxdin ka boodeen, oo waa carareen. Xabbad'aa lagu riday oo Xasan Keyd waa la dhaawacay, waana la qabtay. Bidixleh na waa la qabtay. Siciid Cali Giir, wax'uu galay Qunsulkii Ingiriiska oo is ka soo dhiibay.

Saraakiil-Xigeennadii badh kood tababbarkii Saraakaalnim'ay Muqadisho ugu maqnaayeen, badh koodii kale na waa kuwii iskudaygii afgenbiga fashiliyay.

FG: Arrintan gunaanad keedii iskudaygii inqilaabka iyo fashil kii ba waa sida kor ku muujisan, Qaybta I.

XI
SIRDOONIYO AMNI QARANKA SOOMAALYEED

Hay'addii Sirdoonka iyo Amniga Qaranka Soomaaliyeed (Somali National Intelligence and Security) waxa laga dhaxlay kuwii la midka ahaa ee dalka ka jiri jirey gobanimadii iyo israacii kahor, ee xukun kii gumaysigii Ingiriis dhinacii Woqooyi (Somaliland) iyo maamul kii Talyaani ee xornimagaadhsiin tii (UN Trusteeship) ee Koonfur Soomaaliya ee Qaramada Midoobay ka wakiil ahaa.

Sirdoon kii iyo Amnigii labadii dhinac ba, Woqooyi iyo Koonfur, wax'ay ka tirsanaan jireen Ciidan kii Boliiska, oo maamul iyo hoggaamin ba hoos iman jireen Taliyayaashii Boliis. Woqooyi, hay'addii Sirdoonka waxa loo yaqaannay, 'Qaybta Gaarka Ah (Special Branch)' ee Boliis, Koonfur na waxa la odhan jirey, 'Xafiiska Gaarka Ah (Officio Speciale)'.

Xukuumaddii daakhiliga ee Koonfur Soomaaliya wax'ay Ciidan kii Boliiska ka la wareegtay maamul kii Talyaaniga 1958.

Labadaas hay'adood ee kor ku sheegan oo la is ku daray, gobonnimadii iyo israacii kaddib, baa noqday Sirdoon kii iyo Amnigii Qaranka Soomaaliyeed (1960 – 1969) kahor xukun kii Askarta (1969 - 1991).

Mar kii la igu magacaabay madaxii Sirdoon kii iyo Amnigii Qaranka (National Intelligence Security) bishii shanaad, May 1962, tababbarro, mid Boliis iyo Sirdoon, b'aan u aaday England anig'oo aan weli hawshii Xafiis kaas la wareegin. Wax'aan dalka ku soo noqday toban bilood kaddib, bilowgii bishii saddexaad, March 1963, oo bilawgii xil kaygii cusbaa la kowsaday Soomaaliya oo dhowr beri kaddib xidhiidh kii diblomaasi u goysay Ingiriis, March 12, 1963.

Madaxii hay'addaasi wax'uu toos u la xidhiidhi jirey Wasiir kii Arrimaha Gudahaa iyo Amniga, oo waagaygii ahaa Maxamuud Cabdinuur ee dawlad-dii Cabdirashiid(1962-64), iyo Cabdulqaadir Maxamed Aadan ee dawladdii Cabdirazaak(1964-66).

Xafiis kii Sirdoon kii Amnigii Qaranka warar badan baa soo gaadhi jirey. Muddad'aan ka madax ahaa war kasta oo ku saabsana siyaasad arrimaha Gudaha qoraal laga ma gudbin jirin, hadd'aan ay amniga wax yeelaynin; wax'aan se qaar kood, af ahaan, la socodsiin jirey Wasiir kii Arrimaha Gudahaa. Sidaas oo kale Wasiirradii na wax laga ma qori jirin, mar keli aha oo Wasiir kii 1aad, Cabdirazaak Xaaji Xseen, codsaday maah'ee, mar Wasiir lagu xantay in uu qandaraas siiyey nin ay is ku qoys ahayeen, xan tii na waa la soo hubiyey.

Dhacdooyin muhiim ahaa, wanaag iyo xumaanba ee hawlihii hay'addaas wax ka mid ahaa:

1)   Amniga Xafiisyada Dawladda

Kaddib mark'aan xil kaygii la wareegay wax'aan, si aan la dareemi karin u soo kormeeray Xafiisyadii Wasaaradaha qaar kood, kuwii deggenaa Xarun tii Dawladda. Wax'aan arkay in amnigii Xaruntu aad u dayacnaa, dadweynihii na is dhaafayaayeen Xarunta dhexdeedii, kuwo soo gelayey iyo kuwo baxayay ba, oo aan cidi na wax weydiinayaynin:'xagee b'ay ka yimaaddeen, ay'ay se u socdeen, iwm, too na. Kuwo kale na shax (jar) b'ay is kaga dheelayeen dhirtii Xarunta dhexdeeda ku taallay hoostooda. Waxa iyagu na sidaas oo kale u dayacnaa qoralladii qaranka (official documents) ee Xafiisyadaas. Soodhoweyn tii Wasaaradihii waxa miisas kor kooda daadsanaa qoraallo 'qarsoodi' ku shaabbadays-naayeen. Qoralladaas badan koodu ma mudnayn in 'qarsoodi' lagu shaabbadeeyo, mar se haddii qarsoodi lagu shaabbadeeyey, ma ahayn in ay meelahaas yaalleen.

Wax'aan is ku dayey in aan ka la hadlo Agaasimayaashii Guud ee Wasaaradihii, oo waagaas loo yaqaannay, 'Capo (kapo) Dipartimento (wadar: Capi Dipartimenti) sidii loo sixi lahaa amni darradii ka jirtey xafiisyadi wasaaradahooda. Ayaan darro saraakiish'aan la xidhiidhay waa ba ka wada xanaaqeen in aan ku soo qaaday ba, oo wax ka sheegay wax'ii ka jirey xafiisyadi wasaaradahooda. Kuwii kale in aan la hadlo w'aan ka gaabsaday.

Arrin tii wax'aan la socodsiiyey madaxii Xafiisyada Wasiir kii 1aad, Dr.

Axmed Shire Lawaaxe, oo ahaa waddani fiican, waxqabad kii hawlaha qaranka na aad ugu firfircoonaa. Wax'uu i weydiiyey wax'ii kal'oo aan qaban karay, mar hadd'aan faham iyo taageero ka waayey madaxdii wasaaradihii? Wax'aan ku idhi, "Malaha aqoondarr'aa jirt'ee, waxa habboon in aannu u tababbarno qaar ka mid aha shaqaalahooda, wasaarad kasta hal ama labo qof".

Is la maalin tiiba, Dr. Lawaaxe wax'uu soo saaray Wareegto ka soo baxday Xafiisyada Wasiir kii 1aad, uu ku amray wasaaradihii oo dhan in mid wali ba u soo dirsato Xafiis kii Sirdoon kii iyo Amniga Qaranka qof ama labo shaqaaleh oo loogu tababbaro amniga qoraallada. Waa noo soo wada direen. Wax'aannu ka la talinay oo keli aha wax'ii amniga qoraallada qaranku u baahnaayeen, sida: qoraalladee baa u baahnaa dhowrsanaan (classification): Qarsoodi, Sir ama Sir Culus? Qoraalladii dhowrsanaa waa in aan is ku meel lagu la kaydin qoraalladii caadig ahaa, oo lagu kaydiyo qol u gaar aha, loona xilsaaro hal qof keli aha oo loo xulay. Mar kii qoraalladii dhowrsanaa shaqo looga baahdo, cidda keli aha ee geli kartay qol kii lagu kaydiyey qoraallada dhowrsa na waa Agaasimaha Guud ee Wasaaradda iyo sarkaal kii amniga qoraallada loo tababbaray, iyo in amniga guud ee soo gelitaan kii dadweynaha ee wasaaradihii la nidaamiyo, oo irridihii wasaaradaha la dhigo ilaalo hubisa cid kast'oo soo gelaysay kuw'ay ahaayeen iyo ciddii ay u socdeen ba, iwm.

Dedaal kaas oo dhan faa'iido laga ma gaadhin, oo Agaasimayaashii Guud ma hirgelinin talooyin kii aannu siinnay, ilaa Xafiis kii Wasiir kii 1aad agtiisa maalin lagu diley madaxii arrimihii shaqaalaha dawladda (Director of Personnel and Establishment, Dr. Cusmaan Cumar Sheego) toban kii subaxnimo. Mar kaas kaddib Wasiirradii wax'ay dareemeen amnidarradii jirtey. Wasaaradihii oo dhan waxa laga hawl geliyey ilaalo joogto ahayd, qof kast'oo gelayey wasaaradihii na, aan ilaaladu se garanaynin, waa la joojiyey la na weydiin jirey su'aalo aqoonsi iyo cidd'ay u socdeen, iwm?

Xarun tii Dawladda ay deggenaayeen Xafiisyada Wasiir kii 1aad, iyo afar Wasaaradood oo kale, waxa la dejiyey Ilaalo Boliis, 24 saacadood joogto aha. Irriddii Xarunta dhiniceedii na waxa laga dhisay Rug Ilaalo. Wasiir kii Arrimaha Gudaha iyo Amniga ee waagaas, Mudane Cabdulqaadir Maxamed Aadan, 'Zoppo', wax'uu soo saaray qoraal nidaam cusub oo amni, in aan Xarunta la soo gelin karin, la na dhigi karin baabuur aan ahayn kuwii Wasiirrada iyo kuwo Safiirro u imanayey Wasiirrada maah'ee.

Mudane Baarlamaan oo aan weligii dhinaca u leexo lagu odhanin baa baabuur kiisii ku yimi irriddii Xarun tii Dawladda, oo rabay in uu Gudaha ku galo. Birtii baa laga qaadi waayey, oo madaxii Ilaaladii Boliis k'aa tusay qoraal kii amar kii Wasiir kii Amniga. Int'uu akhriyey b'uu baabuur kiisii ku gooyey irriddii Xarun tii Dawladda, si aan baabuur na u soo geli karin, uga na bixi karin, kaddib na lug ku galay gudihii.

Madaxii Ilaalada Boliisku degdeg b'uu ugu tegay Wasiir kii amniga, Cabdulqaadir 'Zoppo', oo nasiib wanaag mar kaas xafiis kiisii joogay, u na sheegay wax'ii dhacay. 'Zoppo' waa soo daadegay, oo indhihiisii ku arkay baabbuur kii Mudanihi oo irriddii Xarun tii dawladda gooyey. Wax'uu yidhi, "Burris (dubbe) ha la ii keeno". Degdeg baa loogu keenay. Mar kaas b'uu labadii dariishadood ba (muraayadihii) ee baabbuur kii jebiyey, kaddib na amray in baabbuur kii irridda laga riixo.

Mudanihii mar k'uu soo baxay oo baabbuur kiisii meeshii uu kaga tegay ku arki waayey baa la tusay meeshii la geeyey. W'uu u tegay oo arkay in labadii darriishadood ba la burburiyey, waa na loo sheegay in Wasiir kii sidaas sameeyey. Mudanihii baa u tegey Afhayeen kii Baarlamaan kii oo ku hanjabay in uu 'Zoppo' dilayo.

Afhayeen kii baa shir degdeg aha isugu yeedhay, ka na soo qaybgaleen Wasiir kii 1aad, Cabdirazaak Xaaji Xuseen iyo Wasiir kii Arrimihi Gudaha iyo Amniga, Cabdulqaadir Maxamed Aadan, labadii ba Alle ha u naxariist'ee. Kaddib mar kii Mudanihii baabuurka lahaa wax tabashadiisii sheegtay, oo eedeeyey Cabdulqaadir 'Zoppo', ayaa 'Zoppo' hadal kii qaatay, oo yidhi, "Anigu amnig'aan mas'uul ka ahay. Waxa loo baahnaa in aan furo irridda Xarunta Dawladda, oo Mudanuhu baabbuur kiisii ku gooyey.

Ii sheega wax kal'oo ii bannaanaa, oo aan samayn karay, kaga na maarmi karay tallaabad'aan qaaday?"

Waa la is la wada eegay! Arrin tii wax'ay ku dhammaatay in Mudanihii eeddii la saaro, Wasiirradii na wax'aa laga codsaday in ay baabbuur kii u sameeyaan, waa na yeeleen.

Arrin taasi wax'ay soo af jartay amni darradii waagaas ka jirtey Xarun tii iyo xafiisyadi dawladda ee kale ba.

2) Booqashad'uu ku yimi Soomaaliya Chou Enlai, Wasiir kii 1aad ee Jamhuuriyadda Dadka ee Shiinaha, 2-4 Feb. 1964, oo mar kaas ay Shiinaha aad isugu xumaaayeen Ruushka iyo dawladaha qarbiyiinta ba France maah'ee, oo badbaadadiisu xil culus ahayd, si wanaagsan b'ay se noogu dhammaatay. Amniga iyo socsocod kii martisharafka (Chou Enlai) anig'aa ka mas'uul ahaa.

Waxa hawl maalmeed kii maalin tii labaad ugu horreeyey kulan labada dawladood yeelanayeen oo bilaabmayay 8dii subaxnimo. Kahor b'aan soo kormeeray xafiisyada Wasiirka 1aad si aan u hubiyo in dhinacii dawladda Soomaalidu diyaar yahay kahor in t'aan la soo dhaqaajin martisharafka. Wax'aan arkay Xoghayihii Wasiirka 1aad oo garaacaya telefoonadii wasiirradii oo daahsanaa iyo Cabdirashiid oo cadhaysnaa, oo Cabdullaahi Ciise, Wasiir Arrimihi Dibeddu, kelidiisa wasiirradii ka la joogay. Wax'aan ku idhi dib b'aan u yar dhigayaa imaatinka martida ee kulanka. "Haye", b'uu Cabdirashiid iigu jawaabay, ma na weydiinin ilaa goorma oo anigaa isu xil saaray marka la keeni karay.

Habeen 2aad kii joogitaan kii Chou Enlai b'uu Cabdirashid martisharaf kii Casho Sharaf (Banquet) ugu sameeyay Hotel Jubba,oo Safiirradi shisheeye oo dalal koodu Shiinaha xidhiidh la lahayeen oo dhammi ka soo qayb galeen. Qarbiyiin tii wax'aa ka soo qay galay Safiirkii Franciiska oo waagaas reer galbeed koo dhan France keli ah baa xidhiidh diblomaasi la lahayd Shiinaha.

Gebegabadi cashadi b'uu Chou Enlai oo Cabdirashid na la socday ku soo wareegay ka qayb galayaashii, asg'oo ku salaamayey qof wal ba koob kiisi cabbitaanku igu jirey (Toos), Soomaali wal ba na ku yiri, "Shiffo".

Waxa bogaadin mudan qof kii Soomaaliyeed oo 'Shiffo' ugu turjumay 'Toos', oo ah ereyga af Soomaali sidaas ugu habboon, iyad'oo weli ba aan af Soomaaligu waagaas qornay.

Kaddib mar kii booqashadii si fiican ku dhammaatay maalin tii saddexaad oo diyaaraddii Chou Enlai ka duushay madaarka Muqdisho b'uu Cabdirashiid igu soo leexday oo i gacan qaaday. Shaqo toos ah oo aan la yeesho Cabdirashiid taas baa iigu horraysay iigu na danbaysay.

Shaqada kal'ee Cabdirashiid mar ii diray, laakiin ahayd farriin ii soo martay

Taliyahaygii Boliiska, General Maxamad Abshir, wax'ay ahayd in waagii Doorashooyin kii 1964 socdeen la soo baadho in wasiirro meelaha qaar kood baabuur dawladeed ugu shaqaysanayeen ololohoodi doorasho. Ha se yeesh'ee, wax'aan xidhiidh toos aha la lahaa madaxii xafiis kii Wasiirka 1aad (Chief Di Cabinet), Dr. Ahmed Shire Lawaaxe, Allaha u naxariist'ee.

3) Hawl wadeennadii Sirdoon kii iyo Amnigii Qaranka oo aan u madax ahaa, qaar kood baa dedaal koodii mar-mar dhibaato gaadhsiin jirey nidaamka dawladeed. Waxa mar dhacday in diblomaasi Safaaraddii Xabashida ugu qaybasanaa sirdoonka (basaasnimada), magaciisu na ahaa Tawelde, gabadh Soomaaliyeed oo uu xidhiidh la lahaa ku dacwaysay in uu farasaaray, malaha inta ku hinaasay. Wax'aa subax lagu waabariistay sawirro gabadhii iyo Tawelde oo ku soo baxay Wargeys la odhan jirey L'Unione (Midnimo) cadad kiisii maalin taas. Gabadhu, sida sawir keedii ka muuqday sariir cusbitaal b'ay jiiftay, jidh keeda na badan kiisu waa qaawanaa. Wax'ay u ekayd in sawir (X-ray) laga qaadayay meelihii ay sheegatay in wax ka gaadheen, haddii ba ay riwaayaddu run ahayd. Waxa sawir keeda dhinac yaallay kii Tawelde, qoraal kii wargeysku na wax'uu ahaa cabashadii gabadha.

Sawirka diblomaasiga waxa si xalaal ah looga heli karay oo keli aha Tawelde qudhiisa (diblomaasiga), Safaaraddii Xabashida iyo Wasaaraddii Arrimaha Debedda oo diblomaasiyiintu dhigi jireen sawirradooda. Saddexdaas mid koodna sawirka diblomaasiga ma siiyeen Wargeyska. Ciddii kal'oo sawir kaas qarsoodi ku heli kartay wax'ay noqon kareen gabadha iyo hawl wadeennadi Sirdoonka iyo Amniga Qaranka Soomaaliyeed, u na dhoweyd in kuwa danbe Wargeyska siiyeen sawirka diblomaasiga, oo riwaayaddu ba ahayd mid hawl wadeennadaasu abaabuleen, oo aan run ahayn, si diblomaasigaas loo ceebeyn karay oo keli ah, laga na yaabee in ay gabadha na iyagu ku cadaadiyeen in ay diblomaasiga dacwayso, iyag'oo aan garanayn waxyeellada ka dhalan kartey dedaal koodii, iyag'oo aan aniga na ila socodsiinin.

Arrin taasi wax'ay ahayd wax ku xun xidhiidhka dawliga. Waxa se ka sii darraan kartay in Xabashidu na sidaas oo kale ku samayn kareen diblomaasiyiin tayadii Addis Ababa joogay, ma se samaynin Xabashidu wax aargoosi aha, in kast'oo aannu u dignay diblomaasiyiin tayadii, dhacdadaas kaddib in ay feejignaadaan.

Tawelde mar kii ba waa la qaaday. Wax'aa se lagu soo beddelay mid asagii ka aqoon badnaa, ka na sarreeyey oo Safaaraddii Xabashida ka noqday nin kii 2aad. U ma dhowaan jirin gabdhihii Soomaaliyeed oo ma aammini jirin. Wax'uu la saaxiibay gabadh Talyaani oo Cusbitaalka Digfer kaaliso caafimaad ka ahayd. Mark'aannu ka yaabnay dhaqdhaqaaqiisii b'aan go'aansaday in aannu tallaalno (tapping) Xarun tii telefoonnadii Safaaraddii Xabashida.

4) Waxa mar kaas la furay xarun cusub oo telefoonno casri ahayd (Automatic Telephone Centre), oo ay noo dhiseen Suuqii Barwaaqosooran kii Yurub. Labo farsamayaqaan oo reer Woqooyi ahaa ayaa lagu soo tababbaray, oo mid kood, Muqdisho ka hawl galay, kii kale na Hargeysa. Kii Muqdisho ka hawl galay, Cabdi Haybe, oo aannu aad isu naqaannay b'aan la xidhiidhay oo u sheegay wax'aan rabay. Wax'uu ii sheegay in ay sahal ahayd oo la fulin karay, wax'uu se igu xidhay in madaxdiisii mid kood asaga ku amro in uu ila qabto wax'aan rabay. Wax'aan ku idhi, "Waa hagaag", wax'aan na ka la ballamay in aan cid kal'oo shaqaalihii Isgaadhsiinta ka mid aha arrin taas ogaanin.

Nasiib wanaag Wasiir kii Isgaadhsiintu wax'uu ahaa Maxamuud Cabdinuur, oo aan si gaar aha u la shaqayn jirey mar k'uu ahaa Wasiir kii Arrimaha Gudahaa. Xafiis kiisii b'aan ugu tegay oo u sheegay in aan rabay in aan tallaalo telefoonnadi Safaaraddii Xabashida. Wasiir kii w'uu ka naxay mar k'aan tallaal telefoon idhi ba! Ha se yeesh'ee, wax'uu ahaa waddani dal kiisa u daacad ahaa, oo waa ii garaabay, iga na oggolaaday codsigaygii, kaddib mar k'aan u sheegay baahida qaran ee jirtey, wax'uu se iga la dardaarmay, oo aniga igu aamminay in aan la tallaalin telefoonnadi siyaasiyiin tii Soomaaliyeed. W'aan ka ballan qaaday, ma na dhicin in t'aan anigu madax ka sii ahaa Sirdoon kii iyo Amnigii Qaranka.

Dhakhs'aa Wasiir kii u amray Cabdi Haybe in uu ila qabto wax'aan uga baahdo. Mar kii ba waa la tallaalay xarun tii (Switch Board) telefoonnadi Safaaraddii Xabashida.

Wax'aan is ku dayey in aan la tallaalin khadadka gaarka u aha Safiir kii, anig'oo oga in Safiir marti u yahay Madaxweynaha. Safiirku wax'uu lahaa afar telefoon, labo xafiiska iyo labo guriga, oo labo toos ugu xidhnaayeen Xarun tii Telefoonnada ee qaranka, labada kale na soo marayeen xarun tii telefoonnadl Safaaradda. Labada hore uun baa la badbaadin karay.

Tallaal kii waxa lagu ogaaday toddoba (7) ciidamadii ka tirsanaa, saddex ahaayeen Sirdoonka iyo Amniga Qaran, afarta kale na ahaayeen Xooggii Dalka Soomaaliyeed, mid ka tirsanaa shaqaalihii Wasaaradda Arrimaha Debedda iyo gabadh rayid ahayd, in ay la shaqaynayeen Safaaraddii Xabashida, Dhammaan tood waa la qabqabtay oo mudd'ay xidhnaayeen, waa se la is ka siidaayey maxkamadayn la'aan, oo aannag'aan diyaar u ahayn in la kashifo tallaal kii telefoonnada. Toddobadii Ciidamada ka tirsanaa iyo kii shaqaalihi Wasaaraddii Arrimaha Debedda waa la wada eryey xaq la'aan. Gabdhii rayidka ahayd waxa beri danbe guursaday nin siyaasi ahaa, oo mar wasiir ka noqday Xukun kii Askarta.

5)   Xafiis kii Sirdoonka iyo Amniga Qaranku wax'uu lahaan jirey, oo aan ugu imi dhowr 'scooter' (motor cycles). Loo na yaqaannay, 'mootooyin'. Hawl wadeennadii Sirdoonka ku socsocon jirey. Mar kii buuq ka dhex kaco labada dawladood, Soomaaliya iyo Xabashi, baa lagu dabageli jirey diblomaasiyiin tii hoose ee Safaaraddii Xabashida si aan qarsoodi ahayn. Hawl gal kaas oo kale ma lahayn qiime sirdoon, waxa na lahjadda Sirdoonka (Intelligence jargon) loo yaqaannay 'gubis' (burning).

Waxa waagaas jiri jirey Muqdisho dhexdeeda dhowr meelood oo ka mid ahaayeen Bar Fiat, Hotel Croce del Sud, iwm, oo kooxo Soomaaliyeed qaar ba mid ku cawayn jireen, ku na kaftami jireen, wax na ku **xamaan** jireen, kuwaas oo haddeer loo yaqaano ,'fadhi ku dirirr'. Hawl wadeennadii Sirdoonku dad b'ay ku lahaayeen uga soo warrami jirey had ba wax'ii laga wada hadlayay. Aniga naftaydu na nin aan aqaannay oo ka mid ahaa kuwii ka qayb geli jirey fadhi kudiriradaas mid kood, b'aan marmar ku soo beegi jirey mar kii baararku xidhmi jireen habeen badh kii, oo nin k'aan iqiin gurigiisa geyn jirey, weydiin na jirey wax'ii la lahaa? Habeen, kaddib mar k'aannu dhammaysanay iswaraysigii 'fadhi ku dirir' kii, baa nin kii yidhi, "Aduunyoy ba', mootooyin kii Boliisku maanta ba Cabdirashiid b'ay dabo socdeen". La yaab b'ay igu noqotay wax'ii ninku sheegay. Wax'ay ka dhacday meesh'aan ka madax ahaa, ma na ogayn. W'aan ka aamusay, asagii na wax'uu malaha u gartay in ay sir ii ahayd, oo w'uu is ka aamusay.

Habeenkii hurd'aa ii iman weydey, oo waa igu dheeraaday, w'aan gamini kari waayey. Waxa maskaxdaydii ku wareegayey, su-aal, "Ma dhab ba, side b'ay se u dhici kartay mootooyin kii Xabashida lagu raacdayn jirey, oo dadweynuhu wada ogaa, in la yidhaahdo wax'ay dabagalaan Wasiir kii 1aad ee dalk'ee shalayto"?

 Subixii danbe b'aan goor hore xafiis kii tegay oo dad kii kal'oo dhan ka hormaray. Wax'aan ilaaladi Xafiiska ku idhi ha ii yimaado sarkaal hebel (madaxi dabagalka) mar k'uu soo galo. Waa ii yimi. Wax'aan weydiiyey, "Ma dhab baa mootooyin keennu Cabdirashiid b'ay daba socdaan?" Wax'uu iigu jawaabay, "Caadadaa sidaas ahaan jirtey". Taas oo micnaheedu ahaa ciddii dawladda ku mucaarid aha ba waa la dabageleyaa.

Wax'aan ku idhi, "Caado ku ma weydiinine, iiga jawaab su'aash'aan ku weydiiyey". Wax'uu yidhi, "Haa".
Wax'aan weydiiyey, "Yaa amray?"
Mar labaad b'uu iigu jawaabay, "Caadad'aa sidaas ahayd".
Mar kaas b'aan, in t'aan cadhooday, ku qayliyey oo ku idhi, "Mar danbe caado ha ii sheegine, wax'aan ku weydiiyey iiga jawaab".

Mar kaas b'uu yidhi, "Anigaa amray". Wax'aan ku idhi, "Aniga ma iga la tashatay?" Mar kaas b'uu gef kiisii xusuustay, oo in t'uu istaagay, 'Digtoonaw' qaatay is ka calaacalay, iga na codsaday in aan ka raalli noqdo, asag'oo weli mar-mar weedhiisii ku badhxayay in caadadu sidaas ahaan jirtay.

Aad b'aan u canaantay oo ku idhi, "Haddii mootooyin kii Xabashida lagu daba geli jirey oo dad koo dhammi arki jirey aad u quudhay in lagu daba galo Wasiir kii 1aad ee dalk'ee shalay, wax'aad garanaysaa ba ma jiraan". Wax'aan ku amray in uu joojiyo, dib danbe na aan ay u dhicin. Wax'aan kal'oo ku idhi, "Haddii cid kale kugu amratay na, u sheeg in aan anigu joojiyey", oo wax'aan ka shakiyey in madaxdii sar'ee wada koofureedka ahayd qaar kood, Boliis iyo Wasiirro ba, in t'ay aniga iga la xishoodeen, ay asaga ku yidhaahdeen sidaas samee. Ka m'uu jawaabin in cid kale ku amartay iyo in kale too na, taas oo shakigaygi sii kordhisay.

Wax'aan is weydiiyay, nin kii Cabdirashiid mootooyin kii dabo dhigay sow kuwo lugaynaya ba (human surveillance) ma dabo dhigi karin?

Cabdirashiid tiisi b'ay noqotay in Laascaanood lagu dilo ee Muqdisho baa si sahlan loogu dili karay. Wax' uu lahaan jiray dhaqdhaqaaq maalmeed joogto aha (routine) oo amniga u daran. Abbaare toban kii subaxnimo wax'uu tegi jiray Baar Liido badda ku yaallay oo buug ku akhrisan jiray.

Mar kii duhur la eedaam'uu ka tegi jirey. Salaadda maqrib kaddib b'uu gurigiisa ka bixi jiray oo 'cinema' geli jiray. 8–8.30 fiidnim'uu ka soo bixi jiray, oo tegi jiray Makhaayaddii Hotel Shabeelleh kor kiisa, oo cabbaar ku nasan jiray. 9–9.30 b'uu ka tegi jiray oo cinema kale geli jiray ilaa habeen badh kii, kaddib na hoyan jirey.

Waqtig'uu Caddirashiid iman jiray Makhaayaddii Hotel Shabeelleh kor kiisi b'aan ku soo beegi jiray, oo digtoonow ku salaami jiray, dhakhso na uga tegi jiray anig'oo aan la hadlin, ka na dur kii jiray oo meel kale fadhiisan jiray, si hadd'uu kii dabo dhigay kuwo lugaynayay ay uga cararaan mark'ay aniga igu arkaan Cabdirashiid agtiisa. Dhowr habeen mark'aan sidaas sameeyay, b'aan is weydiiyey in Cabdirashiid moodi karay in aan anigu ba asaga dabo socday? Mar kaas b'aan is ka daayey is idhi dedaal in taas ka badan Ilaah uun baa samayn karay. Muddo yar kaddib Sirdoon kii waa la iga beddelay, oo waxa dib la iigu celiyey hawlihii Boliiska caadiga aha, oo Woqooyi b'aan ku noqday, sida ku sheegan Qaybt danbe ee qoraal kan.

Sannad kaddib doorashadii madaxweynenimadii Cabdirashiid baa ku guulaystay, Wasiir kii 1aad na u magacaabay Maxamed Ibraahim Cigaal, oo is la mar kii ba la heshiiyey Kenya oo Safaarado labadii dal la is dhaafaysaday.

Anig'oo Hargeysa ka shaqaynay'ey b'aan fasax qaatay, oo tegay Kenya, Arusha ee Tanzania iyo Kambala, Uganda. Mar kaasa na saddexdaas dal ba iigu horraysay. Soo noqod kaygii aan Muqdisho imi, iyad'oo maalmo yari na iiga hadhsanaayeen fasaxaygii, baa waxa i helay Wasiirradii cusbaa ee dawladdii Cabdirashiid qaar kood oo igu yidhi Sirdoon kii baa lagugu celinayaa oo Madaxweynaha sidaas raba. Cabdirashiid maalmahaas b'uu u safri doonay Kenya, oo Madaxweyne Jomo Kenyatta ku martiqaaday. Wasiirradii wax'ay kal'oo igu yidhaahdeen in ay Madaxweeynaha u sheegi dooneen joogitaan kaygii Muqdisho, kaddib na aan u raaci doonay Nairobi, oo aan mar kaas ka soo noqday. M'aan jeclayn in go'aan aniga i saameeya ka soo baxo siyaasiyiin, iyad'oo aan go'aan kaasi ii soo marin Taliyahaygii Boliiska. Subixii danbe ba wax'aan ku noqday Hargeysa, si aanan wasiirradii ba is u arkin.

Wasiirro kal'oo Woqooyiga soo booqday baa iyagu na sidii oo kale iigu warramay in Madaxweeynuhu rabay in Sirdoon kii la igu celiyo. Wasiirradaas aqoon isu m'aannu lahayn, oo wax kasta ka la m'aan sheekaysan karin. Nassiib wanaag, weli go'aan ka ma soo bixin Madaxweynihi in tii sheekadaasi socsocotay.

Nasiib wanaag waxa asagu na Hargeysa booqasho ku yimi Wasiir Maxamuud Cabdinuur, Wasiir kii hore ee Arrimaha Gudaha, oo aan si toos aha u la shaqayn jiray oo aannu aad isu barannay. Asagu na sidii wasiirradii kal'uu igu yidhi, in Sirdoon kii la igu celiyo ayaa la hadal hayay".

Wax'aan weydiiyey in uu maqlay in mootooyin kii Xafiis kaas mar Cabdirashiid lagu dabagalay mar k'uu mucaaridka ahaa. Wax'uu ii sheegay in aanu maqlin. Mar kaas b'aan uga sheekeeyey wax'ii dhacay oo dhan, iyo wax'aan ka qabtay ba. Wax'aan kal'oo u sheegay in aan madaxdii dawladdii hore mid kood na i weydiinin wax'aan sameeyey. Wax'aan ku daray hadda hal kii Cabdirashiid waxa ku jira Cabdirazak oo mucaarid aha. Haddii meesha la igu celiyo na wax'aan siin doonaa ixtiraam k'aan siin jiray Cabdirashiid mid la mid ah. Wax'aan weydiiyey in madaxdan danbe sidaas ka raalli noqon doonaan? Wax'uu yidhi, "U malayn maayo".

Waxa caadi ahayd in Wasiir kast'oo hawl qaran u safra, mar k'uu Muqdisho ku soo noqdo Madaxweeynaha booqdo, safar kiisii na uga warramo (briefing).

Wax'aan Maxamuud Cabdinuur ka codsaday in mar k'uu Madaxweynaha arko u sheego in aan maqlay in Madaxweynuhu ila rabo in Sirdoon kii la igu celiyo. Anig'oo ku mahadinaya kalsoonida Madaxweynuhu igu qabay, hadda na ma aanan jeclayn in aan meeshaas ku noqdo. Wax'aan diiddanaa in aniga iyo Taliyahaygii Booliis oo aad iigu kalsoonaa shaki na dhex galo.

Mar kii Farriin taydii gaadhay Cabdirashiid, wax'uu amray in kii mootooyinka dabo dhigay loo dhiibo madaxtinimadii Sirdoonka iyo Amniga Qaranka. Taas baa muujisay in aan Cabdirashiid dareemin ba in mootooyin kii dabo galeen, iyo wax'aan ka qabtay too na. Keli ahaan, wax'aanu Cabdirshiid siyaasiyan aamminsanayn Sarkaal kii aniga la igu beddelay oo mar kaas Sirdoon kii iyo Amnigii Qaranka ka madax aha.

XII
DAGAAL BEELOOD SOKEEYE: 1965-67

Waagii aan madax ka ahaa Hay'addii Sirdoonka iyo Amniga Qaranka Soomaaliyeed 1965 anig'oo tababbar ugu maqan Ameerika baa dagaal xun oo sokeeye ka dhex dhacay labo beelood oo aagga Hargeysa wada dega, Arap iyo Habar Awal, Sacad Muuse. Dhowr jeer baa dawladdii is ku dayday in dagaal kaas la xalliyo, waase dabad heeraaday xal kiisi. Cabdullaahi Ciise Maxamuud, oo mar kaas ahaa Wasiir kii Caafimaadka iyo Arrimaha Shaqada, ayaa mar bil kudhowaad Hargeysa arrin taas u joogey, oo Guddoomiyihii Gobolka beddeley, labadii beelood na heshiis u ka la saxeexay. Heshiis kaas iyo kuwo kale too na ma hirgelin.

Golihii Wasiirradii baa ku wareeray warbixinnadii Hargeysa ka imanayey, oo maalin wal ba la soo sheegayey inta qof la diley. Wasiir ka soo jeedey deegaanka Baraawe, oo aan ka la garan waayey, 'Arap iyo Carab,' baa mar la sheegay dad Arap diley yidhi, "M'aynnu is ka massaafurinno Carabta Soomaalidii madhisay?"

Mark'aan Ameerika ka soo noqday, October 1965, baa Hargeysa la ii diray in aan baadhitaan iyo qiimayn ka soo sameeyo arrin tii dagaal kii beelahaas. Bil b'aan Hargeysa joogay oo xog badan helay arrin taas ku saabsana, kaddib na warbixin tifaftiran, oo aan ku muujiyey raggii dagaalka abaabbulayey ee labadii dhinac ba, u soo diray dawladdii. Warbixin taydii b'ay dawladdii go'aan ku qaadatay, oo Degmada Hargeysa lagu soo rogay xukun degdeg aha, si loo qabqaban karay dad aan loo haynin caddaymo lagu maxkamaday karay. Kaddib na waxa la qabqabtay soddomeeyo oday oo labadii dhinac ka tirsanaa, oo ka mid ahaayeen kuw'aan ku sheegay warbixin taydii, in kast'oo kuwo kal'oo badani baxsadeen mar kii hawlgal kii qabqabashadu bilaamay, kahor in t'aan iyaga la soo gaadhin.

Odayadii la qabqabtay waxa lagu xidhay Xabsiga Bosaaso muddo saddex bilood ahayd, in tii qaanuunkii xukunka degdegga ahaa oggolaa. Xadhiggaas waxa ka dhasahy labofaa'iido oo amni. Marka 1aad, baxsadayaashii xadhigga ka cararay waa baqeen oo dagaallo danbe ma abaabulin. Marka 2aad, kuwii la wada xabbisay waa soo heshiiyeen kaddib mark'ay is ku keliyeysteen oo saddex bilood meel ku wada noolaayeen; dhacdooyin kii dagaalku na aad b'ay hoos ugu dhaceen, in kast'oo aan mar kaas weli nabad la gaadhin.

Mar kaas kaddib baa aniga hawlihii Boliiska ee guud dib la iigu celiyey oo Woqooyi la ii beddelay si dagaal beelood kaas loo xalliyo awgeed. Wax'aan Hargeysa tegay 21 April 1966. Waxa mar kaas Woqooyi, ka socday labo ibtilo kale:

1. Cashuurlabaxsad (Kontro-baan), faraha ka baxay oo ganacsigii xalaasha ahaa curyaamiyey, iyo
2. Falal arggagixiso oo Xabashidu ka wadday xuduudaha, gaar ahaan aaggaga Boorama.

Labadaas ibtilo oo kale, la ma ba hadal hayn jirin in kast'oo la ogaa, oo dagaal kaas baa hadheeyey wax kal'oo dhan na lagu illaaway.

Waxa'ii muuqatay in aan Labadaas kal'oo dhibato iyo dagaal beelood kii, saddexda aan mid na dib loo ma dhigi karin. Wax'ay ahayd in saddexda ba iskumar iyo iskusi loo la wada dagaallamo. Si himiladaas lagu gaadhi karay waxa laga ma maarmaan ahayd in hawlgal kii Ciidanka Boliisku si firfircoon loo abaabulo. Waxa se la ogaaday in 'kontro-baanku' Boliiskii qaar kood ba sameeyay, oo guryihii Boliiska qaar kood lagu iibinayey sigaar 'kontro- baan' ahaa, iwm.

Tallaabadii iigu horraysay oo aan ku qaaday ladagaallankii 'kontro-baankii' wax'ay ahayd in Boliiska la safeeyo. Wax'aan amray in ciddi guri Boliis deggan ee lagu ogaado 'kontro-baan', guriga laga saari doonay. Askar tii xaasleyda ahayd ee Boliiska aan guri Boliis degganayn lacagta kiro loo siin jirey ugu ma filnayn ijaar guryo kale. Sidaas awgeed qoys na ma rabin in guri Boliis laga saaro, waa na ka waantoobeen kontro-baankii si degdeg ahayd. Kuwii amarkaas kahor 'kontro-baan' guryahooda lagu ogaaday ama lagu tuhmay wax'aan u wada beddelay meelo kale, oo aan xantooda laga ogayn si ay uga soo kabtaan bayuurt'ay galeen. Kaddib na wax'aan soo wada kormeeray laamihii Boliiska oo dhan in tii aniga i hoos imanaysay: Lowyacaddo ilaa Ceelaayo, oo ku soo baraarujiyey hawlihi Boliiska oo dhan, gaar ahaan ladagaalankii 'kontro-baan' kii.

'Kontro-baanku' wax'uu nagaga imanayay saddex jiho:
- Itoobiya: Qaad
- Jabbuuti: Sigaar
- Cadan: Wax kast'oo kale.

Meel laga keeno ba, 'kontro-baan' oo dhan waxa 80-90% la soo gelinayey magaalada Hargeysa oo ugu awood iibsi badnayd (purchasing power). Dukaamadii Hargeysa hortooda waxa lagu iibanayey badeecado 'kontro-baan' ahaa, oo aan laba qarinaynin. Dukaamadii ruqsadaha ganacsi haystay kuwo badan baa xidhmay oo albaabadii loo laabay, kuwo kale na cashuur labbaxsadayaashiib'ay wax ku darsadeen oo la shuraakoobeen, kaddib mark'ay si xalaal ahayd u ganacsan kari waayeen.

Ladagaallan kii 'kontro baan kii qaadka wax'aan u xil saaray Dhamme Jaamac Warsame (aannu is ku naanays ahayn, oo asaga na loo yaqaannay, "Jaamac Yare"). Wax'uu ahaan jirey Boliiska dhacdooyinka denbiyada uriya, oo xatta waa ka la yaqaannay tuugta raad kooda, mar k'uu ka shaqayn jirey hawlihii denbibaadhista.

Ladagaallan kii 'kontro-baan'kii sigaarka wax'aan u xil saaray Kormeere Sare Nuur Cilmi, oo Nuur 'Madoobeloo yaqaannay. Wax'uu ka mid ahaa kuwii hawlgal Boliis ugu fiicnaa.

Cashuur labaxsadayaashii wax ku iibin jirey dukaamada hor tooda wax'aan amray in degdeg looga kiciyo, la na baadho in badeecadd'ay iibinayeen cashuuran yahiin; wax'ii laga shakiyo in aan ay cashuur bixin na Kastamka la geeyo, iyaga iyo alaabtooda ba, la na dacweeyo kuway ku caddaato in badeecaddoodu 'kontro-baan' ahayd.

Mar kii hawlgalladii Boliiska isbeddel laga dareemay baa dadweynihii aad ii la soo xidhiidheen, oo si xoog leh ii la shaqeeyeen, wax kast'oo ay arkeen ama maqleen na dhakhso ii soo gaadhsiiyeen.

Subax hore, anig'oo xafiis kaygii fadhiya, oo Taararkii Boliiska ka war qaadanaya, ayaa nin ii yimi. Wax'uu ii sheegay war uu maqlay oo run noqon doonay: in tuulada Xiis, oo ku taalla badda Gacanka Cadmeed, ka na tirsan Degmada Ceerigaabo, laga soo dejiyey badeecad 'kontro-baan' ahayd, baabuur badeecaddaas soo qaaday na Ceerigaabo laga diray, Boliisku ogaayeen.

Is la mar kii ba wax'aan la hadlay Talis kii Boliiska ee Muqdisho oo weydiistay in diyaarad Boliis degdeg la iigu soo diro. Diyaaraddii is la maalin tii ba galabtii b'ay timi. Habeen kii wax'aan is kaga negaaday Hargeysa, maadaama aan iftiin jirin diyaaraddu ku degi lahayd meelo kale qorraxdhac kaddib.

Subixii danbe hiir tii waaberi b'aan ka duulay Hargeysa oo qorrax soobaxii Burco ku degay. Taliyihii Qaybta Boliiska ee Bari Woqooyi, Boliiska Ceerigaabo na hoos imanayay b'aan madaarka Burco ka la hadlay, oo aanan hore ugu sii sheegin safarkayaga, anig'oo ka dhowrsanayey in aan taarwalayaashii Boliisku dhaqdhaqaaqayga isu tebinin oo aan la iga digniin helin.

Arooryadii hor'aannu Ceerigaabo ku degnay, is la mar kii na bilownay baadhitaan, ugu horrayn Boliiska dhexdiisi, kaddib na qaar dadweynaha ka mid aha. Afar iyo labaatan saacadood b'aannu joognay Ceerigaabo. Waxa baadhistayadii ka soo baxay, in kaddib mar kii la diray baabbuur tii badeecadda 'kontro-baan'ka ahayd Xiis ka soo qaadaysay xeebta u dhaadhacday, Boliisku wax maqleen ama tuhmeen, oo ka daba direen koox Boliis oo ka koob nayd Saddex Alifleh iyo shan Askari oo watay baabuur Boliis.

Boliis kii la diray wax'ay sheegeen in aan ay baabbuur tii Xiis ku gaadhin, oo lagu yidhi xeebta galbeed b'ay u gudbeen. Kaddib na ay is kaga soo noqdeen oo habeen kii seexdeen Masjidka Sheekh Isaxaaq ee Maydh, kaddib na arooryadii hore baabuur xamuul ahaa oo siday badeecad ka timi dhinaca Xiis soo maray, oo ay soo kaxeeyeen ilaa Kastamkii Maydh. Badeecadii 'kontro-baan' ma aha haddii aan Kastam la la dhaafinin, Xiis na xafiis Kastam ka ma furnayn, oo Maydh baa Kastam u ahayd.

Ha se yeesh'ee, war kaas Boliisku run ma ahayn. Runtu wax'ay ahayd labo mid kood sida soo socota:

1) In Boliisku baabuur tii oo saddex ahayd Xiis ugu tageen iyag'oo la raray, ama la rarayay, amaan weli la rarin ba! Waxa Boliiskii iyo cashuur

labaxsadayaashii is ku afgarteen in badeecad saarnayd labo baabuur cashuur bixin la'aan lagu geliyo Ceerigaabo habeen gelin danbe, oo laga dejiyo inta dadku hurdeen. Badeecaddii saarnayd baabuurka saddexaadna la cashuuro oo subaxii goor danbe Kastamka Maydh la geeyo.

2) In Boliiskii iyo cashuur labaxsadayaashii ku heshiiyeen in aan waxba la cashuurin, Boliisku na is kaga soo tageen, kaddib na Saddex Aliflihii baqay oo baaburkii ugu danbeeyey jidgooyo u dhigtay oo Kastamkii Maydh u leexiyay,kaddib mark'ay labadii baabuur oo kale Ceerigaabo gaadheen habeennimadii ba, oo badeecaddii qarsoodi ku rogeen.

Saddex Aliflihii shan iyo toban (15) beri b'aan xidhay, oo lacag tooda na laga gooyey mushahar kiisa, kaddib mark'aan weli ba u tixgeliyey badeecaddii qaarkeed uu cashuurtii soo badbaadiyey. Shantii Askari ba wax'aan amray in aan ay ka bixi karin Xeradii Boliiska inta amar kale ka imanayay Talis kii Sare ee Boliiska. Wax'aan dalbay in shanta ba shaqada laga eryo xaq la'aan. Waa na la soo oggolaaday oo shan tii ba waa la eryey xaq la'aan. Shan Askari oo tababbaran erigoodu khasaare weyn b'ay ku ahayd Boliiska, waxa se loo baahnaa in la qaado tallaabo noqota, 'Weysha gawrac dibigu ha ku quuste', si aan Boliiska loogu xamanin, ama loogu tuhmin, in uu kontro-baan' saameeyey.

Kontrobaan kii qaadku waa joogsaday, sigaarkii na aad baa loo qabqabtay, kontro-baan kiisii na waa yaraaday, oo sigaar kii cashuurnaa iibsigiisii baa dib u bilaabmay. Kontrobaan kii in tii sii kale wax'uu hoos ugu dhacay heer kiisii weligii ugu hooseeyay, oo iibsigii sonkortii Jowhar, iwm, baa iyagu na dib u bilaabmay. Ha se yeesh'ee, horumar kaas laga gaadhay ladagaallanka kontrobaanka qiime culus b'uu Ciidan kii Boliiska ugu kacay. Shantii askari oo shaqada laga eryey maah'ee, dhowr kal'aa ku dhintay oo lagu diley hawlgallo ay is kaga hor yimaaddeen iyaga iyo cashuur labaxsadayaal hubaysnaa.

Si Boliis kii loo sii dhiirri geliyo, wax'aan soo jeediyey in dakhligii ka soo xerooday xaraash kii badeecadihi kontrobaanka aha 50% la siiyo xubnihiii Boliis oo soo qabtay badeecadahaas. Qoraal kii soojeedintaydii b'aan ka dabategay ilaa Muqdisho. Wax'aan arkay Ku-Simihii Wasiir kii 1aad, Cabdulqaadir 'Zoppo', asag'oo Wasiir kii 1aad, Cabdirazaak Xaaji Xuseen, mar kaas ku maqnaa kaqaybgal shir sannadeedkii Qaramada Midoobay.

Cabdulqaadir 'Zoppo' wax'uu Golihii Wasiirradii ka ansixiyay in 15% la siiyo, Boliiska iyo cid kast'oo wax ka qabatay cashuur la la baxsan lahaa sidii loo soo xereeyey iyo dakhliga ka soo baxa badeecado kontrobaan la qabtay oo la xaraashay iyo lacagta ka soo xeroota ganaaxa lagu xukumo cashuur labaxsadayaal, iwm. Taas oo guul weyn ahayd in kast'oo ay aad uga hoosaysay soojeedintaydii.

Falal kii argagixisnimad'ee Xabashidu soo abaabulaysay wax'aannu kaga jawaabnay tallaabooyin aannu qaadnay, oo la mid ahaa kuwii Xabashidu noo geysanaysay. Kaddib na wax'ay ku qasbanaadeen in ay joojiyaan weerarradoodii argaxisnimo; mark'ay arkeen in wax'ay na gaadhsiiyaan ba wax la mid aha iyaga na la gaadsiin karay. Tusaaleh: maalmihii aan Hargeysa soo gaadhay Xabashidu wax'ay bam (Bomb) ku tuurtay Rugtii Ilaaladayada ee Qolujeed oo 29/km Woqooyi-galbeed ka xigta magaalada Boorama. Wax'aannu baadhitaan ku ogaannay, oo la xidhiidhnay nin Soomaaliyeed, oo ka mid ahaa kuw'ay Xabashidu u adeegsanaysay falalkeedii argagixisnimada, oo laga soo dirayay Aw Barre. Odayo reer Boorama aha baa nagala hawl galay sidii aannu ku la xidhiidhnay nin kaas Xabashid adeegsanaysay. Wax'aannu ninkaas ku la kulannay xuduudda qar keeda, meel u dhexaysa Boorama iyo Dila, asag'oo siday bam kal'oo Xabashidu u soo dhiibtay in uu ku qarxiyo cagafcagaf dawladdu lahayd, oo dadka beeraha loogu qodi jirey, taallay na aagga Dila.

Wax'aan amray in bamkii lagu qarxiyo meeshii cagafcagaftu ooli jirtey, kaddib marka cagafcagafta hal kaas laga durkiyo, si Xabashidu u maqasho qaraxa, u na mooddo in qorshadeedii u fulay.

Wax'aan nin kii ku la heshiiyay in uu annaga na noo shaqeeyo (double agent), wax'ay Xabashidu u soo adeegsato na uu na la soo socodsiiyo kahor int'aanu fulin. Wax'aannu u dhiibnay bam kale in uu goor habeen badh ah dhigo derbiga gurigii Guddoomiyihii Xabashida ee Degmada Aw Barre hoos tiisa, waqtigaas oo aannu ogayn in Xabashidu dagenayd. Sidii b'uu yeelay, oo derbigii waa dumay.

Xabashidu waa joojisay falal keedii arggaxgixiso, nin kii se waa tuhmeen oo dileen. Laga yaab'ee in uu wax qirtay kaddib mark'ay jidh dileen oo uu xanuunsaday?

Mar kaas kaddib wax'aan waqti dheer u helay sidii loo xallin lahaa dagaal beelood kii nagu dheeraaday? Mar hore ba w'aannu ka safaynay Jamhuuriyadda Gudahaeeda, wax'ay se labada dhinac wax is ku gaadhsiinayeen dhulka Xabashidu xukunto, Xabashidu na labada dhinac ba wax'ay siinaysay rasaas oo ugu dhiibaysay kuw'ay u la baxday Balabaadyo oo labada dhinac ka la tirsanaa.

Sacad Muuse qaar kood wax'ay tuhunsanaayeen, oo la ii sheegay in Garxajisku taageersanaayeen Arap. Taas oo hadd'ay dhab ahayd, u baahnaan lahayd in iyada na degdeg wax looga qabto. Haddii kale, oo beelaha kale dhexdhexaad ka ahaan waayaan, dagaalku waa sii dabadheeraan lahaa, waa na sii xumaaan lahaa. Wax'aan arrin taas weydiiyey Xaaji Biixi Caalin oo looga qaateen ahaa, Alle ha u naxariist'ee, anigu na aan aad u aaminsanaa. Wax'uu ii sheegay, in taageero kale ba daayo, labo nin oo maalqabeen Garxajis ahaa, oo labada ba Arap dhalay, Xaaji Ibraahin Cisman (Basbaas) iyo Xaaji Cali Bootaan ay deyn weydiisteen, oo labadu ba ka diideen. Wax'uu ku daray in Cali Bootaan ku yidhi, "Maal kayga dhiig gelin maayo".

Wax'aan ka welwelsanaa in ay dhici kartay in haddii hal nin ama ka badan ba, oo bulshada dhexdeeda magac weyn ku lahaa la dilo, labada dhinac midk'uu noqon lahaa ba, nabaddu mar labaad faraha ka baxdo. Sidaas awgeed, waxa lamahuraan noqotay in laga faa'iidaysto horumarka la gaadhay, oo dagaal kii la soo afjaro. Sida kel ah oo himiladaas lagu gaadhi karay na wax'ay ahayd in heshiis nabadeed labada beelood laga dhex dhaliyo.

Wax'aan bilaabay waan-waan oo labadii dhinac ba la xidhiihay. Waagaas talada Sacad Muuse wax'ay, badanaa ba ka go'i jirtey beelaha Nuux Ismaaciil, oo toban kii nin ee Sacad Muuse aan aqaannay ba ugu yaraan siddeed ama sagaal baa Nuux Ismaaciil ahaa. Rag badan oo iyaga ka mid ahaa oo aan la hadlay waa ka cagajiideen nabadayn tii. Ninka keli ahaa oo asag'oo Muqdisho ka yimi, warka waan-waan tayda na maqlay oo ii yimi, jecelaa na in nabad la helo wax'uu ahaa Xaaji Jirde Xuseen, Alle ha u naxariist'ee.

Arap na wax'ay aaminsanaayeen in aan dhinaca kale nabad rabin, Nuux Ismaaciil se ka ma shakisanayn, oo wax'ay qaar kood igu yidhaahdeen, "Jaamacow, ha ku daalin, Reer Samatar nabad qaadan maayaan", wax'ay na ku talagaleen in dagaal joogto ahi lamahuraan ahaa.

Wax'aan mar-mar adeegsan jirey Qaadwalayaal labada dhinac aha, oo farriimo u sii marin jirey labadii abbaanduule dagaal ee labada dhinac, oo ku waanin jirey inay dagaalka joojiyaan, soo na galaan, ka na ballan qaadi jirey ammaan kooda.

Anig'oo olole nabadeed kaas waday, weli se wax horumar la taaban karay aan ka gaadhin, war kii dedaal kaygu na dadweynaha qaar kood gaadhay, baa subax waxa xafiiska iigu yimi oday nin fiican ahaa oo la odhan jirey Cumar Maxamed Liibaan (Cumar Caga Dableh), Sacad Muuse ahaa.

Wax'uu igu yidhi, "War hadd'aad nabad ka shaqaynaysid saaxiibbadaa sirta ka qarso".
Wax'aan weydiiyey, "Waa kuwee saaxiibbaday?" Wax'uu yidhi, "Dee waa Nuux Ismaaciil".
Wax'aan ku idhi, "Wax'aan Nuux Ismaaciil ka qariyo sidee b'aan Sacad Muuse uga fulin karayaa?"
Wax'uu igu yidhi, "W'aad qaldan tahay, oo Ciidagale (beesh'aan ka dhashay) oo dhan baa sidaas rumaysan. Waxa jira Sacad Muuse badan oo kale, nabadda na jecel".

Wax'aan ku idhi, "Magacyo i sii kuw'aad sheegtay ka mid ah.'

Dhowr nin oo Sacad Muuse aha, oo aan ay ku jirin cid Nuux Ismaaciil ahi, b'uu magacyadoodii i siiyey, waa na iga tegay.

Wax'aan la hadlay Saldhigga Boliiska ee Hargeysa oo ku idhi ha la ii soo diro Labo Alifle BeerGeel, oo ahaa nin fiican oo iga la shaqayn jirey Saldhigyada Boliiska mark'aan meelahaas joogi jirey, wax'uu na ka dhasahy beel Sacad Muuse ka mid ah. Nimankii Cumar magacyadooda i siiyey b'aan subax wal ba mid kood u diri jirey in uu iigu yeedho.Dhammaan tood waa ii wada yimaadeen. Nimankii b'aan mid-mid u arkay, oo ka la sheekaystay sidii nabad lagu gaadhi kari lahaa? Wax'ay dhamaan tood igu yidhaahdeen in dagaalka dhinaca Sacad Muuse Reer Samatar keli ahi wadeen (waa sidii Arapku ba ogaayeen), iyaga na waxa oday u ahaa nin la odhan jirey Ciise Gaboobe, oo mar kaas ku maqnaa Jabbuuti. Wax'ay igu la taliyeen in aan is ka sugo soonoqod kiisa, oo la filayey in uu dhakso u iman doonay.

Ciise waa yimi, waan-waan taydii na w'uu maqlay. Xafiis kii b'uu igu yimi, mar kaas baa na labadayada is ugu kaayo horraysay. Wax'aan ka la hadlay sidii nabad lagu gaadhi kari lahaa, wax'ii dhacay waa dhaceene!

Ciise waxa ka muuqatay garasho khasaare dagaal macno la'aan aha, oo wax'uu ka warramay wax badan oo dhinacooda gaadhay. Wax'uu na ku daray oo yidhi, "Waxa dhinacayaga soo gaadhay oo dhan waxa igaga sii uurkutaallo xun (qoomamo) wiilal dhinaca kale (Arap, Samane) aan abti u ahaa oo walaalahay dhaleen, oo dagaal kaas lagu dilay.

Mark'aan arkay goljilicdii Ciise, ay'aan weydiiyey in kuwaas Samane uu abtiga u ahaa qaar kood weli nool yihiin? Wax'uu yidhi, "Haa, oo iyag'aa berkaddaydii haya."

Mar kaas b'aan ku idhi, "Kuwaas na waa la dili doona haddii dagaalka la joojin waayo."

Ciise, Alle ha u naxariist'ee, odhaahdaydii culays weyn b'ay ku kordhisay, si buuxd'uu na ii la qaatay in nabad laga dhex dhaliyo labada beeloode walaalaha ahaa.

Waanadii Cumar Cago Dableh wax'ay kal'oo igu kordhisay in aan odayadii Arap ugu waaweynaa, oo aan Nuux Ismaaciil ka shakisanayn, iyaga na ka gaabsado la xidhiidh kooda, oo beddel koodii Arap ka raadiyo. Maxamed Khaliif b'aan weydiiyey oo ku idhi, "Yaa kale, odayo Arap oo wax ka la goyn kara"? Wax'uu igu yidhi, "Faarax Burgal ha dhaafayin."

Faarax Burgal b'aan la xidhiidhay, oo aan awel sheedda ka aqaannay, xidhiidh toos ahaa se aanan la lahaan jirin. Wax'uu ahaa nin waxtar ahaa, oo w'aan u aayey taladii Maxamed Khaliif. Wax'aan Faarax u sheegay in hoggamiyihii Reer Samatar nabad diyaar u ahaa, loo na baahnaa in Arap na la jaanqaadaan oo 'kolayga nabadda' geestooda qabtaan. Asagu na waa ila qaatay, iga na ballan qaaday in uu si hagar la'aan ah uga shaqayn doonay nabadda.

Wax'aan is tusay, is ku na xidhay Faarax Burgal iyo Ciise Gaboobe, oo mar kii ugu horraysay wax'aan habeen ku kulan siiyey gurig'aan deggenaa ee 'Shacabka' Hargeysa. Wax'aan ku la dardaarmay in odayada kal'ee labada dhinac ba aan ay wax qabad kooda la la socodsiinin in tii hawshu bilowga ahayd cid ka maarmi waayaan maah'ee. Wax'aan garanayey in hadhow mark'ay wax hagaagaan cid wali ba ka qayb geli doontay, oo guuli boqol aabay lehdahay, guuldarro na waa agoon. Labadu ba, Alle ha u naxariist'ee, si xoog leh iyo dhakhs'ay ugu hawl galeen nabaddii, aniga na waa ila socodsiin jireen waxqabad kooda maalin wal ba.

Subax hor'aa askarigii ilaalada xafiis kaygu, oo la odhan jirey Qoslaaye, ii soo galay asag'oo kacsan. Wax'uu igu yidhi, "Nin sheegtay in uu Gabax yahay baa hal kan taagan". Gabax wax'uu ahaa abbaanduulihii dhinaca Sacad Muuse ee dagaal kii, buugaagta Boliiska na ugu qornaa ka'denbiileh dilaa ahaa'. Askarigu waa u qaadan waayey Gabax baa is ka yimi asag'oo aan xoog lagu soo qabanin. Wax'aan ku idhi, "Soo daa".

Gabax baa ii soo galay. Wax'aan arkay in uu lahaa tilmaamihii aan haystay (personal description) oo dhan. W'aan fadhiisiyey oo shaah u dalbay. Berigaa xornimadii baa weli cusbayd, oo Soomaali bi'is, iwm, la is ku caayi jirey, anigu na in tii b'aan ku idhi. Gabax nin run badan b'uu ahaa, w'uu na is ka calaacalay, wax ba iga ma qarin. Wax'uu yidhi, "Anig'oo Jabbuuti is ka joogay ba la igu yidhi Sacad Muuse Arap baa madhiyey. Kaddib na goor aan Tompson kaygii qaatay ba is ma ogeyn, oo dagaal kii sidaas ku galay."

Wax'aan weydiiyey, "Maxaad had da faa'iido haysaa?" Wax'uu yidhi, "Wax ba ma hayo, oo nimank'aan u dagaallamayey b'aan naftayda uga baqay oo is kaga soo tegay". Wax'aan gartay in dedaalkii Ciise dur ba midha dhalay.

Waxa malaha dhacday in aan asaga la ogeysiinin farriin tii Ciise diray ee nabadda. Wax'uu is yidhi sahan dir. Mar kaas baa laga diiday oo lagu buuqay. Wax'uu dareemay in wax'aanu ogeyni soo kordheen. Habeenkii b'uu qorigiisii soo qaatay oo xuduudda guure kaga soo gudbay, ku na waa bariistay Arabsiyo, oo 45/km Hargeysa galbeed ka jirta. Kaddib na baabbuur tii yar yaraydee Hargeysa caanaha keeni jirtey b'uu arooryadii hore soo raacay, oo is yidhi is dhiib kahor int'aan lagu qabanin mar hadd'uu Jamhuuriyaddii Soomaaliyeed xukun keedii soo gaadhay.

Wax'aan weydiiyey qorigii darandoorriga u dhacayay (automatic) uu haystay? Wax'uu yidhi, "Beertaydii Arabsiy'aan ku soo aasay." Ciidan Boliis iyo baabuur b'aan ku daray oo ku idhi, "La kaalay, hub 'automatic' ah dawladda maah'ee cid kale ma haysan karte." Salaaddii duhur kahor baa la keenay qorigi 'automatic' ahaa.

Xoogaa lacaga ayaan Gabax siiyey oo ku idhi, "Magaalada is ka gal." Mar kaas b'uu yidhi, "Dee waa la i qabanayaa." Run tiisb'ay ahayd, oo askari Boliis kast'oo lagu yidhaahdo kaasi waa Gabax ba waa qaban lahaa. Anigu na, haddii la qabto, ma odhan kareen ha la siidaayo, oo wax'uu ku tuhunsanaa denbiyo culus oo dil ahaa, oo hadd'aan sidaas idhaahdo, anig'aan denbiileh noqon lahaa, ma na rabin in la qabto si aan ay u xagaldaacin waanwaan tii nabadda ee beelaha ka dhex socotay.

Int'aan yar fikiray b'aan qaanuun kii si dadban u baal maray, oo shati yar ugu qoray, 'Axmed Liiban Gabax' mark'uu doono ha ii yimaaddo, oo ku dhuftay shaabbaddii xafiiska, saxeexay na. Wax'ay ahayd markaygii 2aad aan qawaaniinta baal maray anig'oo xil hayay, laakiin dan guud fulinayey. Saaxiibbadaydii nabadda iga la shaqayn waayey mark'ay 'Gabax' ku arkeen magaalada Hargeysa dhexdeed'ay garteen in dagaal kii beeluhu dhammaaday. 'Gabax' na sabab tii soo gelitaan kiisa wax'uu dusha ka saaray beeshii Reer Samatar.

Wax'aan ka welwelsanaa in dhinaca Arap waxtabasho ka iman kartay, oo yidhaahdaan, "Maxaa loo qaban waayey denbiilaha, Gabax"? Hadd'ay sidaasi dhici lahayd wax'aan filayey in Faarax Burgal iyo kooxdii la shaqaynayasay u hawl geli lahaayeen in waxtabashada la demiyo si aan ay u dhaawacin dedaal koodii nabadaynta. Ha se yeesh'ee, nasiib wanaag dareen kii Arap wax'uu sii kordhiyey kalsoonidoodii in dhinaci kale nabad qaateen, mark'ay ogaadeen in Abbaanduulihii dagaal kii ee dhinaci kale Hargeysa is ka yimi, oo is kaga soo tegay jihadi dagaal kiii.

Dagaal kii wax'uu joogsaday iyad'oo odayadii labadii dhinac aan ay door ka qaaadanin sidii dhaqanku ahaan jirey, Faarax Burgal iyo Ciise Gaboobe maah'ee. Waxa nabaddii dhinaciii Sacad Muuse ka xidhantay Reer Samatar, taas oo aan Arap filaynin!

Wax'ay nabaddii hirgashay iyad'oo mas'uuliin tii dawladda dhexe ka wakiil ahaa, siyaasad iyo maamul ba, ee heer Gobol iyo Degmo, aan ay wax ba ka ogayn dedaladii loo soo maray nabadan taas.

Ha se yeesh'ee, hormar kaasi wax'uu noqon karay barkumataal haddii aan odayadii waaweynaa ee labada dhinac badan koodu weli door ku lahayn. Waxa loo baahnaa in shir nabadeed dawladdu abaabusho oo laga hawl geliyo dhammaan odayadii labada dhinac ba.

Muqdiso ay'aan tegay oo arkay Wasiir kii Arrimaha Gudahaa, Abdulqaadir 'Zoppo', Alle ha u naxariist'ee, oo uga warramay meesh'ay arrintu soo gaadhay iyo wax'ii hadhsanaa, oo loo baahnaa in la qabto. Wax'aan u soo jeediyey in uu Hargeysa dhakhso u yimaaddo, oo labadii beelood shir nabadeed u qabto. Wax'uu ii sheegay in aan uu mar kaas Muqdisho ka bixi karaynin kahor inta doorashadii Madaxweynuhu dhacaysay, oo ololaheedii ugu danbeeyey mar kaas socday. Wax'uu iga ballan qaaday in uu dhakhso u iman doonay, hadd'ay xukunka ku soo noqdaan doorashadaas kaddib.

Waxa Wasiir kii i weydiiyey wax'ii kal'oo loo baanhnaa in uu wax ka qabto? Wax'aan dalbay in 'Gabax' qori la siiyo, loogu beddelo kiisi aan ka qaaday, loona sharciyeeyo. Talis kii Boliisku Wasiir kii warqad u qoray in ninkaas qori la siiyo, mid kale na wax'uu u qoray Gudoomiyihii Gobolka Woqooyi Galbeed in uu ninkaas ruqsad hub siiyo. Lacag Shs.1,500/- oo u dhigantay in ka badan $3,000, qiimaha maanta (2019), wax'uu iigu soo dhiibay 'Gabax.' Taliskii Boliisku na anig'ay warqad ii soo qoreen in aan 'Gabax' qori siiyo.

Mark'aan Hargeysa ku soo noqday b'aan 'Gabax' u yeedhay oo siiyey lacagtii iyo lambar qorigii ruqsad loo siin lahaa, iyo warqaddii Wasiir kii, uu u la tegi lahaa Guddoomiyihii Gobolka. Wax'aan u sheegay in aan uu Guddomiyihi ku odhanin warqadda Jaamac baa ii keenay, oo ku yidhaahdo Mudanayaashii beesha Habar Awal baa Wasiirka iiga soo sameeyay. Guddoomiyuhu ma ogeyn waanwaan taas aan muddada dheer soo waday, in kast'oo warkeedii ku faafay qaybobadan oo bulshada dhexdeeda ahayd. 'Gabax' mark'uu lacagtii helay b'uu Muqdisho, uu san hore u arag dalxiis tegay.

Doorashadii Madaxweyne Cabdirashiid baa ku guulaystay oo dawladdii hore waa dhacday. Dawladdii danbe waxa Wasiir kii Arrimaha Gudahaa noqday Yaasiin Nuur Xassan. Mar labaad b'aan Muqdisho tegay. Diyaaraddu galab b'ay Muqdisho ku degi jirtey. Subixiii danb'aan tegay xafiis kii Wasiir kii Arrimaha Gudahaa, oo Xoghayihii ii sheegay in Wasiir kii tegay shir Golihii Golohi Wasiirrada.

Int'aan Xoghayihii isu sheegay, b'aan ku idhi, "Muqdisho wax'aan u imi in aan Wasiirka arko oo keli ah, dhakhso na w'aan u noqonayaye, Wasiirka ballan iiga qabo, oo farriinta na iigu soo sheeg Xoghaynta Taliyaha Boliiska."

Wax'aan la deggenaa Taliyihii Boliiska, General Maxamad Abshir, oo aan markaas xaas lahayn. Gurigiisu Abshir galab taas xaflad ku dhigay, ay ka soo qayb galeen dhowr Wasiir oo Wasiir kii Gudahaa, Yaasiin Nuur Xassan, ka mid ahaa anigu na w'aan ka qaybgalay, illeyn gurigaas b'aan deggenaaye. Wasiir kii b'aannu xafladdii is ku aragnay, oo ii sheegay in uu farriin taydii helay. Wax'uu igu yidhi, "Haddeer, xafladda kaddib b'aynnu is raacaynnaa." W'aannu is raacnay ilaa Afgooye. W'aan u warramay, oo u sheegay int'aan Wasiir kii ka horreeyey u sheegay. Wax'uu iga ballan qaaday in uu dhakhso u iman doonay Hargeysa, waa na yimi oo shir nabadeed iyo heshiisiin u qabtay labadii beelood.

Nasiib wanaag, laga soo bilaabo bishii 8aad ee August 1967 ilaa maanta (2019) nabaddaasi waa taagan tahay. Wax'ay na ka mid ahayd hawlihii ugu wanaagsanaa waxqabadkaygii int'aan xil qaran hayay. Sid'aan kaga afeeftay hordhaca qoraal kan, Soomaalidu ma jecla in laga sheego wax aan ay rabin, run ba ha ahaat'ee. Sidaas awgeed, anig'oo dhowray dareen kaas bulshada Soomaaliyeed, wax'aan ka tegay, oo qoraal kan ka reebay dhowr wax oo ka mid ahaa wax'ii labada dhinac qaar kood igu yidhaahdeen, ama aan anigu ku idhi.

XIII
DAWLAD DANBEEDDII RAYIDKA

Xukumaad dimoqraaddi ah (democratic governance) waxa loo yaqaannaa saddex qaybood: (1) Sharci Dejin, Baarlamaan; (2) Fulin, Xukuumad; iyo (3)Garsoor, Maxkamado.

Waxa la yidhaahdaa qaanuunka cidi ka ma sarrayso, kamarrayntaas na waxa meel mariya Maxkamadaha. Ha se yeesh'ee, dalal ka mid ah kuwa dunida 3aad qaar kood, gaar ahaan na Afrika badan keeda, hoggaamiyayaashoodu wax'ay dhiirri geliyaan ka sarrayn tooda qaanuunka, oo wax'ay hay'adaha Garsoorka madax uga dhigaan saraakiil sida hoggaamiyayaashaasi rabaan wax u fuliya. Soomaaliya, oo mar lagu tilmaami jirey tusaaleh (model) dimoqraaddinimo, in lagaga daydo na Afrika in teeda kale u baahnayd, iyadu na, Soomaaliya, ka ma badbaadin qaanuun kasarrayn taas.

Hoggaamiyayaashii Soomaaliyeed ee dawladdii ugu danbeysay xukunkii rayidka (1967 – 69), jidkaas qaanuun kasarraynt'ay mareen, kuwii ku xigay ee xukun kii Askartu na wax'ay ahaayeen kelitalis badheedhay oo xukun kii xoog ku qabsaday, waa na ka sii dareen.

Ha se yeesh'ee, labadaas xukuumadaod oo kor ku sheegan kahor, waagii hoggaamin tii Madaxweeynihii 1aad, Aadan Cabdulle (1960 – 67) iyo weli ba, muddadii Wasiir kii 1aad Cabdirazaak Xaaji Xuseen (1964 -67), kamasarraynta qaanuunku waa sugnayd, boqolkii baboqol (100%). Taasi wax'ay ahayd, 'Tagto soo ma noqoto (The end of an era)'.

Adan Cabdulle Wax'uu ahaa mas'uul ku dhiirranaa meelmarinta mabda' toosan uu aaminsanaa, eex iyo danaysi na lagu ma xaman jirin. Cabdirazaak, asagu na wax'uu ahaa ceeblaawe, oo kuwo dhibsan jirey kudhiciisa ayaa ku tilmaami jirey ma naxe. Wax uu aha Wasiir kii 1aad oo saddex Wasiir iskumar xilal koodii uga qaaday musuq maasuqnimo (corruption), la na tiigsaday maxkamadayn; ha se yeesh'ee, Baarlamaan kii waagaas b'uu uga waayey cod aqlabiyad (majority vote) in laga qaado xasaanaddii xildhibaannimo si loo dacweyn lahaa wasiirradaas Cabdirazaak eryey.

Cabdirazaak bartilmaameed u ahayd karti iyo hufnaan cid kast'oo xil qaran loo dhibayey.

Sannad iyo badh kudhowaad ka dib mar kii Cabdirazak degay xil kii Wasiir kii 1aad, oo aan uu lacag haysanin, baa doorashooyin kii 1969 kii soo dhowaadeen. Akhyaar tii beeshii uu ka soo jeedey qaar kood baa shir abaabulay si Cabdirazaak lacag uu doorashadii ugu tartamo loogu ururiyo. Sida la ii sheegay, nin beeshaas ka mid ahaa baa diiday oo yidhi, "Sidee b'ay u dhici kartay, nin kii muddadaas dheer wasiir soo ahaa, gaadhay na heer Wasiir kii 1aad, maalkii dalka oo dhan na ka talin jirey in aanu haysanin lacag uu doorashada ugu tartamo?" Cabdirazaak baa u jawaabay oo yidhi, "Maalka dad kaa lahaaye anigu ma lahayn, dal k'aa na ku maamuli jirey oo meel ma dhigan karin".

Sidaas oo kale Cabdirashiid na danaysinimo iyo musuq too na lagu ma xaman jirin, dhaqaaleh na ka ma muuqanin kaddib mark'uu ka degay xil kii Wasiir kii 1aad, 1964. Xattaa ma lahayn baabbuur wanaagsan, oo u qalmay qof gaadhay meesh'uu gaadhay, wax'uu na wadan jirey mid duqoobay oo uu lahaan jirey afar sano kahor, in tii aanu qabanin xil kii Wasiirka 1aad. Ha se yeesh'ee, Cabdirashiid ma xakamayn jirin, xil na ka ma qaadin Wasiirradiisi lagu xaman jirey musuqmaasuq, sidii Cabdirazaak yeelay.

Dawladdii ugu danbaysay xukun kii rayidka (1967–1969), waa baal martay kamasarraynta qaanuunka, oo wax'ay ku shubatay doorashooyin kii ugu danbeeyey ee dalka ka qabsoomay bishii 3aad, March 1969, taas oo si sahlan u soo dedejisay inqilaab askareed, oo mar wal ba dhici karay mar hadd'uu dhintay Taliyihii hore ee Xoogga Dalka Soomaaliyeed, Jeneraal Daa'uud Cabdalla Xirsi, oo hadd'uu sii noolaan lahaa aan inqilaab dalka ka dhici kareen. Wax'uu ahaa sarkaal waddani ahaa, ahluddiin, iyo ceeblaawe, ummaddu na guud ahaan jeclayd, gaar ahaan na saraakiishii iyo ciidank'uu hoggaaminayey oo dhammi, siyaasiintu na aad u aaminsanayeen.

Dawladdaas ugu danbaysay dawladdihii rayidka ahaa waxa lagu tilmaami jirey mid awooddeeda saddex nin oo keli ahi is ka lahaayeen. Kuwaas oo ahaa:
1. Madaxweeynihii, Cabdirashiid Cali Sharma-arke,
2. Wasiir kii 1aad, Maxamed Ibraahim Cigaal,
3. Wasiir kii Arrimaha Gudahaa iyo Amniga, Yaassiin Nuur Xassan

Wax'ay ku talagaleen in qof aan ay rabini ku guulaysanin doorashadaas, in kast'uu haystay taageerada dad kiisa.

Ma filayo in ra'yigaasi ka yimi Cabdirashiid, bal se labadii nin oo kal'aa uga tallaabsaday oo god ku riday. Wax'ay na ku damac geliyeen in xubnihii baarlamaan kii waagaas la soo dooranyey ahaayeen kuwii dooran doonay Madaxweynahi danbe ka dib mar k'ay muddadi madaxweynenimadu ee Cabdirashid dhammaato. Kushubashadaas doorashooyin kii, dhaawac weyn oo laga ma sookabtaan ahaa b'ay u geysatay taariikhdii iyo halgan kii dheeraa ee waddaninimodi Cabdirashiid. Wax'uu ahaa shakhsi Soomaalida u dhega nugul oo u debecsan, shisheeyaha na aad ugu dhiirranaa.

Ha se yeesh'ee, waxa arrimahaas lagu illaawey oo hadheeyay Inqilaab kii ka danbeeyey ee askar tii.

Madaxdiii dawladdii rayidka ugu danbaysay wax'ay fulintii doorashooyin kii dalka u qaybsadeen Woqooyi iyo Koonfur (Spheres of influence). Wax'ay saddexdoodu ku heshiiyeen saddex oday oo kale, oo garsoorayaal u noqda, ka garnaqa haddii saddexda mas'uul qaar kood wax is ku qabtaan, oo saddexda garsoore ba Daarood ahaayeen. Cigaal baa Isaaqa wax ka qarsanayey oo sidaas raalli ku ahaa, odayada na aaminsanaa.

Wax'ay ahayd in Cigaal Woqooyi oo dhan ka taliyo, oo murashaxiint'uu rabay soo bixi kareen, kuw'aanu rabin na la reebo. Sharad, murashaxiiintii Daarood Woqooyi ee Dhulbahante iyo Warsangeli (Harti), kahor in t'aan Cigaal ka gaadhin go'aan kamadanbays aha, in uu la socodsiiyo labadii odaye kale. Ha se yeesh'ee, Cigaal ma ba danaynaynin wax dhaafaysiisnaa kuraastii Isaaqu ku tartamayeen.

Koonfur waxa ka talinayey Cabdirashiid iyo Yaasiin. Sharad, kahor in t'aan ay ka gaadhin go'aan kamadanbays ahaa murashaxiiin tii Hawiye, wax'ay ahayd in ay Cigaal la socodsiiyaan, tixgelin Irirnimo awgeed.

Arrimihii Daarood iyo Digil/Midhifle ee Koonfureed, Wasiir kii 1aad ee dalku shaqo ku ma lahayn. Waxa ka talinayay Cabdirashiid iyo Yaasiin.

Abdulqaadir Maxamed Aadan, 'Zoppo', nin kii 2aad ee dawladdii hore ee Wasiir kii 1aad, Cabdirazaak Xaaji Xuseen, oo weligii ka tartami jirey Degameda Buur Caqabo waa laga qaban waayey dalab kiisii murashaxnimo, kahor codayn iyo kushubasho ba. Cabdulqaadir 'Zoppo' wax'uu ku soo noqday Muqdisho oo u dacwooday Cigaal, Wasiir kii 1aad ee dalka. Cigaal baa ku yidhi, "U tag Cabdirashiid", sid'uu 'Zoppo' beri danbe ii sheegay. Dastuuriyan, Madaxweynuhu ma lahayn awood fulineed, hadda na sidaas b'ay wax u dhaceen oo Cabdulqaadir (Zoppo) lagu waasiiyay kursigiisii Baarlamaan.

Cigaal baa ogaaday in Yaasiin maykarafoonno siiyay Cabdiraxmaan 'Tuur' oo Burco ka tartamayey. Kaddib na Cigaal wax'uu la xidhiidhay odayadii garsoorayaasha u ahaa, oo ku hanjabay in uu as na taageeri doonay Cali Xuseen Gurrac, oo Yaasiin ku la tartamayay Jirriban. Arrin tii cirk'ay is ku shareertay oo Cabdirashiid baa loo sheegay. Yaasiin baa degdeg loogu yeedhay oo diyaarad gaar ahayd loo diray. Yaasiin xaal (apology) b'uu ka bixiyay iyo ballanqaad, Cigaalna waa ku qancay. Cigaal waa garanayay in aan ay maykarafoonnadu wax weyn tarayn, wax'uu se is la ha ka jooji hadd'uu Yaassin wax in taas ka weyn siin lahaa musharraxiin tii Isaaq qaar kood.

Yaasiin mar wal ba kursigiisa waa heli karay, laakiin kursiga 2aad ee Jirriban b'uu u diiddanaa Cali Xuseen Gurac, oo uu ka baqayay in uu asaga beddeli karay, sid'uu Cigaal ba isaga fogeynayay Is maaciil Naxar iyo mutacallimiin tii kal'ee Isaaq.

Cali Xuseen Gurrac wax'uu ahaa Agaasimihii Guud ee Soomaaliya ugu horreeyay ee Wasaaraddii Waxbarashada muddadii maamul kii Talyaaniga iyo Xukunka dakhiliga; Safiirkii ugu horreeyey ee Soomaaliyeed ee Masar fadhiyay, Cabdirashiid na ay aad is ugu dhowaayeen, taageeradiisa na is ku hallaynayay. Ha se yeesh'ee, Cabdirashiid wax'uu yeeli lahaa ba, heshiiska saddexda nin baa dabrayay oo hadd'uu taageeri lahaa Cali Xuseen Gurrac, Yaasiin wax'uu u dacwoon lahaa garsooreyaashii, sidii Cigaal ba yeelay, taasi na wajigabax (Embarrassment) b'ay Madaxweynihii ku noqon lahayd. Cabdirashiid wax'uu ku qasbanaaday in uu gacmaha ka laabto taageero Cali Xuseen Gurrac.

Doorashooyin kii waxa ansixin jirtey Maxkamaddii Sare. Guddoomiye Maxkamad Sare waxa noqon kara qareen waayo-aragnimo dheer leh, ma na jirin waagaas qareenno Soommaaliyeed oo waayo-aragnimo lahaa.

Bilawgii xornimadii iyo israacii waxa Maxkamaddii Sare Guddoomiye ka ahaa qareen Talyaani oo la odhan jirey Babaale, fulin na jirey sidii ay siyaasiyiintu rabeen. Dawladdii Cabdirazaak baa eriday 1964, oo ka codsatay dawladdii Talyaaniga in ay mid ka wanaagsan na siiso (Technical assistance). Waxa beddelay 'Avocatto' Bernaajo, oo si buuxda u meel mariyey madaxbannaanidii garsoorka.

Maxkamaddii Sare oo Bernaajo guddoominayey labo dacwadood oo laga qaatay go'aanno dawldeed ee maamul b'ay ku jebisay dawladdii. Midi wax'ay dhacday muddadii dawladdii Cabdirashiid; waxa se dhegaysigeedii (kagarnaqeedii) soo gaadhay kaddib magcaabbista 'Avocatto' Bernaajo ee guddoomiyannimadii Maxkamadda Sare. 1962 dawladdii Cabdirashiid wax'ay baabbiisay dawladdii Hoose ee Muqdisho oo ku eedaysay kartidarro, xilkiina ka qaaday Duqi Magaalada, wax'ay na u magacawday Muqdisho Maamule gaar aha (Extra Ordinary Commissioner). Bishii Oct. 1963 dalka waxa ka qabsoomay doorashooyin hoose. Muqdisho waxa ku guulaystay is la Duqii hore ee Magaalada ee xil kiisii laga qaaday. Is la maalin tii doorashadiisa ku xigtay ba dawladdii Cabdirashiid mar labaad b'ay baabbiisay Golihii Dawladdii Hoose ee Muqdisho ee la doortay, asag'oo aan Duqii hore ee Magaaladu weli xil kiisii loo doortay la wareegin.

Maxkamaddii Sare, oo 'Avocatto' Bernaajo guddoominayey wax'ay xukuntay in go'aan kii dawladdii mar labaad ku baabbiisay Golihii Hoose ee Muqdisho ee la doortay, ahaa wax kamajiraan, maadaama Duqii Magaalada mar kii hore xil kii looga qaaday kartidarro; doorashadiisii danbe kaddib weli xil ma qabanin, wax'ii hore lagu saluugay na labo jeer lagu ma ciqaabi karin.

Dawladdii ugu danbaysay dawladihii rayidka ahaa, wax'ay abaabulkeedii kushubashadi doorashooyin kii dhici doonay March 1969 ka bilawday Maxkamaddii Sare ee doorashooyinka ansixin doontay in ay u habaysatay sid'ay rabtay. Wax'ay dawladdaasi eriday Avocatto Bernaajo, Guddoomiyihii Maxkamaddii Sare, ku na beddeshay mid Soomaaliyeed oo dhallinyaro ahaa, waayo-aragnimo qareennimo na aan lahayn, is la mar kaas na siyaasaddii ku labnaa. Wax'uu ahaa kii Cawil Cali Ducaaleh ku sheegay buuggiisii hore in uu ahaa qofkii keli aha ee bulshadii rayidka ka mid ahaa oo ogaa abaabul koodii iskudaygii Inqilaab kii dhicisoobay; waa na lagu tuhmay in uu iskudaygaas inqilaab lug ku lahaa, oo waa la xidhay, loo ma se helin marag ku filnaa maxkamadayn tiisa.

Mar kii doorashooyin kii soo xidhmeen, cabashooyinka badnaa oo soo gaadhay Maxkamaddii Sare waxa ka mid ahayd dacwaddii Buur Caqabo ee Cabdulqaadir 'Zoppo' lagu diiday dalab kiisii murashaxnimo in laga qabto kahor in tii aan kushubasho ba la gaadhin, sida kor ku sheegan. Ummaddii oo dhammi wax'ay sugaysay go'aan kii Maxkamaddii Sare ee dacwaddii Buur Caqabo. Maxkamaddii baa go'aamisay in dacwaddaasi ahayd waxkamajiraan, Guddoomiyihii Maxkamaddii Sare na waxa go'aan kiisii kaddib lagu naanaysay oo loo bixiyey, 'Buur Caqabo'.

Cabashooyin kii badnaa, Maxkamaddii mid keli ahaa ka ma garaabin.

Saddexdii mas'uul oo dawladdii ugu awoodda badnaa wax'ay kal'oo u arkayeen Taliyihii Boliiska ee waagaas, General Maxamed Abshir in uu ku ahaa caqabaddii ugu weyneyd ee hortaagnayd kushubashadi doorashooyinkii. Doorashooyinka badanaa ba lagu ma dhiirran karin ku shubashadooda hadd'aan Boliiska la adeegsanayn si ay u damiyaan buuqa ka dhalan karay kushubashada. Saddexdii nin, oo wax qaybsanayay mid kood na Maxamed Abshir ma aaminsanayn. Maxamed Abshir wax'uu aad ugu dhowaa Madaxweynihii hore, Aadan Cabdulle, oo eeddadiis qabey, oo ay Cabdirashiid hore isu maan dhaafayeen, Madaxweynenimadii na ku tartameen. Sidaas oo kale Maxamed Abshir waxa kal'oo lagu tirinayey in uu aad ugu dhowaa Wasiir kii 1aad oo hore, Cabdirazaak Xaaji Xuseen, oo ay Yaasiin ku tartamayeen hoggaaminta beesha ay ka wada tirsanaayeen. Sidaas awgeed, Yaasiin na ma aaminsanayn Taliyihii Boliiska.

Maxamed Ibraahim Cigaal iyo Maxamed Abshir arrin culus baa dhex martay bilawgii 1965, oo aanan faah faahinayn. Cigaal wax'uu u ashtakooday Haaji Muuse Boqor, ay Maxamed Abshir aad is ugu dhowaayeen, Cigaal na mar igu yidhi, "Waa saaxiibkay", oo labadoodii kulansiiyey, gartii na Cigaal siiyay, sidaas na ku heshiisiiyay oo gacmaha isu saaray. Maxamed Abshir sidii b'uu weligii heshiis kii daacad ugu ahaa, Cigaal se ka ma muuqanin in uu ku qancay heshiis kii, oo hadd'uu maqlo magaca Maxamed Abshir oo la soo hadal qaado, waa ka xanaaqi jirey.

Kahor Doorashooyin kasta waxa soo bixi jiray qaanuun doorashooyin kaas uun ku ekaa oo u gaar ahaa. Kaddib na Wasiir kii Arrimaha Gudahaa ayaa soo saari jiray Wareegto (Circular) faah faahin jirtey qaanuunka doorashooyinka. Jawaabtii Abshir ka bixiyay Wareegtadaas Wasiir kii

Gudahaa ayaa siin doontay saddexdii nin ee maamulayay Doorashooyin kii ugu danbeeyay,

marmarsiinyihii ay u baahnaayeen si ay General Abshir isaga hor qaadi lahaayeen, kahor in t'aan hawlihii doorashooyinku bilaabanin.

Wareegtadaas Wasiir kii Arrimaha Gudahaa wax'ii ku qornaa waxa ka mid ahaa in aan Boliisku geli karin goobta (meesha) lagu codayn doonay, hadd'aan guddoomiyaha goobtaas codayntu u yeedhanin. Weedhaasi wax'ay ahayd mindi labo af leh oo kale. Marka hore, haddii laga eego dhinaca dimoqraadiyadda, waa in aan la arkin askari hubaysan oo dad codaynaya dhinac taagaan, si aan loo tuhmi karin in dadka lagu qasbayey in ay codeeyaan. Dhinaca kale marka laga eego, waxa laga shakiyi karay in wax la qarsanayo, sida kushubasho doorasho kale, sidaas awgeed na aan la rabin in Boliisku wax arko.

Mar kii wareegtadaasi soo baxday baa General Maxamed Abshir wareegto kale qoray oo u ka la diray qaybaha iyo laamaha kal'ee Boliiska oo dhan. Wax'uu wareegtadaas ku qeexay in Qaanuun kaas Doorashooyinka mid ka sarreeyay jiray, Qaanuunka Habaynta iyo Hirgelinta Qawaaniinta (Criminal Procedure Code), oo odhanayay Boliisku waa geli karaa meel kast'uu tuhmo. Abshir nabarkii meeshii damqanaysay b'uu taabtay mark'uu tuhun sheegay. Saddexdii nin ee dawladdii ugu awoodda badnaa waa ka cadhoodeen qoraal kaas Abshir.

Subixii ka danbeeyey taariikhdii wareegtadi Abshir waxa lagu waabariistay Xeer Qaanuun (Legge Deccreto - Decree Law) xalay soo baxay, in awooddii Taliyihi Boliiska oo dhan Wasiir kii Arrimaha Guduhu la wareegay. Abshir waa canbaareeyay Xeer Qaanuun kaas, waa na ka tegay xil kiisii.

Xeer Qaanuun kaas Taliyihii Boliiska awooddii lagaga qaaday ma ahayn mid Baarlamaan soo maray, oo Baarlamaankii waa la ka la diray kaddib mark'uu ansixiyey Qaanuun kii Doorashooyinka. Xeer Qaanuun wax'uu ahaa mid saddex biloood dowladdu ku dhaqmi kartay marka duruuf adagi jirto. Xisbiyadii badan koodii, oo awal ba kushubasho ka baqayay baa mar wada qayliyay oo yidhi, "Xaalad Xeer Qaanuun loo adeegsan karay u baahaani dalka ka ma jirto, ee waa mar-marsiiyo in doorashooyinka lagu shubto."

Saddexdii nin ee dawladdii ugu awood badnayd shaqa kategiddii Abshir wax'ay ku noqotay laf aan la liqi karin. Wax'ay dooneen in Abshir shaqa kategidda ka noqdo, in uu Taliye Boliis sii ahaado na m'ay rabin inta doorashooyinku ka dhammaanayeen.

Wax'ay hawl geliyeen saddexdoodii garsoore in ay iyaga iyo Abshir na dhex galaan. Abshir waa oggalaaday. Waxa lagu heshiisiyey in Abshir shaqa kategiddi ka noqdo, fasax na is ka qaato inta doorashadu dhammaanaysay, Xeer Qaanuunkii na aan la dhaqan gelinin, oo awal ba wax'uu ku ekaa muddadii doorashooyinka, loo ma na baahnayn mar haddii Abshir xil kiisii banneeyey, fasax ba ha ahaat'ee. Waxa kal'oo lagu heshiiyey in la is ku soo noqdo kaddib marka doorashooyinku dhammaadaan.

Mark'aan in taas ogaaday warqad b'aan Maxamed Abshir Hargeysa uga soo diray oo ugu soo dhiibay Maxamed Cawaaleh Libaan, Alle ha u naxariist'ee, aan ku idhi, "Ha ka noqonin shaqa kategidda", saddex sababood awgood:

1) Taliye Boliis ha fasax qaato iyad'oo dalku gelayay doorashooyin guud oo ahayd mar kii wax qabadkii Taliye Boliis qaranku ugu baahi badnaa; oo dhowr bilood mar kaas kahor b'uu General Abshir aniga ii

2) diiday in aan u baxo waxbarasho af Talyaani, oo Safiir kii Talyaanigu ii siiyey, oo Abshir igu yidhi, "Lagaa ma maarmayo ilaa doorashooyinku dhammaadaan," oo Safiirkii Talyaaniga na uu sidaas ku wargeliyay, asagu na dalka waa iiga sii qiime badnaa Taliye ahaan.

3) Anig'oo mar kaas ka shidaal qaadanayay Xeer Qaanuun kii ay soo saareen ee Taliyihii Boliiska awoodiisii ku wareejinayay Wasiir kii, Taliyanimadu ba macne ma lahayn, iyo

4) Anig'oo ogaa halka asaga, General Abshir, iyo nimanka awoodda dalka haystay ka la joogeen, wax'aan u arkayay in ay sugayeen inta habaas kii shaqa kategiddiisii kicisay demayey, oo m'ay rabin in Abshir marna ba sii ahaado Taliyihii Boliiska.

Wax'aan ka ballan qaaday in aan anigu na is lacasilo. Wax'uu iigu soo jawaabay in uu waanwaan tii oggolaaday: (1) in aan loo arkin in uu ahaa nin qallafsan oo madax adag, (2) in aan uu ku gacansaydhi karin odayadii dhex dhexaadka ahaa, oo aanu taageerada qaar kood ka maarmi karin, oo mid ka magacaabay, oo yidhi, "Sida hebel oo kale."

Sida Abshir uga turjumay Qaanuunkii Habaynta iyo Fulinta Qawaaniinta sax ma ahayn, oo mar kii 1962 la midaynayay qawaanin tii laga dhaxlay Talyaani iyo Ingiriis, Qaynuun kii Habaynta iyo Fulinta Qawaaniinta waxa lagaga dayday kii Ingiriiska, oo la qaatay kii Woqooyi lagaga dhaqmi jirey, kaddib na qaanuun kii Ingiriisku marjac u noqday kii cusbaa ee Soomaalida.

Qaanuunka Ingiriisku (English Law) oo marjac u ahaa qaanuunka Soomaalida, oo Abshir u cuskaday dooddiisa ee Habaynta iyo Fulinta Qawaaniinta, wax'uu odhanayay, "Hadd'ay labo qaanuun arrin is khilaafaan, waxa la raacayay kan taariikhda danbe. Wax uu kal'oo odhanayay Qaanuunka Ingiriisku haddii labo qaanuun, mid gaar ah iyo mid caadi ahi, is khilaafaan, waxa la raacayay kan gaarka ah". Shaki ku ma jirin in Qaanuunkii Doorashooyinku mid gaar ahaa, ka na taariikh danbeeyay kan Habaynta iyo Fulinta Qawaaniinta, oo labo jeer ka mudnaa kan danbe. Ha se yeesh'ee, anigu wax'aan socodsiiyay oo fuliyey Wareegtadii Abshir, in kast'oo ay qaanuuniyan Wareegtadaasi qaldanayd, sababaha soo socda awgood:

1) Qaanuuniyan ka sokow, Wareegtadi Abshir, Taliyihii Boliisku, wax'ay Boliiska oo dhan ku ahayd amar hawlgal (Operational order).

2) Wareegtadi Abshir wax'ay kal'oo ahayd amar kii ugu danbeeyay oo Boliisku helay, ku na saabsanaa Doorashooyin kii iyo Qaanuunkii Doorashooyinka.

Nimankii ugu awood weynaa dawladdii waa nafiseen mar haddii Abshir xil kiisii banneeyay, ma na xusuusanin, ama ma garanin ba in wareegtadiisii la beddelo.

Kushubashada doorashadu dhaqan u ma ahaan jirin Woqooyiga waagaas kahor, in kast'oo la sheeg sheegi jirey in ay hore uga dhaceen meelo Koonfur ka mid ah, sida Buur Caqabo iyo Aadan Yabaal waagiii aftidii Dastuur kii, iwm. Guddoomiyihii Gobolkii Bari Woqooyi loo soo magacaabay wax'uu ahaa bulshay aan wax ba qarin jirin. Wax'uu badanaa galabtii fadhiisan jirey oo ka sheekayn jirey Bar Cajip kii Burco, oo odhan jirey, "Anigu doorashad'aan ku shubayaa, maalinta xigtana xilka w'aan ka tegeyaa. Yaa yidhi Woqooyi lagu ma shubi karo, iwm"? Dad kii Woqooyi ugu horrayntii kaftan b'ay u qaateen war kiisii, mar kii se ololihii doorashooyinku bilawdeen baa murashaxiin tii la tartamayay kuwii Xisbigii talada hayay dhibsadeen sid'uu wax u waday, oo rumaysteen in wax'uu sheegi jiray dhab ka ahaayeen oo in uu doorashadi ku shubi rabay. Waxa asagu na Guddoomiyahaas aad u la shaqaynayay siyaasad ahaan, sarkaalkii 2aad ee Boliiska Burco, oo murashaxiin tii ay asaga aad na dhibsadeen.

Wax'aan ogaaday in murashaxiin tii kor ku sheegan badan koodii go'aansadeen in ay dilaan labadaas sarkaal, kahor int'aan doorashooyinku bilaabanin, oo ay kuwa Daarood dilaan Guddoomiyaha, kuwa Isaaq na sarkaal kii Boliiska (mid ba haybt'uu ka soo jeeday dilaan). Waxa malaha diiday Maxamuud Cabdi Carraale in wax la dilo, aan se sheegin qorshaha murashaxiin tii kale go'aansadeen. Wax'aan arrinta weydiiyay oo ii qirtay Maxamed Axmed Cabdille, 'Sakhraan', oo Hargeysa yimi.

Wax'aan dareemay in wax'ii ugu darnaa oo murashaxiin tii heerkaas gaadhsiiyay ahayd Wareegtadii Wasiir kii Arrimaha Gudahaa in aan Boliisku geli karin doonin goobta codaynta, oo ay tuhun weyn ka qabeen kushubasho, in kast'oo ay u dhabar adaygayeen waxyaalihii kal'oo loogu eexanayey murashaxiin tii ku tartamayay magaca Xisbigii talada hayay, sida goobaha codaynta oo laga dhigayey meelaha iyagu doortaan, guddoomiyayaasha goobaha codaynta oo lagu magacaabayey kuw'ay doortaan, iwm.

Wax'aan 'Sakhraan' hoos ugu sheegay in aan fulin doonay Wareegtadii Abshir oo la wada ogaaday, Boliisku na ay geli dooneen meel wal ba oo ay tuhmaan. 'Sakhraan' waa nafisay mark'aan in taas u sheegay, wax'uu na iga ballan qaaday in uu u hawl geli doonay, baajin na doonay qorshahoodii in wax la dilo w'uu na baajiyey.

Saddex beri doorashooyin kii kahor, wax'aan sarkaal kii 2aad ee Boliiska Burco ku amray in uu ka hawlgalo aagga Cayn, oo hoos imanaysay Laascaanood, oo Burco ba ka kaxeeyey. Guddoomiyihii Gobolkii Bari Woqooyi, ee bulshayga ahaa wax'uu degdeg iigu soo diray farriin qoraal furan ahayd, ii na soo mariyey Isgaadhsiin tii Boliiska, oo yidhi, "Wax'aan maqlay in aad sarkaal hebel ka hawlgelisay aagga Cayn. Wax'aan kuu sheegaya in uu sarkaal kaasi iga la shaqeeyo raridda beel fulaan ee Burco ilaa Berbera sid'uu gaar ahaan codsaday Wasiirka 1aad" ee ka noqo go'aan kaas". Qaanuunku ma oggolayn raritaan dad min Degmo ilaa Degmo doorasho awgeed. Dhegahaan ka furaystay war kiisii, oo u ma jawaabin.

Maalin tii xigtay baa aniga iyo Guddoomiyihii Gobolkii Bari-Woqooyi Muqdisho na la ka soo amray, oo diyaarad na loo soo diray in aannu soo kormeerno Degmooyin kii Gobolka kaddib la magic bixi doonay Sanaag oo mar kaas ka tersana Gobolkii Bari Waqooyi, oo murashaxiin Madaxdii Sare ee dawladdii ka ag dhowaa qaar kood ka dacwoodeen sidii hawlihi doorashadu u socdeen, mar kii ay ka arki waayeen sadbursiinnad'ay sugayeen, ama laga ballanqaaday.

Wax'aannu kormeer kayagii ka bilownay Degmada Laasqoray, kaddib na Ceerigaabo, oo habeenkii ku dhaxnay. Mar kaas b'uu Guddoomiyihii Gobolku ogaaday in aan fuliyey Wareegtadii Abshir, oo wax'uu filayey in Guddoomiyayaashii Degmooyinku agaasimeen hawlgalkii Boliiska. Mark'uu hawlgalladaas wax ka weydiiyey b'ay ugu jawaabeen in aan ay wax ba ka ogayn. Anigu na wax'aan mid wal ba weydiiyey in ay jireen wax'ay ka cabanayeen? Wax'ay dhammaan tood iigu jawaabeen, "Maya". Guddoomiyihii Gobolku waa is ka adkaystay, oo is ka aamusay, ilaa subaxii danbe aannu soo gaadhnay Degmada Garadag, mar kaas oo murashaxii Xisbigii talada hayay dhulka is la dhacay mark'uu arkay Guddoomiyihii Gobolka, oo ashtakeeyey hawlwadeennadi dawladda oo dhan, Guddoomiyihii Degmadu na ka mid ahaa.

Wax'aannu la soo kulannay iyad'oo mar kaas la ka la dirayay sanaaduuqdii waraaqihii codayntu ku jireen, oo la geynayey goobihii codaynta. Guddoomiyihii Gobolku wax'uu weydiiyey Guddoomiyihii Degmada in asagu agaasimay hawlgalka Boliiska. Wax'uu ugu jawaabay, "Maya". Mar kaas b'uu aniga igu soo jeestay oo yidhi, "Waa in Guddoomiyuhu agaasimo hawlgalka Boliiska". Wax'aan ku idhi, "Guddoomiyuhu ha sheego wax'ii hawl loo baahan yahay in la qabto, waa na la qabanayaa, Boliiska se waxa hawl gelinaya Taliyahooda".

Mark'aannu in taas kor ku sheegan is dhaafaysanay, b'uu ku yidhi Guddoomiyihii Degmada, "Hadd'aanad adigu hawlgalka Boliiska agaasimin ii soo sheeg, doorashada Degmada wa'aan joojinayaaye". Anigu na sarkaal kii Boliisk'aan ku idhi, "Haddii marka la gaadho goorta doorashadu xidhmaysay aan Boliiska loo baahanin ku soo celi ciidanka fadhiisin kooda".

Kaddib na labadayadu ba wax'aannu fuulnay diyaaraddii. Mar kii duuliyihii motor kii diyaaradda kiciyey baa Guddoomiyihii ku yidhi, "Demi". Mar kaas b'uu aniga igu yidhi, "Sarkaalka Boliiska la hadal in uu Guddoomiyaha la shaqeeyo". Labadoodi oo diyaaradda ag taagnaa b'aan u yeedhay oo weydiiyey in ay wax is ku khilaafsan yihiin. Wax'ay yidhaahdeen, "Maya". Mar kaas b'aan Sarkaal kii Boliiska ku idhi, "Faaraxow, Guddoomiyaha si fiican u la shaqee". In taas b'uu noogu dhammaaday Kormeer kii Degmooyin kii Gobolka noqon doonay Sanaag.

Kaddib na wax'aannu u duulnay degmooyinkii kal'ee Gobolka Bari Woqooyi qaar kood. Wax'aannu ugu horrayn ku degnay Laas-Caanood, oo ku la kulannay Saraakiishii maamulka iyo amniga ee Degmada. Wax'ay noo sheegeen in murashaxiin tii qaar kood dad ka soo daabulayeen meelo ka baxsan xuduudda Degmada Laas-Caanood ee aagga Buuhoodleh, murashaxiin kale na ay ku dhaarteen in ay daabulaaddaas dagaal kaga jawaabi doonaan.

Amnigii Degmo kasta wax'aannu ugu talagalnay hal koox Boliis, oo kayd ahayd. Wax'ii baahi amni oo in taas ka badan na waxa loogu talagalay in Guddoomiyaha Gobolku amro in ciidan military lagu soo kordhiyo. Mas'uuliin tii Degmadu wax'ay noo sheegeen in kooxdii kayd kii Boliiska mar hore ba la hawlgeliyey, oo la geeyey meeshii ugu cabsida weynayd ee ammaandarro laga filayey, dhowr meelood oo kale aan ciidan amni joogin na, halisi ka jirtey. Wax'ay codsadeen ciidan amni oo degdeg ah in lagu soo kordhiyo. Guddoomiyuhu wax'uu ogaa in murashaxiinta dadka soo daabulayey ahayeen kuwo ka tirsanaa Xisbigii talada hayay, ka na ag dhowaa madaxdii sare, sidaa awgeed m'uu rabin in uu amro ciidan militari oo amniga dhowra in lagu soo kordhiyo ciidan kii hore u joogay Degmada.

Wax'aannu la joognay mas'uuliin tii Degmada Laascaanood saacad kudhowaad, wax'aannu na ka tagnay asag'oo aan Guddoomiyihii Gobolku ka ballan qaadin in uu wax ka qaban doonay dhibaatadii amnidarro oo la filayey, iyad'oo doorashadii na dhacaysay maalin tii ku xigtay.

Wax'aannu ka degnay Buuhoodlhe oo ahayd lugtii ugu danbeysay kormeer kayagii. Hal kaas na wax'aannu ku la kulannay mas'uuliin tii degmada iyo murashaxiintii, oo qaar kood ka cabanayeen dhibaatadii Laascaanood ka jirtey oo kale, in Degmada Laascaanood laga soo daabulayey dad la rabay in ay ka codeeyaan aagga Buuhoodleh. Sidii kuwii Laascaanood oo kale, ayaa mas'uuliin tii codsadeen in si degdeg ah ciidan amni la soo kordhiyo. In tii aannu joognay Buuhoodleh ayaa labo murashax, Jaamac Dhoof iyo Xasan Cumar Camey hor tayadii ku dirireen oo la ka la qabtay. Labadu ba wax'ay ka ag dhowaayeen madaxdii sare, Xasan baa se ku tartamayey magaci Xisbigii talada hayay, Jaamac Dhoof na wax' uu ku tartamayey magac Xisbi kale, wax'uu na diiddanaa dad kii Degmada Laascaanood laga soo daabulayey. Mar kaas b'uu Guddoomiyihii Gobolku mas'uuliin tii Degmada ka ballan qaaday in uu amri doonay ciidan military oo amniga lagu soo kordhiyo.

Mark'aannu dhulka ka kacnay b'uu Guddoomiyihii igu yidhi, "Ma soo dirayo wax ciidan ah. Murashaxiinta labada dhinac ba dadka ka daabulayaa wax'ay ka tirsan yihiin Xisbiga talada haya, oo kii wax waaya ba anig'aa la igu eedayn doonaa. Dhulbahnte hadd'ay doqomo yihiin ha is laayaan".

Sidii la filayey baa dhacday. Dhowr meelood oo xuduuddii labadii Degmo ayaa dagaallo ka qarxeen mar kii codayntii bilaabatay ba, kow iyo toban (11) qof na waa ku dhimatay.

Murashaxiintii Xisbigii talada hayay oo daabulaaddii dadka isweydaarsatay, in taas oo qof na aawadood u dhimatay, mid kood na kuraastii labada Degmo wax ka ma helin.

Doraashooyinkaas Cigaal wax'uu ka ilaaliyey mutacallimiintii Isaaq ee asaga beddeli karay, ay ka mid ahaayeen Cumar Carte, Cali Jirde, Maxamuud Cabdi Carraaleh, Cabdiraxmaan Axmed Cali (Tuur) iyo Xassan Aadam Wadaadiid. Nasiibwanaag, labada hore waa ka badbaadeen cadaadiskii Cigaal. Labadu ba wax'ay haysteen taageero ku filan, oo wax'ay keli u baahnaayeen in aan lagaga shubanin, taas na ma dhici karin haddii aan Boliiska la adeegsanayn, oo aanan anigu marna ba oggolaan karayn.

Sidaas oo kal'aa Cigaal doorashadii waa ka ilaaliyey raggii Isaaq ee Baarlamankii hore Xubnaha ka ahaa oo asaga ugu codeeyay Cabdirashiid oo Cigaal Wasiir kii 1aad ku noqday in aan mid keli ahi soo gelin Baarlamaan kii danbe uu asagu doorashadiisa maamulayay, Cabdillaahi Jire, oo uu

Cumar Carte ku gudbayay maah'ee, iyo Is maaciil Ducaaleh Warsame, Alle ha u naxariist'ee, oo aanan hubin meel ay markaas asaga iyo Cigaal u joogtay, hal kii la filayey in uu dhammaan tood hiil ugu abaalgudo. Malaha taasi na wax'ay ahayd fulin dardaarankii Machiavelli, "Xukun nin kii ku saaray baa kaa qaadi kara".

Mar kii doorashadii Madaxweynaha 1967, xubnihii Baarlamaan ee beesha Habar Jeclo wax'ay ahaayeen shan. Axmed Is maaciil (Duqsi) oo Wasiir ka ahaa dawladdii Madaxweyne Aadan Cabdulle iyo Wasiir 1aad Cabdirazak Xaaji Xuseen maah'ee, afartii kale ba Cigaal b'ay Cabdirashiid ugu codeeyeen si Cigaal u noqdo Wasiir kii 1aad. Waxa la sheegay kaddib dhismihii dawladdii Cigaal, in odayo Habar Jeclo oo Muqdisho tegay Cigaal arki kari waayey. Afartii xubnood ee Baarlamaan ee Habar Jeclo oo Cigaal codkooda siiyey na waa tusi kari waayeen. Markaas kaddib, Duqsi oo aan asagu cod kiisii Cigaal siinin baa telefoon Cigaal ku la xidhiidhay oo ballan ka soo qabtay, inuu Duqsi qado gurigiisii ku kulansiiyo odoyadii iyo Cigaal. Afartii xubnood ee kal'ee Baarlamaan ee Habar Jeclo na w'uu ku daray in ay ka soo qaybgalaan qadadii, waa na ku naxeen mark'ay Cigaal ku arkeen gurigii Duqsi, sida la ii sheegay.

Hargeysa lixdii kursi waxa u tartamayay 17 Xisbi. Kaddib mar kii mid maah'ee, sanaaduuqdii kale codad kii ku jirey oo dhan la wada tiriyey, waxa caddaataay in afar Xisbi mid wali ba hal kursi helay, kuwaas oo ka la ahaa: SYL, Ubax (Cumar Carte), Dr. Imaan Maxamed Warsame iyo Cabdullaahi Gaaxnug, oo aan codadka sanduuqi hadhay ku jirey wax u dhimi doonin haddii aan lagaga shubanin. Sanduuqa hadhay saddex Xisbi oo kal'uu mid reebi doonay.

Wax'aanu is hortaagnay aniga iyo Cumar Maxamuud Nimcaale (Cumar Yare), oo Ku-Xigeenkayga ahaa, in aan Boliiska loo adeegsanin kushubasho. Waxa iyagu na si wanaagsan noola shaqaynayay Saraakiishii Milatariga, oo badan koodu Koonfur ahaa, wax'ay na taageersanaayeen Cumar Carte, oo waa ka soo horjeedeen kushubasho. Badbaadin taas in aannu hubino b'aanu ku dedaalnay.

Mar kii hal kaas sanduuq hadhay wax'aanu ku la talinay lixdii Xisbi ee saddex na guulaysatay, mar kii SYL laga reebo, saddex na rajo qabeen in ay feejignaadaan, wakiilladoodii na kuwi daallanaa ama jilicisanaa iwm, beddelaan, ciidammadii na sidaas b'aanu ku samaynay Boliis iyo milatari ba.

Haddii Xisbigii dawladda ee SYL loogu shubi lahaa, saddexdii Xisbi oo kal'ee guulaystay waa waayi lahaayeen kuraastoodii. Ubax, in kast'oo murashaxii xulkoodu ahaa Cumar Carte, hadda na xubno kal'aa beeshooda ugu jiri lahaa kuwii wax loo boobi lahaa ee SYL. Labada Xisbi oo kal'ee kuraastoodi ku guulaystay cidi ugu ma jirin kuwii wax loo boobi lahaa.

Mark'aannu qiimaynnay xaaladdii amni, aniga iyo Cumar Yare, wax'aannu u aragnay in taageerayaashii Dr. Imaan Maxamed Warsame ee Arap iyo Cabdullaahi Gaaxnug reer Samatar dagaalami lahaayeen haddii xaqoodi la duudsiyo. Yay la dagaalami lahaayeen? Marka hore wax'ay is ku deyi lahaayeen in ay dilaan mas'uulin tii boobka fulinaysay, waxa se suragal noqon kartay in kuwaas ciidan amni ku wareegsanaan lahayeen. Kaddib mark'ay kuwaa gaadhi kari waay'aan, waxa suuragal noqon lahayd in ay la dagaallamaan xubnihii wax loo boobayay iyo taageerayaashoodii. Kaddib na wax'ay ahaan lahayd in Hargeysa dhiig qulqulo, haddii sid'aannu yeelnay aan naan yeelin. Waa in aan lagu shubanin, dhiig ba maxuu u daaadan? Haddii kale wax'aannu ku khasbanaan lahayn in aanu weli ba laynno ama xidhxidhno kuwi dulmanaa, mar hadd'ay ku kacaan gacan ku hadal.

Berbera, oo uu Cali Jirde ka tartamayey baa iyadu na feejignaan nooga baahnayd. Waxa la rabay in dad reer Burco ahaa baabbuur lagu guro oo ay Sheekh oo Berbera ka tirsanayd Xisbigii SYL ee talada hayay ugu codeeyaan sidii uu Guddoomiyihii Gobol kii Bari Woqooyi toos iigu soo sheegay oo kor ku muujisan, oo taageerayaasha Cali Jirde la hafiyo. Qaanuunka doorashadu ma oggolayn in dad baabbuur lagu daadgureeyo min degmo ilaa degmo, in kast'oo aan la celinaynin dadkii lugaynayay.

Mar k'aannu ogaanay dadka Burco laga guri rabay, in Sheekh oo Berberaka tirsanayd uga soo codeeyaan SYL, baa saldhig tababbar Militariga ee Sheekh la amray in ay dad kaas ku joojiyaan aagga togga Dubaar oo dib loo celiyo. Sidaas baa dad kii Burco laga raray oo ka codayn lahaa Sheekh ee agga Berbera dib loogu celiyey. Meesha kal'oo ay Cali Jirde iyo taageerayaashiisu ka welwelsanaayeen in lagu shubto wax'ay ahayd aagga Buuloxaar, iyada na wax'aannu u dirnay ciidan uu hoggaaminayey Dhamme Ibraahim Jaamac Uurdoox.

Guddoomiyihii (Governo) Gobolka Hargeysa baa maalin tii doorashada kahorraysay u yeedhay Agaasime Goboleedkii (Regional Director) Hawlaha Guud, Ibraahim Xaaji Ducaaleh (Dundumo) oo ku yidhi ciddii shaqaalihi ka mid aha oo rabtay in ay SYL Berbera uga codeeyaan fasax sii. Ibraahim shaqaalihii b'uu shiriyey oo weydiiyey, "Yaa raba in Berbera SYL uga soo codeeyaan?" Qaar baa gacamaha taagay. Mar kaas b'uu hadda na weydiiyey, "Yaa raba in ay Cali Sheekh Berbera uga codeeyaan ?" Qaar kal'aa gacmaha taagay. Mar kaas'uu ku yidhi kuwii gacmaha taagay labadii kooxood ba "Dhammaantiin fasax baa tihiin".

Burco wax'ay ahayd meesha keliya intii mas'uuliyaddayda ahayd lagu shubtay Woqooyi oo dhan, iyo Zaylac oo sida Buur Caqabo oo kale xisbi SYL la tartamayey dalab koodii murashaxnimo laga qaban waayay, halka Koonfur badan keeda kushubasho hadhaysay. Ha se yeesh'ee, Burco labo musharax, Xassan Cabdi Khayrre iyo Maxamed Cabdi Carraaleh, oo kuraas toodii ku guulaystay baa dayacay.

Kushubashada waxa fulin jiray Guddoomiyayaasha, heer Gobol iyo heer Degmo ba. Wax'ay marka hore samayn jireen kalsooni abuur, oo sanduuq wal ba codad doorashooyin kii ku jirey marka la keeno xafiiskii doorashooyinka ee Degmada si habboon baa loogu tirin jirey oo cid wali ba raalli ka noqon jirtay. Sanduuqa ugu danbeeya oo meesha ugu fog ee miyiga ka imanayay b'ay daahin jireen. Mar kii sanaaduuqdii kal'oo dhan la tiriyo, oo xisbiyadii badan koodu quustaan oo is ka ka la tagaan, kuwa soo hadhay na daallan yihiin, b'ay waqti dagan eegan jireen, oo sanduuqa hadhay ka buuxin jireen codad been ahaa oo u calamadaysanaa xisbiga talada dalka hayay ee SYL. Ayaan darro, waa Xisbigii gobanimada dhaliyey, oo ka dib magaciisi xumaan loogu shaqaystay.

Burco, kaddib mar kii codad kii doorashada, wax'ii hal sanduuq oo hadhay ku jiray maah'ee, in tii kal'oo dhan si habboon loo tiriyay, waxa caddaatay in shanti kursi ee Burco SYL saddex helay, Xasan Cabdi Khayre iyo Maxamuud Cabdi Carraale na mid mid heleen, wax'ii sanduuqa hadhay ku jiri doonay na aan ay wax ka beddeli karaynin natiijadaas, marka laga qiyaas qaato isku celceliskii codad kii sanaaduuqdii in toodii kale mid wal ba ku jirtay.

Xisbiyadi kale, 'Xashiish,' Cabdiraxmaan Tuur, Xasan Aadam Wadadiid, iwm, waa quusteen oo is ka ka la tageen. Sidaas oo kale labadii guulaysatay na wax'ay is dhacsiiyeen ama wakiilladoodii is dhacsiiyeen sanduuqaasi wax ba ma beddeli kari karaynin, oo iyagu na w'ay is ka tageen, oo ma sugin tirin tii sanduuqii hadhsanaa. In tii sanaaduuqdi hore oo dhan ku jirtay in ka badan baa SYL loogu guray sanduuqii hadhsanaa.

Xasan Cabdi Khayre wax'uu beri danbe igu yidhi, "Sanduuqaasi galbeed b'uu ka imanayay oo wax ba ka ma filanaynin. Laakin mid kood na ma xusuusanin in ay waxoodii hore ilaashadaan.

Abshir oo fasax ku jiray baa mar iga la soo hadlay Radiyaha Boliiska, oo ay ku kulmeen Saraakiil kal'oo ka ag dhowaa Madaxdii Sare. Wax'uu igu yidhi, "Warqad b'aan Qaybe kuugu soo dhiibay." Warqaddu wax'ay ahayd jawaab tii warqaddii aan u diray sida kor ku sheegan. Waxa ii keenay nin la odhan jiray Maxamed Muuse oo Qaybe taageersanaa. Qaybe wax'uu ka tartamayay Buuhoodleh, oo wax'ay is kahor jeedeen Jaamac Dhoof iyo Xasan Cumar Camey, oo labadu ba ka ag dhowaa Madaxdii Sare. Hadal kii Abshir waxa loo qaatay, oo la is wada gaadhsiiyey, in uu ilahaa Qaybe wax la qabo. Aniga iyo Qaybe saaxiib b'aanu ahayn, oo u ma baahnayn in Abshir ii soo maro ba, i ma na weydiisanin wax taageero aha. Waxa keliya oo aan siin karay na wax'uu ahaan lahaa hal ama labo askari oo amnigiiisa ilaaliya, i mase weydiisanin.

Murashaxiiin tii waagaas Woqooyi ka tartamaysay oo dhan waxa ilaalo weydiistay oo keli ah: Xaaji Xasan Cali Askar, oo awoowe iigu toosnaa, hooyaday abtigeed ahaa, oo Laascaanood ka tartamayey, Yuusuf Aadan Bowkax, oo Ceerigaabo ka tartamayey iyo Aadan Isaaq Axmed, oo Boorama ka tartamayey, dhammaan tood Alle ha u naxariist'ee, mid ba nin Boliis ahaa b'aan siiyey, mid wali ba k'uu ku kalsoonaa oo i weydiistay. Xaaji Ibraahim Nuur baa igaga cawday ilaaladii aan siiyey Aadan Isaaq. Wax'aan ku idhi, "Waa Wasiir oo aminigiis'aan mas'uul ka ahay." Wax'uu i weydiiyay max'aan hebel uga dhigay ilaaladii Wasiirka? Wax'aan ku idhi, "Hebel waa kan keliya oo aan amniga Wasiirka ku hallayn karay". Nin mas'uul ah amnigiiisa cidda ilaalinaysa waa in uu ahaado mid mas'uulku ku kalsoon yahay.

Waagii Xukunka Askarta, Axmed Saleebaan, Taliyihii Nabad Sugidda, ayaa mar igu yidhi, "Wasiirradii (kuwii rayidka ahaa oo ay magcaabeen) ilaaladii la siiyay waa'y is ka fasaxayaa."

Wax'aan ku idhi, sii Wasiir wal ba ilaalo uu aaminsan yahay oo aan Wasiirku wax ka qarsanaynin hadd'uu cid kale la faqayo."

Su'aal kal'oo Ahmed Suleebaan i weydiiyay; wax'ay ku saabsanayd Sarkaal la odhan jiray Axmed Jilicow, oo ila shaqayn jiray asag'oo Xiddigleh ahaa. Asaga iyo Cabdullaahi Maxamuud Xasan (Matukade) wax'ay ahayeen labadii sarkaal ugu karti iyo khibrad badnaa saraakiishii Sirdoonka iga la shaqayn jirtay. Mar kii Askartu Xukunkii dalka la wareegtay, baa kuwo labadooda ba ku hinaasays na warar xun ka geyn jireen. Wax'aan Axmed Saleebaan ku idhi, "Ha is ka hallaynin Jilacow." Sidii b'uu yeelay oo int'uu tijaabooyin geliyey u bogay, dhowr jeer na dallacsiiyey ilaa uu Janan gaadhsiiyey.

Mar kii doorashadii dhammaatay, nimankii dawladdii, sid'aan filayey oo uga digay Abshir, degdeg b'ay sarkaal kale ugu magcaabeen Taliyihii Boliiska, Abshir na wax'ay ku magcaabeen in uu Safiir ka noqdo dalka Fransiiska, asagu na waa diiday. Hebel k'uu Abshir is ku hallaynayey na Yurub b'uu u safray oo ma sugin ballan kii la is ku ogaa in la isaga yimaddo arrintiisi doorashooyinka kaddib.

War kii oo kooban, Abshir waxa u heshiiyay saddexdaas nin oo dawladdii ugu awood weynaa, oo aan mid kood na odhanaynin waar ka daaya! In taas b'ay ku dhammaatay boliisnimadii Taliyihii Boliiska Soomaaliyeed ugu horreeyey, General Maxamed Abshir Muuse.

Wax'uu Taliye Boliis ahaa toban sano; wax'uu na ahaa hoggaamiye wanaagsan, Boliis ka Soomaaliyeed na si fiican u soo dhisay. Wax uu na kartidiisi iyo shakhsiyaddiisi Boliiska ugu kasbay kaalmo Deeq Bixiyayaasha. Wax uu Boliiska ka baahitiray gaadiid cir iyo dhul ba.

Maqaal tacsidii geeridi Maxamed Abshir, Marti Ganzglass, oo Ciidan kii Boliiska Soomaaliyeed

Gen. Maxamed Abshir

Gen. Maxamed Abshir u ahaan jiray Lataliye Sharci (1966–1968), ka na mid ahaa aqoonyahannadii, 'Koox Nabadeedkii Maraykan, loo yaqaannay, 'Peace Corps Volunteers', ku qoray Wargeyska Bilaha Dhaqan Soomaaliga ee 'New Dalka', in hawlwadeennadii Sirta Maraykan (Secret Service), oo la socday Madaxweyne Ku-xigeenkoodii, Hubert Humphrey, mark'uu 1967 booqday Soomaaliya iyo dalal kal'oo Afrika, ay kaddib warqad mahadnaq ahayd ugu soo sheegeen General Maxamed Abshir, in Ciidamadii Boliiska Afrika ee ay ka la hawlgaleen amnigii Madaxweyne Ku Xigeenkoodii, Boliiska Soomaaliyeed ugu heer aqoon sarreeyay. Qoraal kaas oo Ganzglass sheegay in uu akhriyay.

Wax badan oo aan ka xusuusnahay waxqabadkii General Maxamed Abshir, waxa ka mid ahaa mar saraakiishayadii sare: Taliyaha, Taliye-Xigeenka iyo afar Gaashaanleh Dhexayaal, aannu saxaynay imtixaan ay galeen dhowr iyo labaatan labo xidiglayaal, oo u tartamay dallacaad Dhamme. Saddex sarkaal oo saddexdoodu ba imtixaan kii ka gudbay oo labo ka la galeen halka 4aad iyo 5aad, kan kale na 17aad, Taliyihii waa ka tegay mark'uu dawladda u qorayey dallacaaddii saraakiishaas. Labada danbe w'aannu garannay sababt'uu uga tegay. Kan ugu horreeya oo meesha 4aad galay, b'aannu is weydiinnay, intayadii Gaashaanleh Dhexeyaasha ahayn. Kulan todobaadleh ahaa oo aannu lahaan jirney b'aan Talyahii ku weydiiyey. Waayo sarkaal kaasi wax'uu ka tirsanaa beel Soomaaliyeed oo weyn, hadda na saraakiisha beeshaas ku abtirsaday Boliiska aad ugu yaraayeen.

Wax'uu General Abshir igu jawaabay, "Weli ma bisla." Ku m'aan qancin mar kii, wax'aanse ku qancay mark'aan anigu Taliyihii noqday, shan-lix sano kadib, oo aan sarkaal kii sii aad ah u sii bartay.
General Abshir, waxa Ciidanka Boliisku, xaasas kooda iyo dadweynuhu ba, in tii ogi, gaar ahaan ku xusuunaan karaan Cusbitaal Mediina oo uu uga tegay, oo asagu ku tacbay dhismihiisa.

Taariihhda Boliiska Soomaaliyeed Koofur:
1908 b'uu Talyaanigii assaasay Ciidan Boliis, 'Zaptie', ku na koob na Benaadir, ay mar kaas ka mid ahaayeen Shabeelle Dhexe iyo Hoose.

Jiritaan kii Ciidan kaasi wax uu soo afjarmay bishii 4aad, April 1941, mar kii Ingiriis qabsaday Koofurta Soomaaliyeed, is la mar kaas na aassaasay Ciidan kale, Somali Gendarm (Military Police) u habays na sida ciidan Daraawiish. Waxa ciidan noocaas ah oo magacaas leh lagaga dhaqma dalka Fransiiska iyo dalal kii uu gumaysan jirey. Talyaanigu na wax uu leh yahay ciidan kaas oo kal'oo loo yaqaan, 'Karanbinieri'.

Toddoba sano kaddib, 1948, magacii Somali Gendarm waxa loo bedelay Somali Police Force, waa na Ciidanka iyo magaca ilaa maanta jira, taariikhda Ciidaan kaasi na wax ay ku habboon tahay labadaas waqti mid kood, 1941 ee aassaasi kii Ciidanka, ama 1948 ee bixin tii magaca danbe, siiba tan hore ayaa runta waafaqsan oo mudnaanta leh.

Waqooyi:
Ciidan Boliis mithalay waxa ugu horrayn la aasaasay 1884, magaciisu na aha 'Ilaalada Xeebta (Coast Guaard)'. Mudday yar kaddib magacaasi wax'uu u beddelmay 'Ciidanka Awrta (Camel Constabulary)'. 1916 ayaa lagu magcaabay Ciidan Boliis, wax'uu se hoos iman jirey Guddoomiyeyaashii Degmooyinka, ma na leh hayn Saraakiil u madax aha 1927 kahor.

Taariikhaas boliisnimo ee kor ku sheegan sannad- guuradooda la ma xusi jirin, Koofur iyo Waqooyi mid kood na.

Waagii Wassaayaddii Ummadaha Midoobay ee xornimo gaadhsiin tii Koofurta Soomaaliyeed, Dawladdii daakhiligii Soomaaliyeed (Internal Self-government) 20 Dec 1958 ayay Talis kii Ciidanka Boliiska ka la wareegtay Maamul kii Tanyaaniga. Maalin taas baa laga soo bilaabay sannadguuro taariikh Boliis loo dabbaal dego ilaa 1978, mar kaas'uu Maxamed Siyaad, oo asagu ka mid ahaa Ciidan Somali Gendarm oo la aasaasy 1941, xusssuustay in taariikhdii Boliisku in taas ka weynayd, ku na dhawaaqay in laga soo bilaabo 1943, taariikhdaas oo ahayd tii xornimodoon kii, aan se ahayn tii Boliiska u gaarka ahayd.

Haddii General Abshir xilka Boliiska baaqi ku sii ahaan lahaa, laga yaab'ee in aan inqilaab askareed dhaceen. Reer galbeedku Boliisk'ay aad u taageeri jireeen, laakiin militariga aad uga koray heer Boliisku dheellitiri karay. Ha se yeesh'ee, kahor dhismihii militeriga, April 1960, saraakiisha sare ee militarig'oo dhammi Boliisk'ay ka tirsanaaayeen, oo kuwo badan baa weli Abshir (Taliyahoodi hore) raacsanaa, ugagana dhowaa Maxamed Siyaad, oo Abshir warka militari oo dhan tallaabo tallaab'uu u la socon jirey.

Maxamed Siyaad waa ogaa in Abshir xidhiidh la lahaa saraakiil sare oo militari, waa na dhibsanayay; oo mark'uu xukunka qabsaday aargoosi ahaan b'uu Abshir gurigiisii ugu xidhay saddex sano iyo badh, kaddib na Xabsigii Labaatanjirow 7-8 sano oo kale. Ha se yeesh'ee, talaxumadii dawladdii waagaasi ee xukunka madaniga ugu danbeysay wax'ay sababtay in la dilo Madaxweeynihii 2aad ee Jamhuuriyadda Soomaaliyeed, taas oo sababtay in inqilaab Askareed noqday 'cad bisil cidla ka qaatay'.

Labo bilood kaddib mar kii loo magacaabay Wasiir kii 1aad, baa Cigaal ka qaybgalay Shir Sannadeedkii Madaxdkii Afrika oo lagu qabtay Kinshaasa, wax'uu na ku la soo heshiiyey Xayle Selaassie iyo madaxdii Kenya, heshiisyo aan Soomaalidu waagaas u diyaar ahayn. Waxa lagu socday siyaasad ahayd in dadyowga dalal kaas la haysta is xoreeyaan, dawladdii Soomaaliyeed na si buuxda u taageerto, oo la hubeeyo la na maalgeliyo.

Nimankii Koonfurdoorashadii loogu shubay mark'ay Muqdisho ku soo l aabteen, wax'ay noqdeen kuwo magaalada dhexdeeda lagu xabbadeeyo ama guryohooda bamb ku qarxa loo dhigo.

Kaddibmar kii cod kushubashadii doorashooyin kii dad kii ku dhowaadeen gadood, siyaasaddii Cigaal ee dawladaha deris ka ah iyo Soomaaliya, oo dadka Soomaaliyeed aan ay waagaas u heelloonayn, iyada na wax faa'iido ahaa ka dhalan waayeen,arrimahaas oo dhammi wax'ay sababeen nacayb iyo karaha dawladdaas.

Mar kaas waxa bilaabmay guux in Cigaal la beddelo. Waxa faq bilaabay rag Cabdirashiid aad ugu dhowaa, iyo mid wal siyaasigii ugu muqday kii Cigaal lagu beddeli karay. Wax'ay na u badnayd haddii Cabdirashiid ka soo nabad noqon lahaa safark'uu ku naf baxay uu Cigaal beddeli lahaa si uu madaxtooyadiisi uga mooso muuqaalkii xumaaaday ee dawladdaas, oo in kast'oo Cabdirashiid ilaa xad qayb ka ahaa kushubashadii doorashadii, iwm, hadda na isxukunka dimograadiga ah (Democratic Governance) waxa la aqoonsan yahay in an Madaxweynuhu mas'uul ka ahaan karin wax'ii dalka ka xumaaada, hadd'aan nidaamka isxukunkii madaxtooynimo (Presideential) ku dhisnayn. Sidaas awgeed na wax'ii xumaaan dalka ka dhacay oo dhammi wax'ay qanuuniyan noqdeen mas'uuliyaddii Wasiir kii 1aad kor kiisa. Dhowr nin baa la soo qaaday in Cigaal lagu beddeli karay. Ninka keliya oo la hubo in la la hadlay oo diiday in Wasiirka 1aad loo magacaabo, oo ii sheegay in labo nin oo Cabdirashiid aad ugu dhowaa la hadleen, nin kaas oo Cigaal na weligii aad uga biqi jirey in asaga lagu beddeli karay, wax'uu ahaa Cali Sheekh Maxamed (Cali Jirde), Alle ha u naxariist'eh. Ragga kal'oo la soo qaaday waxa ka mid ahaa Michael Mariano, Cabdullaahi Ciise iyo Cumar Carte.

Waxa la garwaaqsaday in baahi weyn loo qabay waayo-aragnimo maamul wadid leh oo xukunkii iyo dawladnimadii tubta ku soo celin karay, laga na yaab'ee in la magacaabilahaa Cabdullahaai Ciise ama Michael Mariano.

Waxa la is ku raacsanaa in siyaasiyiin tii waagaas Cabdullaahi Ciise ugu waaya-aragsanaa. Wax'uu madax ka ahaa dawladdii xukunka daakhiliga Koonfur Soomaaliya afar sano iyo dheeraad (1956-1960). Kaddib na xubin ka ahaa Dawlad kast'oo Soomaaliyeed. Wax'uu soo qabtay xilalka wasaaradihii arrimaha dibedda, caafimaadka iyo shaqada iyo ganacsiga iyo warshadaha.

Aadan Isaaq Axmed, Alle ha u naxariist'eh, mark'uu noqday Wasiir kii Isgaadhsiinta iyo Dekedaha, bilawgii 1966, b'aan is baray wasiirka iyo nin dekedaha ka shaqayn jiray oo wasaaraddiisa ka tirsanaa. Kaddib na saaxiib b'ay noqdeen xattaa kaddib mar kii Aadan wasaaraddaas ka wareegay oo noqday wasiir kii waxbarashada.

Kaddib mar kii dawladdii askartu soo daysay siyaasiin tii hore ay xidhxidhay, waxa Aadan Isaaq maalin marti qaaday nink'ay saaxiibka ahaayeen ee aan anigu is baray, aniaga na igu daray. W'aannu is waraysannay, oo wax'aannu Adan uga warrannay wax'ii Soomaalida iyo dunida ba ka dhacay int'uu xidhnaa. Asagu na wax'uu nooga sheekeeyay duruuft'ay ku noolaayeen, asaga iyo raggii kal'oo la xidhnaa. Mid wal ba w'uu ka warbixiyay, gaar aan siyaasiyiin tii waaweynayd. Mark'uu soo gaadhay Cabdullaahi Ciise, wax'uu yidhi:

"Waa nink'aan shaqadii dawladda uga tegay. Safaaraddii Soomaaliyeed ee Moskow anig'oo ka shaqaynayay ayaan is qabannay safiirkii. Kaddib na Muqdisho ayaan imi oo wax'aan doonay in aan wasiir kii u ashtakoodo si uu iiga beddelo. Sannad kudhowaad b'aan Muqdisho joogay oo Wasiir kii arrimaha dibedda, Cabdullaahi Ciise, arki kari waayey. Maalin wal ba sid'aan u sugay b'uu safri jirey. Mark'aan in taas oo dhan sugayey baa doorashooyin kii 1964 soo dhowaadeen, kaddib na Booram'aan tegay oo waa la i soo doortay. Muqdisho mark'aan imi, wasiir baa la ii magacaabay, oo aniga iyo Cabdullaahi Ciise wax'aannu ka wada mid noqonnay dawladdii Wasiir 1aad Cabdirazak Xaaji Xuseen. Wax'aan arkay dawladdii ba waxa waday nink'aan shaqada uga tegay, Cabdullaahi Ciise".

Waa jirtay in ay aad u adkayd in Cabdullaahi Ciise si sahlan loo heli karay. Badanaa wax'uu shaqayn jiray oo xafiis kiisa u badnaa maalin tii gelinka danbe oo aan la shaqayn jirin ilaa habeenkii, oo marmar waxa la arki jiray habeen badh kii daaqadaha (dariishadaha) xafiiska Cabdullaahi Ciise oo iftiimayay. Maadaama uu muddo dheer ahaan jiray Wasiir 1aad, laga yaabe in uu is ka fogayn jiray in loo la yimaaddo wax Wasiir kii 1aad shaqadiisa ahaa. Ha se yeesh'ee, wax'uu aad u qiimeyn jiray barootakoolka (hab maamuuska) oo ballannada iyo shirarka cidi ka ma soo horrayn jirin.

1961Wasiir kii 1aad Cabdirashiid Cali Sharma-arke wax'uu booqasho ku tegay Midowgii Itixaadka Soviet (USSR). Wax'ay na isa soo barteen hoggaamiyihii waagaas ee Soviet Union, Khruschev. Waxa la soo siiyay mashaaric badan oo dhammaan tood deeq ahaa. Waxa ka mid ahaa dhismihii Dekedda Berbera, Warshadda Kalluumaysiga ee Laasqoray, Warshadda Hilibka Kis maayo, Warshadii Caanaha ee Muqdisho, Dugsigii Sare ee Benaadir, labo Cusbitaal, Sheekh iyo Waajid, Madbacaddii Muqdisho iyo Waxbarasho arday tiro badan.

Ruushku, alaabtii mashaariicda lagu dhisayay wax'ay soo raaciyeen badeecado is ugu jirtay dhar, sonkor, sibidh, dhar, iwm, oo loogu talagalay in la iibiyo, lacagta iibka ka soo baxda na laga mushahar siiyo shaqaalihii. Waxa loo baahnaa in alaabtaas suuqa loo xidho muddo lix bilood ahayd in tii mashariicdaasi dhis maysay, oo aan wax alaabtaas la mid aha oo kale dibedda laga keenin. Cabdirashiid ma kari karin in uu suuqa ka xidho tujaar Soomaaliyeed iyo Carab ba oo badeecooyin noocyadaas ahaa keeni jirey. Cabdirazaak baa sidaas yeeli kari lahaa.

Mar kii suuqii loo xidhi waayay, badeecadi Ruushku waa tartami kari wayday, waa na is ka baylahaday, mushaharkii shaqaaluhu na waa ka soo bixi waayay. Mashaariicdi waa istaageen iyag'oo qabyo aha, Dugsigii Sare ee Benaadir maah'ee iyad'oo Cabdirashiid weli ahaa Wasiir kii 1aad, oo sidaas kaga tegay. Dawladdii Cabdirazaak Xaaji Xuseen na sidaas b'ay ugu timi mashaariicdaas iyago fadhiyay, bishii May 1964.

Wasiir kii 1aad Cabdirazaak Xaaji Xuseen dhowr wasiir b'uu mar xilalkii ka qaaday, ka na mid ahaa Wasiir kii Ganacsigu, mid wal ba na wax'uu ku beddelayey mid ay is ku deegaan ahaayeen. Ha se yeesh'ee, Wasiir kii Ganacsiga oo cusbaa wax'uu u magacaabay Cabdullaahi Ciise, oo mar kaas kahor ahaa Wasiirka Caafimaadka iyo Shaqada, oo aan ay wasiir kii hore ee Ganacsiga is ku deegaan ahayn. Cabdullaahi Ciise kaddib mark'uu xilkii wasaaraddii Ganacsiga la wareegay ba wax'uu Golihii Wasiirrada qoraal ugu soo jeediyay in Ruushku lahaa hal badeeco, shidaalka, oo ku tartami karta suuqyada ganacsiga ee Caalamka, waa na in Soomaalidu shidaal

Ruushka amaah kaga qaadato si loo kicin karay mashaaricdii Ruushku i na siiyey oo dhammaan tood markaas fadhiyey, Dugsiga Benaadir maah'ee.

Golihii Wasiiradu waa la dhaceen oo mar kii ba waa oggolaadeen. Markaas kahor shidaalka dalka lagaga dhaqmi jiray waxa lahaa sharikado reer galbeed aha; waxana keeni jirtay oo iibin jirtay Shirkad Talyaani oo loo yaqaannay Cajib (Agip). Talyaanigii oo Soomaali badan, siyaasiyiin iyo maalqabeen ba ku xidhnaayeen waa buuqeen. Safiirkii Talyaanigu wax'uu cabasho ugu tegay Madaxweeynihii, Aadan Cabdulle. Wax'aas buuq ahaa oo dhan wax'ay noqotay in Wasiir kii Ganacsigu, Cabdullaahi Ciise, ka jawaabo. Cabdullaahi wax'uu u yeedhay Safiirka Talyaaniga. Wax'uu ku yidhi "Cajib shidaalk'ay iibiso maleh, ee kan ba ha iibiso, wax'ay ka heli jirtay na, kan ba ha ka qaadato".

Talyaanigu aad b'ay u farxeen, oo Ruushka meesha soo galay b'ay ka wareereen, wax'ay na ka baqayeen in alaabtoodii farsamada, kaabayaashii kaydka iyo qaybinta shidaal (Handling and Distribution equipment) laga qarameeyo, iyaga na dibedda la dhigo.

Mar kii ba mashaariicdii waa la kiciyey. Sid'aan u gartay wax af qalaad lagu yidhaahdo, "Reading between the lines" Cabdullaahi Ciise asag'oo weli aha Wasiir kii Caafimadka, laga yaab'ee, in uu u soo jeediyey Wasiir kii 1aad in shidaalka Ruushka la qaato si mashaariicdii loo badbaadiyo, loo na hirgeliyo. Kaddib na uu Cabdirazaak sidaas ugu magacaabay Cabdullaahi Ciise Wasiirka Ganacsiga si uu arrin taas u soo abaabulo. Wax'aan rabay in aan Cabdirazak, Alle ha u naxariist'ee, arrin taas weydiiyo in ay sidaas ahayd iyo in kale, dhowr jeer oo aannu kulannay kahor in tii aanu geeriyoonin, waa se iga hoos baxday. Bishii Oktoobar 1962 baa Maxamed Ibraahim Cigaal is ka casilay dawladdii Wasiir kii 1aad Cabdirashiid Cali Sharma-arke. Sannad kaddib 1963 wax'uu Sheekh Cali Jimcaaleh la aasaasay Xisbi cusub, 'Shirweyne Qaran Soomaaliyeed' (Somali National Congress - SNC). Lix biloodkaddib doorashooyin kii March 1964 Xisbigii SNC ma helin kuraas badan sidii la filayay, xubnihiisii la doortay qaar kood na wax'ay u wareegeen xisbigii talada hayay ee SYL. Cigaal niyadjab baa ku dhacay (Frustration) oo waxa mar laga maqlay in uu yidhi, "Baraazil b'aan u haajirayaa." Sannad kaddib na Cigaal wax'uu ka dabategay saaxiibadiisii SYL galay oo asagu na ku biiray Xisbigii tala hayey.

Markaas kaddib jariidadii, 'Dalka' uu qori jiray marxuum Garyaqaan

Yuusuf Jaamac Cali Dhuxul, baa si saluug leh Cigaal wax uga qortay oo tidhi malaha berri na wax'uu ku biiri doonaa 'Somali Democratic Union' (SDU, Xisbi bidix ahaa oo aad uga fogaa waxa Cigaal aminsanaa. Cigaal malaha waa dhibsaday faalladaas.

Kaddib dhowr sannadood anig'oo madax ka ah Hay'addii Sirdoon kii iyo Amnigii Qaranka Soomaaliyeed baa 1966 belowgiisii dib la iigu celiyay hawlihii Boliiska oo Woqooyi la ii beddelay. Mar kii beddel kayga la maqlay baa Cigaal, oo aan aan sheekaysan jirini, la xidhiidhay niman labadayada ba saaxiibbo na la ahaa oo ka codsaday in ay na kulansiiyaan kahor intii aanan Hargeysa u ambabixin. Is maciil Axmed Is maaciil, Taliyihii Ciidanka Asluubta (Prison Services) ayaa codsigaas i soo gaadhsiiyay, anigu na w'aan ka oggolaaday. Labo beri kaddib baa Anthony Mariano afartayadi noogu sameeyay Makhaayaddii 'Tre Fontna' casho u ekayd sagootigaygii. Cashadii kaddib Anthony waa naga hadhay, saddexdayadii kale na wax'aannu raacnay baabuurkii Cigaal, oo is kaga wareegnay magaalada dhexdeeda sida caadadu ahaan jirtay beryahaas. Cigaal dhowr wax b'uu ka hadlay, ma se soo qaadin sababt'uu u codsaday lakulankayga, wax'aan se u gartay in uu si dadban uga jawaabayay qoraal kii Jariidaddii Dalka, oo farriin dadban aniga ii sii marinayay dad kii Woqooyi, oo ahayd max'uu ugu biiray SYL?

Wax'uu ku bilaabay oo yidhi. "Anigu Xisbigaygii (SNC) ka ma tegin, bal se Xisbigii baa iga tegay, macnaha xubno badan baa asaga kahor SNC ka baxay. Laakiin, aniga taasi i ma qancin oo kuwaas kahorreeyay iyo asagu isu ma dhigmi karin. Asaga iyo Sheekh Cali Jimcaaleh wax'ay ahayeen aasaasayaashii oo Sheekh Cali Jimcaaleh weli sidii b'uu ku joogay. Aragtidaydaas se ka la m'aan faalloon Cigaal.

Cigaal wax'uu ku daray in Xaaji Faarax Cali Cumar oo ahaa ruugcaddaa siyaasi SYL, oo safar u baxayay mar Cigaal gurigiisa ku soo booqday, oo u sheegay in asaga, Xaaji Faarax, iyo Madaxweyne Aadan Cabdulle, Cigaal ka sheekaysteen oo ku yidhi, "Madaxweynuhu waa kuu yeedhi doonaa."

Cigaal sid'uu noo sheegay, labo beri kaddib baa Madaxweeynihii telefoon ku la soo xidhiidhay oo ku yidhi, mar ii imaw. Mark'uu u tegay, Madaxweeynihii wax'uu Cigaal ku yidhi, "Anigu wax ku la ma necbi, laakiin nidaamku wax'uu ku dhisan yahay Xisbiyo, adigu na Xisbi ma haysid."

Wax'ay u ekayd in Cigaal u qaatay odhaahdii Madaxweeynaha talo in Cigaal ku biiro Xisbigi talada hayay ee SYL.

Waxa kal'oo hadal kii Cigaal ee habeen kaas ka mid ahaa in mar kii 1964 dawladdii hore ee Wasiir kii 1aad Cabdirazak Xaaji Xuseen kalsoonidii Baarlamaanka weyday oo dhacday kaddib, Maxamed Siyaad oo mar kaas ahaa Taliye Xigeenka Xoogga Dalka Soomaaliyeed, ku yidhi dhowr Mudane oo Cigaal ka mid ahaa, "Hadd'aydun dawladda sidaas ka deyn weydaan, annagu na shaqadayad'aannu qabsanaynaa". Taas oo Cigaal u arkay in ay ahayd haddidaad inqilaab badheedh ahayd. Wax'uu yidhi, "Hadd'aan la helin dawlad ku dhiirrata oo kaas oo kale hawlgab gelisa, maalin maalmaha ka mid ah ay'uu qas samayn doonaa".

Waxa Ilaahy idmay in Cigaal hal sano kaddib, 1967, noqday Wasiir kii 1aad, labo san'oo kale kaddib na Maxamed Siyaad inqilaabay dawladdiisii.

Ha se yeesh'ee, Maxamed Siyaad mar waa ku sigtay in xilka laga qaado oo waxa la soo cusboonaysiiyay ololihii hore ee Saraakiishii asaga lidka ku ahaa oo odhanayay tababbar milatari ma samaynin. Waxa la doonay in tababbar Sarkaal Sare (Staff College) labo sano Ruush loogu diro, in taas na Taliye kale loo magacaabo Xoogga Dalka Soomaaliyeed. Maxamed Siyaad baa as na arrin taas olole ka galay, waa na ku guulaystay. Ololhiisii wax'uu ka la furfuray saddexdii nin oo ugu awood badnaa dawaladdii dalka xukumaysay. Waxa la yidhi, Yaasiin baa ka baxay oo diiday in Maxamed Siyaad tababbar loo diro. Wax'uu se Maxamed Siyaad mark'uu xukunka qabsaday kaddib nagu yidhi, annag'oo dhowr qof ahayn, mar arrin taas la soo qaaday, in uu adeegsaday Daahir Xaaji Cusmaan Sharma-arke, oo ay Cabdirashiid ilmaadeer ahaayeen. Wax'uu raaciyey in uu ogaa in Cabdirashiid marka ugu danbaysa Daahir dhegaysto.

Waa suuragal in Maxamed Siyaad tuhunsanaa in Cigaal, hadd'uu ku guulaysan lahaa in Maxamed Siyaad tababbar loo diro, Taliye Xooggii Dalka Soomaaliyeed loo magacaabi lahaa Maxamed Caynaanshe, maadaama ay dood aan dib ka soo sheegi doono, oo sidaas ku dhoweyd hore uga dhacday GolihiiWasiirrada ee dawladdii Wasiir kii 1aad Cabdirazak Xaaji Xussen dhexdooda. Sidaas awgeed b'uu na Maxamed Siyaad u diley Maxamed Caynaanshe, aargoosi ahaan kaddib mark'uu xukunka qabsaday. Maxamed Siyaad wax lagu sheegi jiray in uu ahaa nin aan illaawi karin ciddii wax yeeshay, xattaa kii ka sarreeyay ee ilaalo soojeed habeen ku yar illaaway, iyo sidaas oo kale nin wax taray toona.

Maxamed Caynaanshe Maxkamaddii waxa lagaga furay in loo sheegay in inqilaab socdo, taas na denbigeedu wax'uu noqon lahaa in uu wax ka ogaa inqilaabka oo keli ah, kuwaas oo kale na waxa lagu xukumay shan sano.

Ha se yeesh'ee, ninka Maxamed Siyaad yidhaado dil ha lagu xukumo waa lagu xukumayey, maadaama aan Maxkamaddii lagu magacaabayMaxkamadda Badbaadada Rafcaan laga qaadan karin.

XIV
XUKUNKA ASKARTA: 21 OCT.1969 – 26 JAN.1991

Askart'oo muddo dheer ba, dhimashadii Janaraal Daa'uud kaddib, rabtay in ay inqilaab sameeyaan baa cad bisil cidla ka qaadatay kaddib mar kii dad kii nacay dawladdii, nacayb kaas oo ka dhashay sidii dawladdii rayidka ugu danbaysay u maamushay doorashooyinkii lix bilood kahor inqilaab kii askarta. Subixii 21 Oktobar 1969 waxa lagu waabariistay dalk'oo askari haystaan iyad'oo aan dhiig ku daadanin, taas oo tusaaleh u ahayd in aan dadku dawladdaas rabin.

Askartu waa qaybsanaayeen. Kalaqaybsanaan taas baa muddo dheer daahisay inqilaabka. Qayb waxa hoggaaminayay Maxamed Siyaad oo Ku-Sime Taliye ahaa iyo Salaad Gaveire Kediye. Qaybta kale na waxa hormuud u ahaa Maxamed Faarax Caydiid iyo Cabdullaahi Yuusuf Axmed. Kooxda hore oo Taliye Ku-Simuhu la socday baa gacan sarraysay. Kooxda kale wax'ay olole u galeen in aan Maxamed Siyaad Taliye loo magacaabin maadaama uu Sarkaal Boliis ahaan jirey oo aan uu soo qaadanin tababbar milatari, sidaas awgeed na aanu dhisi karin, hoggaamin na karin Ciidan kii Xoogga Dalka Soomaaliyeed oo dalku u baahnaa. Dawladdii Madaxweyne Aadan Caddulle iyo Wasiir kii 1aad Cabirazak Xaaji Xuseen, wax'ay ogaayeen in Daa'uud iyo Maxamed Siyaad is ku tababbar ahaayeen, oo wax'ii Daa'uud qaban karay ba Maxamed Siyaad na qaban karay, sidaas awgeed b'ay na asagii ugu magacaabeen Taliyihii Xoogga Dalka Soomaaliyeed. Kaddib mar kii Taliyaha loo magacaabay b'uu Maxamed Siyaad ka la daadiyey kooxdii ka soo horjeedday oo ka la beddelay, meelihii muhiim u noqon doonay fulinta inqilaabka na u dhiibay taageerayaashiisii.

Kooxdii kahorjeeday Maxamed Siyaad, fursad olole labaad b'ay heleen labo sano kaddib mark'ay dhalatay dawladdii Madaxweyne Cabdirashiid Cali Sharma-arke iyo Wasiir kii 1aad Maxamed Ibraahim Cigaal 1967. Wax'ay markan danbe ku ololeeyeen in Maxamed Siyaad inqilaab dhigi rabay.

Arrin taas in Maxamed Siyaad inqilaab samayn karay wax'aad u rumaysan karay Maxamed Ibraahim Cigaal, sid'aan kor ku sheegay.

Xukunkii askartu wax'uu nolosha dadka Soomaaliyeed ku yeeshay labo saamaynood oo waaweyn, aad na u ka la duwanaa, u na ka la fogaa: wanaag iyo xumaaan.

Xukun kaasi saddex sano Gudahaoood wax'uu dalka gaadhsiiyey horumar aanu gaadhin sagaal kii sano ee xukun kii rayidka, kaddib na wax kast'oo wanaagsanaa oo la qabtay ba wax'ay ku burbureen gacmihii askartii. Dal kii na wax'uu aad uga hoos maray heerk'uu joogay xukunkii askarta kahor. Waxa keliya oo ka hadhay waxqabadkii wanaagsanaa ee xukunkii askarta waa qoridda far Soomaaliga iyo kasbashada dhakhtarada badan ee Soomaaliyeed ee la soo saaray muddadii xukunkii askarta iyo kaddib ba.

Dhinaca wanaagga marka laga eego, mudnaanta kowaad waxa la siiyey amniga oo qofkii qof kale dilay ba waa loo dilay. Mudnaantii labaad na waxa la siiyey horumarinta arrimihi bulshada. Waxa magaalo wal ba laga dhisay dugsiyo badan oo kumeelgaadh (makeshift) ahaa. In kast'oo waxbarashadu mar kaas kahor ba lacag la'aan ahayd tan iyo in tii gobonnimada la qaatay, hadda na dugsiyadu waa yaraayeen oo carruur badani waxbarasho ma heli jirin. Mar kan waxa la hubiyey in ilma kast'oo magaalo joogay dugsi helo, wax'ay na ahayd khasab ilma kast'oo da'dii dugsitegid (school age) gaadhay in uu dugsi tago. Dugsiyadaas badan waxa lagu dhisay maalkii iyo muruqi dadka Soomaaliyeed ee habka 'Is Kaa Wax U Qabso' (Help Yourself), Nidaamkii Askartu waa abaabulay oo keli ah.

Waxa la dhisay xarumo (Centers) loogu talagalay in lagu xannaaneeyo, lagu koriyo, wax na lagubaro carruurtii danyarta ahayd aan kari karaynin in ay buuxiyaan shuruudaha dugsiyada caadiga ah, sida labbiska ardayda dugsiyada, iwm. Tifaftir kii horumar kii waxbarashada heer kiisii ugu sarreeyay ee la gaadhsiiyay wax'ay ahayd aasaas kii Jaamicadda Qaranka in ka yarayd sannad iyo badh Gudahaaood, 1971, tan iyo mar kii askartu xukunka la wareegeen, iyo qoriddii af Soomaaliga 1972, oo hore ugu suurtoobi waayay sagaal kii sano ee xukunkii rayidka.

Sidaas oo kale magaalo wal ba waxa laga dhisay Cusbitaallo kumeelgaadh ahaa iyo rugo caafimad habka 'Is Kaa Wax U Qabso' oo iyaga na lagu hirgeliyey maal kii iyo muruqii dadweynaha oo Nidaamkii Askartu abaabulay. Heerka ugu sarreeya ee horumar caafimaad wax'uu ahaa kulliyaddii caafimaadka ee Jaamicaddii Qaranka oo soo saartay dhakhtarro badan, aan cid kale noo soo saarteen. Gumeystayaashiii Ingiriis iyo Talyaani mid ba hal dhakhtar keli aha ay'uu noo soo saaray muddo siddeetan sano ku dhowayd gobonnimadii kahor.

Mar kii ugu horraysay sagaal sano kaddib baa miisaaniyaddii qaranka la isu dheellitiray, dakhli iyo kharaj (Balanced Budget). Dawladda Talyaanig'oo kabi jirtay miisaaniyaddii dawladdihii rayidka na waxa la weydiistay in ay noogu beddesho mashaariic horumarineed (Developmental Projects).

Dalka ilaa xad waxa laga bilaabay warshadayn, ay ugu tayo badnaayeen warshaddii Dharka ee Somali 'Textile' iyo warshaddii Sonkorta ee Madheedhley oo labadu ba heer qaran ahaa. Waxa iyagu na la jaanqaaday warshado yaryar oo gaar ahaaneed (Private Light Industries) oo badan, sida tii Isbuunyada, Marmarka, Rinjiga, Biyaha, iwm.

Beesha caalamku, gaar ahaan Suuqii Dhaqaalaha Yurub waxa dhiirri geliyay waxqabad kii horumareed ee xukunkii Askarta, wax'ay maal geliyeen mashaariic kaabayaal dhaqaaleh iyo bulsho ba, sida Dekedda Muqdisho, dugsiyo tacliinta sare, iwm, weli ba kaddib Nidaamkii Askartu qaatay mabda'a Hanti wadaagga.

Xoogga Dalka Soomaaliyeed wax'uu ka mid noqday kuwi Afrika ugu heer sarreeyay tayo ahaan. Horumar kaas weynaa ee dalka gudhihiis aha saamayn wanaagsan oo waxku-ool ahayd b'uu ku yeeshay siyaasaddii arrimihi dibedda ee Soomaaliyeed. Wasiirradii arrimaha dibedda ee Midoowgii dawladaha Afrika wax'ay mar kii ugu horraysay Guddoomiye u doorteen Wasiir kii Arrimihi Dibedda ee Soomaaliyeed, Cumar Carte Qaalib. Cumar int'uu Guddoomiyaha ahaa wax'uu uga faa'iidaystay in Midoowgii Africa Soomaaliya u doortay xubin Golaha Amniga ee Ummadaha Midoobay 1971, mar kii ugu horraysay taariikhda Soomaalida ugu na danbaysay. Waxa kal'uu uga faa'iidaystay in mar kii ugu horraysay lagaga doodi karay

Golihii Dawladaha Afrika (OAU) dhexdiisa arrinta dhulka Soomaaliyeed (Ogaadeen) ee Xabashidu gumaysato, iyad'oo weli ba lagu shirsanaa Addis Ababa.

Kaddib waxa shirweynihii madaxda Afrika magacaabay Guddi ka koob nayd siddeed dawladood, oo ka soo baaraan degta khilaafka u dhexeeya Soomaali iyo Itoobiya. Mar kaas kahor arrin taas lagaga ma hadli karin Golahaas Afrikaanka dhexdiisa tan iyo in tii la aasaasay Urur kii Midoowga Afrikaan (OAU) 1963, oo ajendaha shirarka waa la gelin kari waayay. Itoobiy'aa taageeradi dawladaha Afrika badan kooda haysan jirtay mar kaas kahor. Fursaddaas oo kii Cumar Carte lagu beddelay lumiyey, sid'aan dib ka soo sheegi doono.

Dhinaca kal'oo xun marka laga eego, xukunka Askartu wax'uu ku tuntay xorriyaddii muwaadinka. Wax kast'oo wanaagsan oo la qabtay waxa ku xigay waxyaalo xun oo wanaaggii lagu illaaway. Wax'uu tirtiray wax kast'oo damaanad qaadayey xornimada muwaadiniinta, sida Dastuur kii, Baarlamaankii, Xisbiyadii Siyaasadeed iyo Ururradii kale, xattaa ururadi Islaamka, oo dhaq dhaqaaqyadi Sufiyada ee Saalixiya iyo Qaadiriya dib loo ma arag; jaraa'idkii xorta ahaa (Free press), iwm. Waxyaalahaas oo heer koodii xumaaan ugu sarreeyey ahaa baabbiin tii mabda'ii 'Habeas Corpus'. Waa Latin macnihiisu yahay qof la qabtay in aan xabsi lagu hayn karin in ka badan muddada sharcigu oggol yahay, haddii aan maxkamadi ansixin in la sii hayo muddo dheeraad ah. Dadna waa ba la dili jiray iyad'oo aan la maxkamadayn. Tusaaleh: Cali Sheekh Ibraahim oo loo yaqaannay, 'Cali 'Heyje', wax'uu ka mid ahaa Jabhaddii Xorayntii Jabbuuti uu hoggaaminayay Saciimkii Maxamuud Xarbi, Guddoomiyihii hore ee Golihii Wasiirrada dawladdii daakhiliga ee Jabbuuti. Cali 'Heyje' wax'uu ahaa Xoghayihii gaarka ahaa ee Maxamuud Xarbi. Is la mar kaas na Cali 'Heyje' waxa kal'uu ahaa Xoghayihii Urur kii Afrikaanka iyo Aasiyaanka (Afro-Asia Conference).

Kaddib mar kii Maxamuud Xarbi dhintay, baa xubnihii kal'oo Jabhaddii Xorayntii Jabbuuti Cali 'Heyje' ku qabsadeen madaarka Muqdisho asag'oo dhoofayay, iyag'oo ku eedaynayay in uu hayay lacagtii Jabhadda, asagu na waa beeniyey eedayn taas. Cali 'Heyje' maalin taas diyaaraddii baa laga reebay, wax se waa ku caddaan kari waayeen, arrin tii na sidaas b'ay ku dhammaatay.

Anigu mark'aan madax u noqday Sirdoon kii iyo Amnigii Qaranka Soomaaliyeed 1962 - 1966, mudda yar kaddib Cali 'Heyje' waxa ka muuqday dhaqdhaqaaq dhaqaaleh oo sharikad'uu lacag ku darsaday sida warshaddii kalluumaysiga ee Caluula, oo kaddib dhicisowday, iwm. Waxa kal'oo Cali 'Heyje', ku xidhmay xubnihii Sirdoonka (Basaasiintii) safaaradihii dalalka reer galbeedka oo xafladahooda na mar wal ba kaqaybgeli jirey, qaar kood na guryahooda ku booqan jirey, sida dabagalkayagii soo hubiyay. Wax'aan Xafiis kii Sirdoon kii iyo Amnigii uga furay gal (Dossier) lagu kaydiyo wax'ii Cali 'Heyje' dabagalkayagu ka soo ogaado. Ha se yeesh'ee, kaydkii qoralladaasi weli denbi mahayn, oo nimankii Sirdoon kii shisheeye uu Cali 'Heyje' la kulmi jirey wax'ay ahayeen diblomaasiyiin dawladdu xasaanad (dhowrsanaan) u aqoonsanayd. Safaaradaha badan koodu wax'ay leh yihiin kuwo diblomaasiyiin tooda ka mid ah oo sirdoonka ugu qaybsan. Sirdoonka dalk'ay joogaan baa garta kuwa hawsha basaasnimo ku shaqeeya. Kuwaas baa na la ilaaliyaa oo laga ogaadaa ciddii shabakaddooda ku soo dhacda, sidii Cali 'Heyje' oo kale.

Kaddib mar kii Askartu xukun kii qabsadeen b'ay Xafiis kii Sirdoon kii iyo Amnigii Qaranka qoralladiisii ka heleen wax'ii ka qornaa Cali 'Heyje'. Wax'ay u arkeen in ay ku hayeen denbi basaasnimo. Waa soo qabteen Cali 'Heyje' oo degdeg u horgeeyeen Maxkamad, ku na dacweeyeen basaasnimo ay qoralladii Sirdoonka u cuskanayeen.

Maxkamaddii wax'ay tidhi, "Keena markhaatiyadii wax ku furi lahaa, illayn qoralladu ma hadlayaane". Waa jiraan qoraallo mar mar Maxkamaduhu oggolaan karaan, kuwaas oo kale se ma aha. Waa keeni kari waayeen markhatiyo, Maxkamaddii na waa siidaysay Cali 'Heyje'. Hadda na askar tii waa qabteen 'Cali Heyje', oo xabsigii ku celiyeen. Xaaskiisii baa qareen u qabatay. Qareen kii baa mar k'ay dhammaatay muddadi qaanuunku oggolaa in la hayn karay qof la qabtay ku dooday oo maxkamaddii ka dalbay in la fuliyo mabda'ii "Habeas Corpus".

Maxkamaddii wax'ay ku amartay Xeer Ilaaliyihii in maxbuus Cali 'Heyje', horteeda la keeno. In tii aan amar kii Maxkamaddii la fulin, baa arrin tii gaadhay Golihii Sare ee Askarta, loo na yaqaannay 'SRC'. Wax'ay yidhaahdeen, "Waa maxay, 'Habeas Corpus'"? Mar kii Xeer Ilaaliyihiu macneeyey, mabda'ii ba waa ka tirtireen qawaaniinta dalka. Mar kaas weli ma dhisnayn Maxkamaddii Badbaadadu ee Askartu, oo hadd'ay dhisnaan lahayd Maxkamaddaasi, bilawgii ba dil b'ay ku xukumi lahayd Cali 'Heyje'.

Guddoomiyihii Maxkamaddii Sare, Maxamuud Sheekh Axmed, waa ka tegay shaqadii iyo dalka ba mar kii mabda'ii 'Habeas Corpus' qawaaniin tii dalka laga saaray.

Cali 'Heyje', labo xubnood oo ka tirsanaa Baarlamaankii Soomaaliyeed ee waagaas b'uu si qarsoodi ahayd ku geeyey Israel 1961, kahor in tii aanan anigu madax ka noqonin Sirdoon kii iyo Amnigii Qaranka. Ma ogaanin arrin taas in t'aan ka madax ahaa hay'addaas; xubnihii kal'oo Sirdoonka ka tirsanaa iyagu na ma ogaanin hortay iyo kaddib too na.

Asag'oo Cali 'Heyje' dhowr sano u xidhnaa Xukunka Askarta, baa waxa xabsi ka soo baxay labadii Mudane oo Cali 'Heyje' sida qarsoodiga ahayd Israel ku geeyey mid kood, oo ka mid ahaa siyaasiyiin tii Askartu xidhay mark'ay xukunka qabsadeen. Wax'uu si taariikh ahayd uga sheekeeyay tegiddoodii Israel uu Cali Heyje kaxeeyay. Xunbihii Xukunkii Askarta amniga ugu qaybsanaa iyo Maxamed Siyaad wax'ay u arkeen in uu Cali Heyje ahaa nin khatar, wax'ay na u heleen marmarsiinyah'ay u baahnaayeen oo lagu khaarajin lahaa. Waxa si qarsoodi ahayd loogu dilay Xabsigii Labaatanjirow kahor 1977 iyad'oo aan la maxkamadayn. La ma hubo in xubnihii kal'oo Golihii Sare ee Xukunkii Askarta la ogeysiiyey dil kaas. Waagaas wax'aan ahaa Wasiir kii Arrimaha Gudahaa Soomaaliyeed, ma na ogayn dil kaas. Muddo hal sano kahor anig'oo ka tegay wasaaraddaas, oo aha Wasiir kii Shaqada iyo Arrimaha Bulshada iyo Shaqaalaha Qarank'aan ka soo laabtay kaqaybgal Shir Wasiirradii Arrimihi Shaqada ee Afrika oo lagu qabtay Tunis. Wax'aan ku hakaday Rome (Transit) oo ku sugayay Somali Airlines oo ka soo noqonaysay Jarmalka.

Waxa joogitaan kaygii maqlay nin Soomaaliyeed oo qurbajoogta ka mid ahaa, oo asagu na markaas Roma safar ku marayey. Hotelk'aan degganaa b'uu iigu yimi goor fiid ahayd. Kaddib mark'aannu cabbaar sheekaysannay oo is taagnay, si aannu u ka la hoyanno, b'uu i i su'aalay, "Cali 'Heyje' max'uu ku danbeeyay?" Sid'aan malaynayay oo ku ogaa b'aan ugu jawaabay, oo ku idhi, "Weli waa xidhan yahay." Int'uu qoslay, b'uu igu yidhi, "War ma hayside, fadhiiso aan kuu warrame." W'aannu fadhiisannay, mar labaad. Wax'uu yidhi, "Waa la dilay Cali 'Heyje' oo Labaatan-jirow baa lagu diley." Wax'uu ku daray in ilaaladii Xabsiga Labaatanjirow mid kood, nin xabsigaas laga siidaayay, oo baxayey siiyay tusbax, oo ku yidhi "Qaado, waa kii Cali 'Heyje' eh." Nin kii wax'uu ka baqay in uu weydiiyo, "Cali 'Heyje' mee." Kaddib nin kaasi dalk'uu ka baxay, arrinta na wax'uu ka sheekeeyay mark'uu Jidda gaadhay, kaddib na qurbajoog badani war kii is gaadhsiiyay.

Anig'oo shakisa na in arrin taasi run ama been ahayd b'aan Muqdisho ku soo laabtay. Galab annag'oo ka dareernay Shir Golihii Wasiirrada, b'aan Wasiir ay Cali 'Heyje' hayb beeleed guud is ku ahaayeen weydiiyay, "Cali 'Heyje' max'uu ku danbeeyey?" Wax'uu si sahlan iigu jawaabay, "Sow la ma dilin!? Oo malaha w'uu ogaaday. Warar kale na waa isa soo tareen oo run b'ay noqotay in sidaas lagu diley. Dad kal'aa iya na sidaas oo kale xabsiyada loogu dilay iyad'aan la maxkamadaynin, kuwo la ogyahay iyo kuwo an la ogeyn ba.

Waxa xukunkii Askarta caado u ahayd in rag Soomaaliyeed oo aad loo yaqaannay, oo Maxamed Siyaad salaan ugu tegi waayey, loo arki jirey in aan ay xukunkii Askarta aqoonsanayn, waa na la qabqaban jirey, lagu na tilmaami jirey, 'kacaan diid (xukunk askareed diid), oo kuwo badani muddo dheer in taas u xabbisnaayeen.

Shabeelle hoos tiisa, baa Axmed Xasan Muuse, oo ahaa xubin Golihii Sar'ee Askar tii, meeshii yimi. Mark'uu i arkay b'uu igu soo leexday oo baabuurkaygii soo fuulay. W'aannu ka tagnay meeshii, oo is ka war wareegnay. Aniga iyo Axmed mar kaas kahor aad isu m'aannu aqoonin, waa se is garanaynay oo w'aannu is ka sheekaysannay. Wax'uu Axmed yidhi waxa ka mid ahaa, "Haddii Soomaaliyi godk'ay maanta ku dhacday cid ka soo saari karta la helo, weligaa wax danbe ha i weydiinin". Mark'uu sidaas lahaa wax'uu ka dayrinayay awooddii Golihii Sare ee Xukunkii

Gen. Jaamac Maxamed Qaalib

Askarta (oo loo yaqaannay SRC) oo ku ururtay gacantii Maxamed Siyaad. Sidii la maqmaqli jiray, Axmed wax'uu ka mid ahaa dhowr xubnood oo Golahaas, oo ku adkaystay in go'aan kast'oo Golahaasi ahaado mid wadareed, waa se laga batay, oo Golihii Sare wax'uu go'aamiyay in Guddoomiyihii keligiis marmar qaadan karay go'aanno maamul, sida u magcaabid mas'uuliin jagooyin, iwm, taas oo Maxamed Siyaad tallaabo tallaabo u korodhsaday ilaa uu awooddii oo dhan la wareegay, oo kelitaliye noqday.

Bilawgii xukunkii Askartu wax'ay xilalkii qaranka u xulan jireen kuwii dadka ugu wanaagsanaa iyo kuwa ugu aqoon badnaa. Maxamed Siyaad mark'uu kelitaliye noqday wax'uu hay'adihii qaranka madaxdoodii u magcaabi jiray kuwii ugu jilicsanaa ama ugu aqoon yaraa, si aan cidi na ka hadli karin wax'uu go'aansado. Nin uu xil weyn u dhiibay oo aniga mar iga la shaqayn jiray Sirdoon kii iyo Amniga Qaranka, anigu wax'aan u dhiibi lahaa furayaasha saadka oo keli ah. Nin aammina b'uu ahaa laakiin aan hoggaamin iyo hal abuur mid na lahayn.

Waxyeellooyin kii Woqooyi gaar u saameeyey waxa ka mid ahaa kuwan soo socda:

1) Askartu mark'ay xukunka qabsatay, in yar kaddib wax'ay qarameeyeen baankiyadii shisheeye. Kuwaas oo la is ku wada daray, oo hal bank laga dhigay. Waxa loo magacaabay in uu maamule ka noqdo sarkaal sare oo shaqaalihii (Civil Service) Woqooyi ka mid ahaa, Saciid (Shef) Maxamed Cali Bulay. Maamulihii waxa qoranayey toban shaqaaleh oo beddeli doonay kuwii shisheeye oo tegayay. Waxa la tartan siinayay kuwii haystay shahaadooyin kii Dugsiyada Sare ee dalka. Wax'ay imtixaan ku galeen luqadaha Ingiriis iyo Talyaani. Waxa ku guulaystay sagaal Woqooyi ka soo jeeday iyo mid Koonfur ahaa. Buuq baa ka dhashay oo waxa la tuhmay in Shef eexday. Arrin tii waxa la wareegay Golihii Sare ee Askarta, oo baabbiiyay natiijadii imtixaan kii Shef qaaday. Imtixaan kal'ay qaadeen. Tobankii jago ba waxa ku guulaystay kuwii Woqooyi. Sabab tii wax'ay noqotay in Dugsiyadii Sare ee Woqooyi ka heer sarreeyeen kuwii Koonfureed. Taas oo ka dhalatay in gobonnimadii iyo israacii kahor, imtixaannadii Dugsiyada Sare ee Woqooyi waxa soo sixi jirtay Jaamacadda London University. Kaddib na muddadii dawladdii Cabdirashiid, saddex Wasiir oo Woqooyi: Cali Garaad Jaamac, Maxamed Ibraahim Cigaal iyo Yuusuf Is maaciil Samatar baa isaga danbeeyay Wasaaraddii Waxbarashada. Wasiirradaasi wax'ay jideeyeen in Dugsiyadii Sare ee Woqooyi sidoodii ugu sii xidhnaadaan Jamicadda London University si aan heerkii waxbarashadu hoos ugu dhicin, wax kharaj aha na ka ma soo gaadhaynin dawladdii Soomaaliyeed.

Halkii heerkii Dugsiyadii Sare ee Koonfureed sare loogu soo qaadi lahaa, oo la soo gaadhsiin lahaa heer ay ku la tartami kareen kuwii Woqooyi, Maxamed Siyaad iyo Wasiir kiisii Waxbarashadu wax'ay joojiyeen xidhiidhkii Dugsiyada Sare ee Woqooyi la lahaayeen Jamicadda London University.

2) Woqooyi waxa jiri jiray dugsiyo loo yaqaannay, 'Boarding Schools', kuwo ardaydu ku noolaan jireen, wax na ku baran jireen, oo heer Dugsiyo Sare: Cammuud iyo Sheekh, heer Dugsiyo Dhexe: Boorama, Gabiley, Cadaadley, Oodweyne iyo Dayaxa, iyo heer Dugsiyo Hoose,Salaxlay iyo Buulaxaar. Waa la baabbiiyay 'Boardhing.

3) Bilawgii Xukunkii Askarta waxa la furay xafiisyo baadhitaan iyo ladagaallan musuq maasuq oo lagu magacaabay, 'Xisaabi Xil Ma Leh'. Waxa denbiyo iyo ceebo loogu raadin jiray mas'uuliin tii dawladdii hore ee askartu inqilaabtay, run ama masabbid ba (real or imagined).

Nuskii (badh kii) danbe ee sannadihii Xukunkii Askarta, laga soo bilaabo 1980aadkii iyo kaddib, musuq maasuqii wax'uu aad uga kor maray sidii jiri jirtay Inqilaab kii kahor. Waxa musuq maasuqaas danbe aad ugu dhaqmayay qaar ka mid ahaa xaasaskii madaxdii sare ee xukun kii Askarta, iyo mas'uuliin kal'oo madaxdii sare qaar kood ka ag dhowaa, la na xididay oo gabdho ka guursaday. Tusaaleh: muddadii Xukun kii Askarta waxa dalka laga hirgeliyay olole horumar loogu talagalay oo lagu magacaabay, 'Is Kaa Wax U Qabso', wax badan oo wanaagsanaa na waa lagu qabtay, sida dhisme dugsiyo iyo rugo caafimaad oo badan, dalka oo dhan laga hirgeliyay sida kor ku sheegan.

4) Hargeysa waagaas waxa mar Guddoomiye Gobol ka noqday Korneyl Bile Rafleh (kaddib noqday General), oo nidaam kii 'Is Kaa Wax UQabso' mashaariic badan ku fuliyey. Odayo u bogay waxqabadkiisii baa ku la taliyey in cashuurtii laga qaadi jirey xashiishaduyaalka (qaadka) lagu kordhiyo xoogaa dulsaar 'Is ka wax u qabso', si 'Mashruucii Is Kaa Wax U Qabso' loogu helo dakhli dheeraad iyo joogto aha. Bile sidii b'uu yeelay, waxuu na yareeyey tabarucaadkii dadweynaha la weydiin jiray, mar mar mashaariic waaweyn la hirgelinayey maah'ee.

Bile wax'uu barnaamij kii 'Is Kaa Wax U Qabso' u xilsaaray Guddi uu ka dhex magcaabay dadweynihii. Muddo kaddib Bile Gobolkii waa laga beddelay.

'Is Kaa Wax U qabsadii' sidiib'ay u socotay, mashaariic se lagu ma fulin jirin Bile kaddib. Waxa is ka meelaysan jiray mas'uuliin tiiXukun kii Askarta ka wakiilka ahayd ee Bile ka danbeeyey. 'Is Kaa Wax U Qabsadii' wax'ay noqotay cashuur dadban oo joogto ahayd, Woqooyi oo dhanna ku fidday. Shaqaalihii dawladdii meel ay dalka ka joogeen ba, kuwii cid ka yaqaannay mas'uuliintii madaxdii sare ka ag dhowaa wax'ay dooneen in Woqooyi loo beddelo, gaar ahaan Woqooyi Galbeed. Kuwo badan baa na sidaas ku guulaystay oo Woqooyi loo beddelay. Kuwaasi mas'uuliin tii beddelka u qalqaalisay wax'ay u soo diri jireen hadiyado qaali aha, oo ka mid ahayeen baabbuur qurxoon oo xarrago. Mas'uuliin taas qaar kood safarro badan b'ay Woqooyi ku tegi jireen, mark'ay hal kaas gaadhaan na waxa loo ururin jiray lacag lagu tilmaami jiray 'Sooryo' (martigelin, laakiin ahayd laaluush dahsoon). Lacagta waxa laga qaadi jiray ganacsatadii qaar kood iyo madaxdii hay'adaha dawladda oo ku iibsanayay in aan Woqooyi laga beddelin.

5) Mid mas'uuliin taas ka mid ahaa oo Woqooyi Galbeed aad u tegtegi jirey, baa mar sidii caadadu ahayd, 'Sooryo' loo ururinayey waxa diiday in uu wax bixiyo Maamulihii Warshad Sibidh oo laga dhisayay Berbera, oo magaciisa la iigu sheegay, 'Buulleh', anigu se aanan aqoonin. Mas'uuliin tii Gobolka ee mas'uul kaas sare 'Sooryada' u ururinayey, oo uu ka mid ahaa madaxii Hanti Dhowr kii Woqooyi ee waagaas, wax'ay damceen in ay 'Buulleh' denbi u sameeyaan. 'Buulleh' wax'uu qaboojiyayaal ugu iibsaday xafiisyada warshaddii Sibidhka, kana iibsady ganacsade Berbera degganaa, cashuurdhaafay na waa loogu ogggolaaday. Madaxii Hanti Dhowrku int'uu qoraalladii ku saabsanaa qaboojiyayaasha oo dhan ka qaatay xafiis kii Madaxii Cashuuraha ee Berbera b'uu ku dacweeyey 'Buulleh', ganacsadihii iyo Xisaabiyihii Wasaaraddii Maaliyadda oo lacag tii iibka bixiyay, in aan ganacsaduhu qaboojiyayaal ba dalka keenin, oo waxa la ka la iibsaday na aanay jirine lacag dawladeed been lagu qaatay. Saddexdii ba waa la xidhay; waxa na lagu dacweeyay denbi ciqaab tiisu waagaas dil ahayd. Ganacsadaha isir kiisii hore wax'uu ahaa Hindi, laakiin saddex fac (jiil - three generations) ahaa Soomaali, oo ayeeyadiis hooya ahayd Soomaali. Wax'aan ku ogaaday arrin taas

ganacsadaha oo xaaskayga walaasheed qabay, ma na ahayn nin laga fili karay in uu beenabuur kaqayb geli karay.

Nassiibwanaag kahor in tii aan Madaxii Hanti Dhowrku ee Woqooyi ka qaadanin Xafiis kii Madaxii Cashuuraha ee Berbera qoralladii ku saabsan na qaboojiyayaashii, nuqulkii 1aad (original copy) ee cashuur dhaafay kii, iwm, baa loo gudbiyay xafiis kii Madaxii Cashuuraha dalka oo dhan ee Muqdisho. Ibraahim Cilmi Bullaaleh oo ka mid ahaa saraakishii Wasaaraddii Maaliyadda, oo ninka ganacsadaha na yaqaannay baa aad is ugu hawlay in la helo nuqulkii qoraal kii ku saabsanaa qaboojiyayaasha, w'uu na ku guulaystay.

Annag'oo niman kaas noloshoodii ka samirnay oo maxkamadayn toodii uun la sugayay, baa goor fiid ahayd, anig'oo subixii xigtey na u safri doonay kaqaybgal shir Geneva lagu qabanayay oo ku saabsanaa arrimihii qaxootigi Afrika'aa, gurigaygii la iigu keenay sawir (photo copy) nuqul qoraalladii qaboojiyayaasha. Degdeg b'aan ugu geeyay Xeer Ilaaliyihii Guud ee Maxkamaddii Badbaadada, Cabdinuur Yuusuf, waa na is ka safray subixii danbe.

Cabdinuur wax'uu ka hubiyay Qayb tii Cashuuraha ee Wasaaraddii Maaliyadda in sawir kii nuqul kii qoraalladii qaboojiyayaalshii sax ahaa, kaddib na wax'uu Ku-Xigeen kiisii joogay Woqooyi, Axmed Calasow, amray in uu arrinta dib u soo baadho. Ku-Xigeen kii Xeer Ilaaliye Berbera ayuu tegay. Diiwaankii Boliiska Ilaalinta Cashuuraha ee irridda dekedda laga galo, laga na soo baxo, oo wax kast'oo soo dega soo maraan b'uu ka baadhay in ay qaboojiyayaashaasi soo mareen, waa na ka helay. Kaddib na wax'uu u tegay Madaxii Cashuuraha oo weydiiyay qoraalladii ku saabsanaa qaboojiyayaashaas. Madaxii Cashuuruhu wax'uu u sheegay in Madaxii Hanti Dhowrka qaranku ee Woqooyi qoraalladaas ka qaatay. Ku-Xigeenkii Xeer Ilaaliye qoraal b'uu ka qoray oo ka saxeexay Madaxii Cashuuraha Berbera, kaddib na ku soo noqday Hargeysa, oo Madaxii Hanti Dhowrka weydiiyay qoraalladaas. Ma ogi wax'uu ugu jawaabay, waxa se jirtey in mas'uulkii lacagtii 'sooryada' ahayd loo ururiyay oo ay ka dhalatay in niman aan denbi gelin xukun dil aha la la beegsado, uu Guddidii Amniga Qaranka oo uu xubin ka ahaa, ka fuliyay in aan Madaxii Hanti Dhowr kii Woqooyi lagu dacweynin demigii beenabuurka aha oo uu ka galay dad aan iyagu dembi gelin. Ma na la dacwayn nin kii beenabuurka in taas le'ekaa sameeyay. Nimankii dilka u xidhnaa se waa la is ka siidaayay. Ha se yeesh'ee, ciddii u baahata faahfaahin arrin taas wax'ay ka caddaysan karta Cabdinuur Yuusuf, Xeer Ilaaliyihi Guud ee Maxkamaddii Badbaadada ee Xukun kii Askarta.

Mas'uul kii musuq maasuqa kor ku tilmaaman daraaddiis loo galay iskuday in la dilo dad aan denbi lahayn, wax'uu labo guri oo waaweyn ka dhistay xaafaddii la odhan jiray 'Booli Qaran' ee Muqdisho, oo uga kiraysnaa Sharikad baadhitaan shidaal oo Maraykan, burbur kii xukun kii Askarta kahor. Hadda na nin kaasi, toban sano kudhowaad kii ugu danbeeyay na dawladda Soomaaliyeed b'uu dhowaan kahor mansab weyn ka hayay.

6) Riwaayaddii 'Is Kaa Wax U Qabso' ku ma dhammaanin inta kor ku sheegan, wax'ay na qayb ka ahayd arrimihi sababay kalago'a dalka.

Waagaas dalka sicirbarar baa ka dillaacay. Arrimihi sicirbararku si xooggan u saameeyay waxa ka mid ahaa dad kii bukaanjiifkii cusbitaalada. Qof kii bukaanjiif ahaa waxa u qornayd in lagu masruufo labo Shillin (Shs. 2/-) maalin tii, oo xukun kii Ingiriis kaga tegay, oo aan mar kan danbe koob shaah goynaynin.

Is la waagaas waxa dalka ku soo noqday dhallinyaro waxbarashadoodii dibedda ku soo qaatay. Mark'ay xoggogaal u noqdeen duruufihii dalka ka jiray, gaar ahaan 'Is Kaa Wax U Qqabsadii' is ka socotay oo cashuur dadban noqotay, dal kii na aan wax loogu qabanaynin, iyo dhibaatadii bukaanjiifkii oo gaajo u dhimanayay cudurradi hayay kahor ba; qof lahaa cid dibedda cunto uga keenta keliya ayaa bukaanjiif cusbitaalladii ku noolaan karay.

Dhallinyaradii mutacallimiinta ahayd Guddidii 'Is ka Wax U Qabso' oo Bile Rafleh sii dhisay b'ay ku la taliyeen in lacagtii 'Is ka Wax U Qabso' laga masruufo bukaanjiifkii cusbitaallada. Xubnihii Guddidu, oo aan mar na ba arrinta xusuusanin waa ku baraarugeen sidii kuwo hurdo ka soo toosay oo kale. Wax'ay is la mar kii ba go'aamiyeen in qof kii bukaanjiif aha ba lagu masruufo Shs. 25/- maalin tii ba. Arrin taasi wax'ay jug ku noqotay danihii mas'uuliin tii ka wakiil ahaa Xukun kii Askarta. Wax'ay abaabuleen in dhallinyaradi loo abuuro denbiyo culus, waa na u suurtowday, oo labaatan (20) dhalinyaradii ka mid ahaa la maxkamadeeyay. Afar iyo toban (14) baa xabsi daa'im (madax'aa ha ku furto) lagu xukumay. Siddeed (8) san'ay ku xidhnaayeen Xabsigii Labaatan Jirow. Waxa muddadaas kaddib dhallinyaradii lagu soo daayay culays Xukun kii Askarta kaga yimi deeq bixiyayaashii, gaar ahaan Maraykanka Baarlamaan koodii (Congress) baa joojiyay caawimo ay dawladdii Maraykanku siin lahayd Soomaaliya. Ha se yeesh'ee, siidayn taasi wax'ay ku beegantay in yar kahor burburkii Xukun kii Askarta.

7) Maxkamadayntii dhallinyaradii lagu xukumay' madax'aa ha ku furto' (xabsi aan dhammaad lahayn) wax'ay Woqooyi u horseedday degganaansho la'aan, xukun kii Askartu na wax'ay ku soo rogeen Hargeysa amar dibedsocod la'aan (curfew – bando), ka bilaaban jirtay salaadda Duhur kaddib. Ciddii markaas kaddib meel hoygooda dibedda ka ahaa lagu arko waa la qaban jiray, la na ciqaabi jiray, kuwo is iibiya oo is ku furta lacag maah'ee.

8) Dekeddii Berbera waa la xidhay oo waxba laga ma dhoofin karin, wax na laga ma soo deji karin. Badeecado badan oo dadweynuhu laha oo xoggogaal la'aan, in dekeddu xidhnayd ku yimina waa la dhacay.

Dekkedda Bosaaso loo ma dhisin in dadka Woqooyi Bari lagu dhaqaaleeyo, waxa se loo dhisay in ay Berbera beddesho si dhaqaalihii dad kii Woqooyi la curyaamiyo, wax'ay se noqotay: 'qolo dhibaatadeed waa qolo kale faa'idadeed (masaa'ib alqoom, cinda qoom fawaa'id). Ha se yeesh'ee, Soomaali oo dhan baa u ayday dhismihii dekedda Bosaaso, oo kuwo Woqooyi ka mid ahaayeen, laakiin sidii dis maheeda loogu talagalay si ka duwan.

Ha se yeesh'ee xidhiidh kii Ganacsi ee Waqooyi ee waagaas muddadi ka hadhsanayd xukun kii askarta wax uu ku xidhmay Djibouti iyo Itoobiya.

15 July 1989, oo Jimce, ahayd dhowr Masaajid oo magaalada Muqdisho dhexdeeda ahaa waxa ka dhacay bannaanbaxyo lagaga soo horjeeday culumo dawladdii xukun kii Askartu xidhxidhay kaddib mar kii la dilay Padarigii Kinnisaddii Kaatoligga ee Mugdisho. Habeenkii ka danbeeyay waxa Degmada Madina (Wajir) ee Muqdisho, oo aan iyada bannaanbax ba ka dhicin, laga qabqabtay 47 qof oo rag

aha, 46 ka mid ahi Isaaq ahaayeen. Mid kii 47aad wax'uu ahaa wiil yar oo Samaroon aha, joogay na gurigii eeddadiis oo carruur Isaaq dhashay. Dhammaan tood, is la habeenkii baa la geeyay xeebta Jaziira ee galbeedka Muqdisho oo lagu laayay, lagu na wada aassay xabaal wadareed ciid uun lagu rogay iyad'oo aan god xabaaleed loo qodin. Waa na laga tegay. Nin kelidi ka badbaaday geeridi, dhaawac se gaadhay baa ciid xabaaleeddii ka soo gurguurtay, oo maalin tii danbe magaalada Muqdisho soo gaadhay, oo warkii sheegay iyo saraakiishii hoggaminaysay ciidan kii dadka laayay oo uu qaar kood garanayay. Sidaas oo kal'aa waagaas dad badan loogu laayay meelo badan oo Woqooyi ahaa, ay gaar ahaan ka mid ahaayeen ka mid ahaayeen Hargeysa, Berbera, Burco iyo Ceel Afweyn.

9) Biyoshub kii waxyeellooyin kaas kor ku sheegani, wax'uu ahaayeen diyaarado madaarkii Hargeysa ka kacayay baa magaaladii Hargeysa duqaynayay, oo badan keedii burburiyay. Dad kii oo ka qaxay Hargeysa

10) na diyaaradihii waa ka daba tageen oo rasaas ku rusheeyeen. Ururradii shisheeye oo danaynayay xuquuqda benu-aadamka wax'ay qiyaaseen in duqaymahaas iyo darxumadii la xidhiidhay oo ka bilaabatay Woqooyi bishii Feb, 1982, konton kun oo qof ku naf baxeen. Waagaas, Wasiir kii Arrimaha Dibedda ee Ingiriis, Sir Geofrey Howe, baa asag'oo Jabbuuti maraya ku dhawaaqay eedayn uu ku tilmaamay dawladdii Soomaaliyeed ee xukun kii Askarta mid dadkeedii xasuuqaysay. Mas'uuliin tii Xukun kii Askartu wax'ay iskudayeen in ay is ka moosaan eedayntaas, oo muujiyaan in dhibaatooyin kaas oo dhan ay dadka Isaaq sababeen. Dadka Isaaq dhaqan ahaan badanaa ba is ku ma wada raacaan lidku-ahaansho cid kale, hadd'aanu jirin cadow saddexaad (third enemy), kaas na waxa si sahlan ugu abuuray xukunkii Askarta.

11) Iskudaygaas xukun kii Askarta waxa ka mid ahaa in mar la doonay in odayo beelaha kal'oo Soomaaliyeed loo adeegsado in ay kulmaan, soo na saaraan eedaymo lid ku noqon karay dad kii Isaaq, kaddib na lagu qanciyo guud ahaan caalamka, gaar ahaan na dawladihii reer galbeedka oo Ingiriisku ka mid ahaa. Kutalagalku wax'uu ahaa in dhaqdhaqaaqa loo ekay siiyo mid beelahaas Soomaaliyeed wateen, oo aan dawladdii xukun kii Askartu door ku lahayn. Odayadii la

adeegsanayay waxa la faray in beelahaas kulmayay aan lagu darin cid Isaaq ahayd.

Kulan kii ugu horreeyay mark'uu furmay baa la bilaabay isbarasho. Beel kasta oday ka mid ahaa baa sheegayay magaca aaggii ay ka tirsanaayeen. Mar kii kuwii Woqooyi in tii joogtay wada hadleen, baa oday Hawiye ahi yidhi, "Laasaskii maqalnay ee ceelashii maye?" Oday kale, oo Hawiye aha ayaa yidhi, "Nin loo diray in uu dhirta soo tiriya illaaway geedkii 'yaaqda'. Waxa la yidhi nin yaaq ka yimi wax soo ma tirinine tiradii ha lagu noqdo". Wax uu odaygaasi geedkii yaaqda ku mithalayey Isaaq.

Hawiye waa diideen in ay ka qaybgalaan kulannadii danbe iyad'oo Isaaq ka maqnaa, kaddib na waa la joojiyay kulannadi, odayadii Hawiye oo hadlay na waa la dabagalay oo la cadaadiyay.

12) Waagaas oo dhalliyaro laga raafi jiray magaalooyinka si ay uga soo dagaallamaan Woqooyi, baa beelaha Abgaal ee Hawiye oo hidde u leh in ay dabbaaldegyada iidaha isugu soo baxaan ciyaaro 'Shirib', wax'ay rabaan na ku sheegaan, baa mar ku heesay, "Dalka difaac ma diido, Isaaq ku duul se ma doono".

Mar kaas kaddib raaf kii na waa shaqayn waayay, oo dhallinyaradii la raafay waa soo wada baxsadeen, oo hubkii loo dhiibay inta iibiyaan, is ku soo noolyi jireen, sidaas na hub badani ugu gacan galay dadweynihii Woqooyi ama Ururkii mucaaridka ahaa ee SNM.

13) Xukun kii Askartu wax'uu doonay in beelihi Daarood beerlaxawsi laga raadsado, oo la weydiisto in ay ciidan keenaan Isaaq lagu la dagaallamo. Hawlwadeenno beelahaas ka dhashay, ka se tirsanaa nidaamkii xukunkii Askart'aa wareegi jiray, oo loo diri jiray odayo gaar aha, oo wax ka la goyn karay. Islaan Maxamed Muuse, Alle ha u naxariist'ee, oo hawlwadeennadaasi Garoowe ugu tageen baa ku diiday, oo weli ba int'uu u cudurdaaray Isimadii kale, mid bukay iyo mid dalka ka maqnaa ba, yidhi, "Anig'oo Majeerteen oo dhan u hadlaya, ku ma duulayno beelo Soomaaliyeed, ee dawladdu hadd'ay helayso cid ogol ciidan ha qorato".

Maalin Wasiir kii Maaliyaddu Muqdisho Shir ugu qabtay ganacsato,

ku na eedeeyay Isaaq in ay dhaqaalihii dalka burburiyeen oo aan
Woqooyi dakhli ka soo xeroonin, waxa ka hadlay General Maxamed
Abshir iyo Maxamed Cali Xaashi, oo labadu ba ka soo jeeday Woqooyi
Bari, oo si kulul u canbaareeyay wax'ii dad kii Woqooyi loo geystay.

Dedaalladaas hiil ee ku sheegan labada faqradoode danbe wax'ay
ka danbeeyeen iyad'oo ay weli ba beelaha Majeerteen tirsanayeen
in ciidamadii loo adeegsaday xasuuqoodii u badnaayeen Woqooyi,
gaar ahaan na Isaaq. Is la sidaas oo kale, Isaaqu na mar koodii wax'ay
tirsanayeen in ciidan Majeerteen u badnaa oo Morgan hoggaaminayay
loo adeegsaday xasuuqoodii. Si kasta ba ha ahaat'ee, Askari wax'ay
badanaa ba yeesha wax'ii lagu tababbaray, oo ahaa in ay fuliyaan
wax'ii madaxdoodu ku amartay, wax askari samaysay na, Majeerteen
iyo Isaaq too na loo ma raaci karo.

Ogadeen na isbeddel doon kii dalka ka socday b'ay dhinac ka
ahaayeen, Jabhaddii SPM baa na ku mathalaysay.

Kaddib mar kii beelihii Soomaaliyeed, Daarood iyo Hawiye ba, laga
waayay taageero loo adeegsado ladagaallan Isaaq, baa xukun kii
Askartu ku qasbanaaday in uu is ku tashado, oo go'aansaday in uu
hay'adihiisii adeegsado.

14) Mar baa la magacaabay Guddi ballaadhan oo aan ay ku jirin cid Isaaq
ahayd, kuwii madaxdii Askarta ka ag dhowaana ku dheh oo. Kaddib
mark'ay xubnihii Guddidu Woqooyi ka soo noqdeen, hawlahoodii na
soo gebagebeeyeen, xantii na badatay in aan cid Isaaq ahi ku jirin,
baa labo hawlwadeennadii Xisbigii nidaamkii Askarta ka mid aha,
Cabdiraxmaan Jaamac 'Taarwale' iyo Cali Maxamed Axmed (Cali
Ilka Case) magacyadoodi lagu daray Guddidi, iyag'oo aan la soconin
wax'ay Guddidu soo qabatay. Guddida waxa Guddoomiye u ahaa
Ku- Xigeenkii Afhayeen kii Golihi Shacabka ee nidaamkii Askarta,
Maxamed Buraaleh Is maaciil, Alle ha u naxariist'ee, oo qoraal kii
Warbixin tiiii Guddida na tusay, annag'oo aad u doonaynay in aannu
aragno. Axmed Xasan Muus'aa ka soo qaaday, oo salaaddii subax
kaddib goor hore gurigayga igu garaacay, oo ii dhiibay, igu na yidhi,
"Ilaa galabt'aad haysataa". Mar kiiba wax'aan ka sameeyay nuqullo
(photo copies) oo is ka celiyay asal kii la ii dhiibay.

Dad kii Woqooyi, iyag'oo aan ogayn in waxaasoo dhan ee hiil ahi jireen, wax'ay tirsanayeen in walaalahoodii Koonfureed aan ay ka dhiidhiyin dhibaatooyinkii loo geystay. Hiil in taas le'egna Soomaalida kale ma siinin Majeerteen mar kii la dibindaabyaynayay. Labo sababood baa na sidaasi ku dhacday. Mar kii Askartu xukun kii qabsadeen waxa loo arkayey in beelihii Majeerteen badan koodii ka soo horjeedeen xukun kaas, run iyo been ba (real or imagined), lagu na tilmaamay 'Kacaan diid (xukun Askareed diid) iyad'oo dadweyihii kale badan kiisii u sacabtumayey, iyo labada arrimood oo tobaneeyo sano ka la danbeeyay oo tan hore ku beegantay goor ay weli dad badani u bogsanaayeen waxqabad kii hore ee xukun kii Askarta.

Guddida kor ku sheegani wax'ay warbixin toodii ku soo taxeen dhacdooyin lagu eedaynayay dadka Isaaq, oo loo ekaysiiyay in Isaaqu weligood rabeen in ay burburiyaan qarankii Soomaaliyeed, eedahaas na ay ka mid ahayeen:

* Aftidi Dastuur kii ee 20 June 1961, oo dad kii deegaannada Isaaq badan koodii ku codeeyeen, Maya, in kast'oo tira koobkii codad kii, 'Haa iyo Maya'. Is ku dhowaayeen sida kor ku muujisan Qaybta I.

* Iskudaygii Inqilaab kii dhicisoobay ee Dec.1961 Woqooyi ka dhacay oo dhallinyaro Woqooyi u dhammaayeen.

* Muddaaharaadkii April 1963 dadku saluugsanaayeen habkii cashuuraha, loo se ekaysiiyay cashuurdiid.

* Iscasilaaddii labadii Wasiir ee Isaaq, Sheekh Cali Is maaciil iyo Maxamed Ibraahim Cigaal, iwm.

Qoraal kii Warbixin tiiii Guddida wax'aan u dhiibay Maxmed Xaaji Xasan (Maxamed Saalax), oo arrimahaas oo dhan faallooyin ka qoray sidii dhicitaan koodii runtu ahayd, wax'aa na noo garaacday inantayda Faiza. Kaddib na wax'aannu u qaybinnay Safaaradihii reer galbeedka oo aannu filaynay in warbixinta ba iyaga loogu talagalay si Xukun kii Askartu isaga leexiyaan saamaynta eedayntii Wasiir kii Arrimaha Dibedda ee Ingiriis. Wax'aan ugu horreeyay Safaaraddii Talyaniga. Waxa ballan iiga soo qabtay Axmed Xaaji Afrax (Axmed Shuqul), Alle ha u naxariist'ee, iina raacay Qunsulkii Siyaasadda oo la odhan jiray Paccifico. Waxa ku xigtay Safiiraddii Jarmalka. Waxa yaqaannay Cabdikariim Axmed Guuleed Aw Raalli, oo ballan ka soo qabtay, iina racay. Qunsulkii Fransiiska ee Siyaasadda na iyad'aa ballan nooga qabatay. Shantii galabnim'aannu gurigiisa ugu tagnay, aniga iyo Cabdikariim. Ingriiska na Cali Jirde ayaa ballan iiga soo qabtay, oo wiilkii uu korsaday, Xuseen, baa goor duhur ahayd gurigaygii iigu yimi oo igu yidhi, "Qunsulkii Ingriisku shanta galabt'uu gurigiisa kugu sugayaa".

Ballamihii shanta galabnimo ee Safaaraduhu noo qaban jireen wax'ay calaamad u ahayd in mar kaas hawlihii Sirdoon kii dalku debecsanayeen, Safaaraduhu na ay sidaas ogaayeen.

Safaarad wal ba wax'aanu siinnay nuqul faalladi Maxamed Saalax ku qoray af Ingriis iyo nuqul Warbixin tiiii Guddida, oo af Soomaali ku qornayd si iyagu u turjumtaan.

Qunsulkii Ingriis, oo la odhan jiray Rogers Huxlley, baa i weydiiyay, "SNM hadd'ay guulaystaan miyay dalka ka la goynayaan?" Wax'aan ku idhi, "Maya", anig'oo ku tashanayay Axdigoodi (SNM Charter), oo odhanayay dalka la ma ka la goyn karo. Wax'uu yidhi, "Sidaas baa wanaagsan, oo Ururka Yurub wax'ay rabaan in Soomaalidu mid ahaato, annagu na ka ma bixi karno siyaasadda Yurub". Waagaasi wax'uu ahaa bilawgii 1990. Mas'uuliin tii mutacallimiinta SNM baa iga rumaysan waayay, oo aaminsanaa in Ingriisku aqoonsan doonay mark'ay ku dhawaaqayeen goosashada.

Waxa xumaan oo dhan gaar ugu dhacay dadka Waqooyi muddadi Xukun kii Askarta ee kor ku sheegan, haddana goosashada Waqooyi goostay waa bisayl la-aan siyaasadeed iyo kudanaysi kuwo tiro yar, dadweynuhu na u afduuban yahay ku danaysigaas.

Koofur na waxa socdaa wax'ay xidhayaan oo albaabada u laabi doonaan jid kii mar kale midoowgii lagu soo noolayn karay. Waxa Koofur ka socdaa waa xubnonimada federaal ee gobollada Koofureed. Federaalku waa in uu ahaado labo xubnood keli ah, labadi midoobay 1 Juyl 1960kii, Koofur iyo Waqooyi, labo dawlad-federaal (TWO FEDERAL STATES). Maamul gobolleedyadu na wax ay ka tirsan yihiin dawlad-federal kooda, Koofur ama Waqooyi. Waa se haddii la raaci kari waayo dardaaran kii marxuum Cabdirizaak Xaaji Xuseen, oo lagu adkaysto nidaamka federaaliga ah.

Xukun kii Askartu wax'uu bilawgiisii soo dhoweynayay cid kast'oo aan ka ag dhowaan jirin madaxdi sare ee dawladdii hore oo ay inqilaabeen.

Anig'aa ka mid ahaa oo aan dawladdaas hore is kaga hornimi, gaar ahaan aniga iyo Cigaal, diidmadaydii kushubashadii doorashooyin kii ugu danbeeyay ee dalka ka qabsoomay oo aan kahor jeeday. Sababtaas baa la iigu magacaabay Taliyihii Boliiska Soomaaliyeed (Feb.1970 – Dec. 1974), kaddib na tobaneeyo sano kudhowaad Wasiir ka soo noqday afar wasaaradood, muddadaas, afar iyo toban (14) sano iyo dheeraad, badan keedii na aan si hagar la'aan ahayd u la soo shaqeeyay Xukunkii Askarta, anig'oo aaminsanaa waxqabad koodii horumarineed ee hore in uu dheellitir u ahaa dhibaatooyin kii dalka ka dhacayay. Xigmadda af qalaad lagu yidhaahdo, 'The end jusitifies the means'. Wax'aan se garawsan waayay dibindaabyadii dad kii Woqooyi sidii gaarka ahayd loogu geystay.

Muddadi Boliisnimadaydu wax ay ahayd labaatan (20) sano. Heerar xilal aan soo qabtay ee Taliyannimo Boliis ee kale sar-sarreeyay, wax'aan ku talageli jiray nidaamsanaantii ciidan kii aan hoggaaminayay in hawlgal kiisii lagu kalsoonaan karay.

Mark'aan xil kaygii cusbaa ee Taliyihii Boliiska Soomaaliyeed oo dhan la wareegay ba wax'aan ogaaday xubno badan oo Ciidan kii Boliiska joogitaan koodii ku raageen Shabeelleh Hoose. Badan koodii wax'ay kasbadeen hanti lahaansho dhul beereed sababay na iskahorimaadyo dhexmaray qaar kood iyo dadweynihii deggana aaggaas, oo Xukun kii Askartu ku dhiirri gelyey sugid cadaalad, la is ku dacweeyay lahaansho dhul, taas oo nuqsaan ku ahayd xidhiidh kii Boliiska iyo dadweynihii (Police – Public Relations) oo qiime weyn ugu fadhida xilgudashad Boliiska. Askar beeraley noqotay na si habboon u ma gudan karaynin waajibaad koodii Boliisnimo. Kuwo badan b'aan ka beddelay meelahaas, kuwii aan iyaga ku beddelay na ka keenay meelo kale, beddeladaas oo saameeyay xubno tiro badan oo Ciidan kii Boliiska oo dhan.

Qaybihii Boliiska ee dalk'oo dhan b'aan soo kormeeray. Gudashadii kormeerkaygii waxa ka mid ahaan jirtay in aan dhegaytso xubnihii Ciidanku wax'ay qabeen. Xubno badan oo Ciidan kii, u na badnaa kuwii aan ka la beddelay baa ku cawday in ay xaasas koodii gaadhsiin kari waayeen wax'ii lacago ay u diri la haayeen, kuwo wax diray na aan ay hubin in wax'ii gaadheen ciddii ay u direen iyo in kale?

Waxa ii muuqatay in sida keliya oo lagu xallin karay dhibaatadaas ahayd abuuritaan nidaam xubnihii Ciidanku wax'ay u dirayeen cidahooda la marsiin karay maamul kii Boliiska. Madaxii Hoggaankii Maamul kii maaliyadda Boliisk'aan ka la tashaday sidii nidaam cayn kaas ahaa lagu hirgelin karay, oo aan weli ba is lahaa asagu ha kuu soo habeeyo? W'uu se ka qayliyay, oo yidhi, "Labo jeer lacag siin hal qof baa dhici karta (double payment), oo maal badan baa lumaya". In kast'oo welwel kiisii tixgelin lahaa, hadda na wax'aan go'aansaday in aan wax ka qabto dhibaatadii xubnihii Boliisku ka cawdeen. Wax'aan is weydiyay, "Sidee b'ay waajib koodii Boliisnimo u gudan kareen xubno ka welwelsanaa quudin tii ubad kooda"?

Wax'aan is la maalin tii ba Wareegto ku soo saaray nidaam u habaysan; 'Family Remittance', in xubin kast'oo Boliis marsiin kartay Maamul kii Ciidanka Boliiska wax'ii lacag ay u dirayeen xaas koodii meelo kale joogay bil wal ba. Qof wali ba lacagta uu rabay in uu diro int'ay ahayd iyo magaca ciddii loo dirayay iyo meesha Saldhigga Boliisoo laga ag heli karay b'uu qoraal ugu dhiibayay taliyihii u madax ahaa, kaddib na Maamul kii Boliisk'aa mas'uul ka ahaa sidii lagu gaadhsiinayay ciddii la siinayay, iyad'oo laga goynayay mushaharka xubinihii dalabaad kaas sameeyay. Saldhig walb'oo Boliis inta lacag xubno u dirayeen meelo kale baa laga reebayay mushahaarooyinka lagu bixinayay Saldhiggaas, waxa na lagu kordhinayay mushahaarooyinkii Saldhigyada meelihi lacagahaas loo dirayay.

Noor Xassan Xuseen (Noor Cadde), oo ka mid ahaa Saraakiish Sare Boliiska ugu aqoon iyo karti badna, dawladihi Ku Meel Gaadhka ee Soomaaliyeed mid kood na ka soo noqday Wasiir kii 1aad, ayaa waagaas kaaliye ii ahaa, oo wareegtadaan Ingiriis ku qoray Talyaani ku turjumay.

Dhowr iyo toban sano kaddib mark'aan Boliiska ka tegay weli nadaam kaas weli waa lagu dhaqmayay ilaa burbur kii xukun kii dhexe ee Askarta.

Labo arrimood oo kal'oo Boliiska Qiime weyn u lihi wax ay hirgaleen muddadi aan anigu Taliyaha aha:

1. Qaanuunka Boliiska, oo la ansixin kari waayey muddadi xukun kii rayidka ahaa. Qabyo Qoraal Qaanuun Boliis (Draft Police Law) General Maxamed Abshir diyaariyay in Boliisku ka mid ahaa Ciidamadi Qalabka Siday, dawladdii na gubisay wax uu dhowr sano ka fuli waayey Baarlimaan kiii oo arrin taas ku qaybsamay. Waxa hortaagnaa xubno Baarlimaan oo gacan saar la lahaa General Maxamed Siyaad,

oo diidana in Boliisku ka mid noqdo Ciidamadi Qalabka Siday, ku na doodi jiray in kuwii dunida loo yiqiin Ciidamadi Qalab Siday ahaayeen:Militari, Ciidan Cir iyo Cidan Badeed (Army, Air Force and Navy) oo keli ah, kuwaasi na wax ay ka wada tirsanaayeen Xooggii Dalka Soomaaliyeed. General Maxamed Abshir na wax uu ku doodi jirey in Boliisku ahaayeen kuwii xuduudaha joogay, ugu horray na ku dhinta mar kii wax dhacaan, loona diidan yahay in ay ka mid noqdaan Ciidamadi Qalabka Siday, waa laga soo celiya xuduudaha. Waagaas Heshiis kii Khartoum 1964 ee Ethiopia iyo Soomaaliya ee dagaal kii ka dhex dhacay labada dal ka dib, ayaa diidanaa in labadi dhinac midkood na Milatari xuduudda u joogo.

Ka dib mar kii xukun kii Askar tii qabsadeen, u na baahdeen in Boliiskii lagu sheego in uu Inqilaab kii dhinac ka aha khasab b'ay noqotay in la oggolaado in uu Boliisku ka mid ahaado Ciidamadi Qalabka Siday. Abaabul kii Qabyo Qoraal kii Qaanuun kaas (Draft Law) wax'aan u xil saaray oo soo diyaariyey, libta ugu weyn na is kaleh General Axmed Jaamac Muuse, mar kaas ahaa Madaxi Hoggaan kii Qorshaynta Boliiska (Planning Office).

2. Ku biiris tii Boliiska Soomaaliyeed ku biiray Hay'adda Interpol (International Police Organization) 1974 mar kii ugu horraysay.

Sida meelo kale ku sheegan, waxa Talis kii Boliiska la iga beddelay dhammaadk Dec 1974, oo la igu magcaabay Wasiir kii Arrimihi Gudha.

Xukun kii Askartu bilawgiisii, dalka gudihiisa oo dhan, heer gobol iyo degmo wax'ay Guddoomiyayaal u magcaabeen saraakiil ciidamadii Qalabka Siday, oo lagu wada beddelay saraakiishii rayadka ahayd. Saraakiishii xilalkii Gudahaa loo dhiibay qaar kood waa wanaagsanaayeen, oo xil kas b'ay ahaayeen, wax'ay se u badnaayeen kuwo ciidamada laga fogaynayay. Muddo kaddib mar kii Xisbigii Hanti wadaaggga la aasaasay 1976, waxa Degmooyinkii oo dhan iyo Gobolladii qaar kood saraakiishii ciidamadii waxa lagu beddelay kuwo rayid ahaa oo tababbarro mabaadii'dii 'Hantiwadaaga' (dariiqa lagu gaadho shuucininmada – the pathway to Commumism –) Russia ku soo qaatay. Iyaga na kuwo badan oo wanaagsanaa baa ka mid ahaa, qaar kood na wax'ay ahaayeen kuwo shuucinnimo iyo khamro cabbid soo bartay oo aan ehel u noqon karin in ay bulsho Muslim ah hoggaamiyaan. Wax'ay se badan koodu ka sinnaayeen aqoon la'aan maamul. Waxa loogu talagalay in ay kaashadaan shaqaalihii dawladdihii hoose.

Anig'oo mar kaas ahaa Wasiir kii Arrimihi Gudahaa wax'aan soo saaray Sharcigii la magacbaxay 6aad (Law No.6), si maamul kii loo dhowro. Mar kii Sharcigaasi ka soo baxay Golihi Dawladda Guddoomiyayaashii Gobol iyo Degmo ba waa ka qayliyeen, wax'ay na dhegihii Maxamed Siyaad ku badiyeen in aan Xisbigii dhismi karaynin inta Wasaaraddii Guduhu jirtay. Maxamed Siyaad maamulka waa yaqaannay, waa na garanayay qiimaha Wasaaraddii Guduhu dalka ugu fadhiday, wax'uu se xiisaynayay dhismihii Xisbiga, oo rabay in uu taabbagal noqdo, kuwaasi na goljilicdiisii b'ay taabteen, xaal kiisii na wax'uu noqday: 'beerka jecli, xaydha jecli'. Bilawgii w'uu is ka caabbiyay buuqoodii in wasaaraddii la baabiyo. Arrin tii oo hal kaas joogt'aan bil fasax iyo nasasho ahayd ugu safray Jarmalkii Bari, oo berigaas caado ahayd.

Nimankii 'Hantiwadaagga lagu soo tababbaray, wax'ay soo barteen xeel Shuucinimo, oo Lenin laga dhaxlay, oo la yidhaahdo, 'loto continuo' – continued struggle (ha ka nasanin halgan, wax'ii aad rabtid in aad gaadhid). Niman kii int'aan maqnaa b'ay Maxamed Siyaad wareeriyeen, isu weydaarteen, oo wax'ii kuwo ku yidhaahdaan iyo wax kale b'ay kuwo danbe na ku akhriyeen, ilaa ay gaadhsiiyeen heer uu debcay, oo ku yidhi, "Bal Jaamac ha soo noqdo".

Mark'aan soo noqday kuwo badanoo ay ka mid ahaa kuwo si fiican iiyagii baa madaarkii iyo gurigaygii ba iigu yimi kahor in tii aanan weli Maxamed Siyaad arkin, oo iskudayeen in ay aniga na igu qanciyaan sid'ay Maxamed Siyaad ku qanciyeen oo kale, oo aanan ku kordhin in Maxamed Siyaad wax ka beddeli karay heerk'ay gaadhsiiyeen.

Mark'aan arkay Maxamed Siyaad wax'uu ku celceliyay, "Waa la buuqayaa". Mark'aan dareemay in uu is dhiibay, wax'uu sameeyo na garan la-aa, b'aan doonay in uu derbiga soo taabto, oo ku idhi, "Ka dhig Wasaaradda: Agaasin Guud ee Madaxtooyada (Xafiisyadaada hoos yimaadda)". Sidii b'uu yeelay, aniga na ii magacaabay Wasiir Arrimaha Shaqada iyo Bulsshada iyo Arrimhi Shaqaalihii Qaranka (Labour, Social Affairs and Establishment).

Agaasimihii Guud ee Wasaaraddii Arrimaha Guduhu, Xaashi Abiib, maalin tii Wasaaraddii la baabiiyay b'uu shaqadii ka tegey.

Arrimihi dalka gudihiisii waa is ku dhalaaleen, Maxamed Siyaad na hawl kal'oo qaran ba waa haleeli kari waayay. Muddo sannad ka yarayd kaddib baa wasaaraddii dib loo soo celiyay, magacii se laga beddelay oo loo bixiyay: Wasaaradda Dawladaha Hoose iyo Horumarinta Miyiga (Ministry of Local Governments and Rural Development), aniga na dib la iigu magacaabay, Mudd'ay igu qaadatay in nidaamkii aqoondarradu burburisay halkiisii lagu soo celiyo. Dhibaatooyink'aan ka la kulmay Guddoomiyayaashii 'Hantiwadaagga 'lagu soo tababbaray ee Degmooyinkii waxyeellad'ay geysteen waxa ka mid ah:

1. Buur Caqabo – waa magaalo weyn, dad keedu aad u badan yahay. Wax'ay ka mid ahayd Degmooyinka Darajada 1aad (Grade A) ee wax soosaarka dakhligeedu ka badnaa kharjigii lagu fulinayay hawl sannadeedka Degmada, sida mushahar shaqaaleh iwm (overhead expenditure). Degmooyin kii dakhli dheeraad aha soo saari jiray wax'aannu ku odhan jirnay mashaariic Hormarineed u soo samaysta. Kii 'Hantiwadaagga' bartay oo Buur Caqabo Guddoomiyaha ka ahaa, oo la odhan jiray, 'Sandheere' wax'uu dakhligii dheeraadka ahaa u soo qorshaystay 'Cinema'

   Magaaladaas weyni biyo joogto ah ma leh, oo meelo fog baa dameero loogu aroora. Xuseen Kulmiye oo Wasaaradda iiga horreeyay baa mar war magaalada agteeda uga qoday si dadku muddada roobka biyaha uga faa-iidaystaan. Qorshihi Degmada waa ka goynay 'Cinemadii, oo wax'aannu, aniga iyo saraakiishii Wasaaraddu, ugu beddelnay in war tii oo muddo lagu soo dhaqmay, badan keedii na aasmay la dhoobaqaado, la na ballaadhiyo. Guddoomiyihii Degmadu waa ka buuqay isbeddelkii, waa na ka diidnay sid'uu rabay.

   Dadku waa beeraley oo gabbalku hadd'uu dhaco ba in yar baa soo jeedda. Yaa 'Cinemada ka faa-iidaysanaya? Guddoomiyahaas iyo dhowr qof oo kal'oo shaqaalihii dawladdii dhexe ahaa.

   Maxamed Siyaad oo Baydhabo u socday baa maalin meesha maray. Kii Guddoomiyaha ahaa baa dhagax u dhiibay oo ku yidhi, "Jaalle Madaxweyne, Cinema ay'aannu dhisaynnaaye, noo dhig dhagax aasaaseed", u ma na sheegin in aannu ku diidnay, oo wax'uu rabay in uu annaga nagu baqageliyo dhagaxa Madaxweynuhu dhigay si aannu u oggolaanno qorshihiisii. Maxamed Siyaad sidii laga codsaday b'uu yeelay oo dhagaxii b'uu dhigay. Mar kaas kaddib b'uu Guddoomiyihii taar noo soo diray uu nagu leh yahay, "Madaxweeynihii baa dhigay dhagax aasaaseed kii dhismihii Cinemada ee noo soo daaya lacagta". Wax'aan ugu jawaabay, "Cinemada 'Is Kaa Wax U Qabso' ku dhiso, qorshihii Wartu se waa sidiisii". Lacag tii na wax'aannu ku wareejinnay Wakaaladdii Hormarinta Biyaha si hawshii Warta loo fuliyo. Mark'aannuu ka diidnay b'uu Maxamed Siyaad taar u diray uu ku leh yahay, "Jaalle Madaxweyne,Cinemadii aad dhagax aasaaseed keedii dhigtay, wasaaraddii baa lacagtii dhis maha u soo dayn weyday".

Maxamed Siyaad maamulka waa yaqaannay, oo mar kaas b'uu wax dareemay. Taarkii Guddoomiyuhu u soo diray b'uu warqad yar iigu soo gudbiyay, oo i weydiiyay in aan arrin taas uga warramo. Sida kor ku sheegan oo dhan b'aan u tebiyay. Mar kaas b'uu asagii u jawaabay oo ku yidhi, "Ku soco qorshaha Wasaaradda".

2. Qoryooley – maalin b'aan degmada soo kormeeray. Wax'aan ogaaday in carruur badani, ardaydii dugsigu u bukaan Kaadidhiig. Waa la ogyahay cudurka Kaadidhiiggu wax'uu ka dhasha biyaha webiga ee faddaraysan (polluted water). Wax'aan u yeedhay wakiilkii UNICEF ee Qaramada Midoobay. Wax'aan weydiiyay wax'ii daawo noqon karay? Wax'uu yidhi, "Biyaha webiga oo la nadiifiyo (water treatment). Waa in War laga qodo webiga dhinaciiisa oo lagu shubo dhagxan yaryar (quruurux – jay), kaddib na biyaha webiga lagu soo daayo. Markaas kaddib biyaha wartu nadiif b'ay noqonayaan.

Maalgelin b'aan u helay, oo wartii baa la qoday. Wax'aan rabay in dadweynaha Qoryooley oo dhan laga badbaadiyo cudurkii Kaadidhiigga. Maamul kii Degmad'aan u dhiibay lacag oo ku idhi, "Xaafad kast'oo magaalada berked weyn ha laga dhiso, si tuubooyin loo dhigo is ku xidha Warta iyo berkedaha, si marka dhismuhu dhammaado loogu soo furo biyaha nadiifta ah. Hawo weyn baa i gashay, oo wax'aan ku tashaday haddii mashruucaas Qoryooley hagaago, in ay noqoto mashruuc (Pilot Project) si looga hirgeliyo deegaannada webiyada ku taxan dhammaan tood, dalka oo dhan.

Toddobaad kaddib b'aan ku noqday Qoryooley, oo is idhi soo eeg dhismihii berkedihii tubooyinka lagu xidhi laha. Wax la qabtay ma jirin. Kuwi maamul kii b'aan wediiyay hawsh'aan sugayay in la qabto.

Wax'ay ii sheegeen in lacagtii aan u dhiibay ay guri Xisbi ku dhisteen. Nimankii sheeganayay in ay 'Hantiwadaag soo barteen, dhisme ay huuhaa ka akhriyaan baa ka la weynaaday caafimaadkii dadka. Dedaalkaygiina hal kaas b'uu ku dhicisoobay.

3. Hargeysa - anig'oo hawlo qaran ayaamo Woqooyi u joogay baa habeenkii Hargeysa iigu danbeeyay mas'uuliin tii Gobolku iyo Degmadu wax'ay qabqabteen dhowr iyo konton dhallinyaro ahaa, ardaydii Dugsiyada Sare, oo is la habeen kii maxkmadeeyeen, is la habeen kii na u direen Xabsiga Mandheera, 115/KM u jirta Hargeysa, in ay ku ahaadaan 'lahayayaal', iyag'oo aan waxba ila socodsiinin. Anigu na wax ba habeen kaas ma ogaanin. Wax'aan is ka la soo caweeyay saaxiibbo, oo goor danbe soo seexday. Subixii danbe mas'uuliin tii Gobolka iyo Degmada Hargeisa oo aan ka dhoofayay baa madaarkii i geeyay, weli na aan wax'ii xalay dhacay ila socodsiinin. Qaar ka mid ahaa dhallinyarada la xidhay aabayaashood baa madaarkii iigu sheegay.

Nidaamku wax'uu ahaa mar haddii dad la xidho 'lahayayaal' ahaa, Maxamed Siyaad oo keli ah baa ku siidayn karay wax lagu tilmaami jiray, 'Cafis Madaxweyne';waxa loogu talagalay in mas'uuliin tii Gobolladu goor wal ba dad xidhxidhaan si Maxamed Siyaad loogu baryatago in uu u siidaayo cid xidhan, u jeeddadu ahayd in dadka goor wal ba la baqa geliyo.

Macne ku ma jirin in aan la hadlo mas'uuliin tii Gobolka mar hadd'ay arrin tii is dhaafayiyeen oo farahoodi ka baxday. Dad badan oo sidaas lagu xabbisi jiray aan denbi lagu ma xukumin, wax'ay ahaan jireen 'lahayayaal (detainees)', oo qaar kood sidaas labaatan sano ku dhammaysteen mar kii xukun kii Askartu burburay. Ha se yeesh'ee, mark'aan Muqdisho ku laabtay b'aan arkay Maxamed Siyaad oo u sheegay qaddarin xumad'aan tirsanayay, ka na dalbay in uu mas'uuliin taas tallaabo ka qaado. Wax'uu igu yidhi, "Bal aan sugno warbixin tooda arrinta ku saabsan". War danbe ka ma maqlin wax'uu ka qabtay. Dhallinyaradiise waa la siidaayay beri danbe kaddib mar kii Maxamed Siyaad baryo loogu tegay sidii loogu talagalay.

Bilawgii xukun kii Askartu wax'uu dagaal kulul ku qaaday, 'qabiil', ooshirweyn hortiis lagu gubay sawir qabiil loo ekaysiiyay. Iskudaygii Inqilaab kii dhicisoobay ee Cirro, oo Cabdullaahi Yuusuf sheegan jiray in uu ka danbeeyay, xukun kii Askarta waxa galay baqdin, wax'ay na kordhiyeen cadaadis koodii lid ku ahaa dadweynaha guud ahaan, gaar ahaanna Majeerteen iyo Isaaq kaddib dhismihii Ururradii SSDF iyo SNM. Maxamed Siyaad na wax'uu aamini waayay hay'adihiisii qaran oo wax'uu u janjeedhsamay dhinacii beesh'uu ka dhashay ee Mareexaan.

Waxa la yidhaahdaa kuwii inqilaab dhiga iyag'aa marka danbe is cuna. Khilaaf baa soo dhex galay madaxdii sare. Bilawgii June 1982 waxa la qabqabtay toddoba (7) xubnoood oo ka tirsanaa Golihii Dhexe ee Xisbigii nidaam kii Askarta, ka mid ahaa Madaxweyne Ku-Xigeennnadii mid kood. Waxa lagu eedeeyay in ay inqilaab shirqoolayeen. Xubnahaas waxa ka mid ahaa kuwo aad u ka la fogaa, oo aan wada hadli jirin, is ka ba daa in ay inqilaab wada samayn kareene. Mid ama labo kasta wax u gaar ahaa baa loo xidhayay, sida soo socota:

Is maaciil Cali Abokor, Madaxweyne Ku-Xigeenkii, iyo Cumar Carte, Wasiir kii hore ee Arrimaha Dibedda, waxa lagu tuhunsanaa in ay lug ku lahaayeen degganaasho la'aan tii Woqooyi, ama ay wax ka qaban waayeen.

Cumar Carte, mar kale, iyo Cusmaan Maxamed Jeelle wax'ay door weyn ka qaateen iskusoodhowayn tii Xukun kii Askarta iyo dawladdihii Carabta, aadna ugu muuqdeen door koodii, taas oo loo arkay in ay madaxdii ka sarraysay ka kor mareen.

Cumar Carte kelidii mar kale, 1975 waxa Qaahira lagu qabtay Shir Madaxeed kukulmeen madaxdii dawladdihii Carabta iyo Afrikaanka. Shirkaas daafihiis'aa Maxamed Siyaad ku la kulmay Sheekh Zaayid, Madaxweynihii waagaas ee Midoowga Imaaraadka Carabta, oo caawimooyin na ku weydiistay. Sheekh Zaayid waa ka biyadiiday sida taxadir la'aanta ahayd ee wax u dhaceen. Mar kaas kahor waxa u ka la turjumaani jiray Cumar Carte, oo si habboon isu fahamsiin jiray labada oday, ilaa Maxamed Siyaad gaadhay heer uu marar badan odhan jiray, "Shiikh Zaayid waa saaxiib kay. Cumar Carte mar kaas na Shir kii Qaahira waa joogay, laakiin Maxamed Siyaad wax'uu u arkay in uu ka maarmi karay, ku ma na darsanin kuwii raacay mark'uu Sheekh Zaayid la ballansanaa, asag'oo is ku hallaynayay kuwo an nidaamka dibloomaasiga wax ba ka garanaynin, oo ka mid ahaayeen kuwo gabdhihiisa qabay qaar kood, oo iyaga na tartan ka dhexeeyay laxidhiidhka iyo kudhowaanshaha dawladaha Carabta. Kulankii wax'uu ku dhammaaday asag'oo aan Sheekh Zaayid ka jawaabin codsigii Maxamed Siyaad.

Shir kii Qaahira kaddib Sheekh Zaayid wax'uu booqanayay labadii dal ee Yemen oo waaga qaybsanayd. Mar kii Sheekh Zaayid Sanca gaadhay baa madaxii Hab Maamuus kiisii (Chief Protocol) la xidhiidhay Safiirkii Soomaaliyeed ee Sanca joogay oo ahaa Cusmaan Cabdullaahi Xasan (Cusmaan 'Saylici') ka na dalbay in uu farriin u gudbiyo Maxamed Siyaad in Sheekh Zaayid rabo in loo soo diro Cumar Carte. Safiirkii mar kii ba wax'uu Farriin tii gaadhsiiyay Wasaaraddii Arrimaha Dibedda ee Soomaaliyeed. Wasiir kii mark kaas aha kii Arrimaha Dibedd'aa ka hinaasay in Sheekh Zaayid soo dalbaday Cumar Carte, oo aan Maxamed Siyaad wax ba u sheegin. Labo beri kaddib mar kii booqashadii Sanca u dhammaatay waftigii Sheekh Zaayid baa madaxii Hab Maamuusku mar labaad la xidhiidhay Safiirkii Soomaaliyeed oo ku yidhi, " Cadan b'aannu berri u baxaynnaaye, Cumar Carte hal kaas Sheekha ha ugu yimaaddo". Safiirkii asag'oo yaabsan wax'ii ku dhacay farriint'uu gudbiyay, baa nasiibwanaag subixii danbe wax'ay ahayd maalin tii diyaaraddii Somali Air lines soo mari jirtay Sanca, Safiirkii na iyadii b'uu ilaa Muqdisho u soo raacay. Waagaas waxa caado ahayd in Safiir wal ba oo Muqdisho yimaadda uu Maxamed Siyaad arki jiray, Wasiir kii Arrimaha Dibeddu mar labaad Madaxweynihii ka ma qarin Karin farriin tii Sheekh Zaayid.

Mar kii loo sheegay ba Maxamed Siyaad wax'uu degdegu diyaariyay diyaarad milatari oo is la mar kii ba qaadday Cumar Carte, oo Sheekh Zaayid ugu tegay Cadan. Haddii Safiirkii Soomaaliyeed oo Sanca joogay aan uu Muqdisho imanin, waxa dhici lahayd in aan Maxamed Siyaad la gaadhsiiyeen farriin tii, taas oo Sheekh Zaayid u qaadan lahaa in Maxamed Siyaad ka diiday codsigiisii, kaddib na xidhiidh koodi, Maxamed Siyaad iyo Sheekh Zaayid, xumaan lahaa oo aan ay mar danbe salaanta ka la qaateen, ayada'oo Maxamed Siyaad xidhiidh kaas aad ugu baahnaa.

Sheekh Zaayid wax'uu u sheegay Cumar in sidii Maxamed Siyaad wax u weydiiyay, iyad'oo dad badani na la socdeen ay ka duwanayd sid'ay hore wax is ku gaadhsiin jireen. Wax'uu na Cumar Carte faray in uu ka keeno Maxamed Siyaad wax'uu Sheekh Zaayid fahmi karay. Cumar sidii b'uu yeelay oo int'uu Muqdisho ku soo noqday, Maxamed Siyaad na ka war qaaday, Sheekh Zaayid ku noqday oo Abu Dabi ugu tegay.

Waxyaalihii codsigii Maxamed Siyaad, ee Cumar Carte ka soo qaaday Sheekh Zaayid waxa ka mid ahaa 'Cheque' lacagtii lagu iibsaday diyaaraddii Boeingta ee Somali Airlines iyo dhowr wax oo kale, lacag kale, iwm.

Mar kii Cumar Carte hawshaas soo qabtay ee ku soo noqonayay Muqdisho, Sheekh Zaayid baa soo siiyay diyaaraddiisii gaarka ahayd. Kuwo ka ag dhowaa Maxamed Siyaad baa aad u durbaan tumay, oo ka dhaadhiciyay Maxamed Siyaad in Cumar Carte dawladaha Carabta kagaqiimebadnaa Madaxweynaha. Taas na waxa la filayay in ay qayb ka ahayd sababihii loo xidhay Cumar Carte.

Nin kii hawlaha dan qaran ee kor ku sheegan oo dhan soo qabtay baa lagu hinaasay, oo loo xidhay max'uu u yeeshay awooddii uu wax ku soo qabtay? La ma filayo in Cumar Carte Shiikh Zaayid weydiistay diyaaraddiisa gaarka ahayd, kuwo Cumar xaasidayay se is ma weydiinin oo ma garan, mar hadd'uu Shiikh Zaayid soo siiyay diyaaraddiisii, miyay habboonaan lahayd in uu Cumar diido?

Mar kale Cumar Carte iyo Cusmaan Maxamed Jeelle, waxa mar Soomaaliya booqasho ku yimi Amiir Salmaan, Boqorka hadda (2019) ee Sacuudiga Carabta, oo la yidhi wax'uu indha-indhaynayay in Sacuudigu maalgelin ku samaysto dalka. Xafladihii lagu maamuusayay Amiirka iyo kulannadii kale ba waxa laga ilaaliyay kaqaybgalka Cumar Carte iyo Cusmaan Jeelle.

Habeenkii booqashadii Amiirka ugu danbaysay waxa Xaflad dhigtay Safaaraddii Sacuudiga ee Muqdisho, ku na dartay kaqaybgalayaashii Cumar Carte iyo Cusmaan Jeelle ba. Taas na waxa ka xanaaqay kuwii ka ag dhowaa Maxamed Siyaad, oo u arkay in aan labadaas nin iyo Carab la ka la ilaalin karin, in labadooda ba god lagu rido maah'ee, waa na lagu riday.

Dr. Maxamed Shiikh Aadan wax'uu waagaas mar la hadlay Cabdalla Maxamed Faadil, xubin Golihii Sare ee Askarta oo ku yidhi, "Waar arrimaha Woqooyi meel xun b'ay marayaane, m'aa talo la is ugu noqdo". Maxamed Siyaad oo hore u go'aansaday in Woqooyi xoog lagu muquuniyo waa ka cadhooday mar kii warkii Maxamed Shiikh Aadan loo sheegay. Asaga na sidaas baa ugu weynayd sabab tii loogu daray kuwii la xidhay.

Warsame Cali oo loo yaqaannay, "Juquf", oo ahaa kan keliya oo la hubay in uu Shuuci ahaa, asaga iyo kuwo kale ba waa la aammini waayay kaddib mar kii xidhiidhkii Soomaaliya iyo Ruushkii xumaaaday. Asaga na sidaas baa loogu daray laxidhayaashii, Xabsigii b'uu na ku dhintay.

Maxamaed Yuusuf 'Weyrax', muddo yar mar kaas kahor b'uu ka soo baxay sannad xadhig kale, w'uu na ku bukooday xadhigii. Wax'uu codsanayay, oo Maxamed Siyaad culays ku saaray in uu dibedda is ku soo daaweeyo. Weyrax labo jeer b'uu soo noqday Wasiir kii Maaliyadda, oo wax badan b'uu ogaa, la ma na rabin in uu dalka ka baxo. Asaga na sidaas baa sababtay in lagu daro laxidhayaashii.

Ugu danbayn, General Cumar Xaaji Maxamed kahor in tii aan uu noqonin TaliyihiiXoogga Dalka Soomaaliyeed, waxa arrimihi ciidanka door weyn, oo dahsoonaa ku lahayd Khadiija, xaaskii weynayd ee Maxamed Siyaad, gaar ahaan arrimihi ku saabsanaa xubnihii ciidankaas qaar kood, oo Samatar ka fulin jirtay wax badan oo ay saraakiishii qaar kood doonaan ba. Cumar mar kii Taliyihii loo magacaabay, iskudaygii Inqilaab kii dhicisoobay ee Cirro kaddib, ujeedadi ka danbaysay na ahayd in ciidan kii lagu aamini karay Sarkaal Mareexaan aha, wax'uu rabay in uu hawlihii militari dibuhabayn ku sameeyo, oo edbiyo saraakiil hoose oo Marreexaan oo raaxo u bartay, si ay xukun kii u ilaaliyaan. Maxamed Siyaad na w'uu la socodsiiyay, w'uu na la qaatay. Kow iyo toban (11) saraakiil hoose, kuwaas oo ka mid ahaa kuwa kor ku sheegan oo ay Khadiijo meelaysay, la na shaqaynayay kuqaybsanayaashii arrimaha ciidamada (Milatari Attaches) oo ka tirsana la'aanta Safaaradihi Soomaaliyeed, b'uu Cumar dibbedda ka soo celiyay. Kuwaasi waa u adkaysan waayeen raaxad'ay u barteen la-aanteed. Dhammaan tood Khadiija, oo awal ba ka danbaysay dibed udiristoodi b'ay qayladhaan ugu tageen. Khadiija Cumar b'ay ladqabo ugu tagtay in kuwii uu soo xereeyay meelahoodii ku celiyo. Cumar na waa ka diiday, asag'oo is ku hallaynayay sid'ay Maxamed Siyaad is ku ogaayeen.

Saraakiishaas hoose ee kor ku sheegan, kuwo kale iyo Khadiijo ba wax'ay dhegihii Maxamed Siyaad ku badiyeen in Cumar Xaaji inqilaab samayndoonay. Maxamed siyaad wax'uu sameeyay iskushaandhayn degdeg ahayd ee wasiirro, oo Cumar Xaaji Maxamed ku magacaabay Wasiir kii Caafimaadka, wax'uu na Madaxweyne Ku-Xigeenkiisii, Xuseen Kulmiye faray in uu hubiyo in Cumar Xaaji is la maalin tii iskushaandhaynta ba la wareego xil kiisii cusbaa, si uu dhakhso uga tago Talis kii Xoogga Dalka Soomaaliyeed. Cumar in la casilay b'uu u qaatay, waa na hadhadlay oo reer Maxamed Siyaad wax ka sheeg-sheegay. Asaga na iska-aamusiin baa loogu daray kuwii la xidhay, kaddib mar kii denbi loo waayay in uu inqilaab samayn lahaa. Waxa la sheegi jiray in dhowr sarkaal oo Marreexaan, qaar na ku dhinteen jidhdil loo geystay, oo uu ka mid ahaa, 'Hebel Haruuse', kuwo kale na oo uu ka mid aha Saalax Farmaajo, Madaxweynaha Soomaaliyeed ee maanta (2019) ay walaalo yihiin, shaqadii laga eryay kaddib mark'ay ku marag furi waayeen in Cumar inqilaab samayn lahaa, hadd'ay jirtay ba (real or i magined) in Cumar inqilaab samayn lahaa.

Maxamed Cali Samatar baa muddo yar dib loogu magacaabay Taliyihi Xooggii Dalka Soomaaliyeed, kaddib na waxa lagu beddelay Maslax Maxamed Siyaad oo la dhaafayiyay saraakiil badan, oo asaga ka sarreeyay, ka na aqoon badnaa, kaga na habboonaa jagada. Waxa ka sii darnayd in siddeed (8) Generaal oo dhallinyaro ahaana, labeentii Ciidanka, is ku maalin hawlgab la geliyay, si Maslax Taliye u noqon karay, oo wax'ay ahayeen kuwo aanu Maslax wax na u sheegi karaynin, amar na siin karaynin, oo ay ka mid ahayeen Cabdullaahi Cali Cumar, Cabdiraxmaan Maxamuud Cali Bayr, Cabdiraxmaan Warsame Cilmi (Caarre), Is maaciil Neero, iwm.

Waagaas waxa bilaabmay in kuwo madaxdii dalka ka mid ahaa baxsadaan, iyag'oo ka baqayay in ay ku eedoobaan mas'uuliyad wadareed waxyaalihii xumaa ee dalka ka dhacayay, mar hadd'aan ay wax sixi karaynin, shaqokategid na aan loo oggolayn. Maxamed Siyaad ma rabin in cidi ka maaranto lashaqayn tiisa, cid asagu naco maah'ee. Qof kii weydiista in uu shaqada ka nasto, 'nasasho' oo ka fududayd 'kategid', wax'uu ku odhan jiray lagaa ma maarmo, maalinta xigta na w'uu eryi jiray, u ma na oggolayn in uu dalka ka baxo.

Anigu ma rabin in aan dalkayga ka tago wax kasta ha igu gaadheene. Shaqadaydii siyaasadeed b'aan yareeyay si uu Maxamed Siyaad iiga marmo. Maxamed Siyaad hawl maamul kast'oo wanaagsan wax'uu ka jecelaa waxqabad siyaasadeed. Gaar ahaan wax'aan meelmarin waayay rabitaan Maxamad Siyaad in maal kii Deeq bixiyayaashu ugu talagaleen qaxootiga loo adeegsado hawlihii askarta oo dadka Soomaaliyeed lagu cabbudhinayay, mark'aan mas'uulka ka ahaa Arrimaha Qaxootiga. W'ay ii suuragahsay sid'aan rabay, oo iskushaandhayn wasiirro b'uu iga tegay. Ha se yeesh'ee, weli lahayst'aan u ahaa xukunkii Askarta, oo wax'aan xubin ka ahaa Xisbigii, weli ba Golihiisii Dhexe, iyo Golihii Shacabka ee nidaam kii xukun kii Askarta. Muddo yar kaddib iskushaandhayn tii wasiirradii b'aan codsaday in aan arko Maxamed Siyaad.

Goor subax hore ahayd baa la igu soo wargeliyay in Madaxweyihii i sugayay. Waxa caado u ahayd Maxamed Siyaad in uu habeenkii oo dhan soo jeedo, subaxda hore na seexdo. Degdeg b'aan ugu tegay si aan uga gaadho kahor int'aanu seexanin. Wax'aan u sheegay rabitaan kaygii in aan ka baxo xubinnimadii hay'adihii qaran, mar hadd'aanan shaqo qaran haynin.

Wax'uu i weydiiyay wax'aan rabay in aan qabto? Oo wax'uu baadhayay war lagu yidhi in Cabdiraxiim Caabbi Faarax shaqo iiga diyaariyay maamulka Qaramada Midoobay, taas oo uu u qaatay in ay sabab u ahayd in aan danayn waayay hawlihii siyaasadeed sid'uu rabay. Wax'aan ku idhi, "Passport kaa ma rabo", oo wax'aan ogaa in sidaas loogu sheekayn jiray.

Wax'uu mar labaad i weydiiyay macnihii jawaab taydii, oo igu yidhi, "Max'aad u jeedda?" Wax'aan ku idhi, "Anigu dalkayg'aan joogayaa, waa nan ogahay in sidaas laguugu warramay". Wax'uu yidhi, "Haa". Wax'aan ku idhi, oo adigu wax wal ba ma rumaysanaysaa? Qaramada Midoobay wax'ay rabaan aqoonyahanno (professionals). Aniga iyo adigu ba wax'aynu nahay askar siyaasiyiin u gudubtay, oo Qaramada Midoobay mid keenna ma qaadateen".

Mar 3aad b'uu i weydiiyay wax'aan rabay in aan qabto. Wax'aan u sheegay in aan rabay dhul yar aan Afgooye ku lahaa in aan tacbado. Mar kaas b'uu i faaniyay oo yidhi, "W'aan ogahay in aad ka midhadhalin kartid wax'aad u hagarla'dahay, wax'aannu ku la qaban karno na waa ku la qabanaynnaa, in kast'oo aan kuu cadhaysan ahay". Macnaha w'aad ila shaqayn weydey siyaasad ahaan. Wax'uu igu la taliyay in aanan Xisbigii ka bixin, oo yidhi, "Ilaah baa og sid'ay wax noqon doonaan, kuwa kale se w'aad is kaga bixi kartaa". Wax'aanidhi, "Waa hagaag", oo wax'aan ogaa, asagu se illowsanaa, in qaadhaan kii xubinnimada Xisbiga (Party subscription) oo awal mushaharkaygii laga goyn jiray, mark'aan saddex bilood bixin waayo, Xubinnimadii Xisbi luminayay. Xubinnimadii Golihii Dhexe iyo Golihii Shacabk'aan ka tegiddoodii u qoray.

Maxamed Siyaad wax'uu lahaa aftahamo, door weyn ka qaadatay hirgelin tii xukun kii Askarta. Dadka Soomaaliyeed na aad b'uu u yaqaannay. Wax'uu mar igu yidhi, bilawgii la igu magacaabay Taliyihii Boliiska, "Calanku ciidan aan Burco iyo Gaalkacyo ahayn ma leh", macnaha, 'Woqooyi iyo Mudug', "Kacaanku na (Xukunkii Askartu) cadow aan labadaas ahayn ma leh". Sida la wada ogsoon yahay, waa labadii meelood ee ugu horrayn xukun kiisii lagaga soo horjeestay.

Wax'ii uu garaaddo Askareed qaatay ilaa Sarreeye Gaas (Major General), wax'uu aad u qiimayn jiray, aad na uga sheekayn jiray sid'uu ku helay Alifkii ugu horreeyay. Waagii Dagaal Weynihii 2aad ee Dunida mar kii Ingriis 1941 Talyaani ka qabsaday Koonfur Soomaaliya, wax'uu qoray ciidan la odhan jiray, 'Somali Gendarm', Maxamed Siyaad ka mid ahaa. Ciidan kii Bariga Afrika ee 'KAR' baa laga keenay Saraakiil-Xigeenno tababbara ciidan kii Soomaaliyeed ee layliga ahaa. Askarta layliga ahi waa caadi in goor wal ba qaar kood eedo askarinnimo galaan (defaulters), sida maqnaansho, daahid, iwm. Kuwo sidaas ku eedaysan baa subax wal ba la horgeeyaa Taliyahooda Qaybeed. Kuwo kale na mar mar baa ammaan (Commendation) Taliyahi loo horgeeyaa. Sid'uu sheegi jiray, maalin b'uu Askari Maxamed Siyaad ka mid noqday eedaysanayaashii. Turjumaankii oo Soomaali Woqooyi ahaa, oo la odhan jiray Yuusuf Cayuun, b'uu Maxamed Siyaad u sheegay in uu dacwaysane aha, oo uu malaha is yidhi wax ha ku la qabto. Turjumaankii baa ku yidhi, Si fiican u soo lebbiso". Sidii b'uu Maxamed Siyaad yeelay oo lebbis kiisii si fiican u sii kaawiyadeeyay, kabihii na sii baalasheeyay. Mar kii Sarkaal- Xigeenkii dacweynayay Maxamed Siyaad soo geliyay xafiis kii Taliyihii baa Turjumaankii degdeg u yidhi, "Very smart". Taliyihii int'uu Maxamed Siyaad kor iyo hoos u eegay b'uu u bogay, u na qaatay in ammaan loo keenay, oo garaaddo Alifleh ka soo saaray khaanaddii miis kiisii oo ku qodbay shaadh kii Maxamed Siyaad. Sarkaal-Xigeenkii oo yaabsan baa Taliyihii ku yidhi, "Saar", macnaha dhammaatay sabab tii Maxamed Siyaad xafiis ka loo keenay oo ammaanta ahayd.

Waay aragnimo iyo xigmaddaasi ka ma badbaadin Maxamed Siyaad gefafkii badnaa uu galay, xukun kiisii burburiyay, dad kii iyo dal kii oo dhan na naafeeyay, laga na soo kaban la' yahay soddon sano kudhowaadilaa maanta (2019).

Wasiir 1aad hore ee Tunis, Hadi Al-Nuweyra, wax'uu beri igu yidhi, "Waa inaan mar na la gelin gef siyaasadeed (one must never make a mistake in politics)". Waa run, oo marka taariikhda dib loo jalleeco ma jiro gef keliya oo siyaasad Soomaalidu gashay oo laga soo kabtay, tusaaleh:

1) 1940aadkii - diidmadi Xisbigii SYL diiday hindisihii Ingriis oo in hmaamul Soomaali oo dhan, xornimo iyo midnimo na gaadhsiin lahaa.

2) 1977 – Shir kii ugu horreeyay, ugu na danbeeyay, ee Guddidii arrimaha Soomaliya iyo Itoobiya ay qaadatay mark kii dagaal kii Ogaadeen socday, Wasiir kii Soomaaliyeed ee Arrimaha Dibeddu wax'uu yidhi, "Soomaaliya dhinac ka ma ahayn arrin taas, ee ha laga la hadlo Jabhaddii Soomali Galbeed", halk'ay Soomaaliyi weligeed rabtay in arrin taas laga hadlo oo la muujiyo in Xabashidu gumayste ahayd, oo kalaqaybsigii Soomaalida dhinac ka ahayd oo ka la qaybgashay gumaystayaashii Yurub, oo Guddidaas la hor dhigi lahaa Heshiisyadii ay wada galeen Xabashi iyo gumaystayaashaas kale, ku na qaybsadeen dhulka Soomaaliyeed. Wax'uu aha gef aan ka soo kabasho lahayn.

3) Maxamed Siyaad wax'uu dagaal kii Ogaadeen u diray Cabdullaahi Yusuf iyo saraakiil kal'oo aan u heelloonayn guul la gaadho Maxamed Siyaad oo dalka xukumayay. Asagu na kollay ma jeclayn in Cabdullaahi Yusuf geesinnimo ku kasbado dagaal kaas (War Hero) eh, malaha wax'uu is lahaa dagaalka ha lagu soo dilo, ama denbiyo dagaal ha galo lagu maxkamadayn karay. Wax'ay se ahayd gef siyaasadeed iyo askarinnimo ba, oo lagamasookabtaan ahaa. Xabashida iyo Kuubaankii taageersanaa ba wax'ay qireen, sid'uu ku qoray Gebru Tareke Maqaal kiisii lagu daabacay, 'Journal of African Historical Studies/2000 CE', in Ciidamadii Soomaaliyeed geesiyiin ahaayeen, si xoog leh na u dagaallameen, laakiin hoggaamintii iyo xidhiidhintu ba ka xumaaayeen. Labadaas sababood midi na majirineh, waxa jirtay hagrasho saraakiishii Soomaaliyeed qaar kood, taas aan Xabashida iyo Kuubaankii mid kood na ogayn mark'ay sidaas wax u qiimaynayeen.

4) In Maxamed Siyaad hawaystay in wiilkiisii asaga xukun kii ka dhaxli karay, wax'ay iyadu na ahayd gef lagamasookabtaan ahaa, xukun kiisii na burburiyay.

5) 1977 – in kast'oo dagaal kii Ogaadeen xaq ahaa, hadda na gefkii Soomaalidu gashay wax'uu ahaa inaan la garanin hadd'aynu Xabashi ka adkaanno, quwadihii waaweynaa ee caalamku ma ina daynayeen? Wax'uu ahaa gef lagamasookabtaan ahaa.

Sida la wada og yahay, dagaal kaas ciidamadii Soomaaliyeed waa ku adkaadeen is ka horimaadyad'ay la galeen dhinacii kale, ha se yeesh'ee, waa lagu khasaaray dagaal kii oo wax u ahaa (won the battle, but lost the war)! Khasaaraha waxa mas'uul ka ahaa madaxdii, siyaasiyiin tii sare, oo qiimayn kari waydey suurgalnimo soo faragelin quwadihii waaweynaa ee dunida?

Wasaaraddii Gaashaandhigga Soomaaliyeed ka ma warbixin dagaal kaas, wax'ii khasaare soo gaadhay ama ay gaadhsiisay dhinacii kale too na.

Warbixin tii Xabashida ee dagaal kaas waxa qoray Professor Jaamicad Xabashi, Gebru Tareke, maqaal kiisii na lagu daabacay Wargeyska Caalamiga ee Daraasaadka Taariikheed ee Afrikaanka (Gebru Tareke's article published by the International Journal of Historical African Studies, Vol. 33, No. 3 (2000, CE), oo sida qoraagu qoray soo akhriyay wax'ay qoreen saraakiishii Xabashidu ee dagaal kii kaqaybgalay, iyagii na waraystay.

Gebru Tareke wax'uu qiray in dhinac kast'oo dagaal hoos u dhigo khasaarihii gaadhay, wax'uu dhinaca kale gaadhsiiyay na buunbuuniyo. Taas oo micnaheedu yahay in khasaarihii Xabashida gaadhay uu ka badan yahay int'ay sheegteen, khasaarihi ay Soomaalida gaadhsiiyeen na uu ka yaraa int'ay ku sheegeen? Khasaarihii labadii dhinac, sid'ay Xabashidu sheegtay waa sida soo socota:

Dad	Xabashi	Soomaaali
La dilay	6, 133	6,436
Dhaawac	10,563	2,409
La qabtay ama maqan	3,867	275
*Isugeynaykujireen160	* 20,563	9,137
Dhinacoodu is ka dileen,		
Ann ay se ku jirin 400		
Kubaan & 200 Yemeni		
Lagu dilaydagaal kii		

FG: Qaybta 3aad oo keli ah ayaa run u dhow wax'ay Xabashidu Soomaalida gaadhsiisay. La ma filayo in geeridii Soomaalidu gaadhsiisnayd inta Xabashidu sheegtay badh keed na. Dhinac na ma hubi karin tirada uu ka dilay dhinaca kale.

Itixaadkii Soofiyeeddku iyag'oo afar iyo toban (14) sano (1963 – 1977) hubaynayay oo tababbarayay ciidamadii Soomaaliyeed, afar (4) sano kahor na heshiis saaxiibtinimo la galay dawladdii xukun kii Askarta Soomaaliyeed oo qaatay mabda'ii Hantiwadaagga, ayaa Mengistu inqilaab ku qabsaday xukunkii Xabashida, sheegtay na kudhaqan Hantiwadaag. Ruushku mar kii ba Soomaalida dhabark'ay u jeediyeen, oo Xabashi ku taageereen dagaal kii Ogaadeen, sababaha soo socda awgood:

1) Taariikh ahaan Xabashi iyo Ruush wax'ay lahaan jireen xidhiidh dheer oo ku salaysnaa ka wada midahaan tooda qaybta 'Orthodox' ee diinta masiixiyadda.

2) Ruushku wax'uu ka mid ahaa Yurubiyaan kii ugu horreeyay oo Menelik siiyay hubk'uu ku qabsaday ku na addoonsaday dawyow Afrikaanka kale.

3) Xattaa mar kii Ruushku 1917 noqdeen Shuuciyiin diindiid aha, is ma beddelin xidhiidh kii saaxiibtinimo ee iyaga iyo Xabashida.

4) Ruushku wax'ay ku xisaabtameen in dadka Xabashiyeed oo badan kooda la addoonsado, deggen na oo badan koodu beero falaan ay u beddelmi kareen dhaqan hantiwadaag (Amenable to social transformation), halka Soomaali badan koodu yihiin reerguuraa xoolo XUKUNKA ASKARTA: 21 OCT.1969 – 26 JAN.1991 dhaqato aha, aan ay u na heellonayn kalasarrayn; sidaas awgeed na aan ay u beddelmi karin hantiwadaag.

5) Ruushku wax'ay ogaayeen in Soomaalidu Muslim yihiin ku xeeldheer diin tooda Islaamka, la ma na arkin ummad Muslim ah oo shuuciyowday muddo lixdan (60) sano oo markaas laga joogay taariihkda Shuuciyadda, halka ummadihii Shuuciyoobay oo dhammi ay masixiyiin ahaan jireen.

6) Ruushku wax'ay kal'oo ogaayeen in dawladaha reer galbeedku, oo iyaga iyo Ruushka tartan mabda'iyeed ka dhexeeyay, Xabashida aad u qiimaynayeen, si ka weyn sid'ay Soomaalida u arkayeen; Xabashi oo hantiwadaag noqota na reer galbeed jug weyn ku noqonaysay.

XVI
HALGANKII XORAYNJABBUUTI

Xornimadii Jabbuuti in la dhaliyo dawladihii ka la danbeeyay ee Soomaaliyeed, rayid iyo askar ba, is ku si b'ay ugu dedaaleen. Waxa xornimadii Jabbuuti bilawgii caqabad ku ahaa dadka Cafarta oo ka baqayey in la leqo hadd'ay Jabbuuti xorowdo, Soomaali weyn na ku biirto.

Ha se yeesh'ee, wax'aan marna is beddelin siyaasadii dowladihii Soomaaliyeed ee is dabajoogay ee ku wajahnayd xoraynta Jabbuuti. Wax aan se la oggolayn in Fransiiska xabbad lagu la dagaallamo, oo hub Maxamuud Xarbi mar dibedda ka soo diray 1960 in Jabbuuti la geliyo, dawladdii Soomaaliyeed waa diidanayd, in kast'oo markabkii siday hubkii badda Berbera ag teeda ku daadiyay kaddib mar kii wakiilladii Maxamuud Xarbi ka daaheen. Naakhuudihii markabka hubka keenay waa la maxkamadeeyey; waxa lagu ganaaxay Afartan iyo labo kun oo Shilin Soomaali ahayd oo waagaas u dhigantay (toddoba kun oo dollar Maraykan $7,000).

Toddoba iyo toban (17) sano, 1960 – 1977, arrin tii xoranti Djibouti wax ay hortiil Golihi Gumaysikasaarka ee Ummaha Midoobay (Decolonization Committee of United Nations), oo sannad wal ba mar kii Shirweynaha Jamciyaddu (General Assembly} furmo bish sagaalaad, September, dawladdii Soomaaliyeed ka marin jirtay codayn (vote) in Djibouti xornimadeedi hesho.

Waag'aan ka madax ahaa Sirdoon kii iyo Amnigii Qaranka Soomaaliyeed, mas'uul ka mid ahaa saraakiishii sare ee maamul kii Soomaaliyeed, oo aannu saaxiib ahayn, b'ay Cali Caarif is yaqaanneen. Cali Caarif baa ugu sheekeeyay, sida saaxiibkay ii sheegay in aan Fransiis dal uu gumaysto ka tegin ilaa ay xushaan nin ay kaga tagaan maah'ee. Wax'uu na ku daray, in asaga, Cali Caarif, u xusheen oo u dhiibi dooneen mark'ay Jabbuuti is kaga tegi doonaan".

Wax'aan u arkay in Cali Caarif, iyo saaxiibkay ba rabeen in aan warkaas gaadhsiiyo dawladdii Soomaaliyeed si Cali Caarif tixgelin loo siiyo. Loo na soo dhoweyn karay. Ma siinin warkaas wax qiime ahaa, is ka ba daa in aan dawladdii Soomaaliyeed gaadhsiiy eh. Dawladdii cabdirizaak Xaaji Xuseen wax'ay aad ugu dadaashay in ay la kulanto mudanayaashii Cafarta ee Baarlamaankii Jabbuuti. Waxa xidhiidhinayey labo nin oo Soomaalida Jabbuuti ka mid ahaa, Cabdiraxmaan Jaamac Cadhoole, oo ahaa hoggaamiye ururradii shaqaalaha ee Djibouti (Trade Unionist Leader) iyo Cabdiraxman Axmed Xasan (Gabood), oo Wasiir ka ahaan jiray dawladdii hore ee Jabbuuti uu hoggaaminayey Maxamuud Xarbi. Mudanayaashii Cafartu wax'ay oggolaadeen in ay ku la kulmaan wakiillo dawladdii Soomaaliyeed meel aan Soomaaliya ahayn. Maxaa yeelay dawladdii Gauliiskii ee Fransiisku wax'ay siyaasiyiinta Jabbuuti oo Soomaaliya booqda u aqoonsanaan jireen khaayimiin, waa na la cadaadin jiray oo siyasiyiinta Jabbuuti, Soomaali iyo Cafar ba, ma iman karin Soomaaliya muddadii xukun kii Gauliskii ee Fransiis.

Mudanayaashii Cafarta ee Jabbuuti uu hoggaaminayey Xaaji Kaamil wax'ay wakiillo dawladdii Soomaaliyeed is ku arkeen Cadan 1966 horraantiisi, muddadii xukunkii Ingriiska; waxa na sii kaxeeyay oo Jabbuuti kasii raacay Cabdiraxman Jaamac Cadhooleh.

Waxa mudanayaashii Cafarta wakiilladii dawladdii Soomaaliyeed weydiiyeen max'ay gobonnimada Jabbuuti u diidayeen? Wax'ay ku jawaabeen, "Annagu Soomaali ma nihin oo haddii Jabbuuti Somali weyn ka mid noqoto waa na la liqayaa". Waxa kal'oo la weydiiyay in Jabbuuti oo madaxbannaanideedu u gooni tahay xornimo hesho in ay rabeen? Wax'ay yidhaadeen, "Haa".

Kulankaas kaddib dawladdii Cabdirazaak Xaaji Xuseen ee Soomaaliyeed wax'ay ku dhawaaqday in aan Soomaaliya damac ka lahayn dalka Jabbuuti, bal se ay dadka Jabbuuti u rabaan in ay helaan xornimadooda, calank'ay doonaan ha taagteene, Soomaaliya waa taageeraysa.

Bishii sagaalaad, Septembar 1966, baa dadweynihii Jabbuuti ee gobonimadoonka ahaa bannaanbax xoog leh, oo aan dawladdii Jabbuuti ee Fransiisku wax ba ka sii ogayn, ka la hortageen Madaxweyne De Gaule oo Jabbuuti booqanayey. Xaakimkii Fransiiska ee Jabbuuti is la maalintii ba xilkii baa laga qaaday, waana la eryay.

Dowladdii Fransiisku nawax'ay iyaduna mar keedii ku dhawaaqday in ay dadka Jabbuuti afti ka qaadi doontay in ay rabeen in Fransiisku sii joogo Jabbuuti iyo in kale. Ma odhanin in ay dadka Jabbuuti xornimo rabeen iyo in kale.

Olole kulul baa bilawday, dad kii Jabbuuti na wax'ay u ka la baxeen Soomaali Fransiis diid ahayd iyo Cafar joogitaan Fransiis doon ahayd. Siyaasiyiintii Cafarte Cadan ku la kulmay wakiilladii dawladdii Soomaaliyeed, ee ballan qaaday in ay xornimo taageraan waa adkeysan kari waayeen, oo Cafartoodii b'ay baasha ka raaceen, waa na laga warransiiyay oo laga waraystay isaraggii iyaga iyo wakiilladiidawladdii Soomaaliyeed, wax'ay na sheegeen in Cabdiraxman Jaamac Cadhooleh sii kaxeeyay, oo istusay iyaga iyo wakiilladii dawladdii Soomaaliyeed. Ciidan Fransiis oo hubaysan baa int'ay Cabdiraxmaan Jaamac Cadhooleh gurigiisa habeen ka la baxeen, meedkiisii soo dhigay cusbitaalka Jabbuuti. Shaki ku ma jirin in dilkaas washnimada ahaa Paris laga soo amray, oo dawladdii gumaysigii Fransiis ee Jabbuuti wax ba ka ma soo qaadin dilkaas, in wax dhaceen iyo in kale too na.

Fransiisku aftidii, oo dhacday 20 March 1967, int'uu ku shubtay b'uu soo saaray warbixin odhanaysay dadweynihii Jabbuuti wax'ay doorteen in Fransiisku sii joogo. Wax'uu na beddelay magacii dalka oo ahaan jiray: Xeebta Soomaaliyeed ee Fransiis, wax'uu na ku beddelay 'dalka Fransiis oo Badaha ka Tallowsan' ee Cafar iyo Ciise, asag'oo meesha ka saarayey magacii Soomaaliyeed ee soojireenka ahaa.

Bayaankii Fransiisku run ma noqon karin, oo wax'uu ahaa been iyo kushubasho xishood la'aan ahayd. Jabbuuti dadkeeda Soomaalid'aa u badan, oo Ciise keliya ayaa Cafarta dhowr jeer ku soo laban laabma. Soomaalida oo ugu badnayd dad kii Jabbuuti wax'ay ku midaysnaayeen xornimadoon, oo go'aan kii Fransiisku soo saaray sinaba run ku ma noqon karin, mar hadd'ay aqlabiyaddii dadku diiddanayd sida Fransiisku sheegay.

Dowladdii Soomaaliyeed waa canbaaraysay kushubashadii, waa na ka soo horjeesatay go'aan kii Fransiisku ku beddelay magacii dalka. Wax'ay arrin tii horgeysay Guddidii Gumaysikasaarka (Decolonisation Committee) ee Jamciyadda Ummadaha Midoobay, waana ku guulaysatay in aan magaca dalka la baddeli karin. Ha se yeesh'ee, Fransiis oo macangeg ahi wax'uu ku adkastay in uu dalka ugu yeedhayo magacii danbe uu u la baxay tan iyo mar kii Jabbuuti gobonimadeeda heshay 1977.

1968 bishii February bilawgeedi, anig'oo Boliiskii Woqooyi u madax ahaa, wax'aan maalin dhanbaal Muqdisho ka yimi ka dhex helay warqad gal weyn ku jirtay oo ku cinwaansana 'Jamhuuriyadda Soomaaliya'. Waxa korkeeda ku qorna in ay u socotay Xasan Guuleed Abtidoon, oo madax u ahaa mucaarad kii gobonimadoonka Jabbuuti. Wax'ay ku lifaaqnayd warqad yar oo aniga iiga timi Talis kii sare ee Boliiska. Taydii b'aan furtay. Wax'ay i lehdahay, "Wax'aad u xilsaaran tahay in aad warqaddaas Xasan Guuleed gaadhsiisid, jawaab na ka keentid dhakhso kahor inta aan Wasiirka 1aad ee Soomaaliyeed u safrin Yurub. Wax'uu na rabaa talada Xasan Guuleed, si uu arrinta Jabbuuti uga la hadlo Madaxweynaha Fransiiska"

Wax'ay igu noqotay xil culus. Warqaddu sid'ay ahayd lagu ma gelin karin Djibouti, oo haddii waagii Gaulliisyadi warqad cinwaankii dowladda Soomaaliyeed leh Xasan Guuleed lagu arko dhibaat'aa loo geysan lahaa. Faransiisku si xoog leh b'ay u baadhi jireen dadka Soomaaliyeed oo Jabbuuti geleyay. Wax'aan go'aansaday in sida keliya aan warqadda Jabbuuti ku gelin karay ahayd in aan kab hoosteeda geliyo. Hadda ba, ayaan ku aammini karay tolid kabo? Kabatole kasta ku m'a aammini karin oo wax'aan ogaa in ay jireen basaasiin Fransiis.

Waxa jiri jirtay xarun dadka naafada ahaa lagu xanaanayn jiray oo lagu bari jiray farsamooyinka sida tolidda kabaha, dawaarka, iwm. Waxa waagaas xarun taas maamule ka ahaa nin aan aad u garanayay, Is maacil Xaaji Cubulle, Allah ha u naxariist'ee. Asagii b'aan u sheegay wax'aan rabay. Wax'uu igu yidhi, "Ii keen qiyaasta, nin aammin ah oo fiican b'aan u dhiiabayaye."

Wax'aan kaddib is weydiiyay yaa warqadda qaadi karay oo aan kabaha u tolayaa? Waxa Hargeysa joogay nin la odhan jiray Ciise Gaboobe oo Jabbuutiyaan ahaa, oo aannu is ku barannay nabadayn labo beelood oo deegaanka Hargeysa hore ugu dagaallamay, sida ku sheegan Qaybta XII ee qoraal kan. Asagii b'aan galab ugu tegey meel aan ku ogaa in uu ku caweyn jiray. Wax'aan weydiiyay goort'uu Jabbuuti tegeyo? Wax'uu iigu jawaabay, "Maalin dhow." Wax'aan u sheegay in aan hayay Warqad Xasan Guuleed u socotay oo ka timi dawladdii Soomaaliyeed. Wax'aan weydiiyay in uu qaadi karay? Geesi b'uu ahaa, oo wax'uu iigu jawaabay,

"Si xun baa dadka loo badhaa, w'aan se qaadayaa kol aan sharabaadka (Socks) geliyo." W'aan kaxeeyey oo gurigaygii b'aan geeyey si aan uga qaado qiyaas tii cagtiisa. Kaddib na meeshiisii b'aan ku celiyey. Ciise w'uu gartay in aan kabo u tolayay, laakiin marna igu ma soo qaadin, anigu na sidaas oo kale. Cabbir kii cagti Ciis'aan is la fiidkii ba u geeyey Is maaciil Cubulle si kabihii loo tolo.

Is maaciil labo ra'yi b'uu ku kordhiyey. Wax'uu kabatolihii ku yidhi, "Nin Jaamac (aniga) abtigiis ah ayaa cudur la garan waayay hayaa, oo waxa lagu la taliyey in uu ninka buka u qoro `qardhaas aanu ogayn, oo sidaas baa qardhaasta kabta loo gelinayaa. Midda labaad Is maaciil waa ogaa in warqadda kabta laga soo saari doonay. Wax'uu ku yidhi kabatolihii, "Meesh'ay warqaddu gelayso ha ku tolin suun (maqaar), ku tol shootali (dun)".

Warqaddii u ma dhiibin oo anig'aa hayay in tii kabaha la tolayay. Kabatolihii na hal ra'yi b'uu keenay. Wax'uu doonay in uu ogaado inta qardhaas tii dhumucdeedu le'ekayd si uu labadii kabood is ugu dheellitiri karay.

Tolmadii kabihii mark'ay ku soo dhammaatay maalin Gudahaaheed baa Is maaciil iyo nin kii tolay guriga iigu yimaaddeen goor gabbal dhac ahayd. Warqadii baa farsamayaqaan kii geliyay meeshii u bannaanayd oo hor taydi ku tolay. Iyagii b'aan b'aan baabuurkaygii ku qaaday oo meeshoodii ku celiyay, kaddib na Ciis'aan meeshiisii ka soo qaaday. Gurigaygii b'aan keenay oo ku tijaabiyay kabihii oo si fiican u le'ekaaday. Mar kaas b'aan Ciise waydiiyay goort'uu tegeyay? Wax'uu igu yidhi, "Anigu diyaar b'aan ahaye, baabuurk'aan raaci lahaa, baa labo ama saddex beri rakaab uruursanaya." Wax'aan ku idhi, "Hadd'aan anigu baabuur keeno goorm'aad tegi kartaa?" Wax'uu yidhi, "Berri subax ba."

Nin ganacsade ahaa b'aan baabuur LandRover ahaa ka soo ammaanaystay, oo ma rabin in Ciise lagu arko baabbuur Boliis. Is la aroortii baa Ciise u safray Jabbuuti, anigu na w'aan dabagalay, anig'oo weli kabihii siday. Xuduudka Lowyacaddo mark'aanu ku dhowaanay b'aan dhaafayay oo wax'aan ku sii sugay guriga dowladda dabaqa sare. Mar kii asagu na soo gaadhay Lowyacaddo b'uu Ciise kor iigu yimi. Mar kaas b'aan siiyay kabihiisii cusbaa, ay ku hoos jirtay warqaddii Wasiirka 1aad ee Soomaaliya u soo diray Xasan Guuleed Abtidoond. Wax'aan Ciise tusay meesha duntu ku tolnayd, oo mindi lagu sari karayay si warqaddii looga la soo bixin karay.

Warqaddu af Fransiis b'ay ku qornayd oo waxa loogu talagalay in Xasan Guuleed si sahlan u aqrisan karay, oo sir ahaan aan cid kale ogaanin.

Ciise wax'uu igu la ballamay in uu saddex beri Gudahaaood ku soo noqon rabay asag'oo isu xilqaamayay arrintu muhiimaddii ay lahayd, haddii kale wax'uu jeclaan lahaa in uu Jabbuuti oo magaaladiisa ahaan jirtay muddo dheer is ka sii joogi lahaa. Ha se yeesh'ee, soo noqodkiisii wax'ay igu qaadatay shan beri. Aad b'aan u welwelay kaddib mark'ay saddaxdii beri ee ballan kii dhaafaytay, oo wax'aan ka baqay in Ciise iyo warqaddii wax ku dhaceen!

In t'aan sugayay soonoqodkii Ciise iyo jawaabtii Xasan Guuleed, wax'aan maalin tii is ku mashquulin jiray in aan ugaadhsi u baxo, waayo caadi ma ahayn in mas'uul anig'oo kale ahi Lowyacaddo is ka fadhiyo shan beri. Baabuurtu wax'ay Jabbuuti ka soo baxaan galabtii. Anigu na maalin wal ba goortaas wax'aan diyaar ku ahaan jirey guriga dawladda ee Lowyacaddo. Nasiib wanaag galabtii maalin tii shanaad baa askarigii ilaalada daarta dawladda dabaqa sare iigu yimi oo yidhi, "Nin Ciise la yidhaahd'aa ku raba." Mar kaasb'aan si degdega ugu idhi, "Soo daa." Ciise oo ku faraxsan hawshi qiimaha weyn uu soo qabtay baa mark'uu i yimi ba ku dhawaaqay "Waa tan Jawaabtii," oo bilaabay in uu warqaddii ka soo saaro meeshii mar kii hore lagu sii riday. Kahor in tii aan uu soo saarin ba warqaddii ii muuqatay, oo meeshii baa la soo geliyay oo aan dib loo tolin. W'aan ka naxay halist'ay ku sigteen, Xasan Guuleed, Ciise iyo warqaddi ba. Haddii Ciidan kii xuduudda ee gumaysigii Faransiisku aad u feeyjignaan lahaa, oo kabaha Ciise gashanaa hoos u eegi lahaayeen, ayaan darr'aa Is la mark'uu Ciise jawaab tii ii keenay ba w'aan kazoo dhaqaaqay Lowyacaddo, oo Hargeys'aan ku waa bariistay si aan jawaab tii Xasan Guuleed u saari karay diyaaradii Soomaali Airlines ee subaxaas Muqdisho tegaysay.

Arrin tan marbaa BBCda laga sii daayay, oo ay ka mid ahayd barnaamij la odhan jiray, (Wax'aan u soo joogay), uu Weriye Yusuf Xasan diyaariyey, buugayga, Somali Phoenix na w'aan ku qoray.

Sannad kaddib, iyad'oo doorasho baarlamaan ka dhacaysay Jabbuuti, baa dawladdii Soomaaliyeed doontay in Xasan Guuleed lacag loo diro. Goor habeen fiidnimadii ahayd annag'oo dubnad ku ciyaaraynay Naadigii Boliiska ee Hargeysa ayaa isgaadhsiin tii Talis kii Boliiska Muqdisho la iiga yeedha. Taarwalihii baa ii sheegay farriin la iigu dhiibay, oo igu yidhi

"Beri subax Boorama ku waabariiso diyaarad baa hal kaas kuugu imanays eh". Sidii b'aan yeelay. Diyaaraddii baa timi oo uu la socday Daahir Xaaji Cusmaan, Agaasimihii Guud ee Wasaaraddii Arrimaha Gudahaa. Wax'uu siday shandad lacag qalaad ka buuxday oo loogu talagalay in la gaadhsiiyo Xasan Guuleed. Maxamed Ibraahim Cigaal, oo aan ogayn sid'aan warqaddiisii u mareeyay oo Xasan Guuleed ku gaadhsiiyay, baa Daahir ku yidhi, "Jaamac baa yaqaanna meesha loo marayo Xasan Guuleed."

Wax'aan Daahir ku idhi, "Meel aan warqad marsiiyay shandad lacag ah la ma marin karo", anig'oo aan usheegin sid'aan sameeyey. Lowyacadd'aannu tagnay annag'oo lacagtii wadna oo dhowr beri joognay, gelin na kari weynay lacagtii Jabbuuti, oo Hargeysa ku la soo noqonnay kaddib na Daahir lacagtii Muqdisho u la dhoofay.

Hadd'ay goor hore ahaan lahayd ganacsatada Soomaaliyeed b'aannu mid kood Jabbuuti uga yeedhi lahayn oo u dhiibi lahayn lacagta, kaddib na Xasan Guuleed lacag Jabbuuti ku siin lahaa. Sidaas oo kal'oo aanu samaynay waagiii 'No iyo Oui', oo dowladdii Soomaaliyeed lacag u soo dirtay Xisbigii Movement Poupoular. Wax'aannu u dhiibnay Maxamed Jaamac Carraaleh (Jujuuleh) oo lo' ku iibsaday, Xisbigii na lacagta qiimaheeda Jabbuuti ku siiyay.

Dowladdii Soomaaliyeed ee xukun kii Askartu wax'ay mar abaabushay, in Wasiirradii Arrimaha Dibedda ee Afrika oo Addis Ababa ku shirayay, dalka Jabbuuti wafdi soo eega u diraan, taas oo ay ku guulaysatay.

Wafdigii Wasiirradii Afrika wax'ay soo arkeen dal caasimaddiisii taar (Silig) ku wareegsanaa, wax'ay na Jabbuuti ku tilmaameen in ay ahayd (Concentration Camp), Xerooyinkii Hitler ku xerayn jiray Yahuuddii uu leynayay. Faransiisku macangeg b'uu ahaa oo wax'aas oo dhan iyo dhibaatooyinkii is dabajoogay ee dalka ka dhacayay, mar la afduubay caruur Faransiis, Safiir kii Fransiis oo Soomaalya fadhiyey iwm, dheg u ma jalaqsiinaynin.

1974 Shir Sannadeedkii Madaxdii Midoowgii Africa waxa lagu qabtay Muqdisho. Maxamed Siyaad baa noqday Gudoomyihii Ururka ilaa sannadka danbe. Wax'uu olole u galay sidii gobonnimada Jabbuuti Horumar looga gaadhi lahaa.

Maxamed Siyaad Afrika in teeda kal'oo dhan b'uu ku soo wareegay si uu ugala hadlo arrin tii xoraynta Jabbuuti. Wax'uu la kulmay Houphuet Boigney, Madaxweynihii waagaas ee Ivory Coast, oo dal kiisu ahaa kan Faransiisku danahaa ugu waaweyn ee Afrika ku lahaa. Mar kii Maxamed Siyaad ka la hadlay arrinta Jabbuuti, sid'uu ii sheegay nin kii Soomaaliyeed ee uga turjumayey, Houphuet Boigney wax'uu yidhi, "Wiilkan yar amar b'aan siin karaa." Wiilka yari wax'uu ahaa Madaxwenihii Fransiiska,"laakiin waxa la leh yahay, haddii Fransiisku ka tago meesha idink'aa qabsanaya".

Maxamed Siyaad baa u jawaabay oo xusuusiyay go'aanka kii dawladdii Cabdirazaak Xaaji Xuseen ee 1966 ku dhawaaqday inaan dowlad Soomaaliyeed damac ka lahayn Jabbuuti oo ay calank'ay doonto taagan karto. Nin kii u turjumayay oo ahaa Ambassador Maxamed Warsame Cali, oo loo yaqaannay 'Kimiko', wax'uu ii sheegay, in mar kaas kaddib aan Houphuet Boigney Maxaamed Barre ballan kale u qabanin, bal se uu toos taleefoon ku la hadlay Madaxweynihii Fransiiska oo ku yidhi, "Siyaad Barr'aa ila fadhiya oo ballanqaad b'aan ka hayaa in aan Soomaaliya damac ka haynin Jabbuuti ee meesha naga dhammee, Afrika w'ay na qasabtaye." Houphuet Boigney baa ku yidhi Maxamed Siyaad, "Waa lagu la soo xidhiidhayaa dhaqso." Wax'uu kal'oo Houphuet Boigney u sheegay Maxamed Siyaad in uu asagu dhammeeyay arrin tii xornimadii Aljeeriya.

Malaha kaddib culays kii Houphouet Boigney, Madaxweynihii Fransiiska ee waagaas wax'uu mar doonay in uu xukun kii Jabbuuti ku wareejiyo Cali Caarif, oo mar kaas ahaa Guddoomiyihii Golihii Fulinta Maamul kii Jabbuuti. Madaxweynihii, sid'ay beri danbe ii sheegeen akhyaar reer Jabbuuti ahi, wax'uu shiriyay Golihiisii Wasiirrada oo sidaas u soo jeediyay, taas oo muujinaysay in sheegashadii Cali Caarif, sida kor ku sheegan wax ka jireen. Soojeedn tiiii Madaxweynaha waxa ka soo horjeestay Wasiir kii arrimaha gumaysiga, Oliver Stein, oo yidhi, "Cali Caarif innag'uu in oo shaqeeyaa, mucaaridka dadka Jabbuuti iyo Soomaaliya mid kood na aqoonsan maayo, ma na oggolaanayaan, caalamku na u ma arki doono in wax is beddeleen, ammaandarrada hadda jirtana waa ka sii daraysa". Kaddib na waa laga talabaxay soo jeedn tiiii Madaxweynaha.

Mar kaas kaddib dawladdii Fransiis wax'ay la soo xihidhiidhay dawladdii Soomaaliyeed iyo mucaarid kii gobonimadoonka ahaa ee Jabbuuti uu hoggaaminayay Xasan Guuleed Abtidoon, xornimadii na wax'ay curatay

27 June 1977, oo soo afjarantay boqol iyo shan iyo toban sano (115) oo gumaysi Fransiis.

Siyaasaddii dawladdii Soomaaliyeed ee Cabdirazaak Xaaji Xuseen ugu danbayn waa hirgashay, oo siyaasiin Cafar ay hoggaaminayeen Axmed Diini iyo Is maaciil Cali baa toban sano kaddib ku so biiray halgan kii gobonimadoonka Jabbuuti oo xornimadii wax ka dhaliyey.

Kaddib qaadashadii gobonnimada iyo midoowgii Soomaaliyeed, kahor doorashooyin kii 3aad ee guud oo dalka ka qabsoomay bishii 3aad ee 1969, muddadii xukun kii madaniga, waxa jiri jiray dimoqraadiyad iyo dhowrid xuquuqda qofka. Kuwaas oo caalamku ku majeeran jiray Soomaalida, u na arkayay in uu ahaa nidaam Afrikaanka kale kaga dayan kareen Soomaalida.

Waagaas Soomaaliya wax'ay ahayd dalka keliya ee Afrika oo Madaxweyne xilka hayay doorasho lagaga adkaaday uu xilkii si nabada ku wareejiyay. Afrika in teeda kale madaxweyne waxa lagu beddeli karay inqilaab askareed oo keli ah.

XVII
KOOXIHIIRIDAYXUKUN KII ASKARTA

U rurradii mucaarid kii hubaysnaa oo is beddeldoonka ahaa, xukunkii Askarta na riday wax'ay ahayeen afar: (1) Somali Salvation Democratic Front (SSDF), (2) Somali National Movement (SNM), (3) Somali Patriotic Movement (SPM), iyo (4) United Somali Congress (USC).

Mid wali ba wax b'uu gaar ku ahaa:
1) SSDF wax'uu ahaa kii dhaqdhaqaaq hubaysan ugu horreeyay ee ka hor yimi Xukun kii Askarta; wax'uunaa Ururkaasi ka dhisna beelaha Majeerteen.
2) SNM wax'uu ahaa urur kii ugu halganka dheeraa (toban sano) ee jebiyey lafdhabar tii Xukunkii Askarta. Ururkani na wa'uu ka dhisna beelaha Issaaq.
3) Urur kii SPM wax'uu ahaa kan keliya ee lagu aasaasay dalka gudihiisa, bilawgii Kis maayo, mar 2aad na Talis kiisii u wareegay Hargeysa, ugu danbayn tii na ka hawlgalay aagga Bakool iyo Bay oo qabsaday. Wax'uuna ka dhisna beelaha Ogadeen.
4) USC wax'uu ahaa kii darbaddii ugu danbaysay ku dhuftay xukunkii

Askarta oo ka saaray Caasimadda. Ururkani wax'uu ka koob na beelaha Hawiye.

Wax'ay ka midaysnaayeen: Soomaalinimo. Isbeddel doon iyo in Xukunkii Askarta la rido.

Kooxihiias riday xukun kii askarta, iyo kuwii kaddib dhashayba, wax'ay dhammaan tood ku guuldarraysteen in ay dib u soo nooleeyaan xukun dhexe.

Anig'oo aamminsanaa in aan SNM dalka ka la goyn doonin, ku na tashanayay Axdigoodii (SNM Charter) oo dhigayay in aan dalka la ka la goyn karin, b'aan taageeray Urur kaas mar kii Axmed Siilaanyo u madax noqday iyo kaddib ba, anig'oo garawsan waayay dhibaatadii loo geystay dad kii Woqooyi.

In kast'oo xidhiidhk'aan la lahaa Urur kii SNM uu qarsoodi ii ahaa, hadda na dad badan oo ii yaqaannay, rabay na in ay wax ka ogaadaan arrimihi SNM, ama rabay in ay wax gaadhsiiyaan baa ii iman jiray. Kuwo badan oo aanan ujeeddadooda hubin w'aan ka shakiyi jiray, ka na gawsqabsan jiray. Wax'aan se is weydiin jiray, "Ciidan kii Sirdoonku meeye? Sidee b'ay u dhici kartay in aan dad kaas badan oo ii imanayay Sirdoonku cid ku lahayn?"

Wax'aan xubin ka ahaa Naadi Ciyaareed (Sports Club) Safaaraddii Maraykanku ee Muqdisho lahayd. Wax'aan ku ciyaari jiray *golf* iyo *tennis*. Ciyaartoydii labadaas ciyaarood ba waxa u shaqayn jiray wiilal, u badnaa ardaydii dugsiyada oo ciyaartoyda *golf*ka u qaadi jiray ulah'ay ku ciyaarayeen, kuwo *tennis*ka ciyaari jireyu na u soo qabqaban jiray kubbadaha. Wax'aan ku talagalay in wiilashaas Sirdoonku cid ku lahaa, sid'aan anigu ba yeeli lahaa hadd'aan Sirdoonka ka sii mid ahaan lahaa.

Mas'uul ka mid ahaa maamulayaashii Degmooyin kii Muqdisho oo Woqooyi ka soo jeeday baa mar farriin ii soo diray, uu iigu soo sheegay in wiilashaas mid kood ku yidhi, "Jaamac b'aan hal sano dabasocday, oo w'aan ka daalay. Wax'aan dalbaday in la iga beddelo, waa na la iga oggolaaday". Waxa Maamulihii ku daray farriin tiisii, in wiil kaasi u soo sheegi doonay wiilka lagu beddelo, kaddib na uu ila soo socodsiin doonay. In taas kor ku sheegani wax ba igu ma kordhinin oo waa in t'aan filayay. Maamulihii na wax'aan ugu farriin celiyay mahdnaq, iyo in aan uu wax qiime ah siinin ogaanshaha wiilka Sirdoonku u soo dirsan doonay dabasocodkayga, oo asagu ba sidii kii hore iga daali doono. Dabasocodku wax'uu ku ekaanayay in t'aan ciyaaraha ku jiray, in taas na anigu ba w'aan feejignaa. Ciyaar kaddib wax'aan tegi jiray gurigayga, ama guryo saaxiibbo mid kood aannu ku ciyaari jirnay turubka 'Bridge'. Toddobaad kii na galab b'aan tegi jiray Naadigii Talyaaniga ee Muqdisho, oo aan asaga na xubin ka noqday kaddib mark'aan shaqadii dawladda ka tegay, oo ka qayb geli jiray tartan ciyaar tii *Bridge*. Dhowr jeer b'aan ku guulaystay tartan kaas, oo mid kood wiilkayga Muxyadiin ila jaal ahaa. In taas oo meelood ba wiilka ardayga ahaa ee i dabasoconayay mid kood na ma soo geli karin.

Ciyaartoydii *golf*, qof wal ba waxa laga kirayn jiray sanduuq (cupboard) bir ahaa oo quful iyo miftaax lahaa, oo uu ku dhowrsan jiray ulo lagu ciyaaro, iwm. Hal kaas b'aan wax'ii qoraallo ahaa, ee haddii la iga helo dhibaato ii keeni lahaa dhigan jiray maadaama ay ahayd meel Safaaradeed oo aan la baadhi karin halka guryihii Soomaalida goor kasta mar kii la tuhmo ba la baadhi jiray.

Aasaas kii Urur kii Shirweynihii Midoowgii Soomaaliyeed (United Somali Congres - USC). 1986-1989 waxa Muqdisho iyo dalka dibeddiisa ba ka socday abaabulkii dhismihii urur kaas kor ku sheegan ee USC. Abaabul kaas waxa ku hawlanaa Guddi qarsoon, oo ka koob naa xubno akhyaar beelo Hawiye uu hoggaaminayey Dr. Is maaciil Jimcaaleh Cosobleh. Hadaf kii abaabul kaasu wax'uu ahaa in la dhiso urur siyaasadeed oo ka dhasha beelaha Hawiye, ka na qaybgala dhaqdhaqaaqyada isbeddeldoonka ahaa ee mar kaas ka socday dalka gudihiisa iyo dibeddiisa ba.

Ha se yeesh'ee, waxa jiray labo beelood oo Hawiye oo laga qarin jirey abaabul kaas kor ku sheegan, oo aan wax ba ka ogeyn kahor in tii aan aasaas kii Ururka Roma lagaga dhawaaqin. Wax'ay ahayeen kuwo indheergarad kii Hawiye u arkayeen in Sirdoon kii aad ugu dhex jireen. Waxa kal'oo jirey xubno gaar ahaa oo ka tirsanaa beelaha Hawiye oo dhan oo iyaga na waxa socda laga qarin jiray. Waxa ka mid ahaa labo nin oo bulshada dhexdeeda qiime weyn ku lahaa, oo ay Dr. Is maaciil Jimcaaleh qaraabo dhow is ku ahayeen, anigu na aan labada ba saaxiib la ahaa. Is maaciil mark'uu ogaaday xidhiidhk'aan labadaas nin la lahaa, b'uu igu yidhi, "Labadaas nin wax na loo ma sheego, qaadhaan na laga ma qaado, oo sirta ayaa aanay hayn karin". Mark'uu Is maaciil sidaas ii sheegayey, labadaas nin mid kood walaal kiis ka yaraa b'uu ku daray Guddi kayd ahayd uu dhisay, oo beddeli lahayd Guddidii qarsoonayd ee Dr. Is maaciil Guddoomiyaha ka ahaa, haddii la ogaado oo la xidhxidho.

Dabayaaqadii 1988 mar kii la gaadhay gebagebadii abaabulk'aa Is maaciil wax'uu oddorosay in marka aasaaska urur kaas USC lagu dhawaaqo, dadweynaha beelaha Hawiye dhibaato kaga iman doontay dhinaca Xukunkii Askarta, sidii hore ba ugu dhacday beelaha Majeerteen iyo Isaaq, kaddib mar kii la aasaasay ururradii SSDF iyo SNM. Wax'uu soo jeediyey, Guddidii na ku raacday in la dhiso Jabhad hubaysan oo Hawiye, oo markaas dadka ka mashquulisa Ciidamadii Xukun kii Askarta, is la mar kaas na noqota cududdii USC ee kaqaybgalka dhaqdhaqaaqyadii isbeddeldoonka ahaa ee dalka. Dr. Is maaciil wax'uu hoggaamintii Jabhaddaas u xushay General Maxamed Faarax Caydiid, oo mar kaas Soomaaliya Safiir uga ahaa India. Dr. Is maaciil Jimcaaleh iyo Xaashi Weheliye, oo labadoodu ba ahaa xubnihii ugu doorka weynaa Guddigii qarsoonaa ee beelaha Hawiye, wax'ay u duuleen Dubai si ay Caydiid uga la hadlaan meel telefoonku xor ahaa. Xaashi Weheliye, Alle ha u naxarist'ee, wax'uu ahaa Ganacsade Weyn oo fiise (Visa) waa heli karay, Dr. Is maaciil se waxa Safiirkii Imaaraadka ugu tegay oo fiise u weydiiyey General Axmed Jaamac Muuse oo mar kaas ahaa Madaxii Hoggaankii Xidhiidhka Guud ee Talis kii Boliiska, oo aan anigu ka la hadlay. Axmed ma ogayn waxa safarka Dr. Is maaciil Jimcaaleh ee Dubai ku saabsanaa. Mark'uu Dubai ka soo noqdqay ba Dr. Is maaciil wax'uu u duulay Roma Si Urur kii USC hal kaas looga furo maadaama aan dalka gudihiisa laga oggolayn ururro siyaasadeed muddadii Xukunkii Askarta. USC waxa lagu dhawaaqay bishii Feb 1989, ha se yeesh'ee, Dr. Is maaciil Jimcaaleh lagu ma magacaabi karin hoggaamiye maadaama uu Muqdisho ku noolaa, in kast'oo Ururkii cusbaa ee USC laga hoggaaminayey Muqdisho.

Waagii dagaal kii kalaguurka iyo burburkii xukunkii askarta, oo bil ku dhan Muqdisho ku dhex maray Ciidamadii Maxamed Siyaad iyo taageerayaashii Urur kii USC ee beelihi Hawiye, ayaa madaxdii labadii dhinac ku heshiiyeen xabbadjoojin si maydad jidadka daadsaanaa loo aasi karay, kaddib na la wada hadlo. Si loo fulin karay xabadjoojin taas, wax'ay kal'oo ku heshiiyeen in labo Guddi la magacaabo, oo loo ka la diro labadii Barood ee dagaalka laga ka la hoggaaminayay, tii Ciidamada Maxamed Siyaad oo xarunteedu ahayd Wasaaraddii Gaashaandhigga, iyo tii USC oo meelay ahayd aan la aqoonin. Kaddib salaad maalin Jimce ayaa aniga iyo Cali Jirde na laga codsaday in aannu ka soo qaybgalno kulan subaxii danbe oo Sabti ahayd ka dhici doonay Hotel Maka Al- Mukarrama, oo na laga rabay in aannu ladadii Guddi xubno ka noqonno. Mar kii subaxii danbe meeshii la isugu yimi waxa noo warramay Xaashi Weheliye oo ka mid ahaa odayadii Hawiye ee Maxamed siyaad is arkeen. Wax'uu noo sheegay in afar nin oo ka mid ahaa ragg'ay soo jeediyeen in ay xubno ka noqdaan Guddiyo Xabbadjoojin Maxamed Siyaad diiday. Wax'ay ahaayeen: Cabdiraxmaan Shiikh Nuur, oo beddelkiisii Maxamed siyaad magacaabay General Maxamed Abshir, beddelkiisii na uu oggolaaday Muuse Boqor. Aniga, oo kii la igu beddelay kulan kaas la keenay ba, iyo Maxamed Axmed Cabdille (Sakhraan) oo aan asagu kulankaas ba ka soo xaadirin, cid kale na aan lagu beddelin.

Xaaji Cumar Qooray oo ku qornaa guddiyadii xabbadjoojinta ayaa cudurdaartay xanuun awgiis. Xaashi Weheliye, oo ku qornaa taxanihii (list) geeridaa is ku qoray beddel kiisii.

Xubnihii Guddidii Xabbadjoojinta ee loo diray dhinacii USC oo aan Bartooda la aqoonin, wax'ay siteen calan cad oo laga taagay baabbuurk'ay la socdeen kor kiisii. Ciidan kii Jabhaddii USC baa ku joojiyay Xamar Jadiid, oo ku yidhi, "Madaxdii USC baa hal kaas idiinku imanaya ee ku suga", oo USC ma oggolayn in Bartooda, hoggaaminta dagaal kii la arko. Meeshii baa Guddidii madhafiic lagu duqeeyay, loo na maleeyay in ciidamadii Maxamed Siyaad u qaateen in meesha baabuurkii xubnihii Guddidu la socdeen ee calanka cadi saarnaa is taagay ahayd Bartii USC, ay na u arkeen fursadddii ay u baahnaayeen in ay ku dilaan madaxii USC. Sidaas baa lagu dilay Muuse Boqor iyo Xaashi Weheliye, Xabbadjoojin tii iyo waanwaan tii na hal kaas b'ay ku dhicisoobeen. Laga yaab'ee in wada hadal lagu baajin karay burburkii. Wax'ay ahayd gef kal'oo siyaasadeed oo aan ka soo kabasho lahayn. Laga yaab'ee in aan Maxamad Siyaad amrin, bal se saraakiishiisii ciidanku ku talabaxeen.

Mar kaas kaddib Shir kii Sulux baa Muqdisho lagu qabtay ayaamihii ugu danbeeyay xukunkii askarta, ama xukunkii Maxamed Siyaad. Ujeeddadii shirkaasi wax'ay ahayd in Maxamed Siyaad xukun kii is ka wareejiyo, shir kaas oo dawladdiisii na dhinac ka ahayd. Mar kii Shir kii furmay ba xubnihii dawladdii shirka uga qaybgelayay la weydiistay in Maxamed Siyaad Shir kii yimaado, oo waxa la rabay in la weydiiyo in uu oggolaan doonay wax'ii Shirku go'aansado? Xubnihii dawladdii qaar kood baa u tegay Maxamed Siyaad, Shir kii na cabbaar b'uu hakad galay in tii xubnihii dawladda laga warsugayay. Jawaabtii xubnihii dawladdu soo celiyeen wax'ay noqotay in xubnihii Shir'oo dhammi ugu tagaan Maxamed Siyaad meeshiisii, basas la raaco na w'uu soo diray. Boqol qof ku dhowaad b'aannu ugu tagnay. Siddeed nin baa la hadashay, badan koodii na wax'ay is ku raaceen in aan dawladdaasi wax ba ka qaban karayn masiibadii mar kaas jirtay. Wax'aan aad u xusuusan nahay hadal kii nin kii ugu horreeyay, oo ahaa Maxamed Axmed Cabdille (Sakhraan) iyo labadii ugu danbeeyay.

Sakhraan wax'uu yidhi, "wax'aanu kuugu nimi in dawladdu oggolaanayso wax'ii Shirku go'aamiyo?"

Nin kii 7aad oo hadlay oo ahaa General Maxamed Abshir, baa yidhi, "Maalint'aad xkukunka qabsateen wax'aydun tidhaahdeen dalk'aannu badbaadinaynaa. Wax'aad na qiri kartaan in maantu ka xun tahay maalint'aydun xukunka qabsateen". Wax'uu ku daray, "Wiilasha idin la dagaallamayaa wax'ay adeegsanayaan qoryo yaryar, idinku na hub culus ba'ydun magaaladii ku ridaysaan oo ku burburiseen, dad badan na ku layseen. Wax'aannu kaa codsanayna in t'aanu kula joogno in aad amartid in rididda hubka culus la joojiyo.

Nin kii 8aad oo ugu danbeeyay wax'uu ahaa Xaaji Ibraahim Cusmaan (Basbaas), oo yidhi, asag'oo tilmaamayay hadlayaashii ka horreeyay, "Kubaddii b'ay soo laadeen oo ag taada dhigeen. Waar waxa lagu leh yahay is deji. Waxa la qabaa hadd'aad sidaas yeeshid in gacamaha la is qabsan doono. Allaahu yaclam".

Maxamed Siyaad wax'uu u jawaabay nin kii ugu horreeyay, oo yidhi, "Wax'ii Shirkaasi go'aansado dawladd'oo aan anigu ugu horreeya waa oggolaanaysaa". Waa na lagu soo ka la dareeray.

Shir kii baa galabtii dib u furmay; waxa laga dooday ciddii la soojeedin lahaa in Maxamed Siyaad xukun kii ku wareejiyo. Ugu horrayn waxa la soo qaaday Xuseen Kulmiye, waxa se diiday xubnihii USC oo yidhi, "Maxamed Siyaad iyo Ku-Xigeenkiisii wax ba ku ma ka la duwana".

USC anig'ay rabeen in aan qaabto xilkii Wasiir 1aad igu na cadaadiyeen, oo ay ii arkayeen in aan xidhiidhin karay iyaga iyo SNM. W'aan se ka cudurdaartay, oo wax'aan u arkay qof kii xil kaas qaban lahaa in uu ka soo dhex bixi karay Jabhadihii Xukunkii hore riday oo keli ah. Cumar Cart'aa oggollaaday in uu xil kaas qabto, xubnihii Shir kii na waa is ku wada raaceen.

Max'ay u dhicisowday faragelintii Qaramada Midoobay oo gurmad ballaadhan loogu abaabulay Soomaaliya?

Mark'ay dhowr dedaallo oo heshisiin iyo nabadayn, oo ugu horreeyay kii Jabbuuti, wada dhicisoobeen baa Golaha Amniga ee Ummadaha Midoobay go'aamiyay dhammaadkii 1992 in ay Soomaaliya halis ku noqotay nabaddii iyo amnigii caalamka (dangerous to international peace and security) wax'uu na Golahaasi ku soo rogay Soomaaliya faragelin caalami oo milatari, iyad'oo loo cuskaday Qaybta VII-aad ee Axdiga Qaramada Midoobay (International Milatary Intervention under Chapter VII of the United Nationas' Charter). Go'aan kaas Golaha Amniga waxa lagu hirgelinayay labo hawlgal ee labo Qodob:

1) In Soomaaliya laga abuuro jawi nabad buuxda (to create a peaceful environment in Soomaaliya);

2) In la ilaaliyo deeqaha gargaarka iyo gargaarayaasha (to protect International Relief Supplies and the Relief Workers).

Tan hore waxa lagu hirgelin karay oo keli ah in kooxihii hubaysnaa ee Soomaaliyeed hubkii laga dhigo. La ma gudanin waajib kaas, oo wax'uu ka fuli waayey dhinicii hawlwadeenadi Qarama Midoobay.

Hawlgalkii ciidamadii Qaramada Midoobay wax'uu ahaa labo qaybood. Qayb tii hore wax'ay ahayd Hordhac (Task Force, code named UNITAF) wax'uu na ahaa ciidan kii loo baahnaa in uu fuliyo hubkadhigid buuxday (total disarmament). Mar haddii aan hubkadhigid la fulinaynin, loo ma baahnayn ciidan caalami oo soddon (30,000) kun ahaa.

Qayb tii labaad, oo is ugu jirtay hawlgal askareed iyo rayid ba, wax'ay ahayd nabadayn iyo in siyaasad Soomaaliya dib loogu soo celiyo. Ciidanka danbe waxa loo baahnaa in uu ahaa Ciidan Boliis (International Police Force). Ciidan militari wax ma nabadayn karin, oo u ma habays na waxnabadayn. Militari wax b'uu burburin karaa, wax kacsan na waa demmin karaa, mar kii sidaas looga baahdo. Xattaa waagaa nabadda militariga waxa lagu tababbaraa sida wax loo dilo. Boliiska na waxa la bara sida wax loo badbaadiyo, naf iyo maal ba. Ha se yeesh'ee, soo ururin ciidan Boliis caalami u ma sahlanayn sida loo soo ururin karay ciidan militari caalami ah, oo badanaa ba dal na mahayo ciidan Boliis oo aan dal kooda hawl u haynin, halka ciidan militari badanaa ba yahay ciidan kayd ah, oo dalal badani ku deeqi karaan. Ha se yeesh'ee, haddii Qaramada Midoobay qorshe wanaagsan lahaan lahayd, arrin tii Soomaaliya ciidan kii Boliis ee loo baahnaa waxa badan kiisu noqon karay Boliis kii Soomaaliya oo tiradiisu ahayd 13,000 waagii burburkii xukunkii dhexe, in dib loo hawlgeliyo, kharaj ku na aad b'uu uga yaraan lahaan kii la galay.

Sidaas awgeed, faragelintii Qaramada Midoobay ee Soomaaliya wax ay ka hirgeli weyday dhinacoodii, oo hawlwadeennadii u ma fulin go'aan kii Golaha Amniga sidii ugu habboonayd.

Waxa kal'oo fashil kaas qayb ka ahaa iskahorimaadkii Qaramada midoobay, oo Maraykanku horseed ka ahaa, iyo Generaal Maxamed Faarax Caydiid. Dad badan, Soomaali iyo shisheeye ba, wax'ay u haystaan in Caydiid nabaddiid ahaa, sabab na u ahaa iskahorimaad kaas! Runtu wax'ay ahayd Hawlwadeennadi Maraykankii hoggaaminayay hawlgalladii Qaramada Midoobay baa rabay, is ku na dayay, in iyagu xushaan ciddii waagaas hoggaamin lahayd Soomaaliya, tusaaleh: Albright, wakiil kii Maraykan ee Qaramada Midoobay wax'ay ku tidhi waraysi ay siisay 'The News International, Friday August 20, 1993, "The USA, already playing a leading role in UNOSOM II efforts in Soomaaliya, but we will ensure that they reflect our needs too". Caydiid na sidaas b'uu diiddanaa.

Dawladdii Carta lagu soo dhisay Xabashidu waa la dagaalantay oo wax'ay si badheedh aha u abaabushay qabqablayaashii dagaal si loo burburiyo dawladdaas Soomaaliyeed. Wasiir kii 1aad ee dawladdaas, Cali Khaliif Galaydh, oo iskudayay in uu wax is ka celiyo oo dawladdiisii ka difaaco fargelin tii Xabashida, waxa xil kii looga qaaday in lagu raalli geliyo Xabshida, lagu na beddelo mid Xabashidu ka raalli noqon kartay. Ayaandarro, nin Xabashiyi rabtay waa kii keli aha oo laga ilaalin lahaa danahaa Soomaaliyeed. Sida laga soo xigtay ilo xoggogaal ahaa, Cabdiqaasim Salaad Xasan iyo la taliyayaashiisii wax'ay la xidhiidheen Cabdimajid Xuseen oo dawladda Itoobiya uga wakiil ahaa Ummadaha Midoobay ee New York joogay. Wax'uu ku soo taliyay in Xasan Abshir loo magacaabo Wasiirka 1aad, oo Cali Khaliif lagu beddelo. Mar kaas kaddib b'ay xubno beesha Daarood ka soo jeeday oo ka tirsanaa hay'adihii lagu soo dhisay Carta, dawlad iyo baarlimaan ba, u tageen Cabdiqaasim. Wax'ay ku yidhaahdeen, sida qaar kood ii sheegeen, "Waar hadd'aad rabtid nin Xabashiyi doonayso, ma jiro nin Soomaaliyeed oo Cabdullaahi Yuusuf Xabashi uga dhowi, m'aad asaga u magacawdid Wasiir 1aad, bal si aynu dhexdeena uga midoowno?"

Cabdiqaasim wax'uu weydiiyay in Cabdullahaai Yuusuf jagadaas rabay? Wax'ay ugu jawaabeen, "Waa in la weydiiyo." Wax'uu Cabdiqaasim yidhi, "Weydiiya." Is la mar kii ba teleefon b'ay ku la xidhiidheen oo u sheegeen wax'ay rabeen. Cabdullahi Yuusuf wax'uu ku yidhi, "Cabdiqaasim ila hadalsiiya." Waa la la hadalsiiyay, mabda' ahaan na waa heshiiyeen, oo

Cabdullaahi Yuusuf ma rabin in nin kal'oo ay is ku hayb ahaayeen xil kaas qabto. Wax'ay ku heshiiyeen Cabdiqaasim Salaad iyo Cabdullahi Yuusuf in ay guddi labo dhinac oo gorgortama u dirsadaan Yemen, wax'ay xubnaha guddidu ku heshiin waayaan na labadooda ku soo celiyaan. Is la habeen kii b'uu Cabdullahi Yuusuf u warramay lataliyayaashiisii. Mid kuwaas ka mid ahaa baa la filayaa in uu is la habeen kii ba Xabashida ogeysiiyay in waanwaan taasi u socotay Cabdiqaasim Salaad iyo Cabdullahaai Yuusuf.

Subixii danbe waxa diyaarad gaar ah ku yimi Garoowe Wasiiru Dawlihii Arrimaha Dibedda ee Xabashida oo aan la sii ogayn oo Cabdullahi Yuusuf shir gaar aha (tete-a-tete) la yeeshay. Mar kaas kaddib Cabdullaahi Yuusuf waa ka talabaxay heshiis kii uu la galay Cabdiqaasim. Cabdullaahi wax'uu la hadlay xubnihii mar kii hore is ku xidhay asaga iyo Cabdiqaasim oo ka codsaday in ay Cabdiqaasim ka gaadhsiiyaan cudardaar in uu ka baxay wax'ay is ku ogaayeen. Cabdullaahi Yusuf arrin taas ku ma sheegin buuggiisa.

Kaddib Xasan Abshir baa la magacaabay. Wax ba is ka ma beddelin mowqifkii Xabashida, bal se waa ba sii kordhisay ololaheedii lid ku ahaa dawladdii Soomaaliyeed. Soomaalida qaar kood wax'ay ku maahmaahaan, "Nin xaaskaaga raba gabadhaadu u ma dhadhanto". Xabashiyi wax'ay rabtay in ay burburiso dawladdii Soomaaliyeed ee Shir kii Carta ka dhalatay. Wax in taas ka yar oo ay oggolaan kartay na ma jirin, mar hadd'ay heshay dad Soomaaliyeed oo xaabo u noqday dab keed'ay Soomaali ku gubaysay.

Asag'oo aan weli dawlad dhisin b'uu Xasan Abshir Addis Ababa tegay oo loo arkayay in uu Xabashi ka talo qaato oo soo dhiso dawlad ay ku jiraan xubno ay rabtay. Wax ba se is ka ma beddelin mowqif kii Xabashida ilaa ay ku guulaysatay in ay dawladdaas ridday iyad'oo adeegsanaysa qabqablayaashii dagaal ee Soomaaliyeed iyo taageeradii dawladdihii reer galbeed oo dawladdaas aqoonsan waayay, tii Mbagaati, Kenya, lagu soo dhisay ee Xabashidu wadatay na iyagaa ba reer galbeedku maal gelinayay.

Qorshaha Xabashidu ay ku la dagaallamayso in aan dawlad dhexe oo Soomaaliyeed marna taabbagal noqonin waa joogto, sida Cabdullaahi Yuusuf, mas'uul Soomaaliyeed oo Xabashi ugu dhowaa, buuggiisa (Bogga 378-379) ku sheegay, kaddib mar kii Xabashidu asaga nacday.

Xabashiyi mas'uul kasta oo Soomaaliyeed oo iyada ka ag dhowaa, aminsanaa na, wax'ay hoos dhigi jirtay k'ay ku beddlelan lahayd maalinta uu sameeyo wax dan Soomaaliyeed ah oo aan iyadu ogolayn. Mas'uuliin tii Soomaaliyeed ee Shir keedii Sodere ka qaybgalay dhammaan tood qaddiifaddii (gogashii cagaha) b'ay ka hoos qaadday kaddib mark'ay saxeexeen go'aan kii Shir kii Soomaaliyeed ee Qaahira. Mid wal ba k'ay Xabashisdu hore u hoos dhigtay baa inqilaabay. Ali Mahdi wax'ay ku dhistay Muuse Suudi, Maxamed Dheere iyo kuwo kale. Cabdulqaadir (Zoppo) Shaadh Gaduud iyo kuwo kale. Omar Xaaji Masalleh wax'ay ku dhistay Cabdirazaak Biixi, iwm.

Qorshaha Xabashida ee jeesjeesaynta Soomaaliya ee maamul Goboleedyo kusheegga ah waxa lagu bilaabay Puntland. Mark'aan arrin taas ku qoray buuggaygii hore, "Who Is A Terrorist (2005)?", rag aannu si fiican isu naqaannay oo ka soo jeeda Woqooyi Bari, uu ka mid ahaa Cabdiraxmaan Shuuke, baa igaga cawday qoraal kaas oo igu yidhi, "Maxaad rabitaanka ummadda ugu sheegtay wax'ay Xabashidu wadatay?" Laakiin nasiibwanaag waa Ilaahy mahaddiis, oo Cabdullaahi Yuusuf baa iga furtay cabashadaas oo sheegay in Xabashidu taageertay dhismihii Puntland.

Dowladda Talyaanig'aa iyadu na si toos ahaa u taageersanayd qorshaha Xabashida oo lid ku ahaa qarannimada Soomaaliyeed, oo Dagaal Weynihi 2aad ee Dunida ka dib ba Talyaaniga caado u ahayd in ay Xabashi ku raalli geliyaan wax lid ku ah Soomaaliya. Dhowr tusaaleh ayaa la tilmaami karaa sida ku sheegan Qaybta VIIIaad ee qoraalkan.

XVIII
DOOR KII JABBUUTI NABADAYNTASOOMAALIDA

Kaddib burbur kii Dawladdii Dhexe-e Soomaaliyeed bilawgii 1991, dalka qaar kiis na dagaallo sokeeye saameeyeen baa Soomaali badani u qaxeen Jabbuuti oo dad keedii hafiyeen, noloshoodii na cidhiidhi geliyeen. Ha se yeesh'ee, dawladda Jabbuuti albaabaday u furtay dad kii Soomaaliyeed ee dalka soo gelayey, kuwo qaxooti ahaa iyo kuwo socoto kale ku marayay ba. Socotada oo dhan waxa dhulku gal (visa) lagu siin jirey Garoonka Diyaaradaha Jabbuuti, mid socoto aha (transit) iyo mid Jabbuuti ku degayay ba, ilaa Safaaraddii Jabbuuti dib looga furay Muqdisho, toban sano kaddib.

Kaddib burbur kii xukun kii dhex'ee Soomaaliya, Jan.1991, dal kii na qas ka abuurmay, baa dawladdii Jamhuuriyadda Jabbuuti iskudayday in Soomaaliya la badbaadin karay, oo abaabushay Shir Nabadeed kii ugu horreeyey ee dibuheshiin Soomaali dhexdeeda (May – July 1991); Shir kaas oo lagu soo dhisay dawlad Ku Meelgaadh (KMG) ahayd oo uu ka madax ahaa Cali Mahdi Maxamed. Ha se yeesh'ee, dawladdaasi ma taabba gelin, oo nabaddii wax'ay ka hirgeli weyday dhinacyadii Soomaaliyeed, gaar ahaan Urur kii USC dhexdoodii ee Caassimadda Muqdisho ka talinayay iyo kooxihii kal'ee hubaysnaa ba.

Fashil kaas kaddib dawladdii Jabbuuti ee Madaxweyne Xasan Guuleed Abtidoon waa ku dhiirran karin weyday iskuday kal'oo nabadayn iyo dibuheshiisiin Soomaaliyeed, ilaa la doortay Madaxweyanaha 2aad ee

Madaxwayne Ismaaciil Cumar Geele

Jamhuuriyadda Jabbuuti, Mudane Ismaaciil Cumar Geelle, siddeed sano kaddib (April 1999).

Muddadii u dhexaysay labadi dedaal ee Jamhuuriyadda Jabbuuti(1991–2000) waxa fashilmay kow iyo toban (11) iskudayo kal'oo dibuheshiin Soomaaliyeed. Waxa fashilladaas sababi jirey kooxihii hubaysnaa, oo badan koodi mid wali ba kelideed doonaysay sadbursiino.

Mudane Ismaaciil Cumar Geelle, in yar kaddib mar kii la doortay ba 1999, Madaxweynuhu wax'uu khudbad ka jeediyay Shir Sannadeed kii Ummadaha Midoobay ku na baraarujiyay bulshada caalamka arrinta Soomaaliyeed, oo Shir kii na ka sheegay in uu Soomaalida u qaban doonay shir kal'oo dibuheshiin.

Taasi wax'ay ka danbaysay iyad'oo Ummadaha Midoobay waagaas ka ba gaabsadeen waxkaqabasho arrinta Soomaaliyeed fashi koodi ka dib, waa se soo dhoweeyeen khubaddii Madaxweynaha, ku na bogaadiyeen dedaal kiisii.

Dadka Soomaaliyeed na meel ay ka la joogeen ba aad b'ay u soo dhoweeyeen dedaal kii Madaxweynaha. Waxa ka reebbanaa oo keli ah madax kooxeedyadii hubaysnaa, Cali Mahdi iyo Xasan Maxamed (Shaadh Gaduud) maah'ee, oo labadu ba xubno ka noqday Baarlamaan kii ka dhashay dedaal kii Madaxweyne Ismaaciil Cumar Geelleh, ee Shirweynihii Carta soo dhisay. Cali Mahdi waa kaga dhabeeyay taageeradiisiI dedaal kii Madaxweynaha, 'Shaadh Gaduud' se dhakhs'uu dib ugu gurtay, oo ku biiray qabqablayaashii kal'oo dagaal'ee Xabashidu meel ku xidhatay si ay ugu burburiso dawladdii lagu soo dhisay Carta.

Maadaama laga rajo beelay xal ka dhalan karay kooxihii hubaysnaa, Madaxweyne Ismaaciil Cumar Geelleh wax'uu culays saaray oo abaabulay bulshadii rayidka ee ka wakiilka ahayd dadweynihii Soomaaliyeed. Madax kooxeedyadii hubaysnaa, sid'ay u barteen wax'ay u hanqal taageen in iyag'oo keli ah laga la tashado arrimaha Soomaaliya. Cabdullaahi Yusuf ka na mid ahaa Madax kooxeedyadii Soomaaliyeed ee hubaysnaa diiday na kaqaybgal kii shirweynihii Dibuheshiinta Soomaaliyeed ee Carta (Jabbuuti), 2 May - 5 August 2000),wax'uu bogga 270 ee buuggiisa ku sheegay in uu Madaxweynaha ku yidhi, ka la tasho arrimaha Soomaalida ciddii awood leh, macnaha, kooxihii hubaysnaa oo keli ah, asag'oo weli ba tusaaleh u soo qaatay wax'ay Cusmaan Caato iyo Muuse Suudi ku hadleen oo iyagu na Shirka diiddanaa. Madaxweynuhu waa ka diiday, wax'uu se dhammaan tood ku martiqaaday in ay shirka ka soo qaybgalaan iyag'oo dadka kale la siman, iyagu na waa diideen, Cali Mahdi Maxamed iyo Maxamed Xasan (Shaadh Gaduud) maah'ee.

Kaddib mark'ay kooxihi hubaysnaa waayeen diidmadii qayaxnayd (Veto Power) ay isa siiyeen, u na barteen, oo ku fashiliyeen labo iyo toban Shir oo hore, Cabdullahi Yuusuf wax'uu buuggiisa (bogga 267-272) kaga faallooday Madaxweynaha Jamhuuriyadda Jabbuuti Mudane Ismaaciil Cumar Geelleh, oo qiray dhowr wax ee wanaagsan oo Maxweynaha lagu yaqaan.

Cabdullaahi wax'uu sheegay in asaga iyo Madaxweynuhu dhowr arrimood ka wada hadleen, ku na heshiin waayeen. Cabdullaahi wax'uu sheegay in waagaas dhibaatooyin amni iyo dhaqaaleh xumo Jabbuuti ka jireen, bal se Madaxweyne Ismaaciil door biday in uu is ku hawlo arrimihi Soomaaliya mar kaas ka taagnaa. Taas wax'ay ahayd mid cid kast'oo Soomaaliyeed ba danayn kartay, wax na ka odhan kartay, waajib na ka saarnaa. Ha se yeesh'ee, sida la wada og yahay, Madaxweyne Ismaaciil Cumar Geelleh khubaddiisi furitaan kii Shirweynihii Dibuheshiinta Soomaaliyeed ee Carta, 2 May 2000, b'uu ku sheegay sababt'uu is ugu hawlay arrimaha Soomaaliyeed, waajib Soomaalinimo iyo derisnimo ka sokow. Wax'uu si cad u sheegay in Soomaaliya ahayd dal kii la soo halgamay dadka Jabbuuti sid'ay ku gaadheen gobonnimadooda, mar kaas na aan ay Jabbuuti haysanin dammaanad buuxda in t'ay Soomaaliya sidaas ahayd.

Marka 2aad, Madaxweyne Ismaaciil Cumar Geelleh waa Soomaali, dawlad magac kale leh ba madax ha u ahaad'ee, waajib na ka saarnaa in uu u soo gurmado Soomaaliya oo dhiigbaxaysay, deggenaansho na aanu ka jirin sida Cabdillaahi Yuusuf ku tilmaamay lid keeda.

Marka 3aad, waxa is weydiin mudan, kee baa ehel u noqon karay danaha Soomaaliyeed, Madaxweyne Ismaaciil Cumar Geelleh, oo sidaas ugu dhow, awood uu Soomaali wax ku tari karo na leh, iyo qabqablayaashii dagaal ama qurbajoogta jinsiyadaha shisheeye qaatay oo ka imanaya Australia, iwm, afar tii sannadood ba mar oo u tartamayay xukunka Soomaaliya, kii tartanka wax ku waayaa na meeshiisi is kagaga noqdo?

Wax'ii dhowr iyo toban sano kahor (1991-2011) Shirar Dibuheshiin Soomaaliyeed la qabtay oo dhan, kii Carta oo keli ah ayaa laga dhaxlay wax waara oo taabbagal noqday. Wax'ii Carta laga dhaxlay waa bulshada rayidka (Civil Society) oo awooddoodii ogaaday, soo na afjaray oo beddelay kooxihii hubaysnaa ee dalku ka degi waayay lix iyo toban sano, kahor 2006. Bulshada rayidku waa cid kast'oo aan hubaysnayn, weli good na ka mid ahaa dadweynaha, ha se yeesh'ee, aan ogayn awooddooda (people's power) toban kii sano oo dalku qasnaa kahor Shirwenihii Carta ee dibuheshiinta Soomaalida (May – Agust 2000) iyo abaabul kii ka sii horreeyay ee bilihi Feb. - April is la sannad kaas ee labada ba Jamhuuriyadda Jabbuuti marti gelisay.

Xukun kii Maxkamadihii Islaamiga bulshadii rayadka dhalisay, oo ridday kooxihii hubaysnaa, ha se yeesh'ee, Maxkamaduhu wax'ay ahaayeen hay'addii keli ahayd oo nidaamsanayd madhnaantii (Vacuum) buuxiyay. Kuwa xukunka ku tartama laga soo bilaabay 2012 ilaa manta na waa bulshada rayidka, qurbajoog ba ha u badnaadeene. Madaxweyne Is maaciil Cumar Geelleh waxa lagu xusuusan karaa bulshada rayidka Soomaaliyeed b'uu soo dhisay, tusay na awooddoodii, kaddib na iyag'aa soo afjaray qas kii iyo kooxihii hubaysnaa oo dalku ka degi waayay.

Ha se yeesh'ee in kast'oo Shirweynihii Carta guul ku dhammaaday, dawladdii ka dhalatay taabbagal ma noqon, oo wax'aa fashiliyey isbahaysi Xabashi iyo qabqablayaashii dagaal, iyo weli ba dawladdihii reer galbeedka oo aqoonsa waayey dawladdaas, taageeray na Xabashida riday dawladdii dadka Soomaaliyeed oo dhammi ku midaysnaayeen. Tii ka danbaysay oo lagu soo dhisay Kenya, oo Xabashidu wadatay, aan se haysanin taageero dadka Soomaaliyeed sidii tii Carta oo kale, waxa maalgeliyay dawladdihii reer galbeedka, waa na shaqayn weydey taageero la'aan dadka Soomaaliyeed awgeed.

XIX

GUNAANAD

Sida aan meelo kal'oo qoraal kan mid aha kaga affeeftay, aniga'oo dhowraya dareenka dadka Soomaaliyeed oo aan jeclayn in wax saluugii kari laga sheegeen run ba ha ahaadeen, wax aan ka gaabsaday in aan wax ka qoro masuuliin tii ka la danbeeyey ee Xukuumadihii ku meel gaadhka aha iyo maamulladi Kooxi hubays na ba.

Lifaaq I

NAXWAHAAFSOOMAALIGA

Qaybaha Hadalka (Parts of Speech):
1. Diiradeeye: ayaa, baa, waa (Focuser)
2. Meeleeye: ka, ku, u, la, sii, soo (prepositipons)
3. Xidhiidhiye/Xiriiriye: ama, iyo, ba, na, se, laakiin, ee, oo (conjections)
4. Magac (noun)
5. Magacuyaal (pronoun), qaybaha Magac uyaallo:
   (a) Qofeed/ Magaceed: aniga, adiga, isaga, iyada/annaga, idinka, iyaga.
   (b) Qofeed/ Faleed: aan, aad, uu, ay/ aannu (aynnu), aydun, ay
   (c) Qofeed/faleed/Qumman/layeele: i, ku/ na, idin, is.
   (d) Qofeed/ faleed/Dadbane/layeele: ii, kuu, u/ noo, idiin, u; Loo.

Magac Uyaal Nisbeed (relativepronouns):
Kii, tii, kuwii

Magac Uyaal Weydiin : kee, tee, kuwee
Kuma, tuma kuwama

Dalayn (Punctuation)Summadaha dala yn waa:
Hakad (Comma)   (,)
Rukunlamood (Semi-colon)   (;)
Bar ama Joogsi (Full Stop) (.)
Rukun (Colon)   (:)
Summad weydiin (Question Mark)(?)
Bilo (Brackets)   ( )
Kolmo (Quotations) " "
Summadda Layaabka !
Hamso (Apostrophe)
Qodobada: Lab   - Dheddig
Ka,ga, ah, a - Ta, da sha dha

Lifaaq 2

MIDAYN EREYO

Aniga oo   = anig'oo
Annaga oo = annaga'oo
Innaga oo = innag'o0
Adiga oo   = adig'oo
Idinka oo = idink'oo
Asaga/Isaga 00 = asaga/isag'oo
Iyada/Iyaga oo = iyada'iyag'oo
Haddii aan   = hadd'aan
Haddii aad   = hadd'aad
Haddii uu   = hadd'uu
Haddii ay   = hadd'ay
Haddii aannu = hadd'aannu
Haddii aynu = hadd'aynu
Haddii aydun = hadd'aydun
Haddii ay   = hadd'ay (iyada/iyaga)
Markii aan   = Mark'aan
Markii aad   = mark'aad
Markii uu   = mark'uu
Markii ay   = mark'ay(iyada)
Markii aannu = mark'aannu
Markii aydun = mark'aydun
Markii ay   = mark'ay (iyaga)
Wax aan   = wax'aan
Wax aad   = wax'aad Wax uu   = wax'uu
Wax ay   = wax'ay (iyada)
Wax aannu = wax'annu
Wax aydun = wax'aydun
Wax ay   = wax'ay (iyaga)
In kasta oo = in kast'oo
Kale oo   = kal'oo

Lifaaq 3

R AA D R AA C (BIBLIOGRAPHY)

6. Somali Peninsula (1962): Qoraal Dawladdii Soomaaliyeed ee Wasiir kii 1 aad, Cabdirashid Cali Sharma'arke.
7. Marxuum Jeneral Maxamed Ibraahim 'Liiqlliqato' (1921-1998): Taariikhda Soomaaliya.
8. Marxuum Danjire Shariif Saalax Maxamed Cali (1936-2014): Xuddur iyo Taariikhda Koofur Soomaaliya 2005.
9. Marxuuum Maxamuud Cosmaan Cumar: Taariikhda Soomaaliya 1827 – 1977.
10. Saadia Touval: Somali Nationalism 1963
11. Maxamed Ciise 'Trunji': Somalia – The Untold History 1941 – 1969.
12. Marxuum Cabdishakuur Mire Adam: Kobici Muslimiinta Soomaaliyeed.
13. Paul Contini: Somali Republic, An Experiment In Legal Integration 1969.
14. Cabdulqaadir Shire: Geeridi Xeebta 1990.
15. Ioan Lewis: (a) Modern History of Somalia 1960aadkii, (b) Pastoral Democracy 1990aadkii.
16. John Drysdale: Somali Dipute 1964.
17. Cabdullaahi Faarax Cali: Cadawgeennu Waa Kuma? Taariikhda Na Baraysa 2016.
18. Raphael Chijioke Njoku (la daabacay qoritaankii Far Soomaalida ka dib).
19. Buugaagta kale ee qoraaga:
    a) Cost of Dictatorship, Somali Experience, publishers: Lillian Barber Press, New York, NY, 1995.
    b) Who Is A Terrorist? Self Published Mogadishu 2005.
    c) Defending History, Self Published Mogadishu 2005.
    d) Somali Phoenix 2012, ISBN 978-1-6205-603-5.
    e) Ogaden 2014.

Lifaaq 4

TU SE
(Index)

Ajuuraan, Saldana, 75,77
Axmed Jaamac 'Jangeli'; 141
Axmed Jaamac Muuse,241
Axmed Xaaji Cabdullahi 'Xashiish';
99, 133-6 ,185,204
Axmed Xasan Ibraahim 154
Axmed Xasan Muuse 25, 211,
Axmed Saleeban 'Dafle', 186-7
Axmed Shire Lawaaxe; 146,149
Axmed Silaanyo; 34
Axmed 'Guray', 86
Axmed Ismaaciil
'Duqsi':22,111,136,183
Axmed Liibaan 'Gabax',165-7,173
Axmed 'Shuqul': 212
A d e n C a b d u l l
eCosmaan,8,102,104,108,117 -21,
128-30, 133,169,174,192-4,
114,115,117,118,129,132-3, 169,
170,174,186,192-4
Aden Isaaq Axmed, 165,190 Al-
Itixaad Al-Islaami,69,70Anthony
Mariano, 111, 193
Aw-Barkhadle; 62
Biixi Caalin; 162
Bidixle, 142-3
Bile Rafle; -204,207
BoqortooyadiiPont 58, 60
Bortuqiis; 79-80
Boqor Cismaan: 88-9
Bucur Bacayr; 62-63

Buulle; 205
Talyaani 14-16,23,26,73,84-89,93,
94,97,99-107,111,114,116,120,
121,123-124,126-127,129,136-
138,147,152,174,178,193,233-
236,240
Tutsi; 81
Jaamac Cabdullaahi Qaalib; 120-
2, 119,124,127
Jaamac Cali Qorosheel; 22
Jaamac Dhoof; 181,186
Jamal Abdo Nasser, 45,64,76,110
Jirde Huseen; 92,163
Xaaji Abu Site; 135
Xaaji Jaamac Max'ed 'Miyatayn';
112
Xaaji Xasan Cali Askar; 186
Xaaji Khaliif Sheekh Xasan;
103,105,106 Xaaji Max'ed Xuseeb
Xaamid; 97, 104, 107 Xaashi Weheliye;
241-3
Xabashi; 11-4,16,20,24,37,61,64-
5,68-9,756,80-1,91,04-5,109,112,
129-30,149-53, 161-2,226-9,246-
51,255-6, 265
Xasan Al-Banna; 65
Xasan Turki; 71
Xasan Abshir; 246-7
Xirsi Madadaal; 14
Xuseen Cali Xaaji; 68
Xaaji Adam Afqallooc 149
Xuseen Kulmiye,216,222,244

Khruschev 126-7,191

Daahir Xaaji osmaan; 23-4,97, 195, 236

Rashid Suldaan Cabdullaahi; 113

Richard Burton, 82

'Sakhraan', Axmed Max'd Cabdille, 8-9,141,178,220,242-3

Salaafiya, 63,65,68-70

Sayed Axmed Sheekh Muuse; 64,108, 119

Sharif Saalax Maax'ed Cali; 2,77, 99-100

Sharif Sheekh Axmed: 71

Sheekh Xasan Al-Turaabi: 69

Sheekh Xasan Barsane: 89-90

TAARIIKHDA SOOMAALIDA

NC, 193-4

SNL 6,8-10,27-8,110-20,135-136

SNS, 99,98,106

Shariif Maxamuud Cabdiraxmaan; 65-6

Sheekh Xasan Al-Turaabi: 70

Sheekh Xasan Barsane; 88

Sheekh Xasa Geelle; 111

Sheekh Cabdulqani Axmed; 62,66

Sheekh Cali Ismaaciil; 8-9,208

Sheekh Fiqi Cumar; 62

Sheekh Isaxaaq; 61-2,160

Sheekh Max'ed Axmed 'Gadh-yare; 66

Sheekh Max'ed Macallim Xasan; 66-8

Sheeklh Nuuradin Cali Colow; 65

Sheekh Shariif   84

Sheekh Yusuf Al-Kownawn; 62-3

SYL 9,14,16,18,26-8,97-104,106-9, 113-4,116-9,98-9,120,128-9,136,183-6, 193-4, 225

Suldaan Biixi Fooley:109

Sulldaan Xirsi cabdullaahi: 99

Suldaan Cabdiraxmaan Diirye 17,98,109

Suldaan Cabdullaahi Diiriye: 16,109

Suldaan Cali Muuse: 99

Suldaan Maxamed Faarax:16

Suldaan Max'ud Cali Shire: 91,97,98

Suldaan Makhtal Daahir: 16, 63,102

SYC 26,89,96,97

Cabdiraxmaan Shuuke; 236

Caarre, Cabdiraxmaan Warsame; 218

Cabdi Jeelle; 145

Cabdixakiim Max'ed Cabdi 154

Cabdi Ducaale; 8

Cabdiraxman Jaamac 'Taarwale'; 207

Cabdiraxmaan Max'ud Cali ''Bayr'; 218

Cabdirashid Khaliif; 123,131

Cabdirashid Cali Sharma'arke; 7-8,29, 131,134, 171,191, 193, 195-6

Cabdirazak Xaaji Xuseen;8-9, 122, 126, 133,128-9,145-6,148,154,169-70, 172-4, 183,191-6, 230, 237-8,248

Cabdishakuur Mire Adam; 65,69,

Cabdiqaasim Salaad Xasan; 246-7

Cabdikarim Axmed Guuleed: 212

Cabdullaahi Qarshe 150

Cabdulsalaam Xasan Mursal 152

Cabdulqaadir Max'ed Aden 'Zoppo'; 101,24,115,147-8,160-1,167,172,174,248

Cabdullaahi Jire: 182
Cabdullaahi Cali Cumar: 218
Cabdullaaahi Ciise Max'uud:
5,102, 108, 130,149, 156,191-2
Cabdullaahi Yusuf Axmed; 4-8,11-
4, 226,247,254
Carab Ciise Xayd, 17
Cali Jirde 181-2, 184, 190, 212, 242
Cali Xuseen Gurac: 172-3
Cali Sheekh Ibraahim 'Heyje ', 199,
201-2
Cali Khaliif Galaydh; 246
Cali Garad Jaamac (Garad Cali);
196
Cali Max'ed Axmed 'Ilka-case; 207
Cawaale Saciid Axmed; 62-3
Cawil Cali Ducaaale; 1-2,14-7, 18-
32,165,174
Cirro: Maxamed Sheekh 68,218
Cisad-Addiin Sh. Ibraahim; 8
Ciise Gaboobe;164,226
Cismaan Max'ed Jeelle: 221
Clement Salole: 14
Cumar Carte Qaalib; 182-4,193,
198-90,
1215-6,219-221,224
Cumar Cismaan Rabi: 99
Cumar Max'ed Liibaan ('Caga
Dable') :160
Cumar Max'ud Nimcaale: 183
General Daa'uud
Cabdalla;6-7,30-31, 126-27,141
General Max'ed
Abshir;10-11,15,22, 149,168,176-
174-180,186-189,210, 246,249
General Max'ed Caynaanshe;
6 , 28,139,141,195
General Max'ed Ibraahim
'Liiqliiqato'; 2 , 59

Geledi, Suldana; 81,84,88
Faarax 'Burgal'; 164,166
Qaybe, Axmed Max'ed Adam; 127,
186
Ibraahim Cismaan 'Basbaas'; 9,
162,241
Ibraahim Nuur; 186
Islaan Max'ed Muuse: 210
Ismaaciil Axmed Ismaaciil; 21
Ismaaciil Xaaji Cubulle: 233
Ismaaciil Jimcaale Cosoble: 240-2
Ismaaciil Ducaale Warsame: 182
Ismaaciil Naxar: 16,115-7,119,172
Ismaaciil Neero: 218
*Ikhwaan Al-Muslimiim; 63,65-
6,68,70*
Imaan Dhoorre: 92,111
Imaan Max'ed Warsame: 183-4
Kongo, Cabdullaahi Adan; 31,120
La 'Conferenza'; 98,101-3,107
Max'ed Buraale Ismaaciil; 211
Max'ed Xaaji Xasan; 212
Max'ed Xasan Qambi; 141-3,
Max'ed saciid 'Morgan'; 210
Max'ed Siyaad Barre; 24,67-9, 137,
162,196-7,207,214-6,218-20, 229,
9,23-4,67-
8,137,162,229
Max'ed Sh. Cosmaan: 23
Max'ed Sh. Muuse, Guray: 17
Max'ed Cali Faarax; 111
Max'ed Shire Gaab   152
Max'ed Khaliif; 164
Max'ed Ibraahim Cigaal; 6-9,17-
9,224,28-30,109-11,113-9,123,131-
4,136, 155,172-4,176,187-
8191,199,208, 228,236-7,241-3
Max'ud Cabdi Carraale; 187, 182,
185,

Max'ud Axmed Cali; 90,98,91-2,99
Max'ud Cabdi Nuur 'Juuje'; 17-9,
Max'ud Sheekh Axmed: 200
Max'ud Mire: 23
Maslax Max'ed Siyaad; 98, 223
Max'ed Cabdille Xasan: 88-9,91
Max'ed Cawaale Liibaan: 176
Max'ed Muuse: 186
Mako Jaamac: 93
Michael Mariano; 14,17,27, 102,
109-110,112,114-5,17,27, 135,190
NFD: 122-3
NUF: 7,28,108-114,136-7
Warsame Cali' 'Juquf'; 221

HDM, Xisbi Digil/Mirifle: 103,112
HDMS, Xisbi Dastuur Mustaqil
Somali: 112
USP: 10,29,113-4,116-9
Yaasiin Nuur Xasan: 22,172,175-
195
Yusuf Adan Bowkhax: 185
Yusuf Jaamac Cali
Dhuxul:16,31,246
Yusuf Xaaji Adan: 99
Yusuf Cabdi Casoowe: 99
Yusuf Cali Kenaadid: 81
Yusuf Ismaaciil Samatar: 9,203
Yusuf Imaan: 99

CPSIA information can be obtained
at www.ICGtesting.com
Printed in the USA
LVHW012341100322
712917LV00003B/190